北戴河年鉴

2014

BEIDAIHE YEARBOOK

秦皇岛市北戴河区地方志编纂委员会办公室 编

方志出版社
Publishing House of Local Records

编辑说明

一、《北戴河年鉴》是北戴河区人民政府主办、区政府办公室方志年鉴编辑部编纂的权威性、综合性资料书。力求全面、系统、真实地记述2013年度北戴河区经济社会发展的进程，客观反映新变化、新成就及经验、教训。为读者了解北戴河提供全方位信息，在国内外公开发行。

二、《北戴河年鉴》以马克思列宁主义、毛泽东思想、邓小平理论、“三个代表”重要思想、科学发展观、习近平系列讲话为指导，坚持实事求是的原则。

三、《北戴河年鉴》以出版年号为卷次名称，逐年出版。2014年卷所收资料自2013年1月1日始至2013年12月31日止。主要记述2013年度的基本情况，兼有适当的年度对比，供读者了解区情的发展脉络。

四、《北戴河年鉴》采用分类编辑，相关或相近的部类合用，基本分为类目、分目、条目三个层次。部分类目设综述，绝大多数分目设概述。

五、《北戴河年鉴》涉及政区、机构、会议、文件、职衔等均依当年规范称谓，名称较长且重复出现者，则采用通行的简称。

六、组织机构收录范围为区委、区人大、区政府、区政协、区纪委五大班子2013年在职领导干部和其他重要部门在职正科级以上干部。所录领导人名录，年内任职的不注任离时间，年内有变化的，在姓名后括注。

七、《北戴河年鉴》所用数字一般以区统计局为主，并经统计局审核。

八、《北戴河年鉴》所用稿件、图片大部分来自各承编单位，并经单位负责人审阅、盖章；部分内容参考了《人民日报》《河北日报》《秦皇岛日报》《秦皇岛晚报》以及区委、区政府及相关部门的稿件、简报、网站等方面的信息。

1月26-27日，秦皇岛市北戴河区十四届人民代表大会第二次会议在党政综合办公楼会议厅召开

1月25-26日，政协北戴河区第八届委员会第二次会议在党政综合办公楼会议厅召开

12月16日，北戴河区政府与隆基泰和实业集团签定城市建设战略合作框架协议

7月11日，华贸喜来登启门迎客

9月6日，在北戴河火车站召开新兵入伍欢送大会

9月6日，家属在北戴河火车站送别新兵

忠诚卫士

秦皇岛市公安消防支队北戴河特勤一中队执行暑期保卫工作

女巡警上岗执勤

海北路一角

剑秋路一角

数字水幕

中海滩大排档

刘庄环岛

奥林匹克大道公园内“北戴河之梦”小品

鸽子窝公园创意净水池

城市沙雕

新农村（一）

新农村（二）

铸业达机械设备有限公司车间

电路板焊烙

兰德科技有限公司技术人员正在焊接电荷放大器

环保局海水检测

体育活动集锦

2013中国体育彩票北戴河铁人三项赛

北戴河民宿接待中心

志愿者服务站

2013年幸福北戴河灯会亮灯仪式

观灯

公园走廊

鸽子窝的清晨

旭日东升

老虎石海上公园

夏日北戴河

大潮坪

观鸟

湿地

北戴河区2013年春节联欢晚会暨春节团拜会

北戴河区庆三八表彰大会暨文明家庭展演

碧螺塔酒吧公园“海上生明月”演出

赶庙会

健 身

写 生

社区活动一瞥

石塘路工艺品市场一角

打糕

果品超市

2009—2013年北戴河区主要经济指标

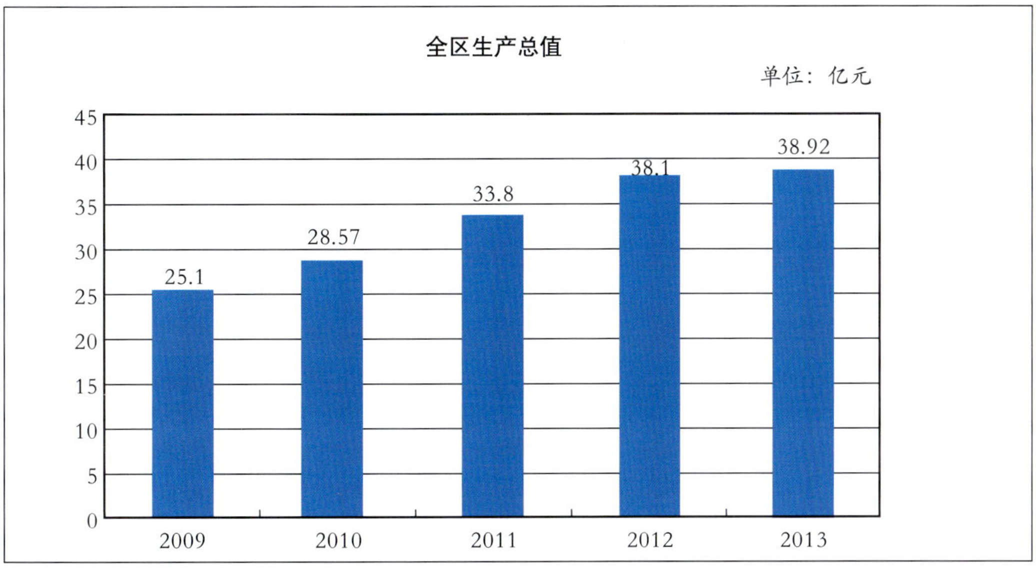

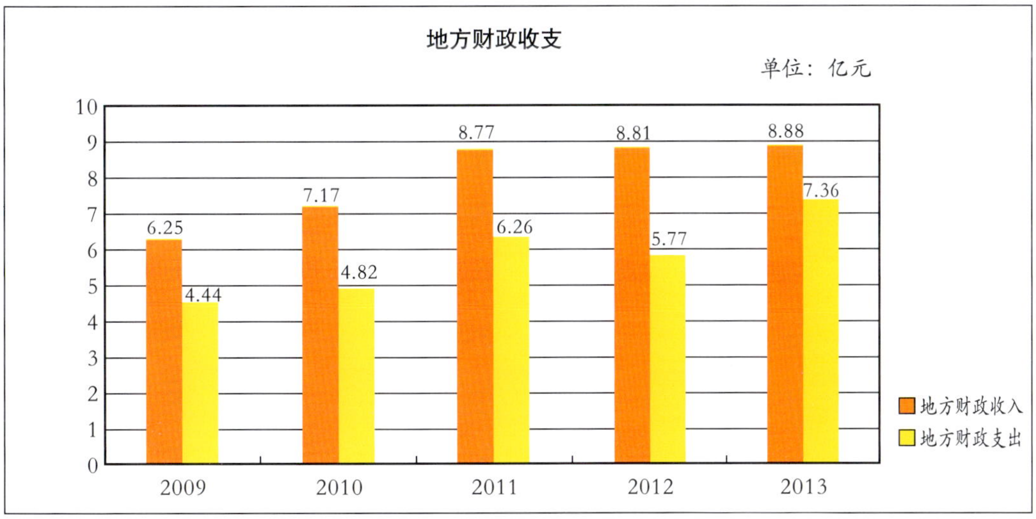

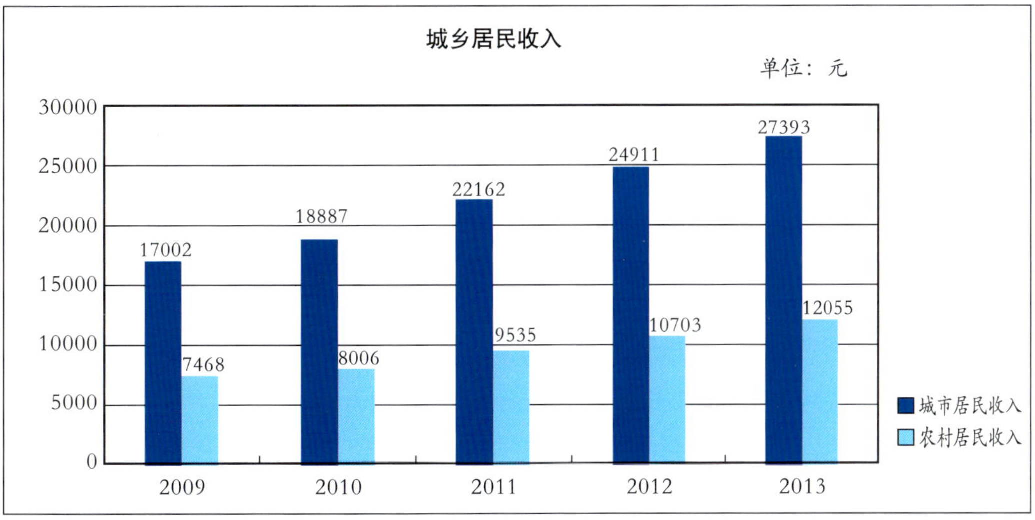

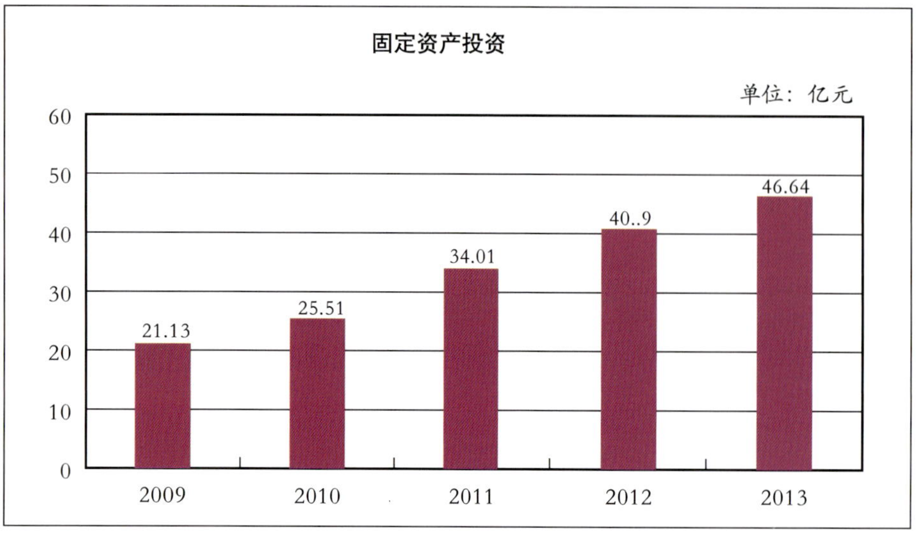
固定资产投资
单位：亿元
60
50
40
30
20
10
0
21.13
25.51
34.01
40..9
46.64
2009
2010
2011
2012
2013

社会消费品零售总额
单位：亿元
50
45
40
35
30
25
20
15
10
5
0
24.32
28.56
34.09
39.24
44.51
2009
2010
2011
2012
2013

目 录

特 载

专 题

大事记

区情综述

中共北戴河区委员会

北戴河区人民代表大会

北戴河区人民政府

政协北戴河区委员会

民主党派·工商联

人民团体

法治·国防

城乡建设

旅游·度假

农业和农村经济

工　业

经济技术开发区

商贸流通业

交通・通信

金融业

财税管理

综合管理

社会事业

社会生活

镇 · 街道

人　物

荣誉专版

附　录

特　载

中共北戴河区委常务委员会工作报告

——在区委十一届五次全体（扩大）会议上

（2014年1月14日）

中共秦皇岛市委常委、北戴河区委书记　李学民

同志们：

现在，我受区委常委会委托，向全会作工作报告。

2013年以来，面对复杂多变的形势和艰巨繁重的任务，在市委的坚强领导下，我们以学习贯彻党的十八大和习近平总书记系列重要讲话精神为主线，紧紧围绕“两个率先”[1]宏伟目标和美丽实力幸福北戴河建设，团结带领全区广大干部群众，顽强拼搏、砥砺奋进、逢旗必夺、事争一流，全区经济、政治、文化、社会、生态文明建设和党的建设取得新成绩。一年来，区委常委会重点抓了七方面工作。

一、坚持解放思想，完善发展思路举措

为进一步扫清思想障碍，抢抓发展机遇，我们在全区启动了“解放思想、更新观念、再创辉煌”主题实践活动，并与全市开展的“树讲聚促”大讨论活动和全省开展的“解放思想、改革开放、创新驱动、科学发展”大讨论活动相结合，三位一体，同频共振，只有起点，没有终点，持续向解放思想要生产力、要动力、要智慧。根据活动成果和省市决策部署，提出了全区“1234”[2]工作思路和“两个率先”的宏伟目标，开创了全年工作坚持两条线作战，一手抓暑期服务、一手抓经济发展，两条战线并行并重、互促互进的战略格局，确立了“百年胜地、美丽之冠”的城市定位和“美丽乡村、幸福家园”农村改造提升定位，选定了实施项目建设、城市提升、全民创业、城乡一体化四大攻坚年活动的发展路径，确定了唱响改革开放创新主旋律、建设美丽实力幸福北戴河的发展主题，并将其作为中国梦在北戴河的具体化。这些发展思路和举措符合上级要求，切合区情实际，顺应群众期盼，为开启北戴河跨越崛起新征程奠定了坚实基础。

二、坚持全面开放，激活经济发展动能

把扩大开放作为富民强区的首选战略，不断加大招商引资工作力度。完善奖励激励机制，出台了《关于进一步加快开发区发展的意见》《北戴河区招商引资中介人奖励办法》和《北戴河区鼓励投资和设立总部企业的扶持政策》。注重引进战略投资者，围绕“20家央企、20家民企、20家外企”进北戴河目标，瞄准央企、知名民企和世界500强企业，积极开展小团组、多批次叩门请商，先后与隆基泰和、天房集团、中国上水集团等40余家大企业、大集团成功牵手。全年引进内资34.70亿元，增长27.30%，实际利用外资2085万美元，完成市定引进外资2000万美元目标。加强对外交流与合作，先后组织20余批160余人次赴新加坡、香港、深圳等

10多个国（境）内外先进地区，学习城市管理、总部经济、现代农业、城乡统筹、民宿行业提升等方面的先进理念和成功经验。加大旅游宣传促销力度，先后赴哈巴罗夫斯克、北京等8个国内外城市开展宣传促销，邀请美国艾奥瓦州2000余人旅游代表团和俄罗斯17家旅行社来我区考察，成功举办北戴河第八届中外旅行社经理联谊会、2013相约北戴河旅游产品推介会和新春灯展等活动，全年接待中外游客703.80万人次，景区实现门票收入9091万元，同比分别增长2.60%和10.80%。积极完善服务措施，深入推进全民创业，围绕产需衔接、企业减负等实施重点帮扶，全面激活民营企业发展潜能。全区新登记注册民营经济单位1025户，同比增长11.10%，完成各类创业培训3000余人次。加强企业融资指导，推进政银企合作，鼓励引导鑫龙、鑫融汇等担保机构为区内企业提供融资担保，帮助3家企业获得市级工业企业技改及中小企业发展扶持资金，大开电子等7家企业被列为市级重点扶持对象。

三、坚持项目带动，推动产业转型升级

把产业结构调整作为主攻方向，力促三次产业全面转型升级。认真落实强农惠农措施和资金奖补政策，引导农民发展花卉苗木、果品蔬菜等特色农业和乡村旅游产业，退出大田作物种植37.67公顷，6000余户农民借力产业升级实现了收入增长。大力发展民宿经济，鼓励扶持民宿行业向高端发展，着力打造北戴河民宿特色品牌[3]。全区评定五星级民宿2家、四星级民宿13家，民宿经营户人均收入达2万元。坚持“无中生有、有中生新”，深化与天津环渤海设计院等科研院所交流合作，推动传统产业提质增效升级，完成金风帆电子大功率LED灯具、铸业达工程技术研究中心等技改项目，集发公司和兰德科技公司两个科研成果通过省级专家鉴定。大力发展总部经济和文化创意产业，新引进朗玉实业、博泓科技等63家总部企业，2013年总部经济暨文化创意产业实现税收3.50亿元，占全区财政收入的39.60%。

把项目建设作为经济发展的生命线，严格落实一个投资主体、一个责任主体、一个县级领导、一个项目秘书“四个一”推进机制，谋划实施了总投资678.80亿元的76个产业项目、基础设施项目和村庄改造提升项目，华贸·喜来登酒店、华贸·松石国际球会、歌华营地二期等一批重大项目相继建成并投入使用，隆基泰和商贸综合体、赤土山村拆迁改造、拨道洼村拆迁改造、悦榕庄旅游综合体、天房集团城市综合体等5个重点项目成功签约，总部（中国）控股集团北戴河总部基地、神州数码信息产业基地等项目扎实推进。积极引导开发区转型升级，加快推进华贸企业总部区、新华创投企业总部基地、怪楼文化艺术片区等特色园区建设，北戴河信息产业园功能不断完善，41家企业完成注册，为我区产业转型升级提供坚实支撑。初步测算，全年完成地区生产总值39.50亿元，同比增长5%；全部财政收入完成8.88亿元，增长0.8%，其中公共财政预算收入完成4.96亿元，增长17.70%；全社会固定资产投资完成46.60亿元，增长13.90%。

四、坚持双线作战，圆满完成暑期任务

牢固树立“服务暑期是我们的天职，利用暑期是我们的本能”意识，以空前的重视程度、投入力度和工作强度，全力做好安全稳定、物资供应、医疗保健、环境建设、市政保障、卫生防疫、海蜇防治等项工作，尤其面对持续高温、游客激增等诸多挑战，市政服务保障和暑期工作队伍经受住了严峻考验，圆满实现了“安全暑期、和谐暑期、简朴暑期、满意暑期”目标。构建了由区委书记、区长抓统筹，暑期工作、经济工作分别由区委副书记、常务副区长牵头的工作体系，创新和完善了暑期早晚碰头、综合执法、联合督查等一系列机制举措。认真落实中央“八项规定”要求，立足形式缓和、绝对安全，出色完成了849次暑期安保工作任务。按照精彩+节俭的原则，围绕“4422”暑期重点工作[4]，高标准实施了123项重点涉暑工程。打造了公交站牌、候车亭、艺术座椅、文化导视牌、树洞画、海鸟景观

组合、数字水幕等一批城市家具和视觉景观精品，海北路绿道、喷泉水景观、中国梦雕塑等工程创造了涉暑项目的北戴河速度，实施近岸海域环境综合整治、大气污染治理、水系治理二期和农业面源污染防治等工程，生态绿化工作在省委全会介绍经验。暑期各项工作达到了历史最好水平，得到了上级领导、中外游客和人民群众的广泛赞誉。借暑发展成果丰硕，暑期期间与香港永盛集团、北京中植集团、中鼎电力等大企业进行了接洽商谈，向各大部委、厅局争取各类资金1.15亿元，北部污水管网等31个重点借暑项目有序推进。

五、坚持改善民生，促进社会事业繁荣

从群众最关注、最期盼的民生实事抓起，在财力困难的情况下，2013年民生类支出占公共财政预算支出的比重达74.60%，承诺的保障性安居住房、供暖分户等10项民心工程全部完成。全力落实上级惠民政策，努力提高就业、教育、医疗、住房、社会保障和社会救助水平，初步统计，城市居民人均可支配收入、农民人均纯收入达到27400元、12020元，分别增长10%和12.30%；2013年12月底城乡居民储蓄存款余额62.50亿元，增长7.80%。深入推进创新型城区建设，6项医疗成果获全市科学进步奖。大力实施教育名区创建工程，研究出台《关于加快教育事业发展的若干意见》，我区被授予全市唯一的“河北省县域基础教育教学改革综合实验区”称号。大力发展文化体育事业，顺利通过国家级公共文化服务体系示范区创建工作验收，我区被国家体育总局授予中国轮滑名城称号，被评为国家级全民健身活动先进单位，音乐文化人活动被授予第十届中国艺术节项目类“群星奖”，这是文化部设立的国家层面的群众文化最高奖。加强就业平台建设和培训服务，城镇新增就业、农村劳动力转移就业完成比例居全市前列。新建14个村居卫生服务站室，城乡居民医疗救助封顶线从5000元提高到1万元，新农合参合率达到98.20%，全年统筹使用资金1087万元，11541人从中直接受益。城镇职工基本医疗保险扩面顺利，企业职工基本养老保险、失业保险扩面分别完成全年目标任务的153 %和200%，新型农村养老保险机构通过市级验收，生育保险实现了应保尽保。坚持因地制宜、分类指导，扎实开展农村面貌改造提升行动，争取上级资金975.50万元，10个省定重点村全部完成“四清四化”任务，建成3个示范样板村。

六、坚持创新引领，建设平安和谐城区

牢固树立“底线思维”[5]和“归零思维”[6]，坚持源头治理、系统治理、综合治理、依法治理，深化平安北戴河建设，建成了由4515个监控点、3029个报警设施、3429个平安互助网用户终端组成的视频报警平台，整合利用1759名专兼职力量，进一步织密了“三道防线六张网”[7]治安防控体系。全区刑事发案率363起，同比下降18.8%，没有发生有影响的重特大案件。认真落实“八三工作法”，完善矛盾纠纷排查调处、信息反馈、领导接待日、领导包案、干部下基层“三访”等工作机制，妥善化解各类矛盾问题。深化社会管理创新，推行县级干部分包村居、一包三年的工作机制，对区内主要街道实行县级干部、部门单位包街机制，网格化社会服务与管理成功做法在全市推广，河北省法制网给予宣传报道。推进智慧城市、智慧旅游和数字化城管平台建设，在全市率先建成智慧旅游服务中心。深入开展安全生产、食品安全、消防安全、道路交通等专项检查，实现安全生产零事故。我区被评为全国法治县（市区）创建活动先进单位、全省科技防范示范县区、铁路护路联防示范区和平安建设基层先进单位。加强精神文明建设，在全区广泛开展“千名志愿者服务游客”“志愿服务巡访巡演巡讲”等创建活动，涌现出一大批典型事迹和先进个人。

七、坚持固本强基，提升党建工作水平

始终把加强党的建设作为干事创业的第一保障。高度重视常委会自身建设，健全党内组织生活，定期开展谈心活动，用好批

评与自我批评武器，打造坚强领导集体。认真贯彻执行民主集中制，积极推进决策科学化、民主化，建立并完善了月工作碰头会、书记办公会、党政联席会及重大事项、重要工作决策联动、工作协调和督办推进等制度。加强思想政治建设，围绕学习贯彻党的十八大、十八届三中全会和习近平总书记系列重要讲话及省委、市委全会精神，先后组织9次区委中心组理论学习活动。依托北戴河大讲堂，邀请山东滕州、天津东丽、河南济源等地领导授课，组织各级学习讨论会、座谈会、报告会100余场次，培训干部8000余人次。

高度重视宣传工作，牢牢把握意识形态主动权，传递正能量，创办《北戴河时报》，成立网络舆情管理中心，改版区广播电视栏目并在全市开通。外宣工作成效明显，央视对我区亮点工作进行了13次宣传报道，《北戴河锻造“百年胜地 美丽之冠”品位》等多篇稿件在新华社、《人民日报》《大公报》等重量级媒体刊发，《梦翔北戴河》获全市优秀外宣品一等奖。

坚持总揽全局、协调各方，支持区人大及其常委会和区政协依法履职和发挥作用，大力倡导四套班子整体联动、合力攻坚，不分一线二线，全都上发展一线。加强对人民团体和群众团体工作的领导，鼓励支持工会、共青团、妇联等人民团体围绕区委的中心任务创造性地开展工作，在推动北戴河跨越发展中建功立业。加强党管武装、统一战线和民族宗教工作，重视加强全民国防教育和民兵预备役建设。

坚持围绕发展选拔任用干部，认真执行《干部任用工作条例》《区委常委会讨论决定干部任免实行票决制的实施办法》等制度性文件，确保干部选拔任用工作阳光运行，一批优秀干部得到提拔重用。2013年区委共研究任免干部94人，其中提拔任职36人，调整交流42人，部队转业安置1人，选派援坝干部1人，试用期满转正14人。加强干部人才队伍建设，广泛开展“讲学习、强素质、重实干、促发展”主题学习实践活动，实施领导干部精品培训工程，推进“智慧远教”平台建设，精心打造“借力培训”品牌，相关工作得到中组部领导的高度认可，《北戴河组织部门微信帐号创新党建教育》经验做法在新华网等多家中央媒体刊发。深入实施人才兴区战略，1人荣获首批省级农村青年“拔尖人才”称号，《北戴河区用好用活人才激发创新创业活力》在《共产党员》等省级媒体刊发。不断完善干部考核评价体系，出台科级领导班子和科级干部综合考核评价办法，《北戴河区探索领导干部综合考评新路径》在《河北日报》刊发。不断加大干部监督力度，建立科级领导班子和科级干部监督评议员制度，严格落实诫勉谈话、组织函询、离任审计、信访举报查核、新提拔干部廉政考试和领导干部出国（境）政审制度，《北戴河区构筑四道“防御堡垒”探索建立立体化无缝隙干部监督模式》得到臧胜业同志的批示和肯定。不断夯实基层党建基础，扎实开展深化加强基层建设年活动，省定十方面实事全部落实，投入资金351.3万元，有3个优秀驻村工作组、10名先进个人获得省市表彰。创设“为民服务先锋工程”载体，全市“四强四有”[8]开放型服务型基层党组织创建工作现场会在我区召开。开展暑期一线“党员先锋岗”活动，探索非公企业党群共建一体化模式，推广东山社区“一统四联”[9]区域化党建模式，打造车站村城市化党建“四双工作法”、刘庄村产业党建“123”服务模式等一批党建亮点，得到中央和省市领导高度评价，相关经验被新华网、《人民日报内参》《中国组织人事报》等媒体刊发。

全面落实党风廉政建设责任制，坚持把反腐倡廉工作与日常工作同部署、同检查、同考核、同奖惩。加强惩治和预防腐败体系建设，大力构建“机制+科技+文化”的廉政风险监控模式，以反腐倡廉的实际成效取信于民。严格落实中央“八项规定”和反对“四风”要求，深入开展正风肃纪专项行动，对全区机关事业单位执行纪律、“三公”消费、公车私用等情况进行明查暗访，干部作风得到进一步改进。深入开展“两转三服务”[10]活动和“双减双提”专项行动，清理区本级行政许可127项，非行政许可审批事项69项，行政监管事项49项，并通过政府门户网站公开。积极探索实施“小大厅、大中心”模式，在全市率先实现三级政务服务网络全覆盖，2013年为群众办理各类事项2万余件。深入开展非公有制企业纪检组织建立工作，符合条件的19家企业全部成立了纪检组织。创建农村“三资”监管信息平台，农村“三资”全部实现电算化核算、网络化管理。深化党务公开工作成果，全区基层组织党务公开面达到100%，车站村和戴河镇分别被评为省、市级党的基层组织党务公开示范点。积极推进廉政文化建设，集发观光园、鸽子窝公园、安居社区等8家单位被评为市级廉政文化示范点或廉政教育基地。坚持秉公执纪，狠抓案件查办，2013年全区共立案10件，结案10件，处理党员干部10人。

同志们，以上是一年来区委常委会的主要工作，这些工作的开展和各项成绩的取得，是中央和省、市坚强领导的结果，是全区各级党组织和广大干部群众团结拼搏的结果。在此，我代表区委常委会，向大家表示衷心的感谢和崇高的敬意！

在肯定成绩的同时，我们也清醒地认识到面临的挑战和存在的不足，如产业结构优化步伐仍需加快，城市发展空间亟待拓展，城市规划建设与管理水平仍需提高，居民持续增收的渠道还需拓宽等。对此，我们将时刻保持清醒，团结带领全区广大干部群众，深入贯彻落实中央和省委、市委全会精神，锐意进取、攻坚克难，以更大的决心和更有力的举措，齐心协力把北戴河发展好、建设好。

【附注】

[1]两个率先：在全市率先实现城乡一体化、率先全面建成小康社会

[2]“1234”工作思路：牢牢把握暑期工作一条主线，着力改善发展环境、生态环境“两个环境”，认真做好总部经济、城乡一体化和“三个试点”三篇锦绣文章，统筹推进基层基础、民生改善、安全稳定、党的建设四项重点工作，奋力开创富民强区新业绩，为在全市率先实现城乡一体化和率先全面建成小康社会奠定坚实基础。

[3]北戴河民宿品牌：通过实施综合整治提升工程，使北戴河家庭旅馆逐步向北戴河民宿转型，成为软硬件质量上乘，监管机制健全，营销手段现代，经营特色鲜明的旅游接待载体，并成为北戴河旅游的靓丽名片。

[4]“4422”暑期重点工作：“两个4”：即抓好净化、绿化、亮化、美化“四化”提升；打造城市家具、视觉景观、海北路绿道、招手揽客治理四个亮点。“两个2”：即抓好新形势下暑期安保工作，提升物资供应保障工作水平；强势推进赤土山村改造，谋划启动草厂村改造。

[5]底线思维：考虑了最不好的、最不愿意看到的情况，并对此有所准备。

[6]归零思维：对待暑期工作要摒弃经验主义思想，更不能凭借以往取得的成绩而沾沾自喜，而是以一种全新的姿态主动适应暑期工作新形势、新任务、新要求，一切从零开始。

[7]三道防线：为确保北戴河暑期绝对安全，专门在秦皇岛市周边市县建立第一道外围防线；在进出秦皇岛市的交通要道口，火车站、汽车站和城市区外围主要路口，设立治安检查站和堵卡站，构筑第二道防线；在北戴河避暑区外围，设置治安检查站，构筑第三道防线。

[8]四强四有：“四强”：即组织群众的能力强、联系群众的能力强、凝聚群众的能力强、保障群众的能力强。“四有”：即有多样化的服务平台、有特色化的服务载体、有优质化的服务队伍、有常态化的服务机制。

[9]一统四联：统筹协调各休疗养院党组织，实现公共资源联享、驻区党员联管、社区事务联动、文体活动联欢。

[10]两转三服务：转变职能、转变作风，服务大局、服务基层、服务群众。

稿件来源：中共北戴河区委办公室

北戴河区政府工作报告

——在北戴河区第十四届人民代表大会第四次会议上

（2014年2月16日）

北戴河区人民政府区长　刘学彬

各位代表：

现在，我代表北戴河区人民政府，向大会报告工作，请予审议，并请区政协各位委员和列席同志提出意见。

一、2013年主要工作回顾

2013年，在市委、市政府和区委的正确领导下，在区人大、区政协的监督支持下，我们紧紧围绕“两个率先”宏伟目标和“1+4”工作格局[1]，较好地完成了区十四届人大二次会议确定的目标任务，经济社会发展取得新成绩，有力推动了美丽实力幸福北戴河建设。

——经济实力稳步提升。积极应对经济下行压力不断增大的影响，主要经济指标保持平稳增长。全年完成地区生产总值38.90亿元，增长5.50%；全部财政收入完成8.88亿元，公共财政预算收入完成4.96亿元，分别完成调整预算任务的100.30%和100.40%，增长0.80%和17.70%；全社会固定资产投资完成46.60亿元，增长13.90%；城市居民人均可支配收入、农民人均纯收入达到27393元、12055元，分别增长10%和12.60%；全社会消费品零售总额实现44.03亿元，增长13.40%；2013年底城乡居民储蓄存款余额62.50亿元，增长7.80%；全年接待中外游客703.80万人次，景区实现门票收入9091万元，分别增长2.60%和10.80%，经济运行呈现“低位开局、稳步向好”态势。

——产业结构持续优化。突出抓好产业项目建设、特色园区打造、扩大对外招商，培植壮大特色产业体系。谋划实施总投资678.80亿元的76个产业项目、基础设施项目和村庄改造提升项目，华贸·喜来登酒店、华贸·松石国际球会、歌华营地二期等一批高端旅游项目暑期前投入使用，北部新城建设和赤土山村、太平庄村拆迁改造等一批攻坚项目实现突破，隆基泰和商贸综合体、悦榕庄旅游综合体、天房集团城市综合体、总部（中国）控股集团北戴河总部基地等重大项目顺利签约。积极搭建以开发区为主导、特色园区为补充的“一区多园”发展格局。开发区引进朗玉实业、博泓科技等63家企业。华贸·企业总部区中运集团等6家企业入驻。北戴河信息产业园区功能不断完善，注册企业41家。新华创投企业总部基地注册企业完成2470万股股权转移。完善招商引资奖励激励机制，赴京津、内蒙、湖南、深圳等地开展小团组招商，积极与神州数码集团、国韵文化集团、中国上水投资集团等知名企业对接，确定意向近30项。全年引进内资34.70亿元，增长27.30%；实际利用外资2085万美元，完成市定目标。13家休疗单位升级改造，4家酒店新晋星级，在全市率先实现智慧旅游服务。打造北戴河民宿品牌，评定四星级民宿13家、五星级民宿2家。扶持民营经济发展，支持科技企业做强，加强企业融资指导，民营企业全年实缴税金5.98亿元，占全部财政收入的67.10%。推进农业结构调整，退出大田作物565亩，加快发展蔬果、花卉、苗木等现代高效农业。

——城乡环境不断改善。完成近岸海域环境综合整治年度任务，实施水系治理二期和农业面源污染防治工程，造林300亩。继续实行河长、片长、段长、沟（口）长负责制，海水质量达到近年最好水平。开展大气污染防治，加强建筑节能改造、清洁能源推广、工地扬尘整治等重点工作，取缔燃煤锅炉10台，完成节能减排任务。实施宝石路、北二路等道路改造，对剑秋路、联峰路人行道进行修缮，海北路迎宾绿道暑期前精彩亮相。完成游园建设、景区改造、道路及节点绿化提升、立体绿化和花海工程，栽植乔灌木及花卉91万余株，建成绿化小品375处，生态绿化工作在省委全会上介绍经验。对滨海大道、东西经路等18条主要路段和11个重要节点进行亮化提升，打造“海之韵”、水滴造型等亮化精品。新增喷泉水景观游园、数字水幕、“中国梦”“行囊”等7处城市艺术小品，增设公交站牌、候车亭、文化导视牌等一批城市家具精品。下大力推进农村面貌改造提升工程，争取上级资金975.50万元，10个省定重点村全部完成“四清四化”任务[2]，建成3个高标准示范样板村。组建“三打”办公室[3]，持续加大违法占地和违法违章建筑整治力度，累计清理违法占地、拆除违法违章建筑5135平方米。

——暑期任务圆满完成。围绕“安全暑期、和谐暑期、简朴暑期、满意暑期”目标，实行早晚碰头、综合执法、联合督查等机制措施，优质高效完成安全稳定、物资供应、卫生防疫、市政保障、噪音治理等各项任务，妥善应对持续高温、游客激增、海蜇高发等诸多挑战。按照精彩+节俭的原则，围绕“4422”暑期重点工作，高标准实施123项涉暑工程。暑期工作达到历史最好水平，得到上级领导、中外游客和人民群众的广泛好评。坚持“两条主线”作战[4]，充分发挥暑期优势，积极组织多批次、战略性招商和暑期重点请商，先后与总部（中国）控股集团、天房集团、香港永盛集团、中鼎电力等近20家企业集团对接洽谈，向国家和省争取到位各类资金1.15亿元，近岸海域环境综合整治等31个重点借暑项目有序推进，实现了服务与发展两不误。

——民生保障全面加强。在全年财力困难的情况下，民生类支出占公共财政预算支出的比重达74.60%，年初承诺的10件利民实事全面落实。完成240户、3万平方米供暖分户改造；保障性安居工程三期完工，四期开工；完成2105户城市居民天然气扩户；5个老旧小区治安技防设施投入使用；建成北三路精品游园；完成8个公厕和10座生活垃圾收集站改造；对5242名服务业从业人员免费健康体检；为214对农村计划怀孕夫妇提供免费孕前优生健康检查服务；建成13个村级卫生室；向全区1669位80周岁以上老人发放补贴118.70万元。认真落实就业和社会保障各项政策，全年新增就业1586人，下岗失业人员再就业842人，均完成目标任务的106%；失业保险新增参保803人，完成目标任务的200%，城镇登记失业率控制在2.77%以内。新农合参合率达到98.20%，年内11541人统筹使用资金1087万元，新型农村养老保险机构通过市级验收。将城乡医疗救助金封顶线提高至1万元，全年发放医疗救助金46.60万元、临时救助金16.50万元。

——社会事业统筹发展。出台《关于加快教育事业发展的若干意见》，通过省级义务教育均衡发展督导评估，我区被授予全市唯一的“河北省县域基础教育教学改革综合试验区”称号。深入推进创新型城区建设，全市首个科普惠农服务站在北戴河村揭牌，6项医疗成果荣获全市科学进步奖，集发公司和兰德科技公司两项科研成果通过省级专家鉴定，鸟类博物馆被评为“河北省全民科学素质教育示范单位”。成功举办第九届轮滑节、第五届情侣狂欢节、第七届铁人三项赛，我区被国家体育总局授予首个“中国轮滑名城”称号，被评为国家级全民健身活动先进单位。在市第六届全运会上社会组金牌总数第一，青少年组首次进入全市前六并实现金牌零的突破。顺利通过国家公共文化服务体系示范区创建验收，音乐文化人活动被文化部授予第十届中国艺术节项目类“群星奖”。精心组织“幸福北戴河”元宵灯会，打造特色节庆旅游文化品牌。深化平安北戴河建设，建成视频报警平台，落实信访“八三”工作法[5]，网格化社会服务与管理成功做法在全市推广，我区被评为全国法治县（市、区）创建活动先进单位、全省科技防范示范县区和平安建设基层先进单位。深入开展安全生产大检查，突出抓好食品安全、消防安全、交通安全等专项检查，组织管道溢油应对、大气污染防控等应急演练，成功处置海上安全突发事件，实现安全生产零事故。开展第三次全国经济普查，启动村镇志编纂，北戴河广播电视频道在秦皇岛电视台开通。计生、残疾人、审计、统计、物价、档案、民宗、外事等工作取得新进展。

——政府建设扎实推进。严格落实中央“八项规定”[6]和反对“四风”[7]的要求，深入开展正风肃纪专项行动，推进廉情评估预警平台建设、政务及重点领域动态公开，抓好工程建设领域突出问题专项治理、专项资金综合治理工作。自觉接受人大法律监督和政协民主监督，全年承办各级人大代表建议64件、政协提案99件，满意率均达到100%。充分发挥区长公开电话、民情办等平台作用，受理各类民情事项1004件，办复率100%。开通“政务服务直通车”，开辟项目建设审批绿色通道，建立全程领办帮办机制，全年办理各类审批和服务事项2.10万余件。全面做好取消和下放行政审批事项衔接工作，完成2002—2012年政府规范性文件清理任务。

各位代表，过去的一年，是我区迎难而上、负重奋进的一年。一年来，我们面对异常严峻的经济形势和前所未有的困难挑战，不断强化危机意识、机遇意识、发展意识，深入实施“六大双月会战”[8]，强力启动为期三年的“四大攻坚年”[9]活动，顺利开启了我区赶超跨越的崭新篇章。成绩的取得，来之不易，更令人振奋，这得益于市委、市政府和区委的正确领导，得益于区人大、政协和社会各界的鼎力相助，更得益于广大干部职工和全区人民的共同努力。在此，我代表区政府，向所有关心、支持北戴河建设与发展的同志们、朋友们，表示衷心的感谢，并致以崇高的敬意！

在总结成绩的同时，我们也清醒地认识到，对照世界名区、经济强区目标，还存在较大差距：区域经济实力依然薄弱；城市发展空间亟待拓展；建设管理水平仍需提高；城乡一体步伐急需加快；群众增收渠道尚需拓宽等。对于这些问题，我们将高度重视，强化措施，全力破解，力争政府各项工作再上新水平。

二、2014年主要工作任务

各位代表，2014年，是贯彻落实党的十八届三中全会精神的第一年，也是我区全面实现“十二五”规划发展目标、推进美丽实力幸福北戴河建设的关键年。做好全年各项工作，我们既要抢抓难得机遇，又要积极应对各种挑战。十八届三中全会吹响了改革开放的新号角，省、市做出了打造河北沿海地区率先发展增长极的新部署，为我们借势发展、跨越崛起提供了难得的机遇。与此同时，我们也要认识到，当前宏观经济形势依然错综复杂，经济增速在一定时期内仍将处于低位，区域竞争态势将愈发激烈，我们面临着不进则退、小进亦退的严峻挑战。但我们坚信，只要全区上下坚定不移地落实区委的决策部署，同心同德，拼搏进取，咬定目标不放松，跨越赶超不停步，就一定能够推动北戴河各项工作实现更大突破！

2014年，区政府工作的总体要求是：全面贯彻落实中央和省、市、区委全会精神，抢抓沿海地区率先发展的战略机遇，把握“稳中求进、改革创新、科学发展”总基调，紧紧围绕“1+4”工作格局，突出抓好暑期工作、项目建设、城市提升、全民创业、城乡一体化五项重点工作，力促经济社会提质提速发展，为在全市率先实现城乡一体化和率先全面建成小康社会奠定更为坚实的基础，加快推进经济强区和世界名区建设。

全区经济社会发展的主要预期目标是：地区生产总值增长8%；全社会固定资产投资增长20%；公共财政预算收入增长15%（剔除一次性非税收入因素）；社会消费品零售总额增长13%；城市居民人均可支配收入和农民人均纯收入均增长10%以上；单位GDP能耗降低率-2.73%；细颗粒物[10]（PM2.5）浓度下降5%；城镇登记失业率控制在3%以内；人口自然增长率控制在6.30‰以内。

一、加快推进结构调整，着力构建特色产业体系

力促重点项目落地。坚持以项目建设带动产业转型升级，强化一切工作项目化理念，深入开展项目建设攻坚年活动，继续落实"四个一"工作机制[11]，推进项目建设取得实质进展。隆基泰和商贸综合体、悦榕庄旅游综合体、天房集团城市综合体、恒丰易盛文化艺术品交易中心及国贸企业总部等重大产业项目力争5月份开工，乔庄度假庄园暑期前实现试营业。深度推进中国上水投资集团水上世界乐园、深圳华侨城等高端旅游项目，提高星级酒店覆盖率，进一步优化智慧旅游系统。扶持中油华奥、新奥秦港能源等总部项目做大做强，加速总部经济集群发展。做好国韵文化艺术品拍卖基地、总部（中国）控股集团北戴河总部基地等项目前期工作，力促尽早开工建设。深入研究产业政策和投资方向，进一步完善区级项目储备库。

抓好特色园区建设。按照"一区多园"发展模式，着力加快特色园区建设，提升项目承载力。推进开发区扩区规划编制，加快基础设施建设，重点发展新能源、新材料、电子信息、生物医药等与城市定位相符合的现代新型企业，力促开发区向高新技术产业园区转型。抓好北戴河信息产业园区规范管理和跟踪服务，实质性推进神州数码信息服务产业基地项目。加快怪楼文化艺术产业园区建设，完善配套服务功能，暑期前壮阁美术馆一期投入使用，同道电影坊完成主体工程。推进华贸企业总部区一期招商和二期开发，打造知名企业总部区，力争尽快形成集聚效应。加快新华创投企业总部基地建设，暑期前完成开工准备工作。充分挖掘休疗养院资源，进一步整合包装老旧大院和闲置院落，搭建与央企合作的新平台。

全面扩大对外开放。以更加开放的姿态争市场、争项目、争资金，吸引更多的知名企业来北戴河投资。围绕"20家央企、20家民企、20家外企进北戴河"目标，开展精准招商和常态化驻点招商，着力引进基地型、龙头型项目。主动融入京津冀协同发展，加大与北京海淀区、北京CBD等地区对接合作力度，主动承接京津各类产业和教育、医疗、科研机构及专业市场等的转移，努力与京津实现优势互补、错位发展。抢抓西港搬迁改造有利契机，充分借助临港资源优势，围绕临港产业链有针对性招商，深度推进与台湾富晟集团的合作。做好俄游促销，吸引境外客源。把握国际经济结构调整和沿海产业升级机遇，深入实施"走出去"战略，支持现有企业提升产品质量，拓展境外市场份额。

二、提高服务保障水平，激发经济社会发展活力

积极鼓励全民创业。做大做强做活市场主体，制定政策扶持本土企业提质、扩容、增效，鼓励引进新项目、新技术、新方法，加快企业转型升级，引导开展二次创业。组织政银企对接，推进小额贷款公司建设。完善文化创意产业辅导基地服务功能，加强创业辅导队伍建设和创业技能培训，深入开展政策对接、创业咨询、创业信息、项目推介"四项服务"，扶持全民自主创业。充分发挥旅游行业协会作用，办好"幸福北戴河"春节灯会，培育冬季旅游新品牌。完善民宿行业发展奖励扶持政策，推进民宿规范化、高端化发展。扶持发展以设施农业为主导的现代高效农业，打造花卉种植集散地和现代果菜基地，发展旅游休闲观光等农业新模式，推进农业产业化、特色化发展，带动农民群众创业致富。

大力优化发展环境。做足做好国家旅

游、服务业综合改革试点和公共文化服务体系示范区建设三篇文章，力争在市场准入、企业融资、土地资源利用等方面实现突破。按照省市部署，稳妥推进以行政体制改革为重点的政府机构改革，做好上级下放管理权限的有效衔接工作，逐步完善区级事权，加快政府职能优化转变。深入开展“两转三服务”[12]活动和提素提质提效工作，全面提高政务服务效率效能。充分发挥“政务服务直通车”作用，切实为项目和企业提供全方位、高质量服务。强力推行政务服务三级联网审批，全面建成区、镇（街）、村（居）三级政务服务网络平台。开展涉企检查和收费专项治理，坚决惩治破坏投资环境行为，维护投资者合法权益。

提高财政保障能力。深化财政管理创新，提高科学化、精细化管理水平，抓好财源引进、税收征管，做大做强骨干财源，培植壮大一批长期稳定税源。强化经济运行质量分析研判，落实各项税收改革和财税体制改革。加强国有资产经营管理，盘活现有存量资产，以存量换增量，实现国有资产收益最大化。优化财政支出结构，坚持向民生事业、基层工作和困难群众倾斜。牢固树立过“紧日子”思想，严格落实中央、省市关于厉行节约的有关规定和财政财务集中管理、公物仓、公务卡管理制度改革，严控一般性预算支出和“三公”经费支出，坚决杜绝铺张浪费，保证财政资金高效运行。

三、统筹城乡一体发展，全力打造生态宜居环境

拓展发展空间。围绕打造国家级城乡一体化示范区，按照“高点定位、全域统筹、城乡一体、率先突破”思路，不断调整优化城乡一体化发展规划，尽快启动北戴河城市空间发展战略研究，并对城市规划建设用地规模和用地布局进行局部调整，进一步拓展和优化北戴河区发展空间，促进南北片区统筹发展、相互促进。完善供水、排污、电力、燃气、通信、环卫、交通和文物保护、环境保护、旅游开发、产业发展等专项规划。对城市区部分老旧小区进行调查摸底，分步实施改造，植入高端功能，有效释放发展空间。

完善基础设施。不断优化城市路网功能，推进金鸽路、金抚路、戴河二号路建设，完成鸽赤路、银涛路西段、东一路等道路和街巷改造。对联峰路、东经路、东二路、剑秋路等道路人行道进行修缮。建设“浪淘沙”主题游园，改造提升汽车站叠水景观。实施市政雨水系统和老旧片区供水改造，谋划电力保障工程，配合做好西部水厂建设和公交车“油改气”工作。深度谋划草厂片区改造，全面推进赤土山、太平庄、谢李庄等村拆迁改造。加快北部新城建设，完善北部片区水、电、路、气、讯等配套设施，建设北戴河新的城市发展功能区。

优化人居环境。全力推进近岸海域环境综合整治，深入实施新河湿地段环境整治、生活垃圾中转站改扩建、浴场功能提升等重点工程，确保入海水质持续良好。扎实开展大气污染防治行动，加快推进集中供热工程，全面加强燃煤锅炉整治、施工扬尘治理、大气质量监控、“黄标车”[13]淘汰、预警预报体系建设等工作。围绕“美丽乡村、幸福家园”定位，深入推进农村面貌改造提升，深化“四清四化”成效，以省定重点村为抓手，继续实施“五大工程”[14]，不断优化农村环境。

实施精细城管。加快完善城市管理行业发展规划、行业规范及管理标准，健全城市基础设施档案，推动城市管理从粗放型向精细化转变。依托区政府信息公开平台，整合旅游、人社、民政、卫生、公安等部门信息资源，推进智慧城市、智慧旅游和数字化城管，启动建设网络基础设施。加强沿海一线、重点区域综合秩序管理，持续加大“双违”治理[15]打击力度，着力破解城市管理顽疾。加快完善城市人性化服务设施，注重在城市建设与管理中体现人文关怀。

四、坚持服务发展并重，推进暑期工作全面提升

优质高效服务暑期。坚持把提升暑期工作水平作为贯穿全年的全局性工作，力促

年年有新变化，年年有新提升。全面提高安全警卫、市政保障、物资供应、医疗保健、卫生防疫等工作水平，着力推进海蜇蜇伤防治、暑期急救能力提升等重点涉暑项目，增强综合服务保障能力。不断优化暑期环境，深入实施绿化、亮化、美化工程，对主要道路和重要节点亮化进行提升，建成高速引线绿色通道，提升主次干道、重要节点、游园公园绿化水平。完善城市家具，新增主题雕塑，打造精品城市景观。深入开展文明城市创建，深化暑期包街综合整治，规范市场秩序，强化噪音管控，治理不文明行为，提高城市文明程度。

积极主动借助暑期。强化暑期工作“两条主线”理念，坚持借暑工作常态化，把握中央、省市一线办公指导暑期工作契机，力争在享受国家限制开发区扶持政策、增加暑期工作专项经费等方面实现突破。围绕缓解交通拥堵、保障生态环境、完善城市功能等方面，谋划实施一批重点借暑项目，力争得到更多上级配套政策和资金支持。充分借助暑期资源，主动邀请国内外知名企业集团参观考察、对接洽谈。加大项目跟踪推进力度，实现服务暑期与借暑发展互惠双赢。

五、着力改善民计民生，全面提高群众幸福指数

努力办实事惠民生。（1）完成3万平方米供暖分户改造。（2）完成2000户天然气扩户任务。（3）实施居民游园公共设施提升和小街小巷绿化升级。（4）改造提升8座城市区垃圾收集站、公厕，新建4座农村垃圾收集站。（5）为部分老旧小区安装治安视频监控设备。（6）实施5个老旧小区公共设施和绿化提升。（7）对北部8个村实施污水管网配套。（8）为全区户籍居民投保“民生保险”[16]。

努力强保障为民生。实施就业优先战略，深化重大项目建设与促进就业的联动机制，完善就业培训、项目信息、融资服务、跟踪扶持服务体系，推进就业服务水平整体提升。逐步提高城乡居民社会养老保险参保率和缴费率，按规定提高企业退休人员基本养老金标准，完善医疗保险和生育保险制度。规范城乡居民最低生活保障申报审批，将城乡低保标准分别提高至全年5400元和2500元。推进新型农村合作医疗，稳定参合率保持在95%以上，提高农村群众医疗保障水平。积极推进北部片区保障性住房四期工程建设，启动五期工程。牢固树立“稳定压倒一切”理念，以“三大建设”[17]为载体，深化网格化社会服务管理。扎实推进农村社会管理创新“六覆盖六提升”[18]工程，依法打击各类违法犯罪活动，有效净化社会治安环境。坚持抓基层、抓基础、抓重点，强化依法治访，着力化解社会矛盾。坚持不懈抓好食品安全、旅游安全、道路交通、消防安全等安全监管，营造安全生产环境。强化应急体系建设，增强各类公共突发事件应对能力。

努力兴事业利民生。加快建设“教育名区”，优化全区中小学、幼儿园布局，提高教育教学质量，高标准通过义务教育基本均衡发展县区国家级验收。扶持发展民办教育，鼓励教育主体多元化。继续推进创新型城区建设，抓好全民科学素质提升。进一步完善公共文化服务体系，完成文化馆和图书馆建设。组织好纪念毛泽东《浪淘沙·北戴河》创作60周年和轮滑节、情侣狂欢节、浪漫之夏、彩色周末等活动，充分放大城市文化品牌影响力。完成东经路、英才社区标准化建设，启动安居、车站社区达标建设。理顺基层医疗机构设置，继续推进基层卫生室标准化建设，有序推行药品零差率销售。全面落实计划生育奖扶政策，保持低生育水平。扎实开展第三次全国经济普查，做好《北戴河区村镇志》编纂工作。支持工会、共青团、老龄、妇女儿童、残疾人和慈善事业发展，做好广播电视、外事侨务、民宗、人防、档案等各项工作。

六、提升政府服务水平，努力建设人民满意政府

廉洁从政，建设清廉政府。全面落实中央“八项规定”和党风廉政建设责任制，坚决抵制形式主义、官僚主义、享乐主义和奢靡之

风“四风”问题，推进惩治和预防腐败体系建设。加强对重点领域、重大项目、重要环节的行政监察和审计监督，及时发现和纠正违规行为，严肃查处各类违纪违法案件。

依法行政，建设法治政府。自觉接受人大法律监督和政协民主监督，广泛听取社会各界的意见和建议，高质量办理人大代表建议和政协提案，努力提升依法行政水平。进一步畅通门户网站、区长公开电话、区长信箱等问政渠道，加快推进由网络问政向网络行政转化。

务实勤政，建设高效政府。落实重大事项会商机制，坚持区长月工作碰头会制度，进一步加大督查落实力度，强化过程监督和绩效管理，切实提高服务效能。加强学习型机关和公务员队伍建设，切实转变作风，强化责任意识，全面提升政府工作人员的创新能力和综合素质，提高政府执行力。

各位代表，宏伟的目标激励着我们，人民的期望鞭策着我们，美好的前景鼓舞着我们，北戴河已经开启率先发展、跨越发展的崭新征程。让我们在市委、市政府和区委的坚强领导下，万众一心，扎实苦干，锐意攻坚，砥砺奋进，为加快实现“两个率先”宏伟目标、建设美丽实力幸福北戴河而努力奋斗!

【附注】

[1]“1+4”工作格局：“1”即做好暑期工作，“4”即连续三年实施项目建设、城市提升、全民创业、城乡一体化四大攻坚年活动。

[2]“四清四化”：农村环境综合整治活动的主要工作内容，即清垃圾、清杂物、清残垣断壁和路障、清庭院，绿化、美化、亮化、净化。

[3]“三打”办公室：根据全市关于开展打击违法占地、违法用海、违法采矿工作有关部署，为加强我区相关工作，特别是打击违法占地和违法违章建设行为，我区组建的工作机构。

[4]“两条主线”作战：坚持一手抓服务暑期，一手抓经济发展。

[5]“八三”工作法：一是强化科学执政、民主执政、依法执政“三个执政”；二是做好体察民意、改善民生、凝聚民心“三项工作”；三是坚持领导干部公开接访、重点约访、带案下访“三个结合”；四是坚持清积案、消重案、化新案“三管齐下”；五是实行信、电、访受理“三位一体”；六是建立健全接访中心、信息网络、政策支撑“三大平台”；七是综合运用防范、整治、处置“三种手段”；八是实行领导班子“一把手”、其他班子成员、包案领导“三项问责”。

[6]“八项规定”：2012年12月4日，习近平总书记召开的中共中央政治局会议审议通过的中央政治局关于改进工作作风、密切联系群众的一项决议。主要内容有：中央政治局全体同志要改进调查研究；要精简会议活动；要精简文件简报；要规范出访活动；要改进警卫工作；要改进新闻报道；要严格文稿发表；要厉行勤俭节约。

[7]“四风”：即形式主义、官僚主义、享乐主义和奢靡之风。

[8]“六大双月会战”：为深入贯彻落实市委、市政府关于开展“招商引资、重点建设、城乡环境综合整治、安全稳定、发展环境”五大百日会战的部署要求，结合区情实际，区委十一届三次全委（扩大）会议决定，将5月20日至7月20日两个月时间作为重点攻坚期，强力实施引资引税、重点项目、环境整治、“双违”治理、安全稳定、发展环境“六大双月会战”。

[9]“四大攻坚年”：区委十一届四次全委（扩大）会议提出的重要工作部署，即从2013年10月启动为期三年的项目建设、城市提升、全民创业、城乡一体化四大攻坚年活动。（第6页）

[10] 细颗粒物（PM2.5）：指环境空气中空气动力学当量直径小于等于 2.5 微米的颗粒物，也称PM2.5、可入肺颗粒物。其在空气中含量（浓度）越高，就代表空气污染越严重。PM2.5粒径小，面积大，活性强，易附带有毒、有害物质，在大气中的停留时

间长、输送距离远，对人体健康和大气环境质量影响较大。

[11]“四个一”工作机制：在项目推进工作中，严格落实一个投资主体、一个责任主体、一个项目秘书、一个项目区领导推进机制。

[12]“两转三服务”：转变职能、转变作风，服务大局、服务基层、服务群众。

[13]“黄标车”：有六项认定条件：一是污染物排放达不到“国Ⅰ”标准的汽油机动车；二是污染物排放达不到“国Ⅲ”标准的柴油机动车；三是2000年年底前注册登记的汽油机动车；四是2007年年底前注册登记的柴油机动车；五是1996年以前出厂的国产机动车；六是1998年以前出厂的进口机动车。

[14]“五大工程”：农村面貌改造提升工作中五项重点任务，即大力实施“环境整治、民居改造、基础设施配套、公共服务提升、生态环境建设”五大工程。

[15]“双违”治理：治理违法占地和违法违章建筑。

[16]“民生保险”：中国人民财产保险股份有限公司秦皇岛市北戴河支公司针对我区户籍居民推出的一项保险产品，包括见义勇为救助补助和自然灾害公众灾后补偿两项内容，主要为在保险期间内，投保人因见义勇为或自然灾害导致的人身伤害事故进行保障。

[17]“三大建设”：即平安建设、法治建设、政法队伍建设。

[18]“六覆盖六提升”：六覆盖，即实现农村基层党组织、基层民主组织、经济合作组织、综治维稳组织、文化组织和社会保障组织全覆盖；六提升，即提升农村党组织凝聚力和战斗力、民主管理和村民自治能力、服务农村经济发展能力、排查化解各类矛盾纠纷和治安防控能力、公共文化服务能力和民生保障能力。

稿件来源：北戴河区人民政府办公室

提振信心 夯实责任
全力推动经济发展实现新突破

——在北戴河区2013年经济工作会议上的讲话

（2013年4月7日）

北戴河区人民政府区长　刘学彬

同志们：

今天会议主要目的是，客观分析当前全区经济工作面临的形势，安排部署今后一段时期的经济工作任务，进一步提振信心、鼓足干劲、传递责任、加压奋进，确保完成全年各项经济目标任务。

一、清醒审视全区经济工作的形势

客观分析和准确把握当前形势，是做好经济工作的前提和基础。开展工作不分析形势，就等于低头拉车，不仅没有方向，没有目标，更没有动力、没有希望。对于我区当前的经济形势，大体可以概括为三句话。

一是奋力爬坡、平稳前行。2012年，我们积极应对经济下行压力和税收体制调整的影响，狠抓工作落实，在困境中实现了经济的平稳增长，圆满完成了经济工作任务。全年完成地区生产总值38.80亿元，增长10.20%；全部财政收入完成8.80亿元，公共财政预算收入完成4.20亿元，分别增长0.40%、0.20%，剔除财源政策性外移等不可比因素后，分别增长23.90%、22.60%；全社会固定资产投资完成40.90亿元，增长20.40%；城市居民人均可支配收入、农民人均纯收入分别达到24911元、10681元，分别增长12.40%、12%。今年第一季度，面对经济继续下行的异常严峻形势，我们果断采取措施，强力组织调度，基本稳住了局面。初步统计，全区财政收入完成2.56亿元，占全年预算的26.30%，超过进度1.30个百分点；固定资产投资完成11亿元，同比增长11.30%左右；规模以上工业企业实现增加值9000万元，同比增长14%左右，在困难重重、压力加大的情况下，各项主要经济指标基本实现了“首季开门红”，充分说明全区各级各部门在经济工作上动了脑筋、下了功夫；说明我区项目建设、园区发展、招商引资等工作取得了新的成效；说明我区经济发展的内生动力正在不断得到激活，应该说是个不错的开端。

二是形势严峻、压力不小。总体来看，当前经济下行压力依然很大。今年我们虽然实现了“首季开门红”，但运行确实艰难。仅就财政收入而言，第一季度就比去年同期减收3477万元，同比下降12%，其他主要指标也不容乐观，经济发展低迷状态仍未得到根本好转，就全年来看，应该说完成全年目标任务压力前所未有。客观讲，全区经济运行困难的原因是多方面的，但有两个方面的问题首先应该关注：一是经济基础还相对脆弱。我区经济总量相对偏小，缺乏稳固强大的支柱产业，一旦受到总体经济形势的不利影响，经济发展就会出现较大起伏，抗风险能力较弱。比如我们的财政收入对房地产行业依赖度较高，随着房地产行业的整体低迷，加之区内注册、区外开发的10家重点房地产企业税收政策性外移，我区的主体税源就遭受了巨大冲击，财政收入受到严重影响。二是经济结构还不够优化。也可以说是产业层次发展不够高。截至去年年底，我区三次产业结构比为3：19：78，应该说这是个较为合理的结构。但产业结构比的合理，并不能说明结构是优化的。比如以旅游为主的三产服务业，整体发展水平还较为低下，主要还是观光游和低端旅游，低层次的发展模式尚未得到根本转变。即使人数达到了600余万人次，但对经济贡献率还不够大。再如二产中高新技术产业所占比例也比较低，企业提升发展的空间还很大，贡献率也不大。也就是说，我们调整结构，促进升级，做大做强富民强区的主导产业任务还十分艰巨。

三是机遇良多、优势明显。一是战略优势。国家实施环渤海、京津冀“两圈”战略力度加大，特别是我省实施的沿海开放战略也已上升为国家战略，我们可利用的各类优势资源正在集聚，为我们实现借力发展提供了良机。二是政治优势。近期省、市各级领导班子换届前后，对我市的整体发展进行了重新审视和定位。对于我区经济定位发展，省、市领导也相继提出了新的要求。特别是区委十一届二次全委会提出的“一条主线、三篇文章”的总要求，与省、市提出的新思路、新要求高度合拍，又极具超前性和可操作性，为我们进一步明确了前进方向和奋斗目标。三是暑期优势。通过服务暑期实现借力暑期，一直是我们加快发展的独有优势。随着上级对北戴河关注程度的持续提高，势必将为我区发展提供更多的倾斜与支持。特别是我们三个国字头的试点工作，只要我们紧盯不放，一定会通过借助暑期实现突破，为全区经济社会发展提供强大助力。四是环境优势。北戴河优良的生态资源和环境质量，是我们特有的竞争优势。近期，北京、天津等大城市雾霾天气持续增多，环境问题特别是空气质量令人堪忧，众多企业和投资者必然对生产和生活环境提出新要求，这对我们来讲也许就是机遇。因此，我们一定要抢抓机遇，打好环境优势这张牌，千方百计吸引更多的总部企业和高端产业落户我区。五是基础优势。经过多年的发展，我区的经济实力稳步增强，环境优势日益凸显，社会事业繁荣发展，社会环境和谐稳定，这些都为我们加速发展奠定了坚实基础。同时，我们还有一支特别讲政治、特别能吃苦、特别能战斗的干部队伍，这些都是我们实现跨越发展的内在优势。这些优势叠加在一起，一定会形成强大的合力，一定会助力我们走出暂时困境，实现跨越发展。我们必须要抢抓机遇、发挥优势、提振信心、强化责任，采取更加有效的措施，付出更多的艰辛和努力，以不达目标誓不罢休的精神，推进经济工作实现新的突破。

二、准确把握全区经济工作的重点

在当前这种形势下，我们的经济工作要实现困境突围，必须深入分析研究，选准突破口，牢牢把握各项工作重点：要完成加快产业升级的目标，必须做强支柱产业、培育高新产业、打造特色产业；要完成财政收入增长的目标，必须强化项目支撑、开拓财源、优化结构；要完成对外开放和招商引资的目标，必须对内优化环境、对外加强宣传，建载体、搭平台，吸引域外经济要素加速聚集。具体来讲，全面完成今年的各项经济工作任务，要突出抓好以下十项重点工作。

一是全力抓好总部经济。发展总部经济符合我区产业定位和发展实际，有助于加快产业结构升级和迅速壮大区域经济实力。要把做大做强总部经济，作为推动城市转型的重要战略，立足区情，瞄准“中”字头的大企业、大集团和跨国公司、500强企业，集中优质资源、积极创造条件、完善配套政策、健全保障措施、强化跟踪服务，吸引其将研发中心、营销中心、培训中心、采购结算中心等职能总部设在我区，力争年内不少于5家国内知名企业分支机构入驻。要充分发挥各种资源优势，大力引进煤炭营运、建筑地产、船运、船舶设计、钢铁和铁精粉销售、文化创意及网购企业，不断扩大总部经济规模。要加快推进总部基地项目建设，支持五兴船务、力量能源等入驻企业实现正常运营，促进总部经济集群长效发展。

二是大力发展以高端旅游为主的现代服务业。一直以来，以旅游业为主的传统服务业都是我区的基础产业，但是发展水平不高、支撑能力不强、财政贡献不大，还未能成为既富民又强区的支柱产业。今年我们起码要抓实以下几件事：一是切实加快乔庄度假庄园、喜来登五星级酒店、华贸松石滩国际球会俱乐部等高端旅游项目建设，确保暑期前投入使用，靠高端项目拉动产业向高端发展。二是要积极推进休疗单位的升级改造，充分挖掘各休疗养院的特色旅游资源，丰富我区的旅游产品内涵，靠特色和品质来拉动产业升级。三是要认真学习借鉴乌镇等先进地区的管理经验，充分依托协会组织，加强对民宿行业（即家庭旅馆）的服务与管理，指导和扶持更多的家庭旅馆上档升级，打造乡村游知名品牌，提升产业综合竞争力。四是突出重点，持续加大对景区景点的升级改造力度，打造精品景区。并通过实施智慧旅游项目，提升服务水平。五是要按照高起点规划、高标准设计、市场化推进的原则，深度谋划建设3个旅游综合体项目，加快实现从观光游到休闲度假游的本质升级。在此基础上，积极引进金融保险、现代物流、会展商务、会计审计、法律服务、广告策划等现代服务产业，加快建设现代服务业示范区。

三是精心培育高新产业。首先，坚持存量优化的原则，加大对我区既有49家各类生产性企业的挖潜扶持力度，积极支持其向高、精、尖转型，全面提升企业市场竞争力。要重点扶持以海铭泰信为代表的服务外包产业、以兰德科技为代表的物联网及新能源产业、以大开电子、朗斯测试为代表的检测技术等高新产业。其次要按照增量做大的原则，紧密对接国家、省战略性新兴产业规划和政策，瞄准央企和大民企，加强与中科院、燕山大学、东北大学等科研院所的合作，增强企业高新技术研发能力和应用水平，大力培育新材料、新能源、新技术等高新环保产业。

四是强力打造特色精品园区。特色精品园区是经济发展的重要载体。今年我们要着力推进五个园区建设。一是要抓好北戴河信息产业园招商，加强规范化管理和跟踪服务，尽快形成新的增长点和税源。二是要加快华贸海滨会馆一期招商和二期开发建设，培育功能齐备的知名企业总部区。三是要推进以国家画院北戴河分院、动漫基地和文化艺术品交易中心、歌华营地等为主要内容的怪楼文化产业园项目建设，核心项目艺文文化产业园今年要有实质性进展。四是要全面启动北京歌华集团国家文化融合创新示范区项目，力争尽早开工建设。五要抓好新华创投企业总部基地建设，尽快实现新华水利水电投资公司总部的入驻运行，为创投企业入驻打造范本。

五是积极发展高效特色农业。要坚持以“一产抓特色”为核心，加快农业结构调整，退出传统大田作物种植，改种高效无公害绿色蔬菜、优质林木果品和特色花卉，实现由大田作物向高效特色经济作物转化、由林木果品生产向休闲采摘和苗木基地转化、由露地蔬菜栽培向优质高效节能的设施蔬菜栽培转化、由初级农产品向深加工产品转化，建设特供型食品供应基地、旅游型生态观光基地、设施型种植基地和深加工型产业化基地。要严格养殖业管控，根据我区城市发展规划和保护生态环境要求，逐步压缩畜禽养殖范围和规模。要加快培育壮大龙头企业、家庭农场、农业公司等新型农业生产经营主体，打造北戴河自有的农业品牌，促进农业企业集群式发展，全区农业产业化经营率年内要提高2个百分点以上。

六是狠抓重大项目建设。项目是经济发展的根本抓手。项目建设的力度决定发展的速度，项目建设的水平决定发展的质量。对于今后一段时期的项目工作，年初以来，区委、区政府先后下发了《2013年度重点项目责任分解表》《2013年度北戴河区重点涉暑工程责任分解表》《2013年重点借助暑期项目任务分解表》《2013年重点产业项目任务分解表》等几个项目建设责任分解表，涉及各类项目50余个，责任已经很清楚。各责任部门和单位要按照时限要求和进度安排，责任到人，强力组织推进。在此基础上，发改部门要不断完善项目库，按照开工一批、推进一批、竣工一批、谋划一批的原则，有序推进项目落地，增强经济发展后劲。

七是深度扩大对外开放。目前，单就经济份额来看，我区的经济发展外向度较高，但层次较低、也不稳定。一要进一步面向京津，继续深化与北京CBD的战略合作，加强与政府部门、休疗单位、行业协会等机构的联系，争资金、争项目、争人才、争智力。二要坚持走高端，盯住大企业、大集团，动态跟踪、深度合作，承接产业梯度转移。三要充分发挥临港优势，借助临港资源，深入分析临港产业特点，全面摸清产业链企业的情况和底数，结合我区的产业定位，有针对性地开展招商引资，集聚优势产业，打造集散平台。四要对标沿海开放前沿的长三角、珠三角经济圈，认真借鉴先进地区的经验和做法，完善人才、个税等方面的奖励优惠政策，增强区域经济发展的吸引力和竞争力。

八是全面加强财源建设。财税工作是保民生、保运转、保建设、保发展的重要基础。面对当前异常严峻的财政形势，全区各级各部门要不断强化责任意识，站位全局，主动作为，认真落实招商引税责任制，全力抓好财税工作。要坚持综合治税，强化重点税源管控，优化税源结构，增强财政收入的稳定性和持续性。要准确把握调控政策，加大项目申报和政策性资金争取力度，增强政府可支配财力。要加强国有资产运营管理，加快运作条件成熟的储备资产，确保国有资产保值增值。要严格执行政府投资项目资金管理和评审办法，规范资金使用程序，确保项目和重点部门资金使用依法有序。要牢固树立过“紧日子”的思想，认真执行厉行节约的有关规定，从严控制一般性支出。

九是加快推进城乡一体化进程。要围绕“高点定位、全域统筹、城乡一体、率先突破”的思路，着力打造城乡建设布局科学、经济要素高效流通、生活空间相互融合、基础设施互融共享、公共服务均衡同质的城乡一体化新格局。要突出规划先导，树立城乡等值化理念，高起点、高标准编制北戴河区城乡一体化专项规划和全区域基础设施建设规划，统筹做好重点区域的绿化、亮化和交通、城市色彩、水环境治理等专项规划。在大力推进旧村改造的基础上，以北部新城和幸福乡村建设为载体，推动水、电、路、气、热、通信、垃圾处理等市政配套向农村延伸，统筹完善城乡基础设施，增强经济发展的承载力。

十是举全区之力加强开发区建设。开发区是我区经济建设的“主战场”。为进一步加强开发区建设与发展，区委、区政府在会上印发了《关于进一步加快开发区发展的意见》，总的原则就是进一步明确开发区建设的指导思想、发展定位、发展目标以及相应的配套措施，按照区区一体的发展思路。充分发挥和进一步完善开发区的经济发展载体和平台功能，激发经济发展的活力，增强经济发展的动力。全区各级各部门要不断强化“支持开发区就是支持全区发展”的理念，在资金投入、政策机制、人员配备等各个方面给予全力支持。开发区也要进一步增强主动意识，敢于担重担，提高唱主角打硬仗的意识和能力，在全区经济发展中有大作为和新贡献。

三、突出抓好经济工作措施的落实

要圆满完成全年各项经济目标任务，关键取决于精神状态、工作劲头和工作作风，关键取决于所定的措施能否真正落到实处。

一要细化责任、传递压力。今天会上，区委、区政府已经将主要经济指标、招商引税、项目建设、借助暑期等重点经济工作任务进行了责任分解。这是区委、区政府向大家下达的硬任务，不能讲条件，不能打折扣，年底要查账，要交账。大家一定要清醒认识、严肃对待、深入研究。要切实感受到负重感、责任感，为肩上的担子如履薄冰、寝食难安，真正扑下身子，从一个一个项目、一项一项工程、一件一件实事抓起，从改善基础条件、优化投资环境、提供优质服务抓起，一天不误、一刻不等地抓紧、抓实，真正抓出成效。各部门和单位要把承担的责任进行细化分解，明确进度安排，落实岗位人头，层层传递责任，层层传递压力，确保每件事、每项工作都有人抓、有人管、有人负责落实到底。

二要高效联动、强力督查。全区上下要牢固树立推进经济工作的全局观念，加强部门联动，强化协调配合，形成齐心协力抓经济的良好局面。各部门特别是与重大项目推进关系密切的单位，要站位全局，服从大局，既要各负其责、各尽所能，又要相互支持、相互补台，坚决杜绝推诿扯皮现象的发生。主要经济部门作为重大项目的主体推进部门，不仅要完成好本部门的工作任务，更要统筹协调全区重大项目推进工作，主动与相关部门、单位沟通联系，加强对重大项目的全方位服务、全过程跟踪，做到动态管理、联动推进。督查部门要切实发挥职能作用，建立督查推进机制，完善督查台账，对重点工作进展情况，特别是针对今天会上下发的几个任务分解，要适时开展专项督查，及时发现问题、通报情况、提出建议，确保各项工作积极有序推进。

同志们，发展未有穷尽，奋斗永不言止。做好今年的经济工作任务艰巨、使命光荣。让我们以更加奋发有为的精神状态、更加行之有效的工作措施，坚定信心，迎难而上，务实创新，真抓实干，全力夺取今年经济工作的新胜利！

稿件来源：北戴河区人民政府办公室

专 题

创新体制机制 加快要素聚集
全力推进美丽实力幸福北戴河建设

科学的体制机制是推进工作创新、提高各项工作科学化水平的重要保证。长期以来，北戴河区在改革发展进程中，经济、社会各个领域初步形成了较为完善的体制机制。但随着国情、省情、市情的变化，对工作体制机制的完善程度提出了新的要求。特别是省、市全委（扩大）会议以来，北戴河区紧紧围绕推进新一轮跨越发展，将体制机制创新贯穿于经济建设、城市管理和民生事业等各个方面，着力解决影响和制约发展的体制障碍和深层次矛盾，激活各种创新要素和资源，加快推进美丽实力幸福北戴河建设步伐。

一、以转型升级为目标，创新经济跨越发展体制机制，强力推进实力北戴河建设

（一）坚持政策扶持，经济总量提升实现新突破。围绕高端旅游、总部经济、文化创意、高新技术四大经济增长点，创新工作思路，落实政策扶持，经济总量稳步提升。一是打造总部经济高地。把做大做强总部经济，作为推动城市转型的重要战略，整合利用北戴河老别墅资源，制定《北戴河区鼓励投资和设立总部企业的扶持政策》，瞄准“中”字头的大企业、大集团和跨国公司、500强企业，健全保障措施、强化跟踪服务，吸引其将研发中心、营销中心、培训中心、采购结算中心等职能总部设在我区。实施“20家央企、20家民企、20家外企”进驻北戴河战略，力争年内实现5～10家企业入驻的目标。二是强化招商引资引税。根据北戴河的特殊区位优势，积极对接京津，引进人才、技术和项目，巧借外力、融合发展。制定《北戴河区招商引资中介人奖励办法》，深化与北京CBD的战略合作，加强与政府部门、休疗单位、行业协会等机构的联系，争资金、争项目、争人才、争智力。在项目选择上，坚持高端，盯住大企业、大集团，动态跟踪、深度合作，承接产业梯度转移。充分发挥临港优势，结合我区的产业定位，有针对性地开展招商引资，集聚优势产业，打造集散平台。三是建设精品产业园区。坚持区区一体、一区多园的发展思路，制定《关于进一步加快开发区发展的意见》，充分发挥和进一步完善开发区的经济发展载体和平台功能，激发经济发展的活力，增强经济发展的动力。强力推进北戴河信息产业园、企业总部区、怪楼文化产业园、北京歌华集团国家文化融合创新示范区、新华创投企业总部基地等五大特色精品园区建设和招商，为区域经济发展搭建新的载体。四是增强财政保障能力。强化财税监督和管理，坚持优化存量、引进增量、扩大总量，强化财税收入征管和重点税源监控，科学挖掘增收潜力，促进财政收入科学合理增长。制定印发《北戴河区政府投资项目资金管理办法》《预算绩效评价管理实施办法》《财政投资评审管理办法》，严格财政资金管理，把好重大资金审核关，实现资金使用效益最大化。

（二）坚持资源整合，产业融合发展实现新突破。实施“旅游兴区”战略，深挖特色旅游资源，强力引进高端旅游项目，促进文化、体育、农业等与旅游业的融合发展，全方位加快旅游产业转型升级。一是大力发展高端旅游项目。本着科学规划、合理开发的原则，整合各类旅游资源和优势，大力开发、建设面向国内外高端游客需求的旅游项目，相继实施了喜来登酒店、华贸松石滩国际球会俱乐部等一批高端旅游项目，项目建成后将有效拉动旅游产业向高端化发展，大幅提升北戴河旅游产业的品质和内涵。积极推进休疗单位、景区景点升级改造和沿街外立面欧式风格景观化改造，深度谋划建设旅游综合体项目，加快实现从观光游到休闲度假游的本质升级。二是加快文化体育事业发展。坚持走文化体育与旅游融合发展之路，将历史文化内涵和现代时尚元素有机结合，主打“运动之春、浪漫之夏、时尚之秋、休闲之冬”魅力四季品牌，突出北戴河的文化体育旅游格调。打造怪楼文化艺术产业园区，河北画院北戴河分院、梅墨生艺术馆、秦皇岛歌华营地等文化园区，做大做强北戴河文化创意产业品牌。连续多年成功举办轮滑节、北戴河铁人三项赛、“情侣狂欢节”、俄罗斯风情演出、国际摄影艺术节、“海上生明月”大型演出等系列体育文化品牌活动，有效拉动旅游产业发展。三是打造休闲观光农业品牌。将休闲观光农业作为现代农业发展的新方向，深度挖掘休闲观光农业资源、田园生态景观资源和农村人文资源，使一、三产实现良性互动发展，经过多年努力已形成以集发观光园为代表的一批休闲农业示范点。集发观光园将现代高科技农业示范与旅游观光融为一体，是全国首家国家级生态农业4A级景区和全国农业旅游示范点，带动周边多个村庄开展农家乐民宿接待服务，农民收入增长明显。今年以来，我区学习借鉴乌镇等先进地区的管理经验，加强对民宿行业的服务与管理，打造乡村游知名品牌，提升产业综合竞争力。

（三）坚持特色引领，农业产业发展实现新突破。我区区域面积不大，农用地较少，农业发展始终坚持在特色上找出路、在品种上做文章、在优质上下功夫、在高效上求突破。一是转变农业发展方向。结合我区实际制定出台《关于加快发展特色农业的实施意见》，提出利用三年时间，基本实现“1344”总体目标。“一退”即退出单茬玉米等传统大田作物种植。“三种”即种植高效无公害绿色蔬菜、优质林木果品和特色花卉。“四转化”即由大田作物向高效特色经济作物转化、由林木果品生产向休闲采摘和苗木基地转化、由露地蔬菜栽培向设施蔬菜栽培转化、由初级农产品向深加工产品转化。“四特色”即建设特供型食品供应基地、旅游型生态观光基地、设施型种植基地和深加工型产业化基地。二是调整种植业结构。将退出一次性单茬玉米等传统大田作物，作为调整种植业结构的重要举措，从区内主要迎宾线路及主干道路沿线两侧入手，按照宜果则果、宜菜则菜、宜花则花的原则，实施“退粮进经”、“退粮进特”工程，大力发展高效无公害绿色蔬菜、高品质果品花卉苗木、高档次休闲观光农业，培育特色鲜明的农业产业集群。三是鼓励农业科技创新。将健全农业科技支撑体系，作为发展特色农业、促进农民增收的重要抓手。完善三级农技推广网络，实施北戴河集发生态旅游观光农业关键技术引进与示范项目，组建农业高新技术成果示范基地，设立科普惠农服务中心和农业技术传播站，加快科技成果的产业化和商品化，使科学技术快速转化为生产力。发挥农业龙头企业和农业科技特派员作用，引进新品种、新技术，引领带动农户发展特色农业、现代农业。

（四）坚持服务优质，发展环境优化实现新突破。以建设服务政府、责任政府、法制政府为目标，进一步创新政府管理方式，转变政府职能。一是转变政务服务方式。不断完善政务服务网络，将两镇、两街政务服务中心纳入区政务中心管理，并在各村、居建立便民服务室，在全市率先实现了四级联动的政务服务网络全覆盖。创建行政审批“绿色通道”，推行网上审批和网上办公，建立健全工商注册登记、产权交易、固定资产投资三条帮办流水线。为重大项目建设开通政务服务“直通车”，加强与上级主管部门联动，落实联合踏勘、联合指导、联合方案会审、施工图联合审查、联合竣工验收等全过程联合审批制度。二是大力规范行政行为。落实行政审批制度改革，减少和规范行政审批事项，优化办事流程，提高审批效率。强化行政执法监督，严格落实行政执法责任制和责任追究制，严肃整治行政不作为、慢作为和乱作为，坚决查处破坏发展环境的人和事。建立健全公众参与、专家论证和政府决策相结合的行政机制，进一步提高决策的科学化和民主化水平。三是实行编制动态管理。按照“控制总量、盘活存量、动态管理”的原则，打破编制归部门或单位所有的观念，根据机关事业单位职责任务和机构编制执行情况，在编制总量内实现有减有增、动态调整，确保重点工作及引进高层次急缺人员等用编需求。对职责弱化、任务减少或即将撤销、合并、改革改制的部门或单位，人员实行“只出不进”并逐步核减编制；对职责任务增加的部门或单位，给予编制优先支持。

二、以城乡统筹为导向，创新城市建设管理体制机制，强力推进美丽北戴河建设

（一）规划编制高端化。多年来，我区始终坚持规划先行，维护规划刚性，配合全市完成《秦皇岛市城市总体规划》，编制完成《北戴河区控制性详细规划》《北戴河城乡一体化发展规划》《西五村欧式风情小镇规划》《北戴河整治提升规划》，委托美国SASAKI公司编制了《北戴河区战略性城市设计》，确立了“一区两城三板块”的城市发展战略（“一区”即北戴河区，“两城”即南部现有城区和北部新城，“三板块”即南部现有城区分为东部生态观光区、中部旅游度假区、西部商务休闲区三个功能板块）和人口向社区集中，工业向园区集中，耕地集中整合的“三个集中”原则。在建设发展过程中，严格按照规划确定的空间布局、建设标准、建筑风格和建设时序，扎实推进城市建设、旧村改造、新民居建设等方面工作。

（二）城乡建设同步化。统筹完善城乡基础设施，推动水、电、路、讯、气、热、垃圾处理等市政基础设施向农村倾斜。在全面保障饮水安全的前提下，深化农村饮水安全工程，加快推进自来水管网建设，逐步用自来水取代地下水。实施污水管网延伸工程，完成西北部污水入网二期、污水八号泵站管线铺设和新驼峰路污水入网工程，全区52%的村庄实现了污水入网。将农村天然气供应纳入城市燃气事业发展规划，逐步完善北部新城及新民居组团的天然气供应管网。依托西部快速路建设，实施热电联产集中供热管网铺设，主管网已进入我区，将分别向南部建成区和北部新城铺设。统筹城乡电力设施建设，将北部新城片区电力设施建设列入城市建设重点项目，在确保家庭用户通电率100%的基础上，保障各项产业用电。不断提升地方道路路网密度，按照城市道路标准，逐步提升地方道路技术等级水平。实施有线电视和互联网入户工程，积极推进农业信息化，建立电视、电话、电脑“三电合一”的农业综合信息服务平台。

（三）市政管护市场化。创新市政设施管护方式，引入市场竞争机制和企业管理方法。园林绿化实行方案设计、组织施工、后期养护全过程市场化运作，通过招投标确定实施公司。制定《北戴河区城市园林绿地养护考核办法》和《北戴河区城市园林绿地养护考核实施细则》，明确具体职责和奖惩办法。全区亮化管护工作实现了人防与技防的有机结合，由亮化维修公司负责在暑期前对全区亮化设施进行全面检查维修，亮化社会司启用后，由专业公司负责24小时看护，防止亮化设施丢失。在亮化智能控制箱内设置智能报警系统，提升了设施管护效果。为巩固近岸海域环境综合整治成果，我区组建了一支市场化运作的河道保洁队伍，对戴河、新河明确重点河段任务，对保洁任务完成较好者，每季度及时拨付经费，完成较差者削减经费直至清理出队伍，确保河道环境长期保持良好。

（四）城乡环卫一体化。根据暑期服务保障工作需要及居民对生活质量要求的提高，我区持续加大环卫基础设施建设投入力度，已建成覆盖全区的生活垃圾收运网络。各村以近岸海域环境整治农村清洁工程为契机，通过政府拨款、村民自筹等方式，有效破解农村环卫设施、卫生管理资金紧张问题，村内各类环卫设施逐步完善。全区92%的农村建立了环境卫生长效保洁机制，各村结合实际通过分区划片、责任到人、限时清运等方式，全面加强村内道路、沟渠及周边区域的清扫保洁。生活垃圾采取“户分类、村收集、镇组织、区转运”的处理模式，基本实现了日产日清。

（五）城市管理规范化。探索创新城市管理方式，充分整合北戴河数字旅游、数字城管等信息化资源，加强城市精细化、标准化、信息化管理。推行城市综合管理包街制度，全体县级干部和部门单位1800余人，分组对23条主要街道实行分包责任制，对环境卫生、社会治安、经营秩序进行全面整治，规范暑期城市秩序。加强城乡结合部和农村市容秩序管理，实行城市管理权力下沉，在两镇分别成立城管中队，负责辖区环境秩序、经营秩序的管理。建立健全社会参与公共服务机制，加快培育行业协会、商会等社会团体，着力发展民间服务、志愿者、中介机构等各类居民服务组织，共同参与社会管理。

三、以改善民生为根本，创新社会事业发展体制机制，强力推进幸福北戴河建设

（一）搭建就业服务保障平台。针对当前劳动就业形势，结合旅游产业、重点项目用工需求实际，我区以推进就业服务保障平台建设为突破，不断探索完善就业服务的新思路、新方法，多渠道提供就业岗位。一是夯实基层就业服务基础。全区两镇、两街和9个社区分别设立了劳动保障服务所（站），全区劳动力可就近享受职业指导、职业介绍等免费就业服务。对全区5万余名城乡劳动力信息进行了实名制登记，并借助金保网信息平台，定期收集、公布就业岗位信息，实现了就业信息的互通共享。二是探索联合办学模式。为了有效缓解本区未能升入普通高中学生和职业技能学校毕业生长期就业问题，同时为区内重点项目储备人力资源，我区与秦皇岛职业技术学院签订联合办学协议，区财政每年出资20万元，根据我区人才需求情况，在学院开设了旅游服务与管理、电子自动化2个专业，面向本区招收三年制中专学生30人，为从源头解决我区较低学历人员就业问题进行了积极有益的探索。三是组织对口技能培训。根据区内岗位需求情况和劳动力自身特点，确定了以旅游服务为重点的短期培训方向，与集发公司等单位签订培训协议，根据企业用工需求，开设园林园艺、酒店服务、保安等岗位培训课程，学员培训结业后可就地转移就业。

（二）搭建教育均衡发展平台。为推进全区教育工作“均衡、特色、精品”发展，我区在全省率先提出了“区域教育现代化”的发展规划，通过狠抓“四个提升”，扎实推进城乡教育高质量均衡发展。一是提升硬件标准。以推进标准化、品牌化学校建设为目标，先后实施校安工程和标准化学校建设工程。大力实施教育品牌战略，抓实搞好特色学校创建工作，努力实现“一校一品一特色”办学格局，深入推行“一托二”的联合校管理模式。二是提升软件实力。以打造高素质、高水平师资队伍为目标，着力加强师德师风建设，改革选任机制，实施城乡教师交流工程。深入实施“研训一体化”战略，广泛开展区域教研、联片教研、校本教研。三是提升课改实效。积极开展“走出去、请进来”外出学习培训活动，在教育发达地区建立教师培训基地，借鉴洋思中学和杜郎口中学的先进教育理念和教学模式，不断加强课改机制建设。四是提升素质水平。广泛开展科技节、体育节、读书节、艺术节“四节”活动，大力提高学生的综合素质。进一步完善学生评价机制，全区中、高考各项指标逐年上升。北戴河区教育城乡一体化均衡发展工作走在全市前列，荣获全市首个“省义务教育均衡发展先进县（区）”称号，成为全市首个通过省“普高”验收的县区和省首批综合实践活动课程实验区以及全市唯一的“省县域基础教育教学改革综合实验区”。

（三）搭建社会保障救助平台。通过整合利用社会资源，探索新的保障机制和措施，我区基本建立了与区情相适应、覆盖城乡、规范完善的社会保障救助体系。一是建设全省首个市场机制五保供养中心。采取政府出资、企业提供服务的方式，整合集发观光园资源，建设了北戴河区集发生态供养中心，为集中供养人员提供衣、食、住、医、葬等服务，此供养模式在全省尚属首例。二是持续扩大社会保险覆盖范围。继续开展“企业未参保退休人员”纳入基本养老保险等各项补缴工作。印发《北戴河区城镇职工生育保险暂行办法》，我区城镇职工生育保险工作全面展开。将新型农村社会养老保险和城镇居民社会养老保险合并为“北戴河区城乡居民社会养老保险”，顺应了城乡一体化发展要求，为农村参保人员提供了更丰富的参保选择。三是超前完成养老机构升级建设。区政府出台了《北戴河区老龄事业“十二五”发展规划》，我区目前每千名老人已经拥有福利机构床位数60张，超过省《老龄规划》中要求的到十二·五末每千名老人拥有福利机构床位数30张的标准，提前超额完成了省级养老机构建设任务。

（四）搭建平安社会创建平台。我区以“平安建设”为统揽，以基层网格化社会服务管理工作为抓手，按照“网格全覆盖、条块大融合、机制再创新、责权再明晰”的工作要求，实施“五个抓实”。一是抓实组织领导。先后出台《北戴河区关于网格化社会服务管理创新工作的实施意见》《北戴河区基层网格化社会服务管理人员考核奖励暂行办法》，从组织和制度层面为基层网格建设提供了保障。二是抓实网格单元。按照“属地管理、便于服务、街巷定界、规模适度、无缝覆盖、动态调整”的原则，将休疗养院所、宾馆等特种行业、沿街门店、学校、厂企、复杂场所等全部纳入网格管理范畴，形成了无缝对接的社会管理网格。三是抓实网格队伍。发挥基层组织作用，由村（居）干部兼任网格长，将“40、50”专职治安员配属社区，担任专职网格长，由社区民警担任网格指导员，实行“一静一动”巡逻模式。四是抓实网格机制。健全完善“中心+网格”服务管理体系，镇（街）建立网管指导中心，村（居）建立基层网管中心，实行“日、周、月”工作制度。依托北戴河政务信息网和区长公开电话，实现三级网格管理平台互联共享。建立网格激励机制，量化考核，兑现奖惩，最大限度地调动工作积极性。五是抓实网格防控。将社会面整体细分为20个防控区域，在社会面重点部位建立监控探头234个，实行24小时专人值守，形成了“点线面、人防技防相结合”的立体治安防控体系。今年，投入170万元，在老旧小区安装视频探头30个。争取上级技防经费70万元，打造育花路、东山、安居3个科技防范示范社区。

稿件来源：北戴河区人民政府办公室

抢抓机遇 乘势而上
发挥环京津优势推进区域经济发展实现新突破

（2013年4月15日）

从新的历史阶段上看，现在全国梯次发展的经济浪潮正从珠三角、长三角向渤海湾拍岸而来，中央已经把加快环渤海地区发展作为重大战略举措，京津冀都市圈正在成为继“珠三角”、“长三角”之后我国新的经济增长极，拥有环京津、沿渤海独特优势的河北，实现更好更快更大发展适逢其时、机遇前所未有。对我省来说，随着京津冀一体化进程加速，可以更多的利用京津的人才、技术、资金等资源，放大自己的优势，实现比较快的总量扩张和质量提升。我区将进一步抢抓机遇，充分发挥自身优势，主动融入京津冀经济圈，积极参与区域经济合作，推进区域经济更快发展。

一、充分发挥环京津优势，必须解放思想、更新观念

环绕京津是我省独有的优势。但能不能把这一优势用好用活用足，在很大程度上取决于我们用什么样的思维理念审视京津，用什么样的方式整合和利用京津的优质资源。从一定意义上说，能不能将京津的优质资源为河北所用、为我区所用，关键取决于我们自身思想解放的程度。我区将以当前全市正在开展的“树、讲、聚、促”大讨论和区内开展的“解放思想、更新观念、再创辉煌”主题活动为载体和抓手，着力破解思想上的桎梏和瓶颈。一是牢固树立绿色发展理念。国家从推动区域经济快速协调发展的大局出发，将打造首都经济圈纳入“十二五”规划。河北如何与首都经济圈发展对接？我省提出建设“环首都绿色经济圈”战略，体现了我省在对接京津中的准确定位。突出“绿色”，才会对首都各种高端优质要素最具诱惑力、吸引力，才有可能争取到京津和国家部委更多的关注和支持，才有可能从中得到更多合作借力的发展机会，进而在发展“绿色经济”竞争中抢得先机，实现跨越式发展。北戴河区作为百年旅游胜地、当代夏都，在生态品牌、生态理念上有得天独厚的优势。我们需要进一步发挥这一优势，依托生态品牌吸引人气、汇聚财气，将生态品牌作为打造经济强区的环境、资源和优势。二是着力吸引京津生产要素集聚。各地招商引资的成功实践无不告诉我们，强化服务，从服务突破并努力做到极致，才是吸引京津资源最现实的选择。也就是说，要使京津资源为我所用，必须在优化服务上下功夫。唯有在融入服务中推进，在提升服务中发力，在强化“功能服务”上着力，紧紧盯住京津市场需求做好服务的大文章，才能把环绕京津区位优势变为现实优势。三是利用好国家各类政策。搞好“顶层设计”，充分发挥国家政策的“捆绑效应”是重中之重。比如，2011年6月，国务院发布了《全国主体功能区规划》，明确提出财政、投资、产业、土地、农业、人口、民族、环保等一系列有针对性的政策。北戴河区承担着暑期工作的政治责任，服务暑期是我们的天职，借力暑期是我们的本能。借助服务暑期工作，充分争取、利用国家各类政策，必将大大加快我区区域发展步伐。同时，我区作为国家旅游、服务业综合改革和公共文化服务体系示范区试点，还拥有在服务业发展领域先行先试的政策优势，要借助京津冀一体化的东风，进一步加强与国家各部委和省、市相关部门的沟通协作，千方百计在三个国字号试点里挖掘黄金。

二、充分发挥环京津优势，必须明确定

位、扬长避短

京津冀都市圈区域规划对三地未来发展方向有明确定位。北京城市功能定位是国家首都、国际城市、文化名城、宜居城市。重点发展第三产业，以交通运输及邮电通信业、金融保险业、房地产业和批发零售及餐饮业为主。天津城市的功能定位是构建国际港口城市、北方经济中心和宜居生态城市。主要发展航空航天、石油化工、装备制造、电子信息、生物医药、新能源新材料、国防科技和轻工纺织等先进制造业和现代物流、现代商贸、金融保险、中介服务等现代服务业。而河北省的定位是作为原材料重化工基地、现代化农业基地和重要的旅游休闲度假区域，是京津高技术产业和先进制造业研发转化及加工配套基地。

分析京津冀都市圈的功能定位，可以得出这样的结论，我区要想在京津冀一体化中有大作为，必须明确自己定位，大力提升产业层次，否则难以与“双核”接轨。北戴河主要有七个方面的比较优势，即独特的区位优势，宝贵的自然生态环境，厚重的历史文化资源，旅游度假产业优势，暑期聚集人流、信息流、商流的优势，中央各部委驻区休疗单位的集聚优势，“北戴河”品牌的无形资产。应该看到发展重工业并非我区长项和希望所在，尤其是重化工等有污染、高耗能、低附加值的一般工业产业更该避之大吉。我区应该把精力放在进一步加大对京津开放、融合力度，布局高新技术、物流、装备制造等产业上，突出科技成果转化、高端旅游休闲、绿色食品加工，大力发展总部经济、科技研发、高新技术产业和生产性服务业。从2012年的数据看，我区现有的生活性服务业已占到全区财政收入的33.7%，而生产性服务业则仅占7.4%。可见现在我区的生活性服务业不少，如餐饮住宿、批发零售、文化娱乐等，但大多处于低端层次，缺少的是高端生活性服务业和现代物流、金融保险、信息服务等生产性服务业。想要进一步加快发挥环京津优势，就必须进一步加大生产型服务业比重，进一步创新思路——如临港加工业不是我们的强项，但作为临港加工业的生产服务基地，是我们应当抢抓的机遇——进而形成多点支撑，构建高端旅游、总部经济、文化创意、高新技术产业竞相发展的新格局。

三、充分发挥环京津优势，必须主动融合、有所作为

京津冀一体化是我们把区位优势转化为经济优势，实现发展新跨越的重大发展机遇。面对机遇，我们应该乘势而上、有所作为，积极主动融入到京津冀都市圈的合作中去，力求在“环渤海”的崛起中发挥大作为。结合区情实际，我们将立足于“生态型、园林式、国际性旅游休闲度假区”的城市定位，主动和京津冀相关地区对接，不断加大对外开放力度，大力发展高端旅游、总部经济、高新技术、文化创意产业，打造经济优质、功能完善、环境幽雅、社会和谐、独具魅力的北戴河，为实现“两个率先”目标奠定坚实基础。

（一）深度扩大对外开放。目前，单就经济份额来看，我区的经济发展外向度较高，但层次较低、也不稳定。一是进一步面向京津，继续深化与北京CBD的战略合作，加强与政府部门、休疗单位、行业协会等机构的联系，争资金、争项目、争人才、争智力。二是坚持走高端，盯住大企业、大集团，动态跟踪、深度合作，承接产业梯度转移。三是充分发挥临港优势，借助临港资源，深入分析临港产业的特点，全面摸清产业链企业的情况和底数，结合我区的产业定位，有针对性地开展招商引资，集聚优势产业，打造集散平台。四是对标沿海开放前沿的长三角、珠三角经济圈，认真借鉴先进地区的经验和做法，完善人才、个税等方面的奖励优惠政策，增强区域经济发展的吸引力和竞争力。

（二）大力发展总部经济。发展总部经济符合我区产业定位和发展实际，有助于加快产业结构升级和迅速壮大区域经济实力。北戴河要引进的总部企业是指非生产制造类、属办公性质的总部企业，无污染、低耗能，与北戴河的环境、资源有很强的相融性。随着天津滨海新区和唐山曹妃甸工业区的崛起，必将吸引大批的国际性跨国公司和国内大型企业集团入驻。北戴河优美的自然环境、独特的区位资源，对这些跨国公司和企业集团有着强大的吸引力。我们将把做大做强总部经济，作为推动城市转型的重要战略，重点瞄准“中”字头的大企业、大集团和跨国公司、500强企业，集中优质资源、积极创造条件、完善配套政策、健全保障措施、强化跟踪服务，吸引其将研发中心、营销中心、培训中心、采购结算中心等职能总部设在我区，力争年内不少于5家国内知名企业分支机构入驻。充分发挥各种资源优势，大力引进煤炭营运、建筑地产、船运、船舶设计、钢铁和铁精粉销售、文化创意及网购企业，不断扩大总部经济规模。加快推进总部基地项目建设，支持五兴船务、力量能源等入驻企业实现正常运营，促进总部经济集群长效发展。

（三）大力发展现代服务业。主动开展和京津地区的旅游合作，加快旅游业从观光游为主向休闲度假游转变，从数量增长向质量效益并重转变，从暑期旅游集中向四季旅游相对均衡转变。一是切实加快乔庄度假庄园、喜来登五星级酒店、华贸松石滩国际球会俱乐部等高端旅游项目建设，确保暑期前投入使用，靠高端项目拉动产业向高端发展。二是要积极推进休疗单位的升级改造，充分挖掘各休疗养院的特色旅游资源，丰富我区的旅游产品内涵，靠特色和品质来拉动产业升级。三是要认真学习借鉴乌镇等先进地区的管理经验，充分依托协会组织，加强对民宿行业（即家庭旅馆）的服务与管理，指导和扶持更多的家庭旅馆上档升级，打造乡村游知名品牌，提升产业综合竞争力。四是持续加大对重点景区景点的升级改造力度，打造精品景区。并通过实施智慧旅游项目，提升服务水平。五是按照高起点规划、高标准设计、市场化推进的原则，深度谋划建设3个旅游综合体项目，加快实现从观光游到休闲度假游的本质升级。六是开发高端旅游市场。既要积极融入京津冀大旅游圈，建设国内高端精品旅游线路，又要拓展以俄、日、韩为主的国际市场，提高北戴河旅游的国际性程度。七是打造高附加值品牌。不断提升“运动之春、浪漫之夏、时尚之秋、休闲之冬”四季品牌档次，营造浓厚的文化氛围；抓好北戴河国际轮滑节、“国际沙滩休闲文化节”“海上生明月”、情侣狂欢节、音乐文化人等系列文化活动，赋予北戴河品牌以经济意义和时尚内涵，丰富旅游产品，加大宣传力度，提升四季魅力。在此基础上，积极引进金融保险、现代物流、会展商务、会计审计、法律服务、广告策划等现代服务产业，加快建设现代服务业示范区。

（四）大力发展高新技术产业。首先，坚持存量优化的原则，加大对我区既有49家各类生产性企业的挖潜扶持力度，积极支持其向高、精、尖转型，全面提升企业市场竞争力。重点扶持以海铭泰信为代表的服务外包产业、以兰德科技为代表的物联网及新能源产业、以大开电子、朗斯测试为代表的检测技术等高新产业。其次要按照增量做大的原则，紧密对接国家、省战略性新兴产业规划和政策，瞄准央企和大民企，加强与中科院、燕山大学、东北大学等科研院所的合作，增强企业高新技术研发能力和应用水平，大力培育新材料、新能源、新技术等高新环保产业。

（五）大力发展文化创意产业。五年来，我区共引进总部经济和文化创意企业227家，实现税收10.4亿元，占全部财政收入的40%以上，2012年被评为河北省文化产业十强县（区）。下步，要充分借助北京是全国的文化中心和对外交往中心，文化底蕴深厚、文化设施完善、各类专业人才资源极为丰富的优势，在文化创意产业的融合以及人才的培养、引进、储备等方面与北京开展战略联盟合作，举全区之力继续推动文化创意产业的快速发展。一是加强交流合作，推进园区建设。致力于打造成为依托京津的区域性文化创意产业龙头基地、文化展示交流中心、创意产业辐射中心和创意生活消费中心。选择文化创意产业链条中价值最高的内容创意和交易传播环节作为发展的重点，将广告公关策划、影视传媒（动漫）、咨询中介服务、文化娱乐、互动软件业5大类作为全区文化创意产业的主攻目标，集中用力、重点突破、逐步壮大。着手制定北戴河区文化创意产业发展总体规划，加快文化创意产业园区建设。二是增强环境支撑，提高服务能力。政府的服务功能是一个地区经济发展的“润滑剂”，是最大的发展环境。我们将牢固树立“企业的需求就是政府的政策”这一服务理念，不断为文化创意产业的发展提供环境支撑。三是完善城市综合配套功能。加强配套基础设施建设，注重提升金融、保险、会计、律师等中介服务水平，为文化创意产业企业发展提供完备的服务保障体系。四是引进和培养专业人才。实施“校地合作”“校企合作”战略，依托京津冀三地高校资源，重点引进和培养专业素质高、业务能力强的专门人才，聘请专家、学者和著名企业负责人作为北戴河文化创意产业顾问，为北戴河的文化创意产业发展提供智力支持。

稿件来源：北戴河区人民政府办公室

抢抓机遇　乘势而上
奋力争当沿海地区率先发展排头兵

（2013年9月5日）

今年以来，我们认真贯彻落实省委、市委决策部署，团结带领全区上下，唱响改革开放创新主旋律，建设美丽实力幸福北戴河，暑期工作完美收官，借暑发展取得丰硕成果。按照本次会议要求，我们认真谋划确定了今后几年的思路、目标和举措。

总体思路：坚持把建设世界名区和经济强区作为不懈追求，围绕"1+4"工作格局，全面实现"两个率先"宏伟目标（即率先在全市实现城乡一体化、率先在全市建成小康社会）。"1"即做好暑期工作，"4"即连续实施项目建设、城市提升、全民创业、城乡一体化四大攻坚年活动。

总体目标：到2017年，全区GDP力争达到110亿元，年均增长23.5%左右；全部财政收入力争达到21亿元，年均增长19%。

主要举措

一、做好暑期工作。特殊任务和独有优势，我们将牢牢把握一手抓暑期，一手抓发展的工作脉络，力促暑期工作年年有新提升、新变化，使暑期成为加速全区跨越发展的第一推动力。一是完善暑期机制。立足新形势、新要求，全面审视暑期工作，不断总结完善既有行之有效的各项工作机制，始终牢牢把握暑期工作的主动权。二是维护安全稳定。根据中央26条意见要求，及时调整安全警卫工作部署。深化网格化社会服务管理机制，统筹做好社会治安、信访稳定、安全生产等工作，确保暑期绝对安全、万无一失。三是打造城建精品。围绕净绿亮美"四化"提升和城市家具、视觉景观、民宿提档、景区改造、农村面貌改造提升等方面，每年谋划实施一批重点涉暑工程，打造一批建设精品和亮点。四是提升保障水平。立足安全、优质、高效，全面提升物资供应、医疗保健、卫生防疫、市政保障、旅游服务等工作水平，整体提高服务保障设施的运行能力。五是实现借暑发展。在全区上下进一步强化服务好暑期是天职、利用好暑期是本能的意识，坚持借暑工作常态化，围绕大交通、大城建、大水系及环境保护等领域每年谋划实施一批重点借暑项目，力争享受更多国家和省级配套政策、资金支持。

二、实施项目建设攻坚年。坚持一切工作项目化，着力形成大项目顶天立地，小项目铺天盖地的生动局面，力争全社会固定资产投资年均增长20%以上，年实施千万元以上在建项目40项以上，亿元以上项目10个，谋划储备亿元以上重点产业项目保持100个。在产业选择上，重点发展高端旅游、总部经济、文化创意、高新技术产业和金融保险、现代物流、科技研发、商务服务等现代服务业。在项目推进上，狠抓重大战略性立区项目，启动实施总规划面积3平方公里的2个旅游综合体和1个城市综合体建设，强力推进总投资50亿元的国家融合创新示范区项目及乔庄度假庄园、华贸企业总部区二期项目，扶持中油华奥、新奥秦港能源等总部企业做大做强，打造百亿销售企业。在园区建设上，强化"区区一体"意识，积极搭建以北戴河开发区为主导，以信息技术产业园区、怪楼文化艺术产业园区、华贸企业总部区、国家文化产业融合创新示范区、新华创投企业总部基地等特色精品园区为补充的"一区多园"发展格局，着力打造特色新兴产业聚集区。积极推进开发区扩区项目，加快启动北扩区域基础设施建设，力争将北戴河经济开发区更名为北戴河高新技术产业园区，并恢复4平方公里产业用地。在对外开放上，围绕“20家央企、20家民企、20家外企”进北戴河目标，重点面向京津，瞄准央企、知名民企和世界500强企业开展小团组、多批次的战略性叩门请商。深化拓展与北京CBD、丰台总部基地及歌华集团、隆基泰和集团、天房集团的战略合作，实质性推进与中植集团、国韵文化等重大在谈对象的对接合作，加快推进上海物产集团、中运集团、中矿集团等企业的入驻。抓住国家开放煤炭市场的契机，大力引进煤炭销售、钢铁和铁精粉销售企业。充分借助临港资源优势，围绕临港产业链开展有针对性的招商引资。在优化环境上，对标沿海开放前沿的长三角、珠三角经济圈，借鉴先进地区经验，完善招商引资奖励优惠政策。实行全员招商机制，抓好项目建设和招商引资服务，对中油华奥增税等已有意向的较大税源项目实施无缝隙服务对接。

三、实施城市提升攻坚年。坚持规划先行、全域城市化原则，着力打造“百年胜地、美丽之冠”。一是健全规划体系。迅速启动北戴河区控规、《北戴河城乡一体化发展规划》调编工作，拓展发展空间。对北戴河区进行全域规划，争取城市总规调整和土地利用总体规划调编同步到位，将北戴河区基本农田转为建设用地，从根本上改善城市载体局促和功能缺失问题。对建成区内闲置、破旧大院和处于休眠状态的休疗养院进行资产盘活，推动央企与老旧休疗养院重组整合。完善区内给水、排水、电力、燃气、通信、环卫、交通、防灾和环境、建筑保护及旅游、产业发展等专项规划。配强“三打”办公室，重拳打击违法占地和违章建筑。二是完善承载功能。重点做好23条街巷及部分路段雨水系统改造，城中村及北部片区约32公里污水管道铺设和供热、供电、给水、燃气、网络通信等基础设施建设改造。三是优化城乡环境。瞄准全域5A级景区的目标定位，实施污水治理、烟尘治理、农业面源污染防治等工程，保护生态环境，提高项目建设的环保标准和准入门槛。借鉴迁安滦河治理经验，实施近岸海域环境综合整治和戴河、新河水系治理工程，让戴河、新河水走到城里来，打造近海亲河水城。四是加强城市管理。大力推进智慧城市、智慧旅游、数字化城管平台建设，力争3年内实现城市管理数字化和旅游管理智能化。五是提升文化品位。着力推进文化馆、图书馆、城市剧场群等公共文化设施项目建设，制定《北戴河城市家具设置导则》，把城市家具和视觉景观系统打造成北戴河的品牌标志，不断丰富城市文化内涵。

四、实施全民创业攻坚年。坚持以创业促发展，到2017年末，民营经济增加值达到82亿元，占地区生产总值的75%，年均增幅保持在26%以上。一是激活创业主体。制定并落实全民创业优惠政策，放宽民营经济发展限制，激活民间投资和社会创业热情，推动本土民营企业转型升级、二次创业。努力破除小富即满、半年闲的传统思维定势，锻造一支本土企业家队伍。大力培树先进典型，表彰奖励“创业明星”，营造浓厚的创业氛围。全区新登记注册民营经济单位每年递增10%以上，每年新增就业人数1800个，新增年营业收入1000万元以上企业15个。到2017年末，全区民营经济单位达到1.2万个，实现年营业收入1000万元以上企业100个，年营业收入10亿元以上企业12个。二是加大扶持力度。加大政府投入力度，区财政每年专门安排扶持企业发展资金2000万元，中小企业发展及技术改造专项资金500万元。深化与金融机构的合作，组织开展银企对接活动，鼓励金融机构研发推出有针对性的金融产品。加快信用担保体系建设，鼓励引导区内外担保机构为区内企业提供融资担保。三是完善服务体系。整合创业辅导基地、中小企业培训基地、高等院校和休疗单位等资源开展职业培训，开设“北戴河大讲堂”，定期邀请专家和创业典型传经授课。积极发展中介、咨询、租赁、评估、担保等机构和商会、行业协会等自治组织，完善以政府网站为主、以各媒体为支撑的全民创业信息服务网络，建立和完善区级创业项目库，开展项目推介和企业对接洽谈活动，为创业主体提供全方位服务。到2017年末，实现各类创业引导培训1万人次，新增2个创业辅导基地，并达到入驻企业50家。

五、实施城乡一体化攻坚年。围绕“高点定位、全域统筹、城乡一体、率先突破”的思路，着力打造国家级城乡一体化示范区。说到这儿，我想谈一下来北戴河工作8个多月的感悟。北戴河基础很好，空间有限，但仍有一定空间，主要是硬碰硬干好三件事。一是在保持城市光鲜美丽的同时，精心打造三个综合体，复建一批名人别墅，让沉睡的历史站起来，进而实现提升和拓展；二是做活“水”这篇文章，让城中流淌母亲河的水；三是城乡一体化，北戴河25个行政村，已改造5个，还有9个村的定位应该是全域城市化，主要路径是：一是产业发展特色化。传统大田作物种植全面退出，重点发展特色产业和乡村旅游产业，倾力打造花卉种植集散地和现代果菜基地，叫响北戴河花果之乡和民宿特色品牌。二是基础设施一体化。按照城市化要求，坚持“一村一品一特色”，逐步推进全区农村城市化改造。坚持政府主导，推进城乡基础设施向北部延伸，完善水、电、路、讯、气、热、垃圾处理等配套设施。谋划实施戴河二号路、金鸽路等重点道路建设，打造南北片区贯通的交通路网。推进北部片区污水管网、热电联产集中供热等重大基础设施项目，全面提升城乡基础设施建设水平和均衡化程度。三是公共服务和社会保障一体化。加快教育、卫生、文化、就业等公共服务体系和社会保障体系向农村延伸，新医保实现全覆盖，基本实现城乡公共服务的均等化。四是政策机制一体化。从基层组织到户籍管理，从机构设置到城市管理，从资源配置到就业和再就业全面实现城市化。

尽管北戴河产业发展很受局限，空间拓展亦很有限，加之暑期特殊任务，抓发展的任务非常艰巨，但我们始终有信心、有决心实现精彩暑期和经济强区双赢。下步我们将认真落实市委、市政府本次会议精神，立足解放思想，创新思路和举措，卧薪尝胆，拒绝理由。9月2日召开暑期总结表彰大会后，9月3日我们即组织了57人参加的赴迁安、滦县党政考察团，此行很受触动、很受教育。最受触动的有两件事，一是迁安把滦河水用到了极致；二是迁安的文体综合体项目，政府拿500亩地，给了企业4亿元，九江投7亿元，确权给企业，企业负责运营，实现了政企双赢。

稿件来源：北戴河区人民政府办公室

2013年节能减排工作新进展

一、节能工作

（一）2013年节能目标任务。2013年，市政府下达北戴河区节能目标任务为万元GDP能耗降低率−2.73%。

（二）节能目标任务完成情况。今年上半年，北戴河区万元GDP能耗降低率−3.78%。1～10月份，规模以上工业企业综合能源消费量3026吨标准煤，同比下降4.55%。全区全社会售电量完成3亿千瓦时，同比增长9.10%。

（三）主要工作措施。一是全面安排部署节能工作。制定《北戴河区2013年节能工作要点》，明确年度节能目标和各项节能工作任务。对全社会用电量、规模以上工业能耗等主要节能指标进行跟踪，按月反馈目标任务完成情况，及时发现苗头性问题并研究解决，推进节能工作顺利开展。二是积极采取有力措施。①严把项目准入关，坚决禁止高耗能项目落户，新引进项目单位增加值能耗不得高于同类项目平均单耗。严格执行固定资产投资项目节能评估和审查制度，所有审批项目均进行节能登记或评估，全年进行节能登记项目20项，节能登记率达到100%。②紧紧抓住国家服务业、旅游综合改革试点契机，大力发展以高端旅游、总部经济、文化创意等为重点的现代服务业，以产业结构调整促进单位综合能耗的降低。建成华贸喜来登酒店、华贸松石国际球会等高产值低能耗产业项目。③认真做好建筑节能工作，严格参照建筑节能标准对每项工程进行节能审查，新建建筑项目全部达到节能设计标准，执行率达到100%。④做好老旧小区的节能改造工作，完成了3万平方米住宅楼分户供暖改造。⑤积极做好减煤工作，对区内现有燃煤锅炉进行调查，力争通过集中供热、煤改气、煤改电等措施，实现到2017年煤炭占能源消费总量比重较2012年净削减4.50万吨目标。三是做好节能投入和技术开发推广工作。在区财政资金紧张的情况下，仍安排节能专项资金20万元（与上年持平），用于全区节能工作开展、节能产品购买和推广、节能宣传等工作。以政府强制采购节能产品为重点，全年强制采购815万元节能产品。同时，区科技部门积极组织兰德科技公司“对燃煤暖气片式供暖的既有建筑太阳能供热采暖系统改造的应用研究”项目，申报2014年省科技计划。该公司“太阳能供暖及自动控制系统”研发项目，通过了由河北省住房和城乡建设厅组织的专家鉴定委员会创新成果鉴定。四是强化社会节能知识宣传。6月中旬，组织开展以“践行节能低碳，建设美丽家园”为主题的节能宣传周和全国低碳日宣传活动，组织发改、环保、住建等15个部门和单位开展节能宣传活动，悬挂横幅20余幅，发放各类宣传材料2000余份，制作播放节能相关新闻15条、公益短片30条次。

（四）存在问题及下步措施。该区产业结构一产和二产均较薄弱，工业能源总量小，单位工业增加值能耗已经很低，若要完成“十二五”期间万元GDP能耗降低率−14%的目标，需从增加地区生产值方面入手，大力发展低能耗、高产出的重大产业支撑项目，以促进万元GDP能耗的不断降低。建筑、交通、商贸、公共机构等行业节能工作还不够深化，管理体制、机制需进一步健全。同时，认真做好减煤工作，对燃煤锅炉改造涉及的煤改气、煤改电等措施进行详细测算，避免因减煤造成综合能源消费总量的增长。下一步，将采取有力措施，确保完成年度节能工作目标任务。一是继续加强与电力部门的沟通协作，对全社会用电量按月进行跟踪，避免全社会用电量的激增。二是由区工业节能工作主管部门对各重点企业用能情况进行督导检查，合理安排企业生产，避免年底能耗激增的情况出现。三是做好燃煤小锅炉整顿的前期测算工作，争取减煤与减能并重，确保该区全年及“十二五”节能目标任务顺利完成。

二、减排工作

（一）主要污染物减排目标。2013年，市政府下达北戴河区主要污染物排放总量减排目标是：化学需氧量、氨氮、二氧化硫、氮氧化物四项污染物减排指标在2012年排放量的基础上净削减2.20%、3.10%、3.20%和1.50%。综合该区人口、GDP及上年排放系数等指标，核算四项污染物应分别完成削减30.49吨、3.77吨、115.85吨、13.80吨。2013年，该区水污染物减排工程主要为西坨头村污水入网工程和8家畜禽养殖场的清洁养殖工程；大气污染物减排工程主要为热电联产集中供热和燃煤锅炉取缔工程。

（二）主要工作开展及完成情况预测。一是水污染物方面。西坨头村污水已全部纳入城市管网，预测可分别削减化学需氧量和氨氮31.88吨、3.24吨；8家畜禽养殖场的清洁养殖工程项目预测能够完成年度化学需氧量和氨氮减排目标任务。二是大气污染物减排方面。年内，结合大气污染防治工作，该区制定了《北戴河区大气污染防治行动计划实施方案》。组织各相关单位进行深入动员，督促其燃煤锅炉积极入网，并协调电力、燃气单位对更换清洁能源用户予以支持配合。计划取缔21台（共计40.92蒸吨）锅炉，更换清洁能源，预计可分别削减二氧化硫和氮氧化物排放168.52吨、39.98吨，预测能够完成年度二氧化硫和氮氧化物减排目标任务。

（三）主要工作措施。一是严格项目准入，控制总量。为从源头上控制污染物排放总量，该区把削减指标作为建设项目审批把关的前置条件，在工作中严格执行环境影响评价和“三同时”制度，严把建设项目审批关。根据建设项目管理情况，编制公开事项、流程图、管理制度，进一步规范项目管理和审批程序。环保、发改、工商、国土、水务、电力等部门建立审批联动机制，严禁批准高污染、高能耗的项目进入该区。强化建设项目环境监督管理，对未经批准擅自开工建设的项目，依法从严查处。二是狠抓环境整治，减少排量。协调推进城乡污水管网建设工程，通过扩大污水管网覆盖范围，推进农村集中连片污水入网，增加收水量，实现水污染物减排。在推进燃煤锅炉取缔工作的同时，密切跟踪推进热电联产集中供热工程。严格畜禽养殖业管理，控制养殖数量，加强污染治理，努力减少农业源污染物排放。三是强化减排监管，严格执法。积极开展整治违法排污企业、保障群众健康环保专项行动及近岸海域环境综合整治行动，健全联合执法机制，严格环境执法，严肃查处屡查屡犯、恶意排污的企业。不断加大对全区重点区域、重点行业、重点企业的环境监管力度，对未达到减排要求的，实施限期整改。健全排污收费机制，依法、足额、全面征收排污费，切实扭转排污企业守法成本高、违法成本低的现状。年内，该区工业企业废水全部排入污水管网，污染防治设施正常运行，无超标排污和违法排放现象。加大辖区工业企业巡查监管频次，全年监察240次，其中重点企业监察120次。四是广泛宣传教育，营造氛围。利用“六·五”世界环境日、节能减排周、世界水日等宣传活动，在加大城区宣传基础上，将重点放在基层和农村，结合农村面貌改造提升工作和农村连片整治工作，广泛宣传减排与环保政策，营造全社会保护环境的浓厚氛围。组织集中宣传活动3次，制作大型展牌30余块，张贴宣传条幅40条，发放宣传资料4000余份，发放环保布袋2000余个。

（四）存在问题及下步措施。从北戴河区实际情况看，工业企业少、规模较小且没有高污染排放企业，污染物排放主要来源于生活污染源，所以工业企业减排基本无空间。随着常住人口和游客人数的逐年增多，生活源污染物排放呈上升趋势，由于该区城市基础设施较为完备，也存在削减空间小、工程削减难度大问题。下一步，该区水污染物减排工作重点为农村生活污水入网建设，此项工作随着全区新民居建设的不断推进，海北路沿线及城市区周边各村逐步实现污水入网。大气污染物减排工作重点为热电联产集中供热建设，如该工程顺利进入该区并实现供热，替代燃煤锅炉，必将大幅削减全区大气污染物排放量。

稿件来源：北戴河区人民政府办公室

用文化产业打造发展支点

秦皇岛市北戴河区坚持用文化助推城市发展

作为展示秦皇岛市、河北省对外形象的重要窗口，北戴河区定位“百年胜地、美丽之冠”，围绕建设美丽实力幸福北戴河目标，始终坚持以文化艺术为核心推动力，着力实施文化项目、全面打造文化品牌、促进城市转型升级，致力于打造全市乃至全省文化产业发展的先行区和领跑者。据初步预测，2013年，北戴河区文化产业实现总收入7.46亿元，同比增长9.70%，全部文化产业单位实现增加值5.44亿元，占GDP比重13.80%；实现财政收入2.11亿元，占全部财政收入的23.80%；文化产业固定资产投资完成7.40亿元，同比增长15.70%，占全年固定资产投资的16.50%。连续两年获得全省“文化产业十强县”称号。

一、用文化理念引领城市规划

自2006年起，北戴河区前瞻性地率先提出了发展文化产业这一战略性目标。在进行发展战略研究时，注重融入文化理念，聘请美国Sasaki公司编制了《北戴河概念性发展规划》，在城市景观建设、基础设施改造、城乡一体发展等专项规划编制过程中，聘请艺术家参与，突出了城市规划的文化性。

编制《北戴河区文化创意产业发展概念性总体规划》，确定了全区文化创意产业发展的目标定位、产业方向、功能区划、项目设计、实施步骤。经过近几年的发展壮大，北戴河区文化产业已经成为区域经济增量的重要组成部分，发展到公关策划、广告策划、影视制作、新闻出版、表演艺术等8大类、近百家企业，北戴河区文化创意产业创业辅导基地被认定为省级示范基地。

二、用文化项目带动城市转型

制定《关于鼓励国内外客商设立总部（地区总部）和文化创意产业企业的优惠政策》，通过政策帮扶、资金引导等方式，直接或间接撬动社会资金近60亿元，实施了一批重点文化项目，促进北戴河区文化及相关产业快速、高端发展。兼具艺术创作、展示、交易等功能的怪楼文化创意产业园已建成开放。大型情景演出《海上生明月》填补了省内空白。深圳华侨城、恒丰易盛文化艺术品交易中心、香港永盛集团世界电影奥特莱斯等一批高端项目正在有序推进。国韵文化艺术品拍卖基地、艺文文化投资公司北戴河文化产业创意园等项目力争明年暑期前开工。

挖掘闲置资源，全力打造文化产业发展平台，先后打造了北戴河文化创意产业片区、北戴河怪楼文化艺术片区两个片区，五凤楼文化创意产业园区、雍剑秋别墅文化创意产业园区、沈钧儒、何香凝别墅文化创意产业园区三大园区。积极整合老旧大院等闲置资源，复建一批老别墅，让沉睡的历史站起来，为文化创意产业发展拓展空间，重点打造北方地区文化创意产业首选承接地。

三、用文化品牌放大城市效应

根据北戴河生态、环境、区位等优势特点，挖掘城市文化内涵，用文化铸造城市品牌。连续举办“运动之春”轮滑节、情侣狂欢节、俄罗斯风情演出、“鸟的天堂”国际摄影艺术节、书画摄影艺术展演等文化品牌活动，年均达650余场次。坚持政府引导、市场参与的运作模式，通过市场化方式，将策划、宣传、组织、实施等各项工作交由专业公司，使政府从“台前”转到“幕后”，实现了资源的节约和品质的提升。

注重文化与旅游、体育相融合，打造了名人创作基地、名校实践基地、国际观鸟基地、婚纱摄影基地、全国影展基地、时尚运动基地等“六大基地”品牌。邀请书画爱好者观景写生，吸引全国艺术院校师生来北戴河创作实践，打造“全国一流艺术写生基地”。4年来，累计接待10万余人次的高校师生来北戴河写生创作。连续10年组织音乐、美术、体育文化人活动暑期走上街头，年均演出18万场次。音乐文化人活动被文化部授予第十届中国艺术节项目类“群星奖”。

建设开放了轮滑博物馆、鸟类博物馆、民俗博物馆、北戴河博物馆，天下创意馆、浪淘沙艺术馆等一批文化展馆，把北戴河逐步打造成“博物馆之城”。邀请知名艺术家来北戴河设立工作室，卢禹舜和刘影钊艺术家工作室（画廊）、贵德艺术馆、汉衢艺术馆、航海者雕塑工作室相继落户。

四、用文化艺术浸润城市建设

按照“以点连线、以线织面”的思路，对城市区所有建筑、景点、道路、节点进行整体亮化，突出景观艺术化、照明功能化、低碳节能化理念，重点抓好“山、海、亭、线、园、塔、树”亮化，构建以公园、景区、广场为中心，以主干道为主线，向周边区域辐射延伸的“全景区大亮化”格局。

以绿化展示文化、以文化丰富绿化，大力实施道路绿化、景区绿化、庭院绿化、游园绿化和垂直绿化，利用一切空间造绿、添绿、插绿，实现“处处见绿、处处有景、处处花香”的绿化效果和“林在城中、城在绿中、人在景中”的自然生态景观。

坚持走“生态+人文”之路，注重挖掘历史文化内涵，按照“一街一景、一街一品”的思路，实施保二路、鸽赤路等8条道路及火车站片区的建筑欧式街景改造工程。在主要路段、重点部位及城市角落设置城市雕塑、叠水景观、树干画、岩石画、墙体彩绘等文化景观小品，使整个城市在点滴之处都体现文化的浸润。

文化是城市的灵魂，艺术是城市的性格，秦皇岛市致力于擦亮北戴河这张城市名片，打造“文化艺术之城”品牌，用文化的大发展大繁荣，推动沿海强市、美丽港城建设进程。

稿件来源：北戴河区人民政府办公室

大事记

1月

25日

由中共北戴河区委宣传部主办的内部刊物《北戴河时报》正式创刊发行，同日发行创刊首日封。《北戴河时报》及时报道全区大事、要事、好人好事，与全区新闻宣传互为补充。

25—26日

政协北戴河区第八届委员会第二次会议在区党政综合办公楼3楼会议厅召开，会议应出席委员115人，实际出席106人。中共秦皇岛市委常委、北戴河新区工委书记、管委会主任、北戴河区委书记李学民代表中共北戴河区委作重要讲话。会议听取并审议通过区政协主席严彬所作的《政协北戴河区第八届委员会常务委员会工作报告》，政协副主席杨振久所作的《政协北戴河区第八届委员会常务委员会关于八届一次会议以来提案工作情况的报告》；会议听取并讨论了区政府、区人民法院、区人民检察院工作报告及其他报告；会议通过政协北戴河区第八届委员会第二次会议政治决议。

26—27日

北戴河区十四届人民代表大会第二次会议在区党政综合办公楼3楼会议厅召开，出席会议代表134人，列席68人。会议听取和审议了区人大常委会主任王玉海所作的《北戴河区人大常委会工作报告》、代区长刘学彬所作的《北戴河区人民政府工作报告》、发展改革局局长王晓青所作的《关于北戴河区2012年国民经济和社会发展计划执行情况及2013年计划草案的报告》、财政局局长高银山所作的《关于北戴河区2012年财政预算执行情况和2013年财政预算草案的报告》、区人民法院院长黄滨所作的《北戴河区人民法院工作报告》、区人民检察院检察长赵振辉所作的《北戴河区人民检察院工作报告》，并形成相应决议。会议选举刘学彬为北戴河区人民政府区长。

2月

22—25日

北戴河区举办“2013年幸福北戴河”元宵节灯会。全区各单位和部门、驻区单位，围绕“幸福北戴河”主题，在东经路、西经路、中海滩路段、海宁路、保二路和文化宫广场5个展区推出展示花灯，分为“祥福祈愿”“腾蛟贺岁”“筑巢引凤”“盛世同歌”“同心跨越”“如虹气势”6个篇章，展示北戴河区经济社会全面发展的良好局面。

3月

29日

北戴河区兰德科技公司自主研发的太阳能供暖系统，通过河北省住建厅专家鉴定委员会的科技成果鉴定，其成果处于国内领先水平，国家专利局颁发专利申请号。该技术系统采用物联网技术、自动控制技术、计算机技术以及采用建筑物与太阳能采暖系统一体化的科学设计方法，成本低，实用性强，可靠性、稳定性高，全自动控制无人值守，免维护，是普通消费者能用得起和用得住的产品。

30—31日

北戴河区第十四届人民代表大会第三次会议在区党政综合办公楼3楼会议厅召开，出席会议代表134人。会议选举产生市十三届人大代表17人,其中，市直参选代表：刘辰彦、曹子玉、廉茹艳、刘志国、韩新民；干部代表：王玉海、王慧、刘学彬、李学民；工农代表：李成、李集周、晁建东；民主党派和无党派人士代表：未淑云、张继宏、程淑颖；专业技术人员代表：王志新、陈秋华。

4月

21日

在“2012—2013全国青少年校园足球联赛（秦皇岛赛区）”的小学男子甲组比赛中，育花路小学足球队赢得本次比赛冠军，海北路小学获得季军。这两支足球队将代表秦皇岛市备战河北省校园足球比赛及2013年全国校园足球“冠军杯”长春赛区两项赛事。

26日

第二届中俄国际旅游（北戴河·布市）交易会在俄罗斯阿穆尔州布拉戈维申斯克（简称布市）开幕。秦皇岛市人民政府副市长张经华出席交易会并致辞，中国外交部外交人员服务局副局长王炳南、河北省旅游局处长张太明、俄罗斯阿穆尔州对外经济联络、旅游与商务部部长戈列沃伊，以及北戴河区、北戴河新区、青龙县的政府代表、旅游企业代表50余家近80人和来自俄罗斯阿穆尔州及周边地区的旅行商近100家230余人出席会议。交易会由河北省旅游局、俄罗斯阿穆尔州对外经济联络、旅游与商务部、秦皇岛市人民政府共同主办，秦皇岛市旅游局承办。

28日

北戴河区投资10万元，在实验小学校门西侧建立北戴河区首个驻校警务室。警务室建筑面积96平方米，建成后可供北戴河第二中学和实验小学共同使用。

29日—5月1日

2013北戴河“运动之春”第九届轮滑节暨第七届全国少年速度轮滑锦标赛在奥林匹克大道公园举行。全国40多个省、市的80余支代表队参加本届轮滑节。省委常委、市委书记田向利，国家体育总局社会体育指导中心主任冀运希，亚洲轮滑联合会主席、中国轮滑协会主席盛志国，国家体育总局办公厅副主任、中国轮滑协会副主席丁东，中国轮滑协会秘书长黄强，省体育局副局长方明，市委常委、秘书长刘辰彦，市人大常委会副主任刘文杰，市政协副主席关敏出席开幕式。副市长冯志永宣布轮滑节开幕。本届轮滑节以“欢乐、激情、跨越”为主题，由国家体育总局社会体育指导中心、河北省体育局、中国轮滑协会主办，秦皇岛市体育局、北戴河区政府承办。

30日

2013年阳光体育“轮滑神州”校园活动启动，国家体育总局社会体育指导中心、中国轮滑协会、河北省体育局、秦皇岛市人民政府、北戴河区人民政府等领导、嘉宾在写有“2013年阳光体育‘轮滑神州’校园行启动”的卷轴上签名，签名卷轴珍藏于北戴河轮滑博物馆。

是日

“宝狮莱杯”2013年第七届全国速度轮滑锦标赛在北戴河举行，北京、天津、河北、辽宁、湖北等18个省、自治区、直辖市的77支代表队的480名运动员参赛。经过角逐，北京宝狮莱冰雪轮滑俱乐部一队以143分的成绩获团体总分第一名，海宁国际轮滑运动中心、苏州市轮滑一队、沈阳鑫迪轮滑俱乐部、武警杭州利群轮滑联队一队、X-TECH联盟速滑一队分获第二名至第六名。

是日

国家体育总局社会体育指导中心授予北戴河“中国轮滑名城”称号。

是月

北戴河区书画界在劳动人民文化宫举

办“情系雅安”大型赈灾义卖活动，征集22位知名书画家61幅作品，现场售出19幅，销售款2.70万元；文化企业爱心人士当场捐款5900元；筹集善款3.29万元，全部移交区慈善协会。

是月

河北公安边防总队海警支队特勤队成立党委，升格为副团级。

是月

成立区民宿综合管理办公室，将家庭旅馆更名为民宿。

是月

在第二十八届河北省青少年科技创新能力大赛中，北戴河区有5位教师、23名学生和3个年级组获奖，北戴河区教育局和海北路小学被授予“第二十八届河北省青少年科技创新大赛优秀组织奖”。

是月

提高义务兵家庭优待金，农村义务兵家庭优待金标准由每人每年5721元提高到9535元，城镇义务兵家庭优待金标准由每人每年500元提高到1.32万元。

5月

6日

河北公安边防总队总队长徐训高、副总队长王利明、参谋长张宝善率工作组到海警支队特勤队检查指导暑期警卫准备工作。

13日

俄罗斯哈巴罗夫斯克市17家旅行社一行20余人到北戴河区回访考察。考察团参观了部分宾馆和景区、城市容貌、旅游资源、接待环境等。

27日

2013年全国轮滑等级教练员、裁判员培训班圆满落幕。国内20多个省、自治区、直辖市的80多名学员分别参加了速度轮滑和自由式轮滑项目的培训，并以考核的方式考取相应等级的证书。培训班由国家体育总局社会体育指导中心、中国轮滑协会主办，北戴河区人民政府、北戴河区体育局承办。

是月

北戴河区首家云和智慧客房在金海酒店建成并投入使用。该技术通过液晶电视、服务器和终端设备的链接，实现电视观看、电影点播、电脑网络使用、酒店信息查询、互动服务、邮件处理、电子地图查询、办公处理等多种功能的有机整合，成为全区智慧旅游建设新亮点。

是月

北戴河区西山小学附设幼儿园主体楼全面竣工。工程投资300余万元，建筑面积1547.72平方米，完全按照省标准化“日托园”要求设计建设，可同时开设6个教学班，容纳幼儿180余名，并满足幼儿一餐两点及午休需求。该园于9月1日正式投入使用。

6月

6日

河北公安边防总队参谋长张宝善率考核组一行3人对海警支队特勤队迎暑期百日强化训练工作进行考核验收。

8日

“笔墨山海”梅墨生师生作品展在怪楼文化艺术产业园内梅墨生艺术馆举行。展出书法绘画作品共计60余幅，其中包含梅墨生作品5幅。绘画作品多以山水和花鸟为主，集中反映作者根植传统、立意典雅的创作理念，吸引了全国各地200余名艺术爱好者。

10日

在北戴河碧螺塔酒吧公园举办为期3个月的“中国·秦皇岛（北戴河）第一届国际海洋音乐节”。

23日

2013年美国普鲁瑟音乐学校弦乐团北戴河音乐会在北戴河劳动人民文化宫举行。美国普鲁瑟音乐学校弦乐团的演员演奏了罗马尼亚民族舞曲、月下小夜曲、斯拉夫舞曲等曲目。

28日

书法家彭树生、画家王怀树、油画家胡卫东共同举办的“三生有话”书画展在北戴河集发生态农业观光园开展。参加书画展的还有书法家贯金声、祖秉安、袁维良、袁金发等，画家卢颖、张洪涛、常小潮等。本次展览由民进秦皇岛市委、秦皇岛市教育局、秦皇岛市书法家协会、秦皇岛市硬笔书法家协会、北戴河集发生态农业观光园主办，北戴河书画院、秦皇岛市大广文化传媒有限公司、秦皇岛市新世纪书法学校承办。

30日

总投资约5000万元的怪楼艺术园区歌华营地配套项目完工，主要用于文化产业融合发展孵化办公、室内活动场地、舞美、科技实验、声乐等培训教室以及住宿、餐饮、接待服务等。

是月

北戴河区对东经路、联峰路、海宁路等城区街道两侧的公交站牌进行更新改造，含有旅游平台二维码的132块新式公交站牌亮相北戴河。

是月

位于北戴河区海滨汽车站、火车站、刘庄红石路的3座“民宿接待中心”挂牌营业。中心在原有旅游咨询、旅游监督、旅游投诉的基础上，新增民宿接待功能，内设“民宿接待服务台”专席，增设电子触摸屏、大屏幕等设备设施，为经营户和游客的对接提供场所。

是月

北戴河区实验小学、育花路小学、西山小学、海宁路小学、海北路小学、蔡各庄小学、北戴河一中、北戴河二中、北戴河三中等9所中小学成为河北省“中英气候课堂”项目首批挂牌校。在活动课展评环节，海宁路小学刘雅芳老师获省级一等奖，实验小学耿海娇、王卉老师，海北路小学韩文飞老师、北戴河三中张德利老师获省级二等奖。

7月

1日

公安部党委委员、副部长刘彦平在河北省公安厅党委副书记、副厅长万书君，河北省公安厅警卫局局长李志双，秦皇岛市政府党组成员、公安局局长杨春光，市公安局党委副书记、副局长赵然，北戴河区副区长、北戴河公安分局局长李海泳等陪同下，对北戴河公安分局基层基础工作进行实地检查。

3日

中央军委警卫局副局长李民等一行3人到北戴河调研走访，并与市公安边防支队支队长谷立新、政委王小兵及暑期一线有关人员进行座谈交流。

是日

纪念毛泽东诞辰120周年百名将军书画展在北戴河开展，书画展由百余名将军和国内知名书画家参展的100余幅作品组成。秦皇岛市委书记田向利、市长商黎光、宣传部部长曹子玉等参观将军书画展。

5日

北戴河公安分局正式启用《2013年警卫工作密语》。其归纳了常用语言、人员、名称、时间、车队、点位等密语共6类、31种、384条。

8日

河北省公安厅副厅长张承聘到育花路社区调研指导网格化管理工作。省治安管理局政委尹殿军，北戴河区副区长、公安分局局长李海泳等参加调研。

是日

河北省消防总队总队长周天在消防总队防火部部长孙立新、秦皇岛公安消防支队政委王长忠、副支队长刘文跃、参谋长陈志勇陪同下，到北戴河公安消防大队检查指导暑期消防安保工作。

9日

在北戴河浴场外围海域，河北公安边防总队海警支队特勤队举行“忠诚8号”北戴河暑期海上警卫“处突”演练。中办警卫局副局长王庆等各级领导20余人观摩演练。

是日

以“美丽中国梦、胜境河北行”为主题的“全国知名作家看河北活动”走进北戴河，汪国真、肖克凡等16位知名作家对北戴河区旅游资源、发展现状、城市风光进行实地考察。此次采风活动由河北省旅游局组织。

10日

在华贸喜来登酒店举办“北戴河步入旅游产业新里程研讨会”，全球五百强企业、北京旅游文化公司代表，驻北戴河区休疗单位及企业负责人汇集一堂，共商北戴河旅游和文化产业发展大计。

11日

河北省公安厅党委副书记、副厅长万书君，省厅署办主任安英春一行，在省边防总队队长徐训高、副总队长王利明陪同下，到支队暑期警卫一线检查指导工作。

是日

武警部队副参谋长杨斌率作勤部处长曹杰，视察北戴河暑期警卫工作。

是日

公安部治安管理局副局长闫正斌等到育花路社区检查指导网格化管理工作。省治安管理局政委尹殿军，市公安局党委副书记、副局长赵然，副区长、公安分局局长李海泳等参加指导工作。

12日

中国传媒大学北戴河教学科研基地挂牌。区电视台节目全新改版，增加电影、电视剧、文艺、服务资讯等板块，全天16小时滚动播出，并实行日播新闻。

是日

中国传媒大学北戴河科研教学实践基地、秦皇岛日报社北戴河记者站、北戴河时报挂牌成立。中国传媒大学副校长胡正荣等相关负责人出席揭牌仪式。

12—13日

秦皇岛市第六届运动会（社会组）门球比赛在河北省煤矿职工北戴河休养院开赛。全市24支代表队、168名运动员参加，北戴河区代表队7人参加，取得团体第一名。

13日

国务委员、中央政法委副书记、公安部部长郭声琨在公安部副部长刘彦平，省委常委、政法委书记、公安厅厅长张越，公安部边防管理局政委李乐民，参谋长倪荣和省边防总队总队长徐训高、副总队长王利明陪同下，莅临海警支队特勤队视察北戴河暑期海上警卫工作，看望慰问一线执勤官兵。

是日

原创本土电影《北戴河·旅》在碧海银帆酒店举行新闻发布会和开机仪式，编剧、导演李红星携众位主演亮相。

是日

第六届全国休疗养事业发展改革研讨会暨秦皇岛（北戴河）高端旅游产业研讨会在北戴河区举行。与会代表就北戴河区休疗养产业结构调整、促进休疗养产业进一步发展进行交流和研讨。

是日

国务委员、中央政法委副书记、公安部部长郭声琨在公安部副部长、警卫局局长刘彦平和河北省委常委、政法委书记、公安厅厅长张越，省委常委、秦皇岛市委书记田向利等陪同下，到北戴河育花路社区和莲蓬山派出所视察指导暑期安保工作。

是日

国务委员、中央政法委副书记、公安部部长郭声琨在公安部副部长刘彦平、河北省委常委、政法委书记张越、武警河北总队司令员李志坚以及秦皇岛市委等领导陪同下，莅临武警四支队视察并看望值暑官兵。

是日

国务委员、中央政法委副书记、公安部部长郭声琨到育花路社区调研网格化管理工作。公安部副部长、警卫局局长刘彦平，省委常委、政法委书记、公安厅厅长张越，省委常委、市委书记田向利，市政府党组成员、公安局局长杨春光，市委常委、区委书记李学民，区委副书记、区长刘学彬，区委副书记王志新，区委常委、政法委书记李韶云，副区长、政法委第一副书记、区公安分局局长李海泳等陪同。

14日

法国红酒文化北戴河分中心启动暨北戴河旅游协会红酒文化之旅分会成立仪式在北戴河区举行。区委副书记、区长刘学彬，区委常委、副区长周向东，副区长孙谓青等出席，周向东代表区委、区政府致贺词，区旅游协会领导胡权、晁建东、张学军及协会各成员单位代表参加活动，活动由天下馆总经理王涧融主持。此活动由北戴河区旅游协会主办，北戴河区旅游协会饭店分会及天下馆承办。

是日

由中国将军诗书画研究院、中国书画艺术促进会、和乐书画院主办的高津滔“习习清风”书画巡展北戴河展暨北戴河和乐艺术馆开馆仪式在北戴河举行。中国人民解放军总政治部原副主任、中国书画家艺术促进会名誉主席刘永治，济南军区原政委蔡仁山，中国人民解放军总装备部原政委、中国将军诗书画研究院院长李栋恒，市人大常委会副主任刘文杰为艺术馆开馆剪彩。

15日

北戴河首个五星级酒店——北戴河华贸·喜来登酒店正式开业。喜来登酒店毗邻奥林匹克大道公园，占地面积3.07公顷，包含国际五星级酒店、国际会议中心、高端酒店式公寓等业态。酒店有高端客房264间，会议中心可容纳上千人，所有建筑采用新古典主义风格，配有恒温游泳池、酒吧、商务中心、SPA等高端配套设施，建成后由美国喜达屋酒店及度假村国际集团下的喜来登酒店品牌直接负责运营管理。

17日

北戴河区总工会“幸福雨”项目启动，成立“幸福帮帮团”。7月开始，每月再为特困职工家庭发放100元生活补贴，由区总工会筹措资金，按月发放。“幸福帮帮团”下设“帮帮门店”和“帮帮车队”。“帮帮门店”是面向餐饮、商贸、医药等领域的门店，招募有一定经济实力、热心公益、乐于助人的经营者，设立一个虚拟就业岗位并与一名特困职工家庭结成对子，特困职工家庭不必派人到岗，每月可从“帮帮门店”领取工资200元。

18日

香港胜威国际有限公司股权并购秦皇岛中源工贸有限公司获得省商务厅批准，投资总额800多万美元，折合人民币5000万元。

是日

陶艺墙在北戴河怪楼文化艺术片区落成，同时北戴河素陶艺术馆开馆。作品集合二维码、秦铠甲、城市地图、老地名、文字塔、岩画等元素，诠释了北戴河千年帝王巡幸史、百年风情录。陶艺墙采用素陶柴烧、紫砂釉烧成、耐火型材、金属浇铸等工艺及水切割、激光雕刻新科技。

22日

河北公安边防总队总队长徐训高、副总队长王利明、参谋长张宝善一行到海警支队暑期警卫一线看望慰问援暑官兵，并实地踏查北戴河暑期海上警卫工作。

是日

丹青春华——河北北戴河·广东长安国画精品展在北戴河劳动人民文化宫开展，参展作品90幅，中央电视台书画频道进行现场采访报道。黄文耕、丁学东、张晓秋、徐占明、程海中、曹毅、陈广权、李春光、曹爱国9位来自北戴河和广东省东莞市长安镇的艺术家齐聚一堂，就南北不同的绘画风格进行交流。此次画展是北戴河第一次举办与南方画家的联合展览。

23日

公安部警卫局副参谋长仲照明在河北公安边防总队副总队长王利明、参谋长张宝善陪同下到海警支队暑期一线检查指导工作。

是日

全国第十二届公路轮滑锦标赛在内蒙古自治区呼和浩特市开幕。北戴河区运动员王浩宇在少年男子甲组三项比赛中分别获得500米第一名、10000米第三名、200米第四名的好成绩，为北戴河打造轮滑城品牌增光添彩。

是日

北戴河世界野生鸟类摄影展在秦皇岛

鸟类博物馆开幕，秦皇岛市鸟类摄影爱好者拍摄的近600幅野生鸟类摄影作品参展。中国外交家、联合国前副秘书长冀朝铸，河北省政协原副主席王建忠、武四海，秦皇岛市政协主席杨宏，市政协副主席闻德生、霍兴文、关敏、赵方、宋占禹，市政协党组成员王进勤，市政协原副主席范怀良、李彦良，市政协秘书长唐家君出席开幕式并参观摄影展。本次摄影展由秦皇岛市政协主办，至10月底结束。

24日

公安部消防局防火监督处副处长吴礼龙率督导组，对北戴河区消防安全大排查大整治工作进行督导检查，重点对联峰山景区、冀北电网有限公司北戴河疗养院、北戴河区东山派出所及北戴河消防大队进行检查指导。支队长王毅飞、副支队长李立华和支队防火处处长刘志斌陪同督导。

25日

"火树银花·戴河梦"首场演出在北戴河集发观光园举行，演出以"打树花"为核心，集合了"吹歌""地秧歌"等多个非物质文化遗产的艺术表现形式。

26日

庄上画语2013六人作品展在北戴河蒋世国美术馆开展。展出蒋世国、白云浩、王立明、李俊邑、白联晟、崔强6位省内知名画家的20余幅作品。包括蒋世国的《美丽生活》系列，白云浩的《白衣大士》《布袋和尚》，王立明的《雪白血红》《太行新居》，李俊邑的《山水》系列，白联晟的《仰望朝阳》《不动是真山》，崔强的《云烟万亩画册》系列等国画作品。

27日

由北戴河区委、区政府与《中国书画》杂志社共同主办的"雅好文华——癸巳北戴河之夏书画十人展"在北戴河劳动人民文化宫开展。参加展览的邵秉仁、连辑、何东君、林声、武春河、胡忠、贺泰、赵学敏、徐锡澄、韩亨林均是当下中国资深书画家。百余幅展览作品中，书法作品草、隶、篆、行、魏碑等书体齐备，中国画作品花卉、禽鸟、山水、人物各具，作品形式多样、内容丰富、风格各异，充分体现时代特色，极具艺术审美价值。

28日

"圆梦中国·俄罗斯游客北戴河大联欢"活动在北戴河碧螺塔酒吧公园举行，俄罗斯伊尔库茨克、雅库茨克、西伯利亚、比罗比詹、乌兰乌德等15个城市和地区的旅行商、游客400余人，以及中国旅行商、媒体记者、游客近2000人参加活动。此活动由秦皇岛市人民政府主办，秦皇岛市旅游局和北戴河区人民政府承办。

是日

《亲吻自然·秦皇岛风光》摄影展在北戴河奥林匹克大道公园开展。本次展出的120幅摄影作品，取材于秦皇岛市的自然人文风光。河北省委常委、秦皇岛市委书记田向利，河北省人大常委会原副主任、省自然生态摄影研究会会长白润璋，秦皇岛市委副书记、市长商黎光等参观展览。

29日

全国各地的200名劳动模范到北戴河休养，此次活动由全国总工会组织管理。

是日

中共中央政治局原常委、国务院原副总理李岚清到北戴河区实验小学视察指导篆刻教育开展情况。

30日

"中国梦·神玉神州行全国大型文化巡展走进北戴河皇家御用珍玩展"在北戴河浪淘沙艺术馆开展，展览为期1个月，免费向市民和游客开放。活动由北戴河区委、区政府主办，北戴河区文广新局、神玉艺术馆承办。秦皇岛市政府副市长冯志永、市政协副主席关敏及河北省老领导赵世居出席开幕式并参观展览。

31日至8月1日

武警部队副司令员戴洪生率作勤部副部长张文阁等一行4人，到武警河北省总队第四支队检查指导工作。

是月

秦皇岛市公安消防支队北戴河特勤中队

被公安部授予二等功。

是月

由区住建局组织建设的数字水幕和音乐喷泉景观，经过调试正式运行。数字水幕位于海宁路与西经路交叉口，水幕由5米高框架上自由落体下落，形成变化万千、美轮美奂的图象、文字、数字，营造出欢乐祥和丰富多彩的景观氛围。音乐喷泉景观位于秦皇岛鸟类博物馆两侧，绿树掩映的喷泉池中道道水柱此起彼伏，在光、乐、雾的交相环绕下，展现了一个如梦的世界，洋溢着现代化都市的时尚和浪漫。

是月

国家、省发改委下达中央预算内投资计划，由北戴河区负责实施的北戴河近岸海域综合整治重点项目北部污水管网建设工程获得中央预算内资金支持3509万元。该工程总投资7797万元，建设北戴河西片区、太平庄村、车站村、杨各庄村及周边苏庄村、朱庄村、北戴河村、蔡各庄村、甘各庄村片区内污水管网，管道总长51千米，同步建设污水提升泵站3座。该项目建成后，可实现域内污水全部入网，从源头解决水体污染问题。

8月

1日

公安部警卫局局长武冬立、参谋长倪荣一行在河北公安边防总队总队长徐训高、政委刘元祥的陪同下莅临北戴河暑期海上警卫一线视察工作，看望正在执行海上警卫任务的执勤官兵，并送去部局党委和首长的节日祝福。

是日

公安部警卫局参谋长倪荣在总队基指领导的陪同下，与北戴河暑期海上警卫一线官兵共度“八一”建军节。

5日

中共中央政治局常委、中央书记处书记刘云山看望在北戴河休假的专家，代表党中央、国务院向全国各条战线各个领域广大专家及各类优秀人才，表示亲切问候和良好祝愿。中共中央政治局委员、国务院副总理马凯，中共中央政治局委员、中央组织部部长赵乐际，以及中央组织部、人力资源社会保障部负责人陪同看望。

是日

公安部警务督察局副局长陈厚祥先后到西山派出所、东山派出所和区公安分局慰问孙玉辉、于树江、李树军等带病坚守暑期安保工作的一线民警。

是日

北戴河公安分局抓获涉嫌走私偷逃税款380余万元的网上在逃人员李××（男，55岁，辽宁省沈阳市人）。经查，犯罪嫌疑人涉嫌2009年12月—2010年3月间，伙同他人指使犯罪嫌疑人门荣磊以上海瑞鸣贸易商行的名义制作虚假报关发票、合同，以低报价格的方法，偷逃税款381.92万元。

6日

省委政法委副书记、综治办主任王会平，省委政法委副秘书长李凤奇等到育花路社区检查指导网格化管理工作。市委常委、市政法委书记曹子玉，市综治办专职副主任王东辉，区委常委、政法委书记李韶云等陪同指导工作。

9日

北戴河区兰德科技有限公司与青龙县隔河头镇大森店村就生态村新民居建设太阳能供暖项目签约，标志着该公司自主研发成果在全市乃至全省农村新民居建设中的首次推广示范应用。

是日

武警部队司令员王建平率工作组一行5人，到武警河北省总队第四支队检查指导工作。

10日

由新华出版社出版的连环画《梦翔北戴河》正式发行，系列连环画由天然氧吧、万国别墅、时尚海滨、百年胜地、大浪淘沙、美丽之冠、总部之家、观鸟麦加在内的8部分组成，从自然风光、历史人文、城市建设、经济发展等方面形象直观地展示北戴河的无限魅力。

是日

第四届北戴河之夏名人桥牌邀请赛在北戴河新华假日酒店举办，全国各地60余名桥牌好手参加比赛。比赛由秦皇岛市体育局、市体育总会组织承办。

是日

“神十”指令长、航天英雄聂海胜到北戴河，看望武警河北省总队第四支队官兵。

12日

2013中国·北戴河第五届情侣狂欢节在碧螺塔酒吧公园开幕，狂欢节以“激情相约，圆梦北戴河”为主题，品中华七夕文化展、悟老中青三代情侣爱情真谛、赏北戴河原创歌手力作、抒七夕寄语真爱宣言、观海上生明月大型实景演出。此次活动由北戴河区委宣传部主办。

13日

国务委员、国务院秘书长杨晶看望武警河北省总队第四支队执勤官兵。

14日

中央警卫局局长曹清率副局长衣庆然、副处长滕英俊、中央警卫团副团长韩正太一行4人，看望担负北戴河暑期警卫任务官兵。

是日　中央警卫局局长曹清一行在河北省边防总队副总队长王利明陪同下到海警支队暑期一线视察指导暑期警卫工作。

15日

王铁教授的启蒙恩师赵兴斌速写展在北戴河怪楼文化艺术产业园王铁艺术馆举办，展期1个月，展出50幅精品画作。

16日

“第十三届秦皇岛之夏——中国书画精品收藏展”在北戴河怪楼文化艺术产业园梅墨生艺术馆开展。书画展精选黄宾虹、齐白石、徐悲鸿、张大千、李可染、李苦禅、黄胄等著名书画家的100余幅作品。全国政协原副主席、民盟中央第一副主席张梅颖，河北省人大常委会党组副书记宋长瑞，林业部原党组成员、纪检书记、中国绿化基金委员会副主席杨继平，市委副书记、市长商黎光，市人大常委会主任李秦生，市委常委曹子玉，市人大常委会副主任刘文杰，以及市老领导刘朔全、王进勤出席开展活动并参观展览。此次活动由秦皇岛市委宣传部、市文联、市文广新局、市收藏协会、市书画院联合举办。

20日

秦皇岛市首家文化超市在戴河镇西古城村开业。超市柜台里摆满了笔、墨、纸、砚等文化用具；墙壁上挂满了书法、绘画、摄影、刻花剪纸、工笔画等艺术作品。村民和游客可在文化超市购买各种文化用具和艺术作品，还可将文化超市作为文化交流平台，进行现场创作，交流学习。文化超市还提供文化政策咨询服务；区文化志愿者、文艺团队、文化机构以及文化名人的推介服务；市、区大型文艺演出、庙会等信息服务；影讯以及歌舞厅、影剧院、网吧、电子游艺厅、印刷厂、书店、音像店等文化企业开业信息。

28日

全国昆虫营养源专家委员会在北戴河成立，旨在推动中国昆虫健康产业的发展，发挥协会、专家组织的重要作用，促进专家与企业的科技合作与交流，不断推广新技术、新成果，使中国昆虫养殖、深加工向着高科技含量、高端昆虫产品的方向发展。

29日

2013中国昆虫营养源开发与利用研讨会暨中国昆虫健康产业联盟会议在北戴河召开。中国食品工业协会副会长、中国保健品协会保健食品工作委员会会长、全国昆虫营养源专家委员会主任张志祥和来自全国的40余名专家参加会议。与会专家就推动资源昆虫的开发利用与产业化、开发昆虫营养源、资源昆虫与药用价值研究、昆虫的营养价值与保健作用等课题进行交流研讨。

30日

晋冀鲁豫县级政协工作经验交流会第37次会议在北戴河区召开。来自山西、河北、山东、河南4省18个市（县、区）的70余人参加会议。会议围绕“新时期发挥委员主体作用的经验做法和体会”中心议题进行研讨。市政协主席杨宏出席会议并讲话。市委常委、区委书记李学民，区委副书记、区长刘学彬，区委副书记、开发区工委书记、农工委书记王志新，区人大常委会主任王玉海，区政协主席严彬，区政协副主席陈艳霞、杨振久、卢洪文、高银山出席会议。严彬主持会议。

是月

由区旅游局制作的北戴河智慧旅游电子书柜面世，游客可登陆北戴河智慧旅游平台——数字旅游网进行浏览欣赏。电子书柜推出5册电子杂志：《北戴河指南》《北戴河海滨志略》《北戴河海滨导游》《游谱北戴河》《画卷北戴河》，让游客更直观地了解北戴河，提升游客旅游新体验。

是月

北戴河区戴河镇甘各庄村李笑红“源兴家庭农场”完成登记注册，成为秦皇岛市首个正式登记注册的家庭农场。农场总投资100多万元，种植中药材3.33公顷。

是月

区体育局在国家体育总局召开的“2009—2012年度全国群众体育先进单位和先进个人表彰大会”上，获“全国群众体育先进单位”称号，这是北戴河区首次获此殊荣。

9月

1日

北戴河区国税局对辖区内5户“营改增”纳税人进行纳税申报首日测试，标志着区国税局“营改增”纳税申报工作正式启动。

4日

集发沙雕乐园在集发生态农业观光园民俗大院精彩亮相。该园占地5000平方米，内塑10余座形状各异、气势恢宏的巨大沙雕，以历史故事和神话传说为主。其中以长40米、高6米的组群沙雕《八仙过海》最为吸引人，还有精忠报国、弃官寻母等以民族英雄、24孝图为内容的40余个沙雕小品。沙雕图案造型采取浮雕形式，由集发生态农业观光园职工自主设计完成。

9日

中组部党员教育中心副主任兼全国远程办副主任李丰一行4人，与省委组织部相关负责人一起到北戴河区开展远程教育“百村调查”调研活动。

10日

为期2天的2013年全国军休干部北片区门球赛在北戴河开赛，全国14个省、市、自治区的15支军休干部门球队参加比赛。民政部优抚安置局副局长李树峰，秦皇岛市副市长廉茹艳出席开幕式。比赛由民政部主办，河北省民政厅承办。

11日

中组部党员电教中心副主任李丰等到东山社区检查指导党员电化教育工作，对东山社区“智慧远教”给予充分肯定。市委常委、组织部部长陈书增，市委常委、区委书记李学民，区委常委、组织部部长王慧等参加指导。

13—15日

首届“北戴河国学论坛”在北戴河举行。论坛主题为“国学与中国梦”。全国各地的国学研究会、文化书院、高等院校等文化研究机构代表及专家、学者200余人参加研讨会。开幕式上，秦皇岛市人大常委会副主任刘文杰致开幕词，中国人大哲学院教授、孔子研究院副院长彭永捷代表专家团队发言。论坛会由秦皇岛市国学研究会主办。

14日

2013中国体育彩票北戴河铁人三项赛在老虎石海上公园举行。国内外21支代表队350人参赛，有瑞士、西班牙、比利时、英国、南非、澳大利亚、新西兰、新加坡、菲律宾、日本等外籍选手22人。本届铁人三项大赛总距离为51.50千米，其中游泳1.50千米、自行车40千米、跑步10千米。比赛路段自老虎石海上公园出发，途经保二路—东经路—金山嘴路—中海滩路，再回到出发点老虎石公园，完成整个赛程。张楚以2小时21分27秒第一个完成全部比赛，李农、谭泽强等人分别获得不同年龄段冠军。本次比赛由河北省体育局、秦皇岛市人民政府主办，秦皇岛市体育局、北戴河区人民政府、河北省铁人三项协会承办。

14—16日

2013年建材职业教育与产业发展对话活动暨全国建材行业培训工作会议在团中央北戴河培训基地召开。教育部职业与成人教育司司长葛道凯、教育部职业与成人教育司教产合作处处长白汉刚；中国建筑材料联合会副会长叶向阳、中国建筑材料联合会综合办公室主任周清浩；河北教育厅督学李胜利，河北教育厅高教处副处长林伟；秦皇岛市副市长廉茹艳；秦皇岛市教育局局长王强；河北建材职业技术学院书记、院长李竹林出席本次活动。来自全国28个省、直辖市、自治区的建材行业企业代表、全国建材职业教育教学指导委员会委员以及全国28个省（直辖市、自治区）的48所中、高职院校的代表近300人参加本次对话活动，活动由周清浩主持。会议由中国建筑材料联合会、全国建材职业教育教学指导委员会主办，中国建筑材料联合会培训中心、河北建材职业技术学院承办。

16日

"2013百家外企及港澳台侨企业秦皇岛行"系列活动在北戴河拉开序幕。德国中华工商联合会常务主席雷汉平到北戴河区参观考察、洽谈项目，北戴河区副区长付红及区发改局、文广新局、旅游局、开发区投资促进局等部门负责人陪同。

17日

锦绣中华旅游联合体第四届年会及考察大会在北戴河召开，全国23个省、市的70余家旅行社负责人参加会议。会上，确定将北戴河作为"背包e族"旅游基地，旅游联合体成员将共同打造自驾、自由行全国品牌。

26日

秦皇岛市王淑杰高中语文名师工作室在北戴河中学成立，秦皇岛市教育局副局长于慷为工作室授牌，北戴河区教育局领导参加授牌仪式。

是月

秦皇岛市第一医院体检中心迁至北戴河区新河路16号。新体检中心占地面积1.02公顷，总建筑面积3550平方米，设有内科、外科、妇科、CT室、检验科、放射科等专业诊室20余个。新体检中心拥有西门子Verio3.0核磁、GE公司64排128层CT、GE双板DR、日本欧姆龙全身血管动脉硬化检测仪等数十台先进医疗设备，超声仪由3台增加到7台，超声检查部位也有增加。

10月

27日

北戴河区文联恢复为独立设置的正科级群团组织。核定事业编制4人，科级职数2人，其中主席1人、副主席1人。区委任命于红艳为区文联主席。区文联对所属书法协会、作家协会、美术家协会、摄影家协会、音乐舞蹈家协会等5个协会进行了换届或增补理事的工作，同时新增民间文艺家协会、新闻工作者协会和社科联等3个协会。有会员800人。

是月

"金屋集团杯"秦皇岛十大景观评选活动中，北戴河区鸽子窝公园"鹰角观日"和联峰山公园"联峰胜境"入选"秦皇岛十大景观"。

是月

区政务服务中心在中心外网站推出《政务服务手机报》，并在服务大厅内开通免费WiFi无线上网服务。

是月

北戴河区第二中学和实验小学被国家体育总局社会体育指导中心、国家轮滑协会授予"2013年中国轮滑运动示范学校"称号。

是月

在文化部举办的第十届中国艺术节"群星奖"评选中，"北戴河音乐文化人活动”被评为第十届中国艺术节项目类“群星奖”。群星奖是文化部为繁荣群众文艺创作、促进社会文化事业繁荣与发展而设立的全国社会文化艺术政府奖，是文化部设立的政府社会文化最高奖项。

11月

15日

北戴河区民间艺术家协会成立，首批会员共 80人。协会选举第一届协会理事11人，后由理事投票选举第一届民间艺术家协会领导机构。选举冯树合为协会主席，选举副主席3人，秘书长1人。

19日

北戴河区新闻工作者协会成立，成为北戴河区第一个新闻工作者民间组织，协会主席李文彬。

25日

北戴河区铸业达机械设备有限责任公司申请的“秦皇岛市精密铸造工程技术研究中心”建设项目通过了由市科技局组织的论证委员会的论证评审。这是继兰德科技公司建成“秦皇岛市智能传感器工程技术研究中心”之后，北戴河区加强企业技术创新平台建设的又一新成果，至此全区拥有市级企业工程技术研究中心两家。

12月

3日

区残联在区残疾人综合服务中心开展“国际残疾人日”重残补贴发放活动，为359名贫困、重度残疾人发放生活补贴41.48万元。

4日

市委常委、区委书记李学民与神州数码控股有限公司考察团成员，就数码基地项目进行洽谈。区委副书记、区长刘学彬，区领导于凤喜、任晨出席洽谈会。

是日

北戴河美术家协会召开第三届会员代表大会。大会选举徐占明为第三届北戴河美术家协会主席，并选举副主席2人、秘书长1人、副秘书长1人。

11日

成立北戴河区信访联合接待中心，为信访局所属财政性资金基本保证经费事业单位，规格相当于副科级。人员编制4人，其中主任1人。

13日

河北省民政厅基层政权和社区建设处处长王满奎等到街道检查验收全国和谐社区建设示范街道、示范社区创建工作。秦皇岛市民政局副局长吴海印、北戴河区副区长任晨参加检查。

18日

北戴河作家协会召开第三届代表大会。协会选举产生第三届协会理事会，后由理事投票选举产生第三届作家协会领导构成人员。孙振彦当选为第三届作家协会主席，并选举副主席3人，秘书长1人。

19日

以河北省政府督查室主任于清华为组长的省政府督导检查组到育花路社区督导工作。市委常委、市政法委书记曹子玉等参加督导。

是月

区电教中心制作的《不拿报酬的村支书》，获中国电视艺术家协会“年度三农人物电视作品评选”一等奖。

是月

对海港区与北戴河区间丢失的1号、2号界桩进行补设，海港北戴河线全长13.42千米，界线无争议。

是年

社区卫生服务中心为全区500多位65周岁以上的老人进行2013年的免费体检，检查包括心电图、B超、验血、测血压等10多个项目。同时为每位老人建立健康档案，进行跟踪服务。

是年

戴河镇综合文化站被河北省文化厅授予百佳文化站。

是年

北戴河区有1319家特色民宿加入全球最大的中文旅游搜索媒体——去哪儿网（Qunar.com）“客栈民宿”平台；有78%的北戴河民宿实现网络宣传预定。

是年

北戴河区自筹资金，按照每人3000元标准，足额拨付2013年退休的区属破产、改制企业独生子女父母一次性奖励45.60万元，惠及全区152人。

是年

经秦皇岛市科学技术进步奖评审，由区科技局组织推荐的10个科技成果有6项获奖，其中二等奖3项、三等奖3项。获得二等奖的是北戴河医院的《低分子肝素钙预防心力衰竭患者深静脉血栓的临床观察》和北京军区北戴河疗养院《超声、CsA浓度、SCr及组织损伤标记物联合评估移植肾功能的系列研究》《血流动力学与糖尿病肾病的关系》；获得三等奖的是北戴河医院的《计算机X线摄影CR胸片对左心衰竭的诊断价值》《经皮跟腱延长术联合甲钴胺治疗糖尿病引起的神经源性足底溃疡》《子宫内膜增生与生理行为因素相关性研究》。

是年

北戴河区建设智慧旅游三级网络监控服务体系。对域内景区景点、游客中心、商业街区、停车场、主要路口等重要节点进行全方位高清监控。标志着北戴河旅游网络宣传进入“微营销”时代。

是年

北戴河区接待游客703.82万人次，比上年增长2.57%。其中入境游客2.61万人次，比上年下降27.60%。

区情综述

自然环境

【位置面积】 北戴河系秦皇岛市辖区，位于渤海湾北岸中部，河北省东北部，地理坐标于北纬39°47′48″～39°53′17″，东经119°24′08″～119°31′58″之间。东北与海港区毗连，北、西部与抚宁县接界，东西最长11.20千米，南北最宽10.15千米，总面积72.90平方千米，海岸线23千米。区政府驻地东北距秦皇岛市中心19千米，西距首都北京约279千米。京（北京）哈（哈尔滨）铁路、205国道从境内通过。102国道临境，京（北京）沈（沈阳）高速公路从境北附近通过，境内建有高速公路北戴河出口至崔各庄路口连接线，是关内特别是华北连接东北的咽喉，地理位置优越。

【地形地貌】 北戴河地质构造复杂，加之外力的作用，新太古以前生成的东西方向与燕山期后生成的北北东向断裂各4条，把北戴河大地切割成许多规则的块体；25亿年前形成的新太古界变质花岗岩广泛出露，形成了境内形态多样的地貌类型。

域内北部为剥蚀平原，地势低平，略有起伏；南部为低山区，山岭连绵，群峰屹立；东北部为海积平原，分布有海生次成沙丘，局部有沿海沼泽地；西部为洪冲积平原。海拔大多在10米以下，最低海拔1.50米；最高点东联峰山，海拔152.10米。域内戴河和新河两条河流分别在西部和东部入海。海岸线东起黑河口西至戴河口，全长23千米，其中岩石岸线10.80千米，占河北省岩石岸线的52%。海域宽阔，沿岸分布着平均15米宽的绵软沙滩。

海蚀地貌。主要有活海蚀崖和死海蚀崖。其中，活海蚀崖分布在鸽子窝至金山嘴一带。伸入海中岬角的岩石受拍岸浪的拍击、掏蚀，岩石沿节理面崩塌，海岸线向陆地方向后退，一方面形成与海面大致相当的波切台，另一方面形成高达20余米的海蚀崖；海蚀崖主要特点是形成海蚀阶地和礁石群，主要分布在金山嘴至戴河口之间的岩岸地段。

海积地貌。除滨海低平原外，还有沿海沙滩、连岛沙坝、潮坪、岩滩、河口沙嘴。

【气候类型】 秦皇岛市北戴河区属暖温带半湿润大陆性季风气候。气候特点是四季分明，冬季冷而干燥，夏季多海风，潮湿凉爽，是避暑的好地方，春、秋温暖适中。年平均气温11.1℃，年平均降水量602.3毫米，降雨集中在每年的5月至9月，7月最多。

2013年，秦皇岛市北戴河区天气气候特点为：气温偏低，降水接近常年。年平均气温为10.1℃，比历年平均值低1.0℃，属偏低年份。年极端最高气温35.7℃，出现在8月17日，年极端最低气温-19.1℃，出现在1月9日。年降水量为667.5毫米，属正常年份。

冬季（2012年12月至2013年2月）平均气温-5.3℃，比常年低2.4℃，属显著偏低年份。其中2012年12月平均气温比常年偏低3.7℃，1月平均气温比常年偏低2.2℃，2月平均气温比常年偏低1.2℃。春季（3—5月）平均气温9.2℃，比常年低1.6℃，属偏低年份。其中3月平均气温较常年偏低1.8℃，4月平均气温较常年偏低3.0℃，5月平均气温与常年持平。夏季（6—8月）平均气温23.6℃，与常年持平，属正常年份。

其中6月平均气温较常年偏低1.2℃，7月平均气温接近常年，8月平均气温较常年偏高0.5℃。秋季（9—11月）平均气温11.8℃，比常年偏低0.8℃，属偏低年份。其中9月平均气温较常年偏低1.0℃，10月平均气温较常年偏低1.5℃，11月平均气温接近常年。

2013年北戴河区各月平均气温一览表

表1　　单位：℃

月份	平均气温	月份	平均气温
1月	−7.0	7月	25.1
2月	−3.1	8月	25.2
3月	1.9	9月	19.2
4月	8.4	10月	11.6
5月	17.4	11月	4.5
6月	20.4	12月	−2.4

2013年北戴河区降水量667.5毫米，比常年多65.2毫米，属正常年份。

冬季（2012年12月至2013年2月）降水量11.5毫米，接近常年。其中12月降水量较常年偏多4.1毫米，1月降水量较常年偏少2.3毫米，2月降水量较常年偏少0.9毫米。春季（3—5月）降水量42.5毫米，较常年偏少54%。其中3月降水量接近常年，4月降水量较常年偏少6.9毫米，5月降水量较常年偏少42.2毫米。夏季（6—8月）降水量440.4毫米，较常年偏多29.4毫米，接近常年。其中6月降水量较常年偏多9.2毫米，7月降水量较常年偏多32.0毫米，8月降水量较常年偏少11.8毫米。秋季（9—11月）降水量180.9毫米，较常年偏多103%。其中9月降水量较常年偏多54.0毫米，10月降水量较常年偏多46.5毫米，11月降水量较常年偏少8.5毫米。

2013年北戴河区各月降水量一览表

表2　　单位：毫米

月　份	降水	月　份	降水
1月	0.7	7月	199.4
2月	3.0	8月	142.7
3月	10.0	9月	105.7
4月	20.2	10月	74.3
5月	12.3	11月	0.9
6月	98.3	12月	0

无霜期183天，较常年偏短。初霜日出现在10月15日，终霜日出现在4月14日。

最大冻土深度44厘米，出现在1月份，较常年略偏深；结冰日数142天；冬季最大积雪深度3厘米。

年日照时数2463.3小时，年日照百分率56%，较常年偏少。

年平均相对湿度72%，接近常年；雾日6天；雷暴日24天。

年平均风速1.8米/秒，多西北风。大风

日1天，出现在8月5日。

2013年，北戴河区出现的主要天气气候事件有雾霾、寒潮降温、大风灾害等。

大雾天气6天，分别是：1月31日，2月1日和28日，3月7—8日，6月16日。

中等强度以上降温天气：1月22日，2月7日、11日、18日，10月14—15日，11月9—10日、25—26日，12月27日出现中等降温；2月2日、19日，12月18日出现强降温。

大风天气： 8月5日。

（齐义君）

自然资源

【土地资源】 全区土地总面积为7290公顷。土壤以棕壤为主，分布着沙质壤土和盐化潮土。农用地3561.52 公顷，占土地总面积的48.85%，其中耕地面积848.25公顷，园地面积752.86公顷，林地面积1673.93公顷，牧草地为37.31公顷，其他农用地面积249.17公顷；建设用地3189.04公顷，占土地总面积的43.75%，其中居民点工矿用地2802.05公顷，交通运输用地367.02公顷，水利设施用地19.97公顷；未利用地539.44公顷，占土地总面积的7.40%。其中，未利用土地62.68公顷，其他土地476.76公顷。

【水利资源】 北戴河地势微倾于海，地表径流迅速入海。又因北戴河地层为新太古代晚期花岗岩，为弱贫水层或无水层，水资源贫乏。水资源总量为1410万立方米，其中，地表水为1046万立方米，地下水资源量为503万立方米，重复计算量为139万立方米。人均水资源占有量为199立方米/人，低于秦皇岛市人均水资源占有量290立方米/人。降水是地表水的唯一来源。地下水资源分布不均，区域特点明显，多分布在两个断层带：戴河、新河与其他河流的沿岸及较大水库、塘坝等地下水补给排泄区内。地下水为流域积层孔隙潜水与基岩裂隙浅水，蓄水性差，没有开采价值，除部分村庄利用不稳定的流层地下水作为饮用和部分农田灌溉用水，全区用水主要靠抚宁洋河水源地和引青龙河水入境供水。

【海洋资源】 北戴河南临渤海，在海区及周边海区有鱼类68种。其中主要鱼种有：日本鲤鱼占52.60%，鲈鱼占9.40%，斑鱼祭鱼占5.80%，银鲳鱼占5.10%，绿鳍马面豚占5%，蓝点鲅占3%，牙鲆占2.70%，黄益鲽占1.10%，白姑鱼占1%。上述鱼种之和占海区鱼类生物量的85.70%。此外还有黄棘头梅童鱼、焦氏舌鳎、青鳞鱼、梭鱼、带鱼、黄鲫、孔鳐等。

无脊椎动物，主要种类为软体和甲壳类动物。软体动物中有短蛸、长蛸、日本枪乌贼、曼氏无针乌贼。甲壳类动物中有三疣梭子蟹、日本鲟、中国对虾、鹰爪糙对虾、日本鼓虾、脊尾白虾、菖氏长臂虾、脊尾褐虾、虾蛄。无脊椎动物的生物量，以三疣梭子蟹为多，占总生物量的42.90%。其次为虾蛄占22%，日本枪乌贼占14.60%，曼氏无针乌贼占6.10%，日本鲟占4.20%，短蛸占3.40%，中国对虾占3.20%，其他占3.60%；底栖生物共11类150种。其中，软体动物56种，甲壳类35种，多毛类27种，棘皮动物9种，鱼类7种，腔肠动物5种，脊索动物4种，益虫2种，星虫、帚虫、纽形动物、扁形动物、腕足类各1种。

金山嘴一带海域为高生物量分布区，海底断面生物量38.14克／平方米，生物密度428.90个／平方米。主要为文昌鱼、海豆芽、毛蚶、凸镜蛤等。在金山嘴近岸10千米一带的海底生物栖息密度高达8033个／平方米，其中98.13%为文昌鱼；在岩礁区和沙底浅海中，蕴藏海参。

潮间带生物有163种，群落以双壳类、甲壳类为多。

【植物资源】 北戴河植物区系在世界植物地理上属于泛北极植物区的中国日本植物亚区。植物起源于第三纪植物区系，未受到第四纪大规模冰川的直接侵袭，受中亚干燥化的影响也不太大，所以第三纪植物区系未遭受根本性破坏，一直保留到现在。如豆科的合欢，苦木科的臭椿，无患子科的栾树，壳斗科的板栗等，在区内都有零星分布，它们都是第三纪植物区系的直接后代。中国日本区系的特产植物，如百禾科的知母，大戟科的猫儿眼，菊科的泥胡菜等在这里均有分布。

植物有海生植物、入药植物和木本植物。海生植物中常见的有海白菜、龙须菜、昆布、海菊花等。入药植物有麻黄、荆介、麦冬、薏米等近200种，多分布在东、西联峰山，海滨林场和滨海沙滩。木本植物种类繁多、可分为43个科，共137个品种。主要有油松、刺槐、栎等，较为珍贵稀有的桑橙、牡丹、爬地柏、垂柳等，有古树298株，名木168株，稀有树木16株。其中1株国槐树龄已达599岁，属国家一级古树。

本地的地带性植被，为温带常绿针叶林和落叶阔叶混交林。此外，还分布有灌丛草坡、盐生灌丛和盐生草甸等。

【动物资源】 北戴河南临渤海，在海区及周边海域，有可供开发利用的游泳动物、底栖动物。又由于北戴河海岸与烟波浩渺的大海、绵延起伏的山脉，以及沿海的平原形成鲜明对比，有利于过路鸟的辨认，因此这里又是鸟类动物乐园。此外还有环节、软体、节肢类、兽类等野生动物。

野生动物有8个种类450余种，最为丰富的是鸟类资源，有20目61科415种，其中，国家一级保护的12种，二级保护的49种；留鸟36种，候鸟369种，是中国第一个候鸟保护区。位于赤土山附近的“北戴河湿地”，被纳入“国际湿地保护网络”，2011年被列入国家湿地公园试点，每年吸引着众多的中外观鸟爱好者，被誉为“观鸟的麦加”。

两栖、爬行类。两栖动物有青蛙、蟾蜍。爬行动物有蛇、蜥蜴、壁虎、龟等。

兽类。主要有：狐狸，冬季在东联峰山偶有，数量不多。目前，在本地常见的兽类有獾、山狸、野兔、黄鼬、刺猬、蝙蝠等。

环节、软体、节肢类。环节动物有蚯蚓、蚂蟥。软体动物有河蚌、蜗牛。节肢动物有蝴蝶、蜜蜂、野蜂、蝼蛄、螳螂、蜻蜓、蟋蟀、蚂蚁、金龟子、椿象、河虾、河蟹、蜈蚣、蚰蜒、蜘蛛等。

建置沿革

北戴河历史悠久，远在新石器时代，先民就在这块土地上繁衍生息，开始了半渔猎、半农耕的生产劳动，创造了具有明显的龙山文化特征的文明。

据史载，北戴河上古属幽州，商、周属孤竹国，春秋战国时为燕国，秦、汉、隋属辽西郡，唐为河北道营州，明、清属永平府。清光绪二十四年（1898），清朝廷将北戴河海滨辟为避暑区。

中华民国初，改属直隶省津海道临榆县。民国21年（1932）6月，北戴河避暑区改称北戴河海滨自治区。民国23年（1934）3月，北戴河海滨自治区与临榆县正式实行划界，直隶河北省。民国25年（1936）12月，改称北戴河海滨风景区。民国34年（1945）年7月，改北戴河风景区为北戴河海滨区管理局，隶属河北省公署。

1948年11月26日，中国人民解放军入境，北戴河解放。建海滨区公所，属河北省秦榆市。1949年4月28日，改秦榆市为秦皇岛市，海滨区隶属之。1954年2月，改海滨区为北戴河区至今。

行政区划

2013年，北戴河区辖海滨镇、戴河镇两个镇， 25个行政村（刘庄村、草厂村、陆庄村、丁庄村、河东寨村、单庄村、赤土山村、北戴河村、西古城村、车站村、 西坨头村、拨道洼村、太平庄村、蔡各庄村、朱庄村、苏庄村、东坨头村、乔庄村、甘各庄村、谢李庄村、费石庄村、大薄荷寨村、小薄荷寨村、崔各庄村、杨各庄村）；北戴河区东山街道办事处、北戴河区西山街道办事处，9个社区居民委员会（育花路社区、东山社区、东经路社区、英才社区、安居社区、西山社区、剑秋路社区、平安路社区、车站社区），两个社区家委会（河北外国语职业学院家委会、五七一一家委会）和北戴河经济技术开发区。

人口状况

年末，全区户籍人口68890人，其中城镇常住人口68890人，城镇化率100%。另有流动人口4723人。总人口中，男性32995人，占47.90%，女性35895人，占52.10%；18岁以下9790人，占14.21%；18—60岁46903人，占68.08%；60岁以上12197人，占17.71%。总人口中，以汉族为主，达66048人，占95.87%；有满族、回族、蒙古族、朝鲜族、土家族、苗族、侗族、彝族、藏族、壮族、锡伯族、鄂温克族、黎族、达斡尔族、仫佬族、瑶族、哈尼族、傣族、布依族等20个少数民族、2599人，占3.77%；超过25人的有满族、回族、蒙古族、朝鲜族、土家族5个民族，其中满族2068人，占少数民族人口的79.57%；蒙古族199人，占7.66%。2013年人口出生率9.50‰，人口死亡率4.78‰，人口自然增长率4.75‰。

宗教信仰

区内有佛教、道教、伊斯兰教、天主教、基督教，信教群众305人，有1个基督教福音堂活动场所。

历史文化

【名胜古迹】 北戴河有一碧万顷的蓝色海洋，峰峦叠嶂的绿色青山，茂密葱郁的城市森林，蜿蜒起伏的金色沙岸，白墙红顶的别墅楼房，构成了“雨水苍茫万里情”的巨幅画面。古迹有秦代的行宫遗址，明代的古刹观音寺等，并形成以联峰山、中海滩、碧螺塔、鸽子窝四大景区为特色的风景名胜网络。

鸽子窝景区。位于北戴河海滨东北端，因鸽子窝公园而得名。景区内除鸽子窝公园外，还有野生动物园、奥林匹克大道公园、怪楼奇园等景观。

碧螺塔景区。位于海滨东南端，与鸽子窝景区相连，因碧螺塔公园而得名。主要景观有碧螺塔公园、金山嘴、南天门、秦皇行宫遗址、游览码头等。

中海滩景区。与北戴河海滨中心相连，东起海滨七桥南路，西至平水桥，以沿海多游园和海浴场为特色，以老虎石景点为中心，南面是一望无垠的大海，北面是绚丽多姿的楼阁亭榭，站在海岸高大的岩石上，可南观大海，西眺联峰山。主要景点有老虎石海上公园，平水桥公园和滨海绿带。

联峰山景区。西起戴河入境发端，东至平水桥，主要景观有东联峰山，西联峰山，集发生态农业观光园。景区以登山览胜，林中探幽，赏花垂钓为特点。景区东部怪石林立，掩映在苍松翠柏中的石洞，千姿百态，骆驼石、卧牛石，石石怪异；通天洞、桃源洞、老虎洞，洞洞新奇。

【老别墅群】 “层楼近水倚群峰”讲的是北戴河别墅的诗境。蓝天绿树映衬下的红顶、素墙、太阳台构成北戴河别墅群独特的建筑风格，以此而闻名中外，具有很强的观赏性。

北戴河的别墅始建于清光绪十九年（1893），首由英国传教士史德华开其端，至光绪二十四年（1898）清政府辟为避暑区后，外国人及中国的官僚政客则纷纷来此建屋，别墅楼房从西山到东山连缀成片，至1948年北戴河解放，已达719幢，居中国所有避暑别墅区第二位。

北戴河的别墅在布局上十分注意与自然环境融合与协调，一般别墅只占用地总面积的15%左右，或依坡就势，或取“悬”用差，依联峰之势，逶迤海岸，此所谓“层楼近水倚群峰”。别墅之间互不相连，中间以绿地花木相隔，围墙高仅至膝，成为意趣自然的庭院，具有浓厚的田园情调。

这些别墅的显著特征，依山面海，疏密有致，山巅、海边、峰回路转之间，斜坡溪涧之旁，诸多别墅，掩映在苍松翠柏之中，其建筑风格迥异。中式建筑多以石为墙，深宅大院，繁荫巨干，香花绿地，以保自然之本色；西式别墅屋必有廊，廊必深邃，以蔽骄阳，多以刺槐、刺松、侧柏为墙，墙高及肩，不碍远眺。

漫步别墅石径小路，既可领略中国浓郁的园林风韵，又能欣赏西方庭院的色彩，给人以美的享受。加之今日中国园林式别墅和现代新建单元式别墅拔地而起，使北戴河的建筑名闻遐迩。

北戴河别墅的另一个特征是名人别墅多。民国7年（1918）第一次世界大战后，中国的官僚政客，到北戴河疗养的日益增多。袁世凯、周学熙、朱启钤、张作霖、张学良、吴鼎昌、段芝贵、傅作义、孙科、顾维钧等都曾到北戴河并建或购有别墅。当地曾流传着一首民谚，叫“吴家楼，段家墙、霞飞馆的大草房”。吴家楼坐落在东联峰山下，其主人吴鼎昌（1884—1950）是浙江吴兴人，时任北洋政府中国银行总裁、财政部次长，后任南京国民政府实业部部长、贵州省主席，民国37年（1948）任蒋介石总统府秘书长。段家墙，指段芝贵（1869—1925），安徽合肥人，北洋政府时曾任东三省巡按使，北京京畿警备司令，定国军前敌总指挥，别墅及院墙位于中直北戴河服务局院内。霞飞馆位于联峰山莲花石公园内，现已无存。北戴河每一幢历史别墅都有一个动人的故事。

【名人名迹】 北戴河古属碣石地域，自春秋战国以来，燕昭王、秦始皇、汉武帝、魏武帝、唐太宗等8位皇帝都曾折腰巡幸，褰足驻跸。嬴政、曹操、李世民等又都触景生情，面海抒怀，分别留有《碣石门辞》《观沧海》《春日观海》等遗篇佳作。

北戴河在中国现代旅游史上有“开山鼻祖”的美誉，被人们称为中国旅游业发展的“摇篮”。早在20世纪20年代，就曾被誉为“东亚避暑地之冠”，成为中国著名的四大避暑区之一。当时北戴河拥有世界上最时髦、最新奇的休闲方式，其中海水浴、网球竞赛、仕女骑驴踏青、夜晚莲花石舞会是“最前卫、最流行”的旅游项目。众多名人云集北戴河：康有为、徐世昌、张学良、朱启钤、周学熙、顾维钧、梅兰芳、徐志摩、吕碧成；英籍女作家韩素音、著名记者和作家海伦·斯诺以及司徒雷登、赫德、费正清等都曾在这里尽情享受休闲的快乐。

毛泽东主席说：“北戴河的空气、阳光、大海最是吸引人”。从20世纪中叶，党和国家领导人开始到北戴河办公休息。他们在这里商讨国内外大事，接见外国党领导人、国家元首、外交使团，以及中国的知名人士和劳动者中的优秀代表，几乎所有的中央领导人都曾到过北戴河。毛泽东、朱德、陈毅、叶剑英、郭沫若等，在此写下不朽之作。其中毛泽东主席生前10次到北戴河，他的一首《浪淘沙·北戴河》竟成为千古绝唱。

据不完全统计，自新中国成立以后，有来自世界各地的 近百位外交使臣、外国党的主席、国会、参议院议长、国家元首等贵宾到过北戴河；美国纽约州立大学石溪分校杨振宁教授、美国哥伦比亚学院李政道教授、美国麻省理工学院丁肇中教授、美国加州理工学院马库斯教授和美国马普学会生物物理研究所米歇尔教授5位诺贝尔奖获得者以及菲尔茨奖获得者、美国哈佛大学丘成桐教授等，在2000年8月同期到北戴河并受到党和国家领导人的会见；南非大主教德斯蒙德·图图也曾到过北戴河，而且他是第一个访问中国的南非宗教界领导人。

悠久的历史，旖旎的风光和众多的名胜古迹，吸引着百余位中国的政界精英、优秀的作家、诗人到北戴河并以他们特有的感悟书写出200余篇诗词、散文，为北戴河区人民留下宝贵的精神财富。

组织机构

【中共北戴河区委及工作部门负责人】

书　记　李学民
副书记　刘学彬
　　　　王志新
区委常委　李学民
　　　　　刘学彬
　　　　　王志新
　　　　　张立星
　　　　　纪振勇（7月免）
　　　　　张　杰
　　　　　于凤喜（7月任）
　　　　　周向东（7月任）
　　　　　姚　飞
　　　　　李韶云（7月任）
　　　　　王　慧（女）
　　　　　赵启伟
　　　　　陈秋华（挂职）
区委委员（按姓氏笔画排序）
　于凤喜　王　慧（女）　王玉海
　王志新　王希江　卢洪文　冯志远
　任立民　刘卫平　刘学彬
　齐淑丽（女）　孙谓青　严　彬
　李学民　李韶云　张　杰　张　敏
　张立星　周向东　周金捍　赵启伟
　赵国祥　赵振辉　姚　飞　裴耀辉
区委候补委员（按得票多少排序）
　姜维秀　李运臣　杜占山
　董　菲（女）　冯　松
区委办公室主任　赵启伟
组织部部长　王　慧（女）
宣传部部长　姚　飞
统战部部长　卢洪文
区精神文明建设委员会办公室主任
　　　　　　冯静宇（7月任）
老干部局局长　赵景新
党校校长　王　慧（女 兼）
信访局局长　任立民
机要局局长　李增光
区委保密委员会办公室主任、保密局局长
　　　　　　李增光（兼）
区信息化办公室主任　李春兰（女）
区暑期工作领导小组办公室　杨世滨
区委农工委书记　于凤喜（7月免）
　　　　　　王志新（7月任）
机构编制委员会办公室主任
　　　　　　孙秀琪（女）

【区委派出机构负责人】

中共北戴河经济技术开发区工作委员会
书　记　　刘学彬（7月免）
　　　　　王志新（兼　7月任）
副书记　　任　晨（7月免）
中共北戴河区委直属工作委员会
书　记　　徐　斌
中共北戴河区休疗旅游工作委员会
书　记　　胡　权（兼）
中共北戴河区西山街道工作委员会
书　记　　杜占山
中共北戴河区东山街道工作委员会
书　记　　姜维秀

【北戴河区人民代表大会及工作部门负责人】

人大常委会主　任　王玉海
　　　　　副主任　刘海平　韩新民
　　　　　　　　　曹艳红（女）张军生
人大常委会委员（按姓氏笔画排序）
　王启辉　未淑云（女，蒙古族）
　李志强　李铁林（满族）
　李淑花（女）　李集周　张继宏
　赵桂珍（女）　晁建东
　郭文香（女）　董晓峰
办公室主任　董晓峰
代表科主任　李铁林
教科文卫委主任　卢志民
财经委主任　高劲松
法工委主任　赵永军

【北戴河区人民政府及工作部门负责人】

区　长　刘学彬
副区长　纪振勇（7月免）
于凤喜
周向东
李海泳
任　晨（7月任）
李韶云（7月免）
付　红（女）
丁新杰（7月任）
孙谓青
董立宏
裴耀辉（挂职）
忻妙新（挂职）
区政府办公室主任　冯志远
区突发公共事件应急委员会办公室主任
杨洪哲（7月免）
王英明（7月任）
发展改革局局长
王晓青（女，7月免）
冯　松（7月任）
人口和计划生育局局长　贾志勇
国有资产经营公司总经理　韩英山
审计局局长　刘卫平
财政局局长　高银山
统计局局长　张东海
区机关事务管理局局长
赵英士（7月任）
教育局局长　冯　松（7月免）
王晓光（7月任）
旅游局局长　胡　权
旅游促进中心主任　胡　权（兼）
物价局局长　闫文章
政务服务中心主任　张志军
食品稽查大队大队长　张志云
广播电视台台长　李文彬
文化广电新闻出版（版权）局局长
李春光
农牧局局长　李运臣
园林局局长　赵国祥
民政局局长　张寅生
住房和城乡建设局局长　张　敏
城市管理局局长　张　利
环境保护局局长　李宝明
卫生局局长　陈春华
交通运输局局长　齐淑丽（女）
人力资源和社会保障局局长
田秋燕（女）
安全生产监督管理局局长　毕青春
科学技术局局长　张新志
商务局局长　苏　勤（7月免）
谭凤金（7月任）
供销社书记、主任　徐庆荣

【政协北戴河区委员会及工作部门负责人】

政协主　席　严　彬
副主席　陈艳霞（女）
杨振久
卢洪文
高银山（满族）
政协常委（按姓氏笔画排序）
王文义　王树忠（蒙古族）王智华
田欣华（女）　刘立辉　刘润秋
李　伟（满族）　李文彬
杨国栋　张志强　张振江　周学年
孟香爽（女）　傅德礼　薛　伟
行政办公室主任　李洋洋
委员工作办公室主任　周学年
提案办公室主任　孟香爽（女）

【中共北戴河区纪律检查委员会及工作部门负责人】

区委常委、区纪委书记　张　杰
区纪委副书记、监察局局长　张　毓
区纪委副书记　王笑杰（女）
监察综合室主任　马文刚　（7月任）
检查室主任　孟祥勇
信访室主任　任科（7月任）
区纪委常委　（按姓氏笔画排序）
马文刚　王笑杰（女）　张　杰
张　毓　孟祥勇　侯静元
区纪委委员（按姓氏笔画为序）
马文刚　王笑杰（女）　左德成
任　晨　刘卫平　齐淑丽（女）

张　杰　张　毓　孟祥勇　赵志伟
侯静元　贾志勇　高新荣　曹印武
曹晓军　程黎明　谢海龙

【北戴河经济技术开发区及工作部门负责人】

开发区管委会主　任　裴耀辉
副主任　丁新杰（7月免）
王立刚
王贵君
王晓青（女）
周金捍（7月任）
投资促进局局长　左德成（7月免）
李学博（7月任）
综合办公室主任　左德成（7月任）
财政局局长　张海燕（女）
经发局局长　孙立新

【法治国防系统工作部门负责人】

北戴河区委政法委书记
王志新（7月免）
李韶云（7月任）
北戴河区委政法委副书记、区综治办主任
刘益深
北戴河区公安分局局长　李海泳
北戴河区公安分局政委　李宪友
北戴河区人民检察院检察长　赵振辉
北戴河区人民法院党组书记、院长
黄　滨
北戴河区司法局局长　苏万峰
武警河北省总队第四支队支队长
刘文喜
武警河北省总队第四支队政治委员
宋胜昔
北戴河消防大队大队长
刘文跃（1月免）
李立华（1月任）
北戴河消防大队教导员
李　强（3月免）
海警支队特勤队队长　靳　雳
北戴河边防派出所所长　岳旭光
北戴河边防派出所教导员　杨　勇

北戴河区人民武装部部长　卢彦昌
北戴河区人民武装部政治委员　张立星
北戴河区人民防空办公室主任
张　敏（兼）

【人民团体系统工作部门负责人】

北戴河区总工会主席　张军生（兼）
共青团北戴河区委书记　董　菲（女）
北戴河区妇联主席　袁利梅（女）
北戴河区科学技术协会主席　张新志
北戴河区残联理事长　王巧燕（女）
北戴河区文学艺术联合会主席
李春光（7月免）
于红艳（7月任）
北戴河区工商业联合会主席
田欣华（女，7月免）
北戴河区工商业联合会党组书记
李　军

【镇街道办事处工作部门负责人】

北戴河区海滨镇党委书记　周金捍
北戴河区海滨镇党委副书记、镇长
王晓光（7月免）
李继文（7月任）
北戴河区海滨镇人大主席团主席　李志强
北戴河区戴河镇党委书记　陈自彬
北戴河区戴河镇党委副书记、镇长
谢海龙
北戴河区戴河镇人大主席团主席
李淑花（女）
北戴河区东山街道办事处主任　姜维秀
北戴河区西山街道办事处主任　杜占山

【省、市主要驻区单位负责人】

中国银行北戴河支行行长　任敬湛
中国工商银行北戴河支行行长　夏　群
中国农业银行北戴河支行行长
赵　霞（1月免）
丁大勇（1月任）
中国建设银行北戴河支行行长　王启滨
交通银行北戴河支行行长　董继红
商业银行北戴河支行行长

邸贵宝（1月免）
辛树彬（1月任）

中国人民财产保财险股份有限公司北戴河支公司经理　廉　静（4月免）
李　阳（4月任）

中国人寿保险股份有限公司北戴河支公司经理　侯忠朴（2月免）
孙月娇（2月任）

河北财达证券有限责任公司秦皇岛海宁路证券营业部经理　郭永广

北戴河区邮政局局长、书记　刘庆华

中国移动通信集团河北有限公司北戴河分公司经理　费立军

中国电信北戴河分公司经理　秦　敏

中国网通北戴河分公司经理　郭浩然

中国铁通海滨经营部经理　李　健

秦皇岛供电公司北戴河客户服务分中心经　理　马凤来（2月免）
刘健全（2月任）

秦皇岛北戴河供水总公司经理　马超群

河北广电网络集团秦皇岛渤海在线北戴河分公司经理　顾　东

秦皇岛燃气总公司北戴河公司经理　公佩山

【垂直管理机构负责人】

秦皇岛市质量技术监督局北戴河区分局局长　王墨江

秦皇岛市北戴河区工商行政管理局局长　于智勇

国土资源局秦皇岛市北戴河区分局局长　张　宽

秦皇岛市规划局北戴河区分局局长　王希江

北戴河区国家税务局局长　杨　禹

北戴河区地方税务局局长　赵长吉（4月免）
杨连盛（4月任）

国民经济和社会发展

【概况】　2013年，全年完成地区生产总值38.92亿元，比上年增长5.50%；全部财政收入完成8.88亿元，公共财政预算收入完成4.96亿元，分别完成调整预算任务的100.30%和100.40%，比上年增长0.80%和17.70%；全社会固定资产投资完成46.60亿元，比上年增长13.90%；城市居民人均可支配收入、农民人均纯收入达到27393元、12055元，分别比上年增长10%和12.60%；全社会消费品零售总额实现44.03亿元，比上年增长13.40%；2013年底城乡居民储蓄存款余额62.50亿元，比上年增长7.80%；全年接待中外游客703.80万人次，景区实现门票收入9091万元，分别比上年增长2.60%和10.80%，经济运行呈现“低位开局、稳步向好”态势。

【农业】　2013年，全年粮食播种面积625公顷，比上年增加102公顷；油料播种面积64公顷，比上年减少10公顷。全年完成粮食总产量5030吨、油料类总产量222吨、肉类产量573吨、蔬菜产量24232吨、奶类总产量2572吨、水产类产量1260吨，分别比上年增长10.80%、0.50%、7.90%、5.10%、21.70%和77.70%；禽蛋类总产量完成1085吨，比上年下降13.10%。全年农村用电量7997万千瓦时，比上年增加424万千瓦时；年末农业机械总动力达到19537千瓦，比上年增加1380千瓦；农业化肥施用折纯量483吨，比上年增加63吨；农田有效灌溉面积980公顷。

【工业】　全年实现全部工业增加值3.75亿元，比上年增长1.3%。其中规模以上工业企业实现增加值3.17亿元，增长0.30%；实现总产值13.22亿元，比上年下降12.80%；累计实现利润0.98亿元，比上年下降213.60%。

【固定资产投资】 完成全社会固定资产投资46.64亿元，比上年增长13.90%，其中固定资产投资完成46.14亿元，比上年增长13.70%。谋划实施总投资678.80亿元的76个产业项目、基础设施项目和村庄改造提升项目。华贸·喜来登酒店、华贸·松石国际球会、歌华营地二期等一批高端旅游项目暑期前投入使用，北部新城建设和赤土山村、太平庄村拆迁改造等一批攻坚项目实现突破，隆基泰和商贸综合体、悦榕庄旅游综合体、天房集团城市综合体、总部（中国）控股集团北戴河总部基地等重大项目顺利签约。开发区引进朗玉实业、博泓科技等63家企业。华贸·企业总部区中运集团等6家企业入驻。北戴河信息产业园区注册企业41家。新华创投企业总部基地注册企业完成2470万股股权转移。13家休疗单位升级改造，4家酒店新晋星级，在全市率先实现智慧旅游服务。打造北戴河民宿品牌，评定AAAA级民宿13家、AAAAA级民宿2家。

【交通运输】 公路通车总里程83.10千米，有客运出租车453辆，旅游出租车247辆，货运出租车990辆。有公共汽车线路8条。5路、6路、15路、22路、37路、601路公交车在区内运行。全年公路客运量完成229.70万人次，比上年增长0.30%；客运周转量完成4134.60万人千米，比上年增长0.30%；全年公路货运量完成153.20万吨，比上年增长0.30%；公路运输周转量完成3830万吨千米，比上年增长0.30%。

【邮电通信】 电信邮政行业稳步发展。全年完成邮电通信业务收入1.19亿元，比上年增长2.90%。互连网年末达到21706台，移动电话年末达到113878部，分别比上年增长15%和4.10%。

【旅游业】 2013年，接待中外游客703.82万人次，比上年增长2.57%，其中入境游客2.61万人次，比上年下降27.60%；辖区景点门票收入9091万元，比上年增长10.79%，其中区属景点门票收入4832万元，比上年增长7.57%。丰富旅游产品体系，加强旅游接待基础设施，拓展旅游市场空间，旅游市场运行健康有序，旅游接待服务水平整体提升，休闲旅游城市形象鲜明。

【国内贸易】 全年实现社会消费品零售总额44.51亿元，比上年增长13.40%。有私营企业1091户，比上年新增139户；有个体工商户8656户、从业人员18045人，比上年新增1954户、4121人。

【对外及对外省市经济】 搭建以开发区为主导，特色园区为补充的“一区多园”发展格局，全年批准内资项目63个，累计引进内资34.72亿元，完成市定目标任务的112%，增长27.30%；实际利用外资2085万美元，完成市定目标任务的104.30%；进出口总额完成871万美元，完成市定目标任务的104.90%。

【民营经济】 2013年，北戴河区民营经济增加值实现25.44亿元，比上年增长7.90%，占全区GDP的67.50%；实际上缴税金完成6.48亿元，比上年下降7.10%，占全部财政收入的73.26%，民营从业人员2.80万人，比上年增长19.08%，占第二、三产业从业人员的52.77%，实现出口交货值1736万美元，比上年增长17.90%。其中年营业收入2000万元以上的规模以上民营企业13家，实现营业收入19亿元，占全区民营经济17.60%；实缴税金2709万元，比上年增长42.65%，占全区民营经济4%。

扶持民营经济发展，支持科技企业做强，加强企业融资指导，民营企业全年实缴税金5.98亿元，占全部财政收入的67.10%。

【金融财政】 金融市场运行平稳。至年末，全区金融机构各项存款余额85.25亿元，其中城乡居民储蓄存款余额62.48亿元，分别比上年增长5.80%和7.80%。各项贷款余额41.06亿元，比上年增长12%。

【社会事业】 科技 全年有6项科技成果获市科技进步奖。其中二等奖3项、三等奖3项。组织实施区级科技计划项目13项，其中应用技术研发项目5项，技术成果示范推广项目8项，投入科技资金50万元。组织申报17个项目列入2013年度市级科技计划，其中指导计划项目13项、指令计划项目4项，获市科技资金支持29万元。2013年专利申请量23项，授权量12项。建立企业工程技术研发中心2家。西山街道平安路社区被评为“全省科普工作先进社区”，获经费支持5万元。

教育 加大城乡学校的标准化、信息化建设步伐，完善基础设施建设。大力发展学前教育，全区3～6周岁适龄幼儿入园率99.10%，学前一年入园率达到100%，在规范化幼儿园就读幼儿占接受学前教育幼儿总数的95.30%。继续推进素质教育，青少年校外活动中心各类培训课程已由2009年的30个发展到60余个，学员由每期300人次发展到2500余人次。

文化 推进公共文化服务体系创建工作,戴河镇西古城村文化超市、系列专题博物馆、怪楼文化艺术产业园、街头音乐文化人在国家创建办公室督察组实地验收中成为全市创建工作亮点及示范经验；举办以“浪漫之夏”为主题的文艺晚会20余场次；完成《海上生明月》大型滨海实景演出30余场次；北戴河音乐文化人活动被文化部评为中国艺术节项目类“群星奖”；组织书画作品展20余场次；成功承办首届北戴河碧螺塔海洋音乐节；艺术馆暑期举办书画展览、演出、青少年培训活动150余期（次），接待省部级以上领导百余人次。为全区25个行政村添置图书，实现农家书屋提档升级，为25个行政村放映公益电影300场次，观影人数达2万人次。全区有线电视模拟用户4491户，有线电视数字用户24308户，入网率达97.30%，比上年增长3.70个百分点。

卫生 全区25个行政村开展新型农村合作医疗，有35324人自愿加入合作医疗，参合率96%。全区合作医疗筹资总额为1204万元。城市区居民建档率达到65%以上，农村建档工作海滨镇超额完成工作任务；戴河镇纸质档案完成40%。老年人保健工作实行65岁及以上老年人登记管理，开展健康危险因素调查，提供疾病预防、自我保健及伤害预防、自救等健康指导，建档560人。加强传染病防治，开展新生儿访视及儿童保健系统等管理，免费婚前医疗检查286对。

体育事业 北戴河区被中国轮滑协会授予全国首个“中国轮滑名城”。建立13个社会体育指导站。新增2名国家级社会体育指导员。发展培训了一级、二级、三级社会体育指导员，北戴河运动之春第九届轮滑节吸引全国各地4000余名爱好者汇聚北戴河。首次取得组织2013年全国青少年“未来之星”阳光体育大会活动承办权，年内各协会组织较大规模的展示和比赛活动20余次。开展北戴河全民健身日系列展示活动。继续承办第七届中国体育彩票北戴河铁人三项大赛。

【居民生活和社会保障】 城乡人民生活水平进一步提高。城市居民年人均可支配收入27393元，比上年增长10%；农民年人均纯收入12055元，比上年增长12.60%。

社会保障体系日臻完善。全区企业养老保险参保覆盖人数16125人，机关事业养老保险参保覆盖人数6755人，城乡居民社会养老保险参保人数20531人。全区养老保险制度实现城乡一体化，各项养老金及时足额发放率达100%。城镇职工基本医疗保险参保10976人。2013年1月1日起，调整城镇职工医疗保险参保人员住院报销比例、最高支付限额。生育保险参保8267人。失业保险参保人员8733人。全区企业职工养老保险、机关事业养老保险、城乡居民养老保险基金征缴分别达到5867.90万元、7031万元和595.36万元；城镇职工基本医疗保险、生育保险基金征缴分别为3378.48万元和129.39万元；失业保险基金征缴达到789.25万元。

中共北戴河区委员会

概　况

2013年，全区工作以学习贯彻中共十八大和习近平总书记系列重要讲话精神为主线，坚持解放思想，完善发展思路举措，实施全区“1234”（牢牢把握暑期工作一条主线，着力改善发展环境、生态环境“两个环境”，认真做好总部经济、城乡一体化和“三个试点”三篇锦绣文章，统筹推进基层基础、民生改善、安全稳定、党的建设四项重点工作）工作思路和“两个率先”（在全市率先实现城乡一体化、率先全面建成小康社会）的宏伟目标，全年工作坚持一手抓暑期服务、一手抓经济发展，两条战线并行并重、互促互进的战略格局，确立“百年胜地、美丽之冠”的城市定位和“美丽乡村、幸福家园”农村改造提升定位，实施项目建设、城市提升、全民创业、城乡一体化四大攻坚年活动的发展路径，确定了唱响改革开放创新主旋律、建设美丽实力幸福北戴河的发展主题，并将其作为中国梦在北戴河的具体化。

重要决策

【解放思想　更新观念】　1月8日，区委印发《关于开展“解放思想、更新观念”活动的实施方案》，明确提出在全区开展“解放思想、更新观念”活动，最终实现省委书记张庆黎提出的有“一个好的精神状态，一个好的工作作风，一个好的工作业绩”的目标。

【基层建设年活动】　2月25日，区委办公室印发《关于深化加强基层建设年活动的实施意见》，以党的群众路线教育实践活动为统领，以选派干部直接驻村（社区）帮扶为抓手，着力办好为民惠民实事，妥善解决群众反映的突出问题，切实提高做好新形势下群众工作的能力，进一步密切党群干群关系，为在全市率先实现城乡一体化、率先全面建成小康社会奠定坚实的群众基础和组织基础。

【加强督查工作】　3月6日，区委印发《关于进一步加强和改进督促检查工作的意见》，要求全区各单位从全面贯彻落实科学发展观的高度，进一步提高对督促检查工作重要性和紧迫性的认识，切实做到围绕决策抓落实。通过强化职能，规范程序，改进方法，完善制度，将督促检查工作贯穿于决策实施的全过程，切实做到“铁腕抓落实”“铁腕抓督查”，确保党的路线方针政策和区委决策部署全面贯彻落实。

【整治农村环境】　3月27日，区委办公室印发《北戴河区农村环境综合整治三年行动计划实施方案》，提出开展农村环境综合整治3年行动计划的指导思想、基本原则和总体目标。并制定了用3年时间、分3个阶段实施的整治行动计划，计划通过逐年巩固提升，基本实现农村环境管理城乡一体化，完善村容村貌和环境卫生保障机制，建设环境优美、文明和谐的美丽村镇。

【落实“八项规定”】　4月5日，区委办公室印发《关于贯彻落实中央政治局“八项规定”的实施意见》，从改进调研方式、改进会风、精简文件、严格出访纪律等方面对区委、区政府改进工作作风提出意见。要求各级党政机关和领导干部带头改进工作作风，密切联系群众，带头勤俭节约办事，廉洁从政，带头接受监督。

【开发区工作】 4月5日，区委办公室印发《关于进一步加快开发区发展的意见》，提出加快开发区发展的指导思想，确定加快开发区发展的战略定位，明确将开发区打造成以总部经济为主体、高新技术和现代服务业为支撑的特色新兴产业聚集区的发展目标，并据此部署提升传统产业、发展总部经济等方面的重点工作。

【发展特色农业】 4月5日，区委办公室印发《关于加快发展特色农业的实施意见》，提出加快发展特色农业的指导思想，明确利用3年时间，基本实现“一退、三种、四转化、四特色”（“一退”即退出传统大田作物种植；“三种”即种植高效无公害绿色蔬菜、种植优质林木果品、种植特色花卉；“四转化”即由大田作物向高效特色经济作物转化、由林木果品生产向休闲采摘和苗木基地转化、由陆地蔬菜栽培向优质高效节能的设施蔬菜栽培转化、由初级农产品加工向深加工产品转化；“四特色”即建设特供性食品供应基地、旅游型生态观光基地、设施型种植基地和深加工型产业化基地。）的“1344”总体目标和阶段目标。并根据发展目标部署重点工作，从组织、资金等方面制定保障措施。

【农村面貌改造提升】 6月28日，区委办公室印发《关于印发〈北戴河区实施农村面貌改造提升行动方案〉的通知》，以科学发展观为指导，全面贯彻中共十八大和省、市、区委全会精神，坚持统筹城乡发展，以提高农民生产生活质量为目标，以省市农村面貌改造提升行动重点村和“七沿”村庄为重点，以精品示范点为突破，重点抓好“环境整治、民居改造、基础设施配套、公共服务提升、生态环境建设”5大工程，明确从2013年开始实施三步走战略，即年内求突破、2年上台阶、3年大变样，到2015年底全区25个行政村全部完成改造提升任务。

【发展教育事业】 9月10日，区委、区政府印发《加快教育事业发展的意见》，围绕素质教育、师资力量、机制机构、教学质量、教育布局等方面提出 “以实施素质教育，夯实基础教育，提高教育教学质量；以提高教师待遇，稳定教师队伍，实施‘名师’素质工程；以加大教育投入，优化发展布局，打造特色教育品牌；以加强组织领导，建立健全机制，营造优良教育环境”等要求。

【全民科学素质建设】 9月13日，区委办公室、区政府办公室印发《关于加强全民科学素质建设考核工作的通知》，从考核对象、考核方式、考核内容、考核结果的运用和总结经验等方面对区全民科学素质工作领导小组各成员单位进行具体安排和部署。考核实行百分制，按照全民科学素质工作总体安排、保障体系建设、社会化程度、重点人群行动效果、科普基础设施建设和平时工作开展情况等6个方面逐项打分，累加各项得分即为总分。考核工作每年年底进行1次。

【四大攻坚年】 10月11日，区委、区政府印发《项目建设、城市提升、全民创业和城乡一体化四大攻坚年活动实施方案》，计划用3年的时间实施项目建设、城市提升、全民创业和城乡一体化“四大攻坚年”活动。“四大攻坚年”活动方案内容各有侧重，“项目建设攻坚年”以秦皇岛市被确定为全省沿海地区率先发展增长极为契机，主动落实全市开放强市、产业立市、旅游兴市、文化铸市发展战略和北戴河区“1+4”工作格局，大力实施对经济发展具有强力拉动作用的战略新兴项目，为在全市实现“两个率先”和建设“美丽实力幸福北戴河”宏伟目标奠定坚实基础；“城市提升攻坚年”以

"唱响改革开放创新主旋律，建设美丽实力幸福北戴河"为主题，以加快实现"两个率先"为目标，不断提升城市面貌，完善城市功能，拓展城市空间，提升城市品味；"全民创业攻坚年"以率先发展、再创辉煌为目标，着眼全区经济发展全局，从提高全民创业意识、培育全民创业主体、落实全民创业政策、优化全民创业环境着手，最大限度地凝聚和激活全民创业热情和创业能量，在更大范围、更深层次上调动民力、集中民智、吸纳民资；"城乡一体化攻坚年"以统筹城乡经济社会发展为主线，加速推进城乡一体化进程，扎实做好城乡一体化攻坚年活动各项工作。

重要会议

【区委常委会议】 2013年，区委召开常委会14次。

1月6日，中共北戴河区委召开十一届第20次常委会议。会议研究部署"两节"期间全区主要工作；区人大、区政协"两会"方案；区2013年主要经济指标；部署加强区委班子自身建设事宜。

1月21日，中共北戴河区委召开十一届第21次常委会议。会议研究《区政府工作报告》《北戴河区2012年国民经济和社会发展计划执行情况及2013年计划草案的报告》《北戴河区2012年财政预算执行情况和2013年财政预算草案的报告》《2013年北戴河区政府财政预算草案》。

2月18日，中共北戴河区委召开十一届第22次常委会议。会议部署春节后主要工作；传达习近平总书记关于厉行勤俭节约反对铺张浪费重要批示精神。

3月28日，中共北戴河区委召开十一届第23次常委会议。会议研究市人大、政协"两会"代表、委员候选人名单，听取区人大党组关于第十四届人大第三次会议筹备情况的汇报；研究《区委、区政府关于贯彻落实中央政治局"八项规定"的实施意见》；听取2013年度全区党风廉政建设和反腐败工作会议筹备情况汇报，研究《2013年度党风廉政建设责任制分工》。

4月2日，中共北戴河区委召开十一届第24次常委会议。会议研究《区委2013年工作要点》；全区经济工作会议事宜。

5月18日，中共北戴河区委召开十一届第25次常委会议。会议传达省、市2013年第一次暑期工作会议精神；听取区委十一届三次全委（扩大）会议筹备情况汇报，研究全会有关文件；研究召开"树讲聚促"大讨论活动专题民主生活会事宜。

7月2日，中共北戴河区委召开十一届第26次常委（扩大）会议。会议传达学习中共中央书记处书记、国务委员、国务院党组成员兼国务院秘书长杨晶关于做好暑期工作的讲话精神；传达市暑委会全体（扩大）会议和市暑期工作调度会议精神；研究近期暑期工作需要协调解决的问题；就暑期工作进行安排部署。

7月4日，中共北戴河区委召开十一届第27次常委会议。会议研究《关于规范全区农村干部工资补贴的暂行办法》；机构编制事宜；干部事宜。

7月10日，中共北戴河区委召开十一届第28次常委会议。会议研究干部事宜。

7月10日，中共北戴河区委召开十一届第29次常委（扩大）会议。会议通报县级干部调整情况，并就近期工作提出要求。

8月30日，中共北戴河区委召开十一届第30次常委（扩大）会议。会议传达省、市暑期工作总结会议精神，研究《关于表彰2013年度暑期工作先进单位、先进集体和工作模范、先进个人的决定》《关于表彰全区暑期一线党员先锋岗先进个人的决定》、为北戴河添光彩先进个人评选表彰相关事宜。

8月31日，中共北戴河区委召开十一届第31次常委（扩大）会议。会议研究《关于加快教育事业发展的意见》《关于教育发展情况的报告》。

10月8日，中共北戴河区委召开十一届第32次常委（扩大）会议。会议研究区委十一届四次全会筹备情况。

12月3日，中共北戴河区委召开十一届第33次常委会议。会议传达全省宣传工作会议精神；研究《北戴河区文明单位管理办法》《北戴河区文明村镇管理办法》；传达习近平总书记关于做好当前及今后一段时期安全生产工作的系列重要讲话精神和国务院安委会及省、市领导关于做好安全生产工作的重要批示要求，部署全区安全生产工作相关事宜；研究机构编制事宜；2013年军队转业干部安置事宜；全区2012年度科级领导班子及科级干部考核情况。

【全区性会议】 2月27日，市委常委、区委书记李学民主持召开全区维护社会稳定工作会议暨深化加强基层建设年活动动员大会。部署深化加强基层建设年活动；做好全国"两会"期间维护社会稳定工作。全区副县级以上领导干部，全区各部门、各单位主要负责人，两镇、两街党政主要负责人、主管副书记，加强基层建设年活动各包村（居）干部，全区各村、社区党支部书记等出席会议，区委书记李学民作重要讲话。

4月7日，市委常委、区委书记李学民主持召开全区2013年经济工作会议。总结2012年以来全区经济工作，安排部署下一阶段重点经济工作任务。全区副科级以上领导干部，部分各行业驻区单位主要负责人，各村（居）书记或主任等出席会议，区委书记李学民和区委副书记、区长刘学彬作重要讲话。

6月29日，区委副书记、区长刘学彬主持召开暑期工作动员大会。传达中央、省、市暑期工作会议精神，全面动员部署暑期工作。区四大家领导班子成员，中共中央直属机关事务管理局北戴河服务局（一下简称中直）几大家领导，全区副县级以上领导干部，全区各部门、各单位主要负责人，各镇街工作人员、包村（社区）干部、各社区、农村两委班子成员和治保主任，全区涉暑单位，部分驻区休疗单位主要负责人代表，部分驻区部队，全区生产性企业负责人等出席会议，区委书记李学民和区委副书记、区长刘学彬作重要讲话。

9月2日，召开2013年暑期工作总结表彰暨2014年暑期工作安排部署大会。对2013年暑期中涌现出的各类先进典型进行表彰；安排部署2014年度暑期重点工作。区四大家领导班子成员，中直几大家领导，全区副县级以上领导干部，全区各部门、各单位主要负责人，各镇街工作人员、包村（社区）干部、各社区、农村两委班子成员和治保主任，全区涉暑单位，部分驻区休疗单位主要负责人代表，部分驻区部队，受表彰的先进代表等出席会议，区委书记李学民和区委副书记、区长刘学彬作重要讲话。

9月18日，市委常委、区委书记李学民主持召开区党政联席（扩大）会议第一次会议。专题研究项目建设、城市提升、全面创业、城乡一体化四大攻坚年活动实施方案。全区副县级以上领导干部及相关单位负责人出席会议，区委书记李学民作重要讲话。

10月22日，召开区党政联席（扩大）会议第二次会议。研究谋划2014年涉暑项目和项目建设推进过程中需解决的具体问题。全区副县级以上领导干部及相关单位负责人出席会议，区委书记李学民在会议结束时作重要讲话

12月2日，召开区党政联席（扩大）会议第三次会议。传达全市项目建设暨县城建设推进会议精神，部署项目推进有关事宜。全区副县级以上领导干部及相关单位负责人出席会议，会上常务副区长于凤喜传达全市项目建设暨县城建设推进会议精神，区委副书记、开发区工委书记、农工委书记王志新宣读《北戴河区2014年重点推进项目工作责任分解表》，区委书记李学民和区长刘学彬在会上作重要讲话。

（李晓娜）

区委办公室工作

【概况】 2013年，区委办公室紧紧围绕区

委中心工作和整体部署，以解放思想大讨论和“三提”活动为载体和抓手，以服务大局、统筹协调、大胆创新、超前谋划、深度参谋为准则，切实当好区委的“参谋部”“执行部”“保障部”；健全完善包括文秘综合、督导检查、信息调研、机要保密、公务接待、文明礼仪、车辆管理、财务管理、会务筹备等10余项内容的一整套办公室工作制度，出台《中共北戴河区委办公室工作细则》，做到各项工作有章可循、有据可依，推进办公室工作制度化、规范化和科学化。全年起草、修改、整理各类综合文字材料360余篇、420余万字，组织、协调各类会议150余场次，完成接待任务300余批次3500余人。

【监督检查工作】 对全区重点涉暑项目、“四大攻坚年”“4422”暑期重点工作、冬季供暖以及各种重要会议决策贯彻落实情况进行跟踪督察，开展专项督察100余次，制发督办卡240件次，刊发《督查专报》23期、《督查通报》5期、《督查快报》17期，完成市委办公厅督办件17件次，获区委主要领导肯定性批示43件次，妥善受理群众来信、来访30余次。暑期期间，会同区纪委、监察局、区政府督查室组建联合督察组，对区内环境秩序、停车场管理、海蜇伤人防治、包街综合整治等重点工作实施“日巡查”，开展联合督察45次，刊发《联合督查快讯》45期、发现并整改问题326件次。

【调研工作】 围绕项目建设、城市提升、全民创业、城乡一体化四大攻坚年、城区街景改造提升和连片建设美丽乡村城乡两大战役等全区中心工作、重点工作组织开展专项调研，形成人人重调研、重实践，全员搞调研的工作格局。全年编写、上报调研文章53篇。

【党建工作】 完成市委办公厅《党旗飘飘》《基层建设贵在创新》等各项文稿征编工作。做好党史材料的收集和编纂，完成区委重大事项和领导重要活动的材料收集整理工作，编写《2012—2013年区委大事记》。

【信息工作】 全年上报各类信息（不包含互联网信息）1150余篇（条），被各级信息刊物采用200余篇（条），其中长篇信息16篇，先后得到汪洋、周本顺、张庆伟、臧胜业、景春华等领导批示；经省委信息中心转报，被中央办公厅单条采用信息4篇；编发《北戴河信息》127期，其中收录信息470余条；编发《暑期工作动态》76期，其中收录信息404篇（条）。在全省信息采用情况（重点联系点）综合排名位居省、市前列。

【文秘工作】 全年起草、修改、整理各类综合材料360余篇，完成文字工作量420余万字。《精心打造国家级城乡一体化示范区》在省委办公厅《综合与调研》（第26期）署名刊发。全年共组织区委常委会、区委常委（扩大）会、区委书记办公会、区委书记月工作碰头会、党政联席会、暑期工作动员大会、暑期工作总结表彰大会以及区委领导主持召开的协调会等各类会议150余场次。

【机要工作】 机要通信实现“零停留”，按照中央、省、市有关文件规定，围绕密码通信主体工作，加强密码管理，完成各项工作任务，确保安全畅通。严格执行电报传输办理程序，严格落实领导责任制，明确“第一责任人”和“具体承办人”，及时、准确、优质办理每份电报。全年收发各类电报900余份，未发生泄密和工作责任事故。针对暑期集中办公模式，克服人员少、工作时间长等困难，指派专人24小时处理暑期专报、办理相关批示，出专报56期，送阅400余人次，无错办、漏办，确保保密及时准确。

【保密工作】 安全保密实现“零失误”，以确保暑期和中共十八届三中全会期间的安全保密为重点，加强宣传教育，突出技术防范，促进整改落实，确保全区良好的安全保密环境。发挥区委保密委员会作用，对照《河北省党政系统县级密码安全风险评估办法（试行）》，开展系统自查，认真整改存在问题，进一步完善科学规范的保密管理制度。开展“学党章、铸忠诚、做合格密码干部”主题教育宣传活动。针对暑期省委机要局进驻较晚的新情况，区委保密局主动承担起省派出台所有密码通信任务，仅7月份就为省主要领导办理电报400余份，确保密码通信安全畅通。

【暑期工作】 发挥区暑办上传下达、沟通协调、服务检查、值班反馈等作用，完成各项任务。完善制度，编制《北戴河区暑期工作领导小组结构图》《北戴河区暑办暑期工作流程图》《区暑期工作领导小组办公室工作分工》，建立并完善暑期日常协调、双岗值班、信息日报告、保密工作、暑期重要线路任务提醒机制、项目进展反馈机制等一系列行之有效的工作制度，为暑期服务提供有力保障。牢固树立“大暑期、大协调”意识，加强同上下级部门间沟通，暑期期间快速、妥善解决安全隐患、市容市貌、市政设施等方面问题260余件，协调完成首长外出及重大活动用餐100余餐次，完成首长外出活动任务46次，首长家属外出活动任务22次，完成线路任务227次。组织重点涉暑项目调研、暑前模拟考等活动；起草各类通知、报告、汇报30余篇；对全区供电情况进行专题调研，形成《关于北戴河区供电情况的调研报告》；汇总整理《需省暑办帮助协调解决的问题》，助推涉暑项目建设。创新管理，通过以会代训方式，协调全区各包街执勤单位进一步增强政治敏锐性和服务意识，提高包街执勤工作针对性和实效性。通过致公开信的方式，协调相关驻区军事单位，共同做好暑期环境整治及噪音污染治理工作，创造良好暑期环境。通过协调移动、联通、电信等通信运营商，向漫游到北戴河区的手机用户发送禁放烟花爆竹、禁放孔明灯等方面内容短信，号召广大游客共同参与暑期环境保护。汇总整理《北戴河区2013年暑期工作机制汇编》，内容涵盖安全稳定、环境秩序、市政保障、医疗卫生等36项暑期工作长效机制，推进暑期工作规范化、制度化。

（李晓娜）

政务信息化管理

【电子政务建设】 2013年，门户网站发布政务、经济、旅游等信息9000余条，点击量达150万次。围绕全区重大活动、事件以及关系社会民生等中心工作，开发住房保障、工程建设领域项目信息专题专栏，完善三农服务、精神文明、星火普法等专题专栏的功能及页面美化。提升服务能力，组织全区各部门对网上办事项目进行梳理、更新，强化互动交流栏目功能建设，特别是网民留言栏目的回复办理工作。全年办理书记信箱、区长信箱、网民留言67件，办结率100%。

发挥公务内网OA办公系统及机关办公网的作用。完成电子公文上传下发工作，保障公文快速、安全传输，提升政务办公效率。完成区内信息和电子公文平台的融合，丰富机关信息化、学习课堂、艺术天地等栏目内容，凸显信息化助力机关效能作用。2013年，机关办公网站发布信息1500条，OA办公平台发布公文806件，短信提醒3149次。

多措并举提高网络与信息安全，做好日常维护，针对黑客攻击手段，对防火墙、入侵检测等设备进行合理化设置，堵塞系统漏洞、查杀病毒和更换密码。全年发现并阻止网络攻击4次，未对全区网络安全造成影响。

【电子政务服务】 完成招商引资、工作汇报、会议会展等全区重大事项、活动的多媒体制作及演示工作。制作完成《北戴河2013》宣传折页。完成区内重大事项的摄影、存档以及相关设计制作。拍摄照片2万余张，设计制作多媒体640余面，使用图片

4000余张。

（高春生）

信访工作

【概况】　2013年，全区信访工作健全矛盾纠纷排查、信息反馈、领导接待、领导包案、积案化解等多项工作制度。建立和完善督查督办工作机制。通过召开专题会议、到承办单位现场督办和个案调查直接督办等形式，对涉及部门多及群众反映强烈、影响社会稳定的典型案件进行督促落实。组织联合督导组对镇街及相关部门基础性工作及暑期、政治敏感期、重大节日的重点工作，进行全面及专项督查。视频接访系统建设初步完成，实现省、市、县（区）三级快速联动。加大网上信访办理力度，逐步降低信访成本，为群众提供高效便捷的诉求和解决问题的平台，全力促进信访问题化解。12月，成立北戴河区信访联合接待中心，为信访局所属财政性资金基本保证经费事业单位，规格相当于副科级。人员编制4人，其中主任1人。

年内，接待区来访群众380批1718人次，其中集体访80批1197人次。发生进京集体访3批63人次，无赴省、到市集体访；进京非正常上访42人次（甄别销号36人次）；依法行政拘留违法上访人员2人。

【依法治访】　加大用法治思维解决信访问题和依法终结信访事项力度，加大处置非正常上访的工作力度，确保实现依法引导、依法办访、依法规范。充分发挥驻京办在处理非访方面的优势，不断增强进京非访的快速处置能力，建立高效快捷的处置工作流程。不断强化进京非访人员的稳控措施，教育引导上访人依法维权。充分利用法制宣传日及镇街等基层阵地，加大信访法规宣传力度，使信访法规深入人心。

【信访矛盾排查及案件办理】　促进信访工作良性发展，从科学决策、信访风险评估、矛盾隐患排查及初信初访入手，主动作为、提前介入，把各种不稳定因素预见到位，把相关措施谋划到位，把特殊疑难信访案件救助资金运用到位，确保在第一时间、第一地点、第一环节解决好群众的合理诉求，把矛盾纠纷消除在萌芽状态。开展践行群众路线化解信访积案专项行动，通过信访事项“三清”（苗头隐患查清、新案随清、积案办清）、“百日攻坚”“双月会战”等活动，对重点隐患和重大问题、上级交办案件及影响全区社会稳定的一些热点、难点、重点信访问题，进行重点摸排，及时调度理顺案情，集中力量清理化解，最大程度减少不和谐、不稳定因素。将暑期、国庆、政治敏感期和节假日作为重点信访时期，将源头预防、积案化解和人员稳控作为工作重点，通过启动暑期机制、日报告制度和全方位、全覆盖、无缝隙排查，围绕重点领域、重点部位、重点问题、重点人员，将各类信访隐患、不稳定因素排查到位、纳入视野、分清类别、建立台账、明确领导、明确责任，确保及时化解到位。定期调度重点信访案件，及时掌握解决问题的进展情况、稳控措施的落实情况及上访人的思想动态情况；对突发重大信访问题做到随发生随研究随部署，有效控制局面。严格落实“日报告和零报告”制度，从源头上遏制非访产生。

（王向阳）

纪检监察工作

【概况】　2013年，北戴河区纪委、监察局结合区情实际，深入实施党风廉政建设责任制，着力健全和完善惩防体系建设，干部作风建设显著加强，经济社会发展环境进一步优化，反腐倡廉科学化水平不断提升，为北戴河区加快实现“两个率先”的宏伟目标和建设美丽实力幸福北戴河提供有力保证。年内，区纪检监察机关立案10件，结案10件，处理违纪党员干部10人，其中开除党籍7

人、留党察看2人、党内警告1人。

【党风廉政建设】 印发《2013年党风廉政建设和反腐败工作任务分工》，细化全区17位区级领导承担的51项工作，确定20家牵头单位、52家配合单位的工作职责，对全区70个科级领导班子及295名科级干部2012年度落实党风廉政建设责任制及推进惩治和预防腐败体系建设情况进行考核。

基层纪检监察组织建设　在全区25个行政村全部建立村务监督委员会，覆盖率达到100%,村务监督委员会建设均达到省“十有”要求标准。各村务监督委员会积极发挥作用，监督村内重大事务事项22项，列席村“两委”会议87次，提出意见建议31条，纠正问题15个，参与调解矛盾纠纷12起。积极开展在非公有制企业党组织中建立纪检组织工作，有19家非公有制企业设立纪律检查委员，2家非公有制企业设立监督指导员，建成率100%。在9个社区组建社区纪检组织。

农村事务科学监管　2013年，车站村和戴河镇分别被评为省、市两级党的基层组织党务公开示范点。全面推行党代表列席镇党委会和农村党员提案制度，并通过月报告的形式促进工作落实。搭建农村“三资”监管信息平台，对全区25个行政村全面清产核资，实施农村“三资”委托代理服务，将相关数据录入计算机，实现农村“三资”电算化核算、网络化管理。

【机关作风建设】 召开专题会议　用违反“八项规定”的反面典型案例对党员干部进行警示教育。成立专项督导组，加强监督检查，对全区各单位执行纪律、公车私用等情况进行明查暗访77次。建立落实中共中央“八项规定”精神月报告制度。开展克服“四风”问题有关工作,实施清理规范收费行为专项治理，全区保留行政事业性收费项目33项，不存在超越管理权限擅自制定收费项目和收费标准问题。有效整治执法执纪部门吃拿卡要问题,加强权力制度约束建设，推行阳光化用权和廉情预警等工作措施，规范执纪执法行为。与交警部门联合，开展冀“O”民用专段号牌整治工作，无违规问题发生。扎实推进全区党政机关清理整改办公用房工作，对存在超标问题的，通过腾退、合并、分隔等方式进行整改，对无法分隔出有效使用面积的，由所在单位说明具体情况，报区纪委备案。加强公务用车管理，严格落实越野车管理规定，杜绝将越野车作为领导干部固定用车。

优化经济发展环境　推进“两转三服务”优化发展环境活动，组织实施涉企收费、规范基层执法行为、企业周边环境治理等专项督查，为企业提供更优质服务。在《北戴河时报》公示各行政执法和经济社会管理部门发展环境服务承诺,强化社会和群众监督。全面开展优化审批流程，在各执法监管部门及窗口单位推行“零障碍”服务全程协办机制，开通政务服务“直通车”和上门服务热线，对重大项目实施跟踪服务。对暑期停车场乱收费问题进行集中整治。

机关效能建设督查　在全区推行“月碰头会”制度，开展“治庸提效能、服务促发展”活动，对全区公务人员工作纪律、在岗状态、禁酒令及廉政制度执行等情况进行经常性督导检查。与区委、区政府督查室联合，对暑期工作制度落实，暑期任务完成等情况开展监督检查，会同两办督查室对区委十一届四次全委会议、北戴河大讲堂等会风会纪情况进行督察，对违反会风会纪的单位和个人进行通报批评。

正风肃纪专项行动　围绕解决省委《正风肃纪专项行动实施方案》中提出的15个方面的突出问题开展自查，并对自查和落实整改情况进行公示。针对存在问题，全区各单位健全完善100余项工作制度，约束党员干部工作行为。建立明察暗访常态机制，保持正风肃纪高压态势。

【廉政教育】 推进廉政文化建设，8家单位被评为市级星级廉政文化示范点或廉政教育基地。借助北戴河智慧旅游平台APP导游系统，将鸽子窝公园廉政文化有机融入系统信息服务中，游客通过手机客户端即可获得自助式廉政导游服务。拍摄有区域特色的廉政文化专题汇报片，开展廉政漫画创作征集活动，组织参加市纪委“中国梦、纪检梦、我的梦”演讲比赛。办好“沧海扬帆树清廉”清风博客，健全反腐倡廉网络舆情信息收集、研判、处置和网上舆论引导机制。

机关权力运行规范化建设　设立区国土分局、国税局、教育局、环保局4个示范点，建立财务管理、物资采购、项目管理等制度30余项。以制约和监督权力运行为核心，组织开展清权查险、分权提效、亮权预警活动，在各示范单位制定完善《办事流程路线图》《廉政风险防控权力运行流程图》，将权力运行全过程置于群众监督之下。提升机关廉政文化水平，通过安装廉政屏保、在办公椅上装饰标识廉政风险“高、中、低”风险等级的背套、设立廉政文化长廊等形式，营造浓厚的机关廉政文化氛围。

党员干部廉政教育　开展“廉政教育月”系列活动，通过讲廉政党课、观看廉政教育片、参观廉政教育基地等形式对党员干部进行廉政教育。探索建立在领导干部中开展谈心提醒教育制度，在领导干部发生违纪行为前或存在苗头性问题时进行谈心提醒教育，把可能发生的腐败问题解决在萌芽状态。组织对33名拟提拔科级干部进行党政纪法规知识考试，成绩记入干部廉政档案。

【提高处理信访工作质量】　建立信访公开机制，自觉接受群众监督，教育和引导群众依法信访。坚持要结果案件的审批结案和信访案件督办跟踪制度，实行信访案件问责制，提高处理信访问题质量。加强与镇街联系沟通，及早发现信访苗头，不断提高信访处置的快速反应能力。做好暑期、国庆、全国“两会”期间等重点时段信访维稳工作，未发生因纪检信访引发的越级访、集体访。2013年，全区纪检监察机关接到信访举报5件，按期办结率100%。

【查办违法违规案件】　加大查办案件工作力度。采取多种途径和方式，拓宽可查案件线索范围，实现案件线索资源共享。实施案件目标管理责任制，坚持案件线索移送制度，严肃查办以权谋私、权钱交易、损害群众切身利益、失职渎职等案件，形成查办案件整体合力。建立纪检监察案件通报、定期调度、考核奖励等工作机制，始终保持查办案件工作的强劲势头。全年区纪检监察机关立案10件，结案10件，处理违纪党员干部10人，其中开除党籍7人、留党察看2人、党内警告1人。

【工程建设领域专项治理】　对新立项工程进行调查摸底，建立监管台账，确保建设项目在有效监督下运行。规范工程招投标管理，全年现场监督招投标23项。严格工程建设领域行政权力运行流程，强化对落实情况监督检查，及时纠正工程建设领域不规范问题，有关工程建设项目和诚信信息及时在北戴河门户网发布。

【专项资金综合治理】　出台《2013年专项资金综合治理工作方案》，组织园林、卫生等涉及6类重点专项资金的部门开展自查自纠，协调财政、审计等部门开展重点检查和审计。扩大专项资金监控系统平台监管范围，把新农合建设资金、民生工程资金、生态建设资金等政策性和群众关注资金全部纳入监管，坚决杜绝规避监管行为。

【“吃空饷”专项治理】　抽调专人成立2个督导检查组，对全区各单位进行全面普查和重点督查。全区疑似“吃空饷”人员14人，涉及9个单位，按有关规定进行整改处理。在检查中未发现问题单位均签订无“吃空饷”情况承诺书。

【民主评议政风行风工作】　组织实施“关注民生、优化环境”万人问卷调查，民主评议问计于民、服务于民。在参评单位中开展“六个一”主题实践活动，集中精力破解政风行风建设中存在的重点问题。实施中小学乱收费及有偿家教问题专项整治，对1名存在有偿家教问题的在职教师进行处理。对2012年度强农惠农资金开展自查和集中检查，未发现违法违规问题。围绕医药购销和服务以及群众反映强烈的热点问题，开展专项问卷调查活动，就征求到的问题责成有关单位及时整改，并建立健全长效机制。

【纪检监察干部队伍建设】 在全区纪检监察系统开展以“讲学习、比奉献、树清廉、扬正气，做保持党的纯洁性表率”为主题的学习教育活动。组织全区60余名专兼职纪检监察干部参加中央纪委监察部北戴河培训中心有关课程学习。认真做好机关保密、档案管理、服务接待、老干部管理等工作。健全乡镇纪检组织建设，选拔推荐2名政治过硬、公正廉洁、熟悉农村工作的优秀年轻干部担任两镇专职纪委书记。加强对镇街纪委班子建设的管理工作，建立不定期汇报、年度考核、镇案区审、述职报告等制度，确保年度工作任务落实。规范纪检干部执纪行为。有效发挥纪工委监察分局职能作用，加强对基层单位反腐倡廉建设情况检查，加强对权力运行的监督。年内组织对区计划生育局开展工作巡查。对2011年已巡查的3个单位落实整改情况开展“回头看”，促进整改措施落实到位。

（齐海兰）

组织工作

【概况】 2013年，全区组织工作深入贯彻落实中共十八大精神，紧紧围绕全区中心工作，进一步解放思想，更新观念，不断开创组织工作新局面，大力推进领导班子、干部队伍、人才队伍、党员队伍、基层党组织和组织部门自身建设，努力提高组织工作科学化水平，为加快推进四大攻坚年、建设美丽实力幸福北戴河提供强有力的组织保障和智力支撑。

【干部队伍建设】 在全区科级干部、选调生和大学生“村官”中开展“畅想中国梦·践行美丽实力幸福北戴河”主题征文活动，全面激发干部队伍“解放思想、改革开放、创新驱动、科学发展”的精神动力。组织召开大学生“村官”周上站交流汇报会，动态掌握大学生“村官”工作情况，提高其工作积极性、责任感和履职能力。选调生撰写的《抢占舆论高地，点亮组工人的中国梦》在全省组织系统“中国梦·组工人”征文中荣获一等奖，大学生“村官”工作相关经验做法在《共产党员》《燕赵都市报》等多家媒体进行报道。

【干部选拔任用】 年内，任免干部92人次，其中提拔干部31人次，平职调整47人次，试用期转正14人。按照市委组织部要求，认真做好援坝、援藏干部人选人才推荐和选派工作，择优选派1名熟悉林业工作，具有较强园林规划设计能力的专业技术干部对口支援康保县。

【干部考核】 健全完善领导干部考核办法，出台《北戴河区科级领导班子和科级干部综合考核评价办法（试行）》，细化考核对象分类，完善考核指标设计，突出考核工作“风向标”“指挥棒”导向作用。年初，区委成立6个由县级干部任组长的考核小组，完成对全区62个科级领导班子和289名科级干部的年度考核工作。《北戴河区探索领导干部综合考评新路径》经验材料在《河北日报》上刊发。

【干部监督管理】 坚持以《关于进一步加强干部监督工作的意见》《关于进一步从严管理干部的实施意见》为指导，强化领导干部的日常监督。严格落实《廉政准则》及党风廉政建设责任制，加强干部选拔任用全过程监督，下发《关于报送北戴河区科级领导班子和科级干部监督评议员的通知》，建立科级领导班子和科级干部日常监督制度。实行新提拔干部廉政考试制，对新提拔干部进行党纪、政纪考试。开展谈心谈话活动，年内对92名科级干部进行离任和任前谈话。组织部撰写的《北戴河区构筑四道“防御堡垒”探索建立立体化无缝隙干部监督模式》经验材料受到省、市领导充分肯定与批示。

【干部教育培训】 建立“理论+实践”培训模式。围绕学习贯彻省委八届五次全委（扩大）会议精神，在全区开展“讲学习、强素质、重实干、促发展”学习实践活动，广泛开展读书、在线学习、实践锻炼等活动，提高干部分析问题、解决问题和处理问题能力。开展“借力培训活动”。与驻区国家级和省部级培训中心、休疗单位建立“借力培训”长效机制，组织各级干部参加全国政协、中纪委纪检监察综合业务、非公企业纪检业务等培训班，聆听中国科学院心理研究所教师、博士生导师尹文刚，《求是》杂志社研究员黄苇町，清华大学软件工程与管理研究所所长、博士生导师覃征等知名专家教授的精彩讲座。实施“对标培训工程”。组织区直、发改、城管、卫生以及两镇等单位主要负责人到新加坡进行培训，学习借鉴该国在经济建设、城镇规划等方面的先进理念和成功经验，辑印《赴新加坡南洋理工大学城市管理与创新培训班学习成果汇编》。组织人社、住建、园林等单位及重点企业主要负责人赴澳大利亚、新西兰学习考察公务员管理、城市规划及园林景观设计。组织经济部门负责人赴深圳、香港参加“中国高级公务员经济管理研讨班”。组织交通、农业、旅游等部门3批10余人次到广东、山东、浙江等先进地区进行专项学习考察。

【基层组织建设】 全面提升服务能力 积极推行“阳光八送”服务行动，组织全区各单位部门党组织结合自身职能特点，面向全区各村、社区开展送政策、送技术、送文化、送法律、送健康、送教育、送温暖、送新风活动。活动期间，完成各类服务200余项。全面铺开各级党代表工作室建设，指导全区所有镇街村社区建立党代表工作室，要求区镇两级党代表特别是区直单位“一把手”坚持到基层党代表工作室定期驻室办公，积极拓宽党代表服务党员群众渠道。

是年，开展基层建设年活动，建立“一村一组”综合帮扶机制，每个村（社区）安排1名县级领导干部和2个以上区直单位结成帮扶对子，明确帮扶工作组“一包三年”，全面负责所包村（社区）的科技、扶贫、稳定等项工作。选派重点帮扶村驻村工作组组长挂职帮扶村党组织第一书记，增强帮扶指导力度，印发《深化加强基层建设年活动“十项制度”“六条纪律”》的通知，加强对驻村（社区）干部的管理。深入推进基层建设年活动项目建设，完成农村饮水安全、安全稳定用电、通信通邮、危房改造等“十件实事”，根据群众意愿实施村“两室”改扩建、绿道建设、河塘清淤、组建农民专业合作组织等一批“自选动作”，扎实做好项目建设的验收工作。

创新党建工作载体 在全区各级党组织中开展以“‘为民服务、奉献暑期’党员先锋行动”为主要内容的暑期一线党建工程，并授予在行动中积极履职尽责、切实发挥示范引领作用的党员“党员先锋岗”先进个人荣誉称号。创新开辟基层党建教育阵地，借助村庄主街道两侧墙体，打造“党建漫画长廊”，在寓教于乐中增强村党组织战斗堡垒作用，工作经验在中国组织人事报和共产党员手机报等媒体刊发。

提升党员队伍素质 实施党员创业技能培训项目，通过专家授课、院校培训、基地示范、田间课堂、远程教育等形式，组织广大基层党员干部学习掌握先进技术技能，提高党员带头服务群众、带头争创佳绩的本领。深化党员星级管理机制，根据农村、社区、机关、学校及“两新组织”（新经济组织、新社会组织）等不同领域党员特点分别设置十颗星，由基层党组织对每名党员评星定级，一名党员一本档案，及时更新信息，实施动态管理。

提高发展党员工作水平 按照《中国

共产党发展党员工作细则》，对区委各直属党（工）委书记、镇街组织委员、村居校企和机关企事业单位等基层党组织书记进行全面培训，提升党务工作者运用《细则》解决问题的能力。完善发展党员“十八有”档案标准，规范发展程序。积极为后进党组织物色优秀青年人才，扩充党员后备人才储备，有效破解后进基层党组织多年不发展党员难题。

【人才工作】　开展“人才工作宣传月”活动，通过北戴河党建网、区电视台等载体，积极宣传区人才工作的好典型、好做法、新经验以及优秀人才事迹。开展成果展览，举办“情系雅安”大型赈灾义卖活动、书法绘画展，提高人才社会影响力。全力做好省级人才申报推荐工作，1人被评为“省级农村青年拔尖人才”称号。开展“百名专业技术人才下基层”活动，遴选100名专业技术人才组建农业、教育、卫生、科技、旅游和文化6支人才服务队，深入基层一线开展送技术、送信息、送培训、送服务活动，实施科技示范项目2项，推广新品种21项，新技术8项，举办各类农业技术培训40余次。《北戴河区用好用活人才激发创新创业活力》经验材料分别在《共产党员》《燕赵都市报》上刊发。大力实施引才引智工程，通过基地、项目、岗位等方式引进外来高层次人才，助推全区文化、旅游、科技等产业发展。面向驻区休疗单位、高等院校、企业以及区直单位，邀请经营管理、专业技术等方面人才加入区人才联谊会，壮大高层次人才队伍，为区经济社会发展做出积极贡献。

【党员电教及远程教育】　在远程教育“百村调查”调研活动中，中组部党员教育中心副主任兼全国远程办副主任李丰对区利用以手机二维码技术为载体的智慧远教试点工作给予高度评价。与腾讯公司联系，申请建立北戴河区远教微信平台公众号，设立公示公告、远教动态、视频点播等栏目。独立设计制作3G版远教手机网站，便于用户通过公众号登陆浏览学习相关内容。完成刘庄村、车站村、海浴场等6个“四强四有”开放型、服务型党组织创建示范点拍摄制片工作。

（韩　健）

【老干部工作】　2013年，全区有离休干部60人，其中，本地离休干部46人，易地安置14人；享受副地级2人，县级8人，享受县级20人，其他30人。有退休干部800人，其中县级实职25人。年内，向各级报刊投稿10余篇（条），编辑《老干部工作简报》7期，《关工委工作简报》11期。接待老干部来信来访9人次，信访办结率100%。

老干部政治待遇　组织老干部开展政治理论学习，定期、不定期向老干部通报全区经济建设、社会发展等情况；春节、“七一”、重阳节等重大节日，区主要领导走访慰问老干部，与100余人次老干部代表座谈，并听取意见或建议。老干部50余人次出席区党代会、人代会、政协会等重要会议，提出意见10余条。为全区离退休干部征订《人民日报》《河北日报》《秦皇岛日报》《老人世界》等刊物。

老干部生活待遇　春节期间，对全区90名离休、县级实职退休干部进行逐户走访慰问，为生活困难的党员老干部及部分遗属，送去200～500元不等的慰问金，全年发放慰问金2万余元。创新工作方式，采取科级干部包片分组办法，变“集中座谈”为“逐户面谈”。建立老干部工作人员分片联系老干部制度，不定期进行家访，了解身体健康、家庭困难情况等，介绍当前政策以及和他们密切相关问题，发现问题及时解决。针对离休老干部双高期就诊、住院、转院难等问题，与区人民医院进行协调，全年看望生病住院老干部20余人次，处理去世善后5人次，上门送药70余次。

关心下一代工作　年内，100余名老干部、老战士、老专家、老教师、老劳模组成“五老”报告团，做报告41场次，受教育者达5万人次，78名老干部担任校外辅导员，创办家长学校49所，培训家长2万人次，39名老干部与后进青少年结成对子，成立帮教小组70余个，帮教失足青少年73名，举办普法讲座20余场，受教育青少年5万人次。

老干部文体活动　北戴河老年大学开设摄影、声乐、绘画、舞蹈、老年模特等专业班，举办各种文体活动。6月，举办“桑榆情·中国梦”诗词书画摄影展；“七一”举办文艺演出，重阳节举办象棋、跳棋、扑克趣味比赛，开展主题实践活动等，广大离退休干部真正做到老有所为、老有所乐。

（袁　芳）

【党校工作】　2013年，区委党校有工作干部3人，其中，常务副校长1人、理论教员2人。1月8日，配合组织部举办党的群众路线教育和统筹城乡一体化发展培训班。对镇街党（工）委副书记、组织委员、党办主任、大学生村官等120余人进行培训。4月18—22日，配合组织部对全区180余名入党积极分子进行培训。联系协调教师为基层单位授课培训5场次。全年编发刊授教材12期，及时更新网上党校内容。在全区范围内举办“学习宣传贯彻十八大精神，全面推进幸福北戴河建设”理论征文活动。优秀征文在网上党校的专题论坛上刊发。配合区纪委做好反腐倡廉网评工作，以《做群众心中的好官》《狠刹“公款吃喝”风》《领导干部作风要端正》《厉行节约无小事》等为主题编写网评文章9篇。驻村入户，调查走访，做好群众工作，深入基层，加强与对口村联系。做好防范工作，利用网络、刊授等阵地加强党员干部反邪教警示教育，将党校所存图书公开对外借阅，选择性地在网上党校公布部分书目，推荐给全区党员干部借阅。

（张艳英）

宣传思想工作

【概况】　2013年，全区宣传思想工作牢牢把握正确舆论导向，加强理论学习教育，深化精神文明创建，着力提升城市文化品位，为实现“两个率先”目标，建设美丽实力幸福北戴河提供思想保障、精神动力和舆论支持，全年在市级以上媒体发稿1860余篇（幅）。组织中共十八大精神宣讲活动150余场次，开展“解放思想、更新观念、再创辉煌”活动，举办“北戴河步入旅游产业新里程研讨会”。出版发行系列连环画——《梦翔北戴河》，编印《幸福北戴河77问》。开展“为北戴河添光彩”“五好”和道德模范评选活动，组织道德模范、幸福居民、先进青年、美德少年等志愿服务队开展文明巡访、巡讲、巡演活动。举办第一届“幸福北戴河”春节灯会和中国·北戴河第五届情侣狂欢节，精心安排300余场暑期系列文化活动。北戴河区新闻工作实现3个全市首创，即建立中国传媒大学唯一一个县区级校训基地，建立秦皇岛日报第一个县区级挂牌记者站，第一个在全市开通网络信号的县区级电视台。

【宣传工作】　打造三个宣传平台　1月25日，《北戴河时报》创刊，紧紧围绕“四大攻坚年”“六大双月会战”、重点项目建设、暑期旅游服务等中心工作，刊发《思想统一·能量无穷》《完善思路科学圆梦》《以务实举措丰硕成果推进两个率先》《重拾国际旅游度假胜地的荣耀》《扮靓美丽之冠　塑造文明之美》《学会两手抓》《梧桐引凤来》《再鼓干劲再创辉煌》《为精彩暑期喝彩》《提振精神再上征程》等社论20余篇。开辟北戴河正能量、美丽乡村、解放思想、游客眼中的北戴河、北戴河夜经济、暑期进行时之重点项目、农村面貌改造提升、新风赞等专栏10余个。《北戴河时报》全年发行56期20余万份，刊发新闻稿件1800余篇（幅），被市级以上媒体采用50余篇（幅）。

编辑出版系列连环画—《梦翔北戴河》　该书由新华出版社出版发行，一套8册，约14万字，480余张图片，分万国别墅、观鸟麦加、百年胜地、大浪淘沙、时尚海滨、天然氧吧、美丽之冠、总部之家八个部分，图文并茂展示北戴河自然风光、人文历史、经济生活和城市风貌。手提袋内藏8枚精美藏书票，为2013年国家新闻出版总署批准发行的第六套藏书票。该书在北京王府井新华书店和西单图书大厦上架销售，参展第二届环渤海地区北戴河消夏图书交易博览会暨第五届河北省图书交易博览会，受到不同层面读者喜爱，得到各级领导高度肯定，获秦皇岛市优秀外宣品一等奖。

改版区电视台栏目　打造16小时新荧屏。区电视台在丰富整合原有节目基础上，全新改版《俄语新闻》《俄罗斯人在北戴河》《俄文旅游公共服务信息》栏目，包装推出《快乐进行时》《碣石剧场》《夏都影院》《下午茶剧场》等4档新栏目，制作《实现两个率先目标》《建设美丽、实力、幸福北戴河》《百张笑脸》《百年胜地 美丽之冠》《北戴河欢迎您》《迅速掀起四大攻坚年活动高潮》等20个具有北戴河典型符号或名片性政府形象公益广告和形象短片，全天16小时滚动播出。区电视台全年在央视发稿20条，在省台发稿120条，在市电台和电视台播发新闻582条，其中央视和省台发稿数均在全市各县区中名列第一，获秦皇岛市对上报道突出贡献奖。电视短片《不拿报酬的村支书》被中国电视艺术家协会评为“年度三农人物电视作品”一等奖。

对外宣传实现新突破　2013年，在新华社、《中国工人报》《河北日报》等国家级重点媒体刊发《花园化、立体化、人性化北戴河擦亮“避暑胜地”品牌》《北戴河锻造“百年胜地 美丽之冠”品位》《北戴河荣膺“中国轮滑名城”》《北戴河打造花的海洋》等数十篇反映全区重点工作的稿件。在市级以上媒体发稿1860余篇（幅），其中省级以上媒体发稿380篇（幅），超额完成全年发稿工作任务，省级以上媒体发稿数量和各级媒体发稿总量均居全市各县区首位。“五一”轮滑节、暑期和中秋节期间，中央电视台三次聚焦北戴河进行现场连线直播，在央视1套、4套、13套播发新闻13条，创历年直播发稿之最。暑期期间，在秦皇岛日报头版刊发22篇（幅）反映北戴河区经济社会发展的重点稿件。

【理论教育】　以区委理论中心组为龙头，以学习宣传贯彻中共十八大精神为主线，围绕“一个主题活动”“创新三个学习载体”“拓宽四个学习途径”，推动理论学习教育常态化、高端化和成果化，提高党政班子凝聚力、创造力和战斗力。该区中心组理论学习经验做法在11月26日的《秦皇岛日报》上刊发，区委宣传部被评为“2013年度全市宣传思想调研工作先进单位”。

开展“解放思想、更新观念、再创辉煌”活动　出台《关于开展“解放思想、更新观念、再创辉煌”活动的实施方案》，通过组织开展“读一本好书”“我为北戴河发展献计策”“征集北戴河精神表述语”等一系列主题活动，在全区迅速掀起解放思想、更新观念热潮。活动梳理意见建议300余条，征集“北戴河精神”表述语2100条，精选100余篇优秀读书心得汇编成册。

创新三个学习载体，提高学习针对性　围绕中共十八大精神、总书记习近平关于“厉行节俭、反腐倡廉”的重要讲话、全国宣传思想工作会议精神、中央“八项规定”、党的群众路线教育实践活动等专题印发《中心组学习读本》9期，其中第8期学习读本《党的十八届三中全会精神》得到市区领导的高度肯定，省委常委、市委书记田向利在学习读本上批示“这个小册子通俗易读、简约明了、很有创意”。围绕“中国梦·北戴河·我的梦”主题，编印《幸福北戴河77问》5000余册，面向全区各单位、各部门免费发放。创建覆盖全区机关干部的飞信交流群，定期向区直机关干部手机发送学习信息，传达党的方针政策和上级指示精神，加强干部理论学习教育。

拓宽四个学习途径，增强学习效果　建立中心组学习考勤、学习建档、学习考核等制度，定期检查学习笔记和学习成果。全年组织区委理论中心组集中学习9次，组织全区各级党工委和党支部开展各类学习讨论会、座谈会、报告会等活动上百场，培训干部8000余人次。邀请市直机关工委副书记刘力、燕山大学马克思主义学院教授王新华举行中共十八大精神专题辅导，开展宣讲活动150余场次，受教育党员干部群众超万人次。7月10日，在华贸·喜来登酒店举办“北戴河步入旅游产业新里程研讨会”，中国旅游学院院长戴斌和全国文联副主席边发吉、国华置业公司董事长房超做主题发言，全球500强企业、北京旅游文化公司、驻北戴河区休疗单位、驻区企业和机关干部汇集一堂，共商北戴河旅游和文化产业发展大计，集聚起北戴河未来发展正能量。围绕城市提升、全民创业等主题，邀请天津市东丽区政协副主席、华明街道党委书记张长河，河南省济源市人大常委会副主任李宏民，全国500强企业——中国正泰集团党委书记、副总裁林可夫教授授课，拓宽全区党员干部群众知识视野，促进全区思想大解放。

【精神文明建设】 加强“中国梦”社会宣传　起草《关于“中国梦·我的梦”社会宣传的方案》，确定以区内15处重要位置为宣传节点，以海北路、高速引线、滨海大道3条迎宾大道为主线，以区内主干道为拓展面的社会宣传总体构想。协调区直各部门在东经路、海坡路等7条道路、平水桥公园等节点内设置20根城市文化导视柱。制作摆放花堆、艺术字造型8处，绘制中国梦主题文化墙1000延长米，更换宣传刀旗150面，在老虎石海上公园栈道平台设置21面道德模范梦想展示牌。组织机关干部、中小学生、社区居民、医生护士、武警战士书写绘制梦想展示牌600余块，悬挂于平水桥公园，打造“七彩梦园”。中国梦系列宣传活动的做法在新华网等媒体刊发。

培树先进典型　深入开展“为北戴河添光彩”“五好”（好父母、好儿女、好商户、好居民、好村民）和道德模范评选。4月23日，举办“你是人间四月天”——精神文明建设巡礼晚会，表彰北戴河区第四届五好先进典型、省级文明单位（社区、村）、全国优秀志愿者、河北省美德少年提名奖、市级文明村官和“美丽之冠，北戴河好人”终身荣誉奖获得者郭文香、未淑云、苏卫东等57名个人和85家单位，在社会上掀起敬模范、学模范、做模范的浓厚社会氛围。王惠远获秦皇岛市第四届道德模范称号，崔素华被评为2013年秦皇岛市平民偶像，123名工作在暑期一线的先进典型被评为“为北戴河添光彩”先进个人。

全国文明城市迎检　对照全市创建文明城市任务分工及测评标准，整理搜集创城档案材料5000余份。6月14日，区委常委、宣传部长姚飞主持召开全国文明城市及未成年人思想道德建设迎检工作动员会，公安、交警、城管、工商、交通、镇街等70家单位的主要负责人参加会议，区委常委、常务副区长于凤喜对做好两项迎检工作作出具体部署。

暑期志愿服务活动　组织道德模范、幸福居民、先进青年、美德少年等志愿服务队开展文明巡访、文明巡讲、文明巡演活动。组织志愿者治理不文明行为，开展“文明交通行”志愿服务活动，邀请著名环保志愿者丁兆瑞举办“关爱山川河流、共建绿色家园”讲座。在三角地广场举行“志愿服务圆梦行，助力文明北戴河”文艺演出，发放志愿服务知识宣传资料500余份，并通过有奖问答形式向游客和群众普及志愿服务知识。

农村面貌改造提升　深入抓好典型示范村和提档升级村创建，巩固提高“文明生态

“你是人间四月天”精神文明建设颁奖晚会

区”创建成果。根据各村实际，合理实施道路硬化、村庄绿化、街院净化和村民中心、村民公园等项目建设，改善农村生态环境和人居环境，费石庄村典型示范村创建和朱庄村、甘各庄村二次创建工作取得显著成效。

【未成年人思想道德建设】 在中小学开展“学习雷锋，日行一善，做美德少年”“网上祭英烈”等主题道德实践活动，培养未成年人良好习惯，增强道德意识，弘扬传统美德。开展“童心向党”歌咏活动，组织全区未成年人演唱爱国歌曲，参与全省“童心向党”歌咏活动网上展播。开展“美德少年”评选活动，辛浩儒等18人被评为“秦皇岛市美德少年”。接洽河北省百场儿童剧进校园演出节目组到该区海北路小学演出，为师生送上精彩文化大餐。

【文化产业】 坚持以文化艺术为核心推动力促进区域转型升级，努力优化文化环境，统筹发展文化事业，着力建设文化项目，全面打造文化品牌，将文化工作积极主动的融入到全区经济社会发展的方方面面，并作为全区“四大经济增长点”之一来培育。年内，文化创意产业已经发展到公关策划、广告策划、影视制作、新闻出版、表演艺术等8大类近百家企业，成为区域经济增量的重要组成部分。文化创意产业创业辅导基地被认定为省级示范基地。

营造城市文化氛围　近年来，累计投资近千万元，实施文化小品工程。通过雕塑品文化、树干画文化、电表箱炫文化、岩彩舞文化、地面触文化、墙体观文化、城市家俬感文化、歌曲乐文化等表现形式，点点滴滴体现城市文化内涵，使广大游客、市民感受城市文化气息。组织区内艺术家以及外来写生的高校师生，在平水桥公园、月季园、中海滩老虎石段、中海滩东二路段、东经路等路段绘制以海洋生物、小动物以及北戴河经典风光为主要内容的60幅树洞画，同时修复一部分树干画和电表箱画，新增《艺术座椅》《海鸟景观组合》《趣味互动性鲸鱼雕塑》3组城市雕塑。

打造博物馆之城　结合城区定位和产业发展方向，挖掘北戴河历史文化内涵，注入现代时尚元素，建成多座兼具创作、收藏、展览、交流、研讨等服务功能的高品质博物馆、艺术馆。已建成劳动人民文化宫、北戴河博物馆、轮滑博物馆、中国国家画院北戴河分院、河北画院北戴河分院、蒋世国美术馆、梅墨生艺术馆、王铁艺术馆、秦皇岛歌华营地项目、浪淘沙艺术馆、轮滑博物馆、鸟类博物馆、民俗博物馆、体育雕塑博物馆、贵德艺术馆、浪淘沙艺术馆、百年别墅文化馆、天下馆、1898生活馆等。

政策支持，加快平台建设　制定一系列奖励扶持办法，推出“跑办代办、免费宣传、落实政策”3项服务措施。依托“文化产业十强县”创建优势，放大荣誉磁场效应，巩固以奥林匹克大道公园为中心的东部文化创意产业片区和五凤楼创意园区、雍剑秋别墅创意园区、怪楼文化创意产业园区和沈钧儒、何香凝别墅文化创意园区等四大园区；谋划实施硅谷湾信息产业基地项目、俄罗斯度假中心项目、文化创意产业研发基地项目、海上音乐厅项目、《海上生明月》大型滨海情景演出项目、歌华营地项目、乔庄度假庄园项目、北戴河旅游体育综合开发项目等高端项目；推进现代城市剧场群、国家文化产业融合创新示范区、艺术文化创意产业园、国家科技展览中心等一批战略支撑项目，直接或间接撬动社会资金近60亿元，拉动全区文化产业发展提质加速。歌华营地项目被河北省文化体制改革和发展工作领导小组评为“河北省十大文化产业项目”。

【文化宣传系列活动】 举办第一届春节灯展　2月22—25日，围绕“幸福北戴河”主题，灯展分为祥福祈愿、腾蛟贺岁、筑巢引凤、盛世同歌、同心跨越、如虹气势6个篇章，展出76组工艺精细、寓意吉祥的大型彩灯，吸引周边城市群众20余万人次观赏。灯展期间，举行文艺演出、猜灯谜、锣鼓表演、秧歌拉街等文化活动。中央电视台《新闻联播》《焦点访谈》、各级新闻媒体及网站大量转发报道此次活动。

节庆文化活动　围绕“我们的节日·七夕”主题，策划举办2013中国·北戴河第五届情侣狂欢节。开展基层诗词故事会、城乡文化活动演出、大型公益宣传、文明志愿服务等形式各异、丰富多彩的文化活动。

暑期文化展演　安排高端展览、中外文化交流、时尚演出、街头文化人等5大类300余场丰富多彩的暑期文化活动。连续举办10年的“北戴河音乐文化人”活动被评为第十届中国艺术节项目类“群星奖”，此奖项是文化部设立的群众文化最高奖。

完善文联下属机构　在原有美术家协会、书法家协会、作家协会、摄影家协会和音乐舞蹈家协会基础上，新增民间艺术家协会、新闻工作者协会和社科联。出版发行《北戴河文艺》。

【网络监管】　组建舆情管理机构，成立区网络舆情管理中心，选派青年业务骨干赴石家庄、井陉等地学习互联网信息管理的先进经验和有效做法，积极筹建区互联网信息办公室。制定舆情处置预案，深入调查和汇总媒体关注北戴河较高的敏感及热点问题，形成《关于媒体关注北戴河热点工作的预测和应对》建议，制定应对方案，有效加强网络舆情突发事件的处置应对，掌握网络宣传主动权。发挥网评员和文化执法队伍作用，加强对苗头性、突发性、敏感性群体事件等信息的监测预警，全区未发生规模性舆论炒作。

组织网评员参加“科学应对舆情及优秀案例分享”专题论坛相关活动，参与市第二届网络文化节活动，上传图片300余幅，创作数十篇诗歌散文以及多部动漫作品。区委宣传部被评为“2013年度网络宣传秦皇岛先进单位”“网络舆情信息工作先进单位”。

（周丽媛）

机构编制管理

【概况】　2013年，北戴河区机构编制委员会办公室贯彻执行省、市关于行政事业单位管理体制、机构改革以及机构编制管理的方针、政策和法规，研究、拟订全区行政、事业单位管理体制和机构改革总体方案并组织实施，推行事业单位分类改革和管理，开展机构编制实名制管理，实施编制核准制度。按照管理权限提出或受理区党政群机关、事业单位机构设立、撤销、合并、升格、更名、人员编制和领导职数核定与调整、职责配置与调整等编制事项并报批执行。负责事业单位法人登记和年检工作；负责机构编制信息统计工作。

【机构改革】　贯彻《国务院机构改革和职能转变方案》，谋划新一轮政府机构改革工作，对全区31家单位涉及的12类调查摸底事项进行全面梳理。推进事业单位分类改革，拟定事业单位分类目录预案，下发《关于开展事业单位分类工作的通知》，有计划地组织开展事业单位改革工作。

独立设置农工委并调剂事业编制，挂牌成立民宿综合管理办公室。为强化区内重点项目建设工作，调剂解决编制，充实人员力量。成立区联合接访中心；按照省、市司法体制改革精神，分别成立镇街司法所，针对加强政法委议警议题中“加强政法工作的若干意见”，协调调研并提出相关建议。为强化舆论宣传和网络舆情建设、严格低保机构管理、推进校外教育活动，争取上级编办支持，按需设立相应工作机构并适当调剂编制。

【机构编制实名制管理】　对全区机关、事业单位的实名制信息进行统一核查，完成机构编制实名制信息规范工作。落实《关于规范全市机关事业单位编制管理和使用工作的意见》，严把机构编制使用关，严禁超编进入。对127名调出、退休、开除、辞职、死亡等人员办理入编或出编信息；对71项涉及个人信息变更事宜进行调整。

【事业单位管理】 全区事业单位变更登记60余项，设立登记1家。截至3月31日，2012年度全区应年检事业单位59个，已年检事业单位58个，1家正准备进行注销。确保中文域名注册管理工作长效化。全区注册中文域名79家，续费率100%。

（郑莹莹）

统一战线工作

【概况】 2013年，统战工作围绕区委、区政府中心工作，把握团结、民主的主题，做好民主党派、工商联、无党派人士以及民族宗教、对台和海外统战等工作。学习贯彻中共十八大及十八届三中全会精神，充分发挥、调动统战干部和统战成员的积极性和创造性，努力为建设幸福北戴河、促进全区各项事业发展服务，统战工作取得新的成绩。

【多党合作与政治协商】 落实市、区委《关于加强统一战线工作的意见》，针对区基层统战干部队伍薄弱的实际情况，为两镇配备统战委员，进一步完善镇、街及相关单位基层统战干部队伍。通过调研、走访、座谈等形式，积极和统战成员进行交流，统战干部和统战成员交心、交友，切实做到同心同德、同心同向，同心同行。编发9期《政情社情通报》，对涉及全区的政治、经济、社会、文化等重要举措，及时向全区统战成员进行通报。健全和完善区级领导干部与党外人士交友联谊制度。及时对部分工作变动区领导的交友名单进行调整以确保联谊活动落到实处。在全区医疗、教育、农牧、审计等多个系统和相关单位推荐6名党外知识分子和4名侨眷，作为市党外知识分子联谊会理事和市归侨侨眷代表大会代表。

【对台工作】 加强对台宣传、涉台教育。以宣传海外统战及对台工作方针政策为重点，做好暑期期间“三胞”（台湾同胞、港澳同胞、海外侨胞）的接待服务工作，年内，接待台胞和眷属4人。做好“三胞”眷属的思想政治教育工作，协调解决生产、生活中的困难和问题，做好招商引资牵线搭桥工作，在“三胞”眷属中开展“五个一”活动，即向海外亲友“发一封信、打一个电话、传递一个信息、联系一个项目、引进一笔资金”，拓展招商引资途径，为经济建设服务。

【民主党派工作】 在民主党派中开展“解放思想、改革开放、创新驱动、科学发展”大讨论活动，并将其与“树正气、讲团结、聚合力、促发展”和“解放思想、更新观念、再创辉煌”主题实践活动相结合，积极组织、全力支持民主党派、无党派人士和其他统战成员围绕全区改革开放、经济建设、社会发展等全局性和战略性问题开展考察和调研。年内，统战成员向区委、区政府提出提案、建议等25件。

【非公有制经济人士工作】 引导非公有制企业及人士承担社会责任，推动光彩事业全面发展。先后为5户低保困难户送去米、面、油等慰问品以及慰问金，价值1万余元。“六一”儿童节前，组织该区民营企业家代表，联合团区委、区妇幼保健站，到北戴河区第一幼儿园、北戴河区实验小学开展慰问活动，送去价值近万元的学习用品。指导工商联做好招商引资工作。利用暑期各种资源和优势，围绕培育新的经济增长点，拓展非公经济发展领域，组织非公经济人士参加商贸洽谈会，学习外地招商引资、小商品经济发展的新模式和成功经验。与江西桥王有限公司、武汉桥维建筑工程有限公司进行接洽，招商引资50余万元。

【民族宗教工作】 抓好培训工作，提高宗教干部素质。年内，邀请市委统战部的领导专题授课，对镇（村）、街（居）基层宗教工作干部进行培训。区宗教工作领导小组于7月下发《关于进一步加强暑期期间宗教稳定工作的通知》到中国煤矿工人北戴河疗养院、交通部疗养院、天津工人疗养院等旅游接待重点单位10余家。

【统战宣传】 学习、研究统战理论和政策，深入实际做好调研，研究新时期统战工作的新情况、新问题，提升统战工作水平。上报信息和宣传稿件12篇。组织全区各民主党派、工商联、无党派代表人士和社会各界统战成员，以集中学习、座谈、研讨等形式，共同学习中共十八大会议精神。健全统战宣传网络，畅通统战信息渠道，宣传党的统战方针、政策，加强联络，反映情况，扩大统战工作影响。做好统战对象先进人物事迹的宣传。

（宁萌）

工委工作

【区委直属工委工作】 2013年，北戴河区直工委所属基层党组织51个，其中，党总支7个，党支部81个。党员1441人，其中，女性党员527人，35岁以下党员310人，大专以上学历党员982人，少数民族党员49人，在职党员1114人，提前离岗、离退休党员327人。

思想政治建设 开展中共十八大精神宣讲活动，与交通局、检察院、地税局、东山街道等党组织进行宣讲交流；民政局党支部参加区“学习贯彻党的十八大精神知识竞赛”获二等奖。在暑期重点工作一线单位，开展党员目标管理量化考核活动。在全区党员中开展“解放思想、改革开放、创新驱动、科学发展”大讨论活动。

党员教育管理 以“三网一信”（党建互联网、远教助农网、电化教育网、手机短信）为平台、以广播电视为延伸、以流动党校为补充，努力探索新的党员教育培训体系。坚持和完善“三会一课”制度（党支部大会、支部委员会、党小组会，党课），深化“创新组织生活、践行暑期先锋”主题实践活动。为各基层党组织订购《共产党员》《中国监察》《中国共产党简史》等书籍。组建区直机关党建信息联络员队伍，形成党建信息月报送制度，全年获取信息简报1200余篇。组织入党积极分子培训班，开展党史宣传教育，举办知识竞赛、开展传帮带等系列活动。参加市级纪念毛泽东同志诞辰120周年系列迎庆活动，诗词朗诵节目获三等奖，红歌节目分别获二等奖及三等奖，戏曲节目获三等奖。

帮扶工作 做好驻村帮扶工作，抽调2人入驻赤土山村。创建“三帮扶”品牌，按照送信息、送技术、送资金、送温暖的“四送”要求，开展“干部下基层”“进千家、走万户、听民情、解民忧”等活动，推进“人文关怀、生活救助、技能培训、创业扶持”四位一体的党内关爱工程。慰问赤土山村、费石庄村困难户、老党员。

基层党组织建设 在区直机关51个支部建立党费软件管理系统，选好配强基层党组织书记，指导成立海滨镇卫生院党支部和三打办临时党支部。指导统计局等支部进行换届选举。全年吸收预备党员35人，26名预备党员转正。

创建学习型党组织活动 开展区直机关党建重点课题调研活动，表彰48篇优秀调研文章。举办党组织书记讲党课活动，有51名书记参讲120场党课。举办学习中共十八届三中全会专题培训班，组织35名入党积极分子参加培训。

纪念建党92周年系列活动 围绕“解放思想我先行、再创辉煌庆“七一”主题，组织开展系列迎庆活动。在工委系统开展“党旗飘扬、心系民生”主题党日活动；“七一”前夕，组织机关70名党员参加全区纪念建党92周年表彰大会暨为民服务奉献暑期党员先锋行动启动仪式；评选表彰20个先进基层党组织，30名优秀党务工作者，60名优秀共产党员。组织80名新老党员举行入党宣誓仪式及沙滩环保公益活动。组织机关

1400名党员开展党章知识答题。暑期前开展《美丽家乡——幸福北戴河》主题作品征集活动。

国防工作　推进机关民兵预备役整组工作，多次组织预备役队伍操练和实兵演练，接受省军区领导检验，受到各级领导充分肯定。完成2013年度冬季征兵工作，选拔优秀青年应征入伍。

作风建设　推进廉政文化进机关，打造廉政文化品牌。开展纪检监察工作调研征文，表彰49篇优秀征文作品。开展“我的中国梦”征文活动。

（高海英）

【开发区工委工作】　2013年，北戴河经济技术开发区工委紧紧围绕“唱响改革开放创新主旋律，建设美丽实力幸福北戴河”主题，组织开展“树正气、讲团结、聚合力、促发展”“解放思想、更新观念、再创辉煌”主题学习实践活动和“解放思想、改革开放、创新驱动、科学发展”大讨论活动。

党员干部队伍建设　深化巩固“干部作风建设年”“基层组织建设年”活动成果，领导干部带头践行群众路线和一线工作法，深入企业解决实际问题，积极开展文明生态村、文明社区帮建工作。

反腐倡廉和作风建设　落实党风廉政建设责任制，贯彻执行中共中央“八项规定”，坚决反对和抵制“四风”，厉行勤俭节约，加强效能监察，党风廉政建设科学化水平进一步提升。贯彻执行民主集中制，坚持开好民主生活会，自觉接受监督，提高科学发展、民主决策、依法行政水平。强化绩效考核，健全保密制度，深化政务公开，机关制度不断完善。全年未发生违法违纪行为。

基层党建工作　选派精干人员深入企业，宣讲中共十八大和省、市、区全会精神，开展“和谐企业”“和谐班组”“星级企业”创建活动，增强企业活力和凝聚力。开展非公有制企业纪检组织建设，符合条件的19家企业成立纪检组织。本着“应建尽建、科学管理”原则，加强非公有制企业党组织建设，非公有制企业党支部11个，发展党员66人。发挥党建指导员作用，指导企业完善党支部生活制度，提高党员活动质量，加强党员动态管理，推进企业党建规范化、标准化建设。

打造和谐稳定开发区　开展“平安北戴河”“文明北戴河”创建活动，统筹推进安全生产、综治维稳、精神文明和节能减排等各项工作，促进发展成果共享。高度重视安全生产，以全国安全生产迎检工作为契机，开展“安全生产法人承诺践诺行动”，完善安全监管和突发应急体系，顺利通过国家和省、市安检，确保人民生命财产安全。认真排查化解矛盾纠纷，做好重点部位执勤、巡查和防汛工作，开展民兵基层组织建设，推进警企联动，开展铁路护路、打非治违和“双清”专项治理，维护社会稳定，确保中共十八届三中全会召开期间和暑期安全。

群团建设和社会事业发展　发挥工会、共青团、妇联等群团组织的桥梁作用，丰富企业职工文化生活，推进企业吸纳失地村民就业，帮助企业规范劳动关系，全面推进精神文明建设，被评为市级文明标兵。开展“六五普法”“五个一”建设活动。实施能耗对标、合同能源等能源管理方式，加强节能节电教育，降低生产能耗。大力提倡清洁生产，严格实行排污入网。

（王伟）

【区委农工委工作】　围绕“一个核心”、突出“两个重点”、实现“三个确保”（以农民增收为核心；突出城乡一体化建设、农村面貌改造提升行动两个工作重点；确保农业重点项目有较大突破、确保农民生产生活环境有较大提升、确保农村各项任务圆满完成）工作思路，以农业产业化、山区综合开发、基层建设年活动、产权制度改革、农工委自身建设等项工作为着力点，建立健全政策措施、强化优化服务手段，全面推进城乡一体化发展进程。年内，北戴河区被省委授予“2013年度农村面貌改造提升行动先进县区”；西坨头村和西古城村被评为“2013年度河北省美丽乡村”；区委农工委被市委农工委授予“2013年度信息工作先进单位”，有2篇文章入选《秦皇岛市农村改革发展典型交流材料》。

城乡一体化建设　制发《北戴河区城乡一体化攻坚年活动实施方案》。组织区直相关单位主要负责人先后赴天津市华明镇，河南济源、新乡、郑东新区，中国科学院等地考察问计，编写考察报告和资料汇编。始终坚持“规划先行、建管并重”原则，统筹城乡、强力推进，全区城乡一体化攻坚年各项工作成效初显，开局良好。

农村面貌改造提升　5月，制发《北戴河区实施农村面貌改造提升行动方案》《北戴河区农村面貌改造提升行动精品示范村实施方案》和《北戴河区农村面貌改造提升活动驻村干部工作安排》等文件。选定西古城村、西坨头村和费石庄村3个村为全区农村面貌改造提升样板村。全区9个重点村全部按时高标准完成规划编制工作。改造提升工作中，发放宣传材料5万余份，组织区电视台、北戴河时报等宣传部门开辟专栏集中宣传报道30余期。《河北日报》对北戴河区改造提升典型做法进行3次正面报道，河北电视台新闻联播节目对北戴河区改造提升成果进行直播介绍。农工委共筹措资金2078.48万元，其中争取省、市资金1784万元，区级资金246.18万元；驻村帮扶组自筹41.50万元，组织社会捐助6.80万元。至10月，25个行政村全部完成“四清四化”（清垃圾、清杂物、清残垣断壁、清路障，绿化、美化、亮化、净化）任务，垃圾转运站实现全覆盖；建垃圾池172个、清运垃圾90万余吨；栽植绿化各类苗木60万余株；13个村接入污水管网；西古城村、西坨头村等9个村完成民居改造；西古城村、西坨头村和费石庄村完成幸福院建设。

山区综合开发建设　组织开展7个建设项目，总投资6.90亿元。5个项目完工，完成投资近5.60亿元。其中，秦皇岛市北戴河集发农业综合开发股份有限公司投资开展的4个项目，总投资5673万元，全部完工；华贸松石国际球会项目，总投资3亿元，已完工。北戴河天洋国际酒庄项目，总投资3.20亿元，完成投资2.40亿元；西古城村休闲旅游项目，计划投资1125万元，完成投资945万元。完成联峰山西北部综合开发建设示范区沙盘模型。

（宋　琼）

【区休疗旅游工委工作】　2013年，休疗旅游工委所辖 30个基层党组织，其中党委7个、党总支5个、党支部18个、党员947人。除局属5个党支部、1个党总支外，其他24个党组织均为休疗养院所。

学习型党组织建设　围绕学习贯彻中共十八大精神制定工委学习计划，定期组织集中学习研讨。采取例会学习、典型宣讲、党课、知识竞赛等方式，落实学习制度，创新学习载体，丰富学习内容，创建学习品牌，深化学习型党组织建设。落实区委《“讲学习、强素质、重实干、促发展”学习实践活动实施方案》，在市委党校开展全天封闭式培训学习。

基层党组织建设　年内，3个党组织换届，1个增补，成立1个党组织（旅游质量监督管理所），6个支部增补委员。工委及时对基层党组织的换届选举、委员增补、健全组织进行指导和帮助，对选举增补工作进行认真审批。4月，配合区委组织部，组织10家休疗系统16名积极分子入党培训学习。开展系列活动纪念中国共产党成立92周年，开展争先创优活动。发挥党组织战斗堡垒作用和共产党员先锋模范作用，涌现出5个“先进基层党组织”，2 名“优秀党务工作者”，7名“优秀共产党员”。开展“为民服务、奉献暑期”主题实践活动，7月1日，组织有医疗条件的部分疗养院的党员干部、医护人员走上街头、社区开展党员义务奉献活动，向部分暑期一线党组织和窗口党员统一配发“先锋党员”党徽。在重点区域、景区景点、服务窗口广泛设立“共产党员先锋岗”“共产党员责任区”“共产党员摊位”，展示北戴河党员风采。开展“党员一句话服务承诺”活动，引导党员结合自身实际，围绕暑期工作大局做出共性承诺、岗位承诺、实事承诺和自律承诺，通过党务公开栏、服务桌牌、窗口公告等形式向群众和游客进行公示，接受社会监督。开展以“察民情、听民声、解民忧、聚民心”为主题的下基层支部走访活动。加强党员信息库建设，有效实现党组织和党员动态管理。

党风廉政建设　把制度与文化、惩治与预防、自律与他律有机融合于惩防体系之中，形成思想道德教育的长效机制、反腐倡廉的制度体系、权力运行的监控机制。健全监督管理机制，实施重点工作和重要岗位责任制，促进干部队伍廉洁高效，确保旅游工作健康发展。参加区纪委、监察局组织的《党员领导干部廉洁从政若干准则》《党政领导干部选拔任用工作责任追究办法（试行）》知识竞赛活动。

民主评议行风工作　在2013年的行风评议活动中，围绕旅游经济发展大局，坚持与时俱进、开拓创新，把行风建设与旅游行业管理、队伍建设、旅游市场综合整治、旅游宣传促销等有机结合，全区旅游行业经营业务日趋规范，旅游服务质量和游客满意度逐步提高，违法违规现象得到有效遏制，旅游市场环境逐步优化。

（任苗洁）

北戴河区人民代表大会

区人民代表大会会议

【北戴河区第十四届人民代表大会第二次会议】 1月26—27日，在区党政综合办公楼三楼会议厅举行，出席会议代表134人，列席68人。会议听取并审议人大常委会主任王玉海所作的《北戴河区人大常委会工作报告》、代区长刘学彬所作的《北戴河区人民政府工作报告》、区发改局局长王晓青所作的《关于北戴河区2012年国民经济和社会发展计划执行情况及2013年计划草案的报告（书面）》、区财政局局长高银山所作的《关于北戴河区2012年财政预算执行情况和2013年财政预算草案的报告（书面）》、区人民法院院长黄滨所做的《北戴河区人民法院工作报告》、区人民检察院检察长赵振辉所作的《北戴河区人民检察院工作报告》，形成相应决议。会议选举刘学彬为北戴河区人民政府区长。

【北戴河区第十四届人民代表大会第三次会议】 3月30—31日，在区党政综合办公楼三楼会议厅举行，出席会议代表134人。会议选举产生市十三届人大代表17人，分别是：市直参选代表刘辰彦、曹子玉、廉茹艳、刘志国、韩新民；干部代表王玉海、王慧、刘学彬、李学民；工农代表李成、李集周、晁建东；民主党派和无党派人士代表未淑云、张继宏、程淑颖；专业技术人员代表王志新、陈秋华。

区人大常委会会议

【北戴河区第十四届人大常委会第七次会议】 1月15日召开，常委会组成人员王玉海、刘海平、韩新民、曹艳红、张军生、未淑云、李铁林、李淑花、李集周、张继宏、陈永祥、赵永军、赵德全、袁利梅、晁建东、徐占明、高劲松、董晓峰、董菲出席会议，列席会议的有区人民法院院长黄滨，区人民检察院检察长赵振辉，人大机关办公室、代表委、科教文卫委、财经委、法工委（以下简称委室）负责人。会议研究讨论关于召开十四届人大二次会议的有关事项；研究讨论区人大常委会工作报告；研究通过关于表彰先进代表团和优秀人大代表的决定。

【北戴河区第十四届人大常委会第八次会议】 3月29日召开，常委会组成人员王玉海、刘海平、韩新民、曹艳红、张军生、未淑云、李铁林、李淑花、李集周、张继宏、陈永祥、赵永军、徐占明、高劲松、董晓峰、董菲出席会议，列席会议的有区人民法院院长黄滨，区人民检察院检察长赵振辉，人大机关委室负责人。会议研究关于召开十四届人大三次会议的有关事项；研究通过区人大2013年工作安排；任命赵琳为北戴河区人民法院审判员。

【北戴河区第十四届人大常委会第九次会议】 7月14日召开，常委会组成人员王玉海、刘海平、韩新民、曹艳红、张军生、未淑云、李志强、李铁林、李淑花、李集周、张继宏、陈永祥、赵永军、晁建东、徐占明、高劲松、董晓峰、董菲、程淑颖出席会议，列席会议的有区政府副区长于凤喜、周向东，区人民法院院长黄滨，区人民检察院检察长赵振辉，人大机关委室负责人。会议研究通过《北戴河区人民代表大会常务委员会信访工作办法》；听取和审议区政府关于养老保险、暑期“4422”工作和“六大双月会战”工作情况报告；会议免去纪振勇、李韶云北戴河区人民政府副区长职务，免去冯松区教育局局长职务、王晓青区发展改革局局长职务；任命任晨、丁新杰为北戴河区人民政府副区长，冯松为北戴河区发展改革局局长，王晓光为北戴河区教育局局长，高兰云为北戴河区人民检察院检察委员会委员，董澜、刘莹为北戴河区人民检察院检察员。

【北戴河区第十四届人大常委会第十次会议】 9月13日召开，常委会组成人员王玉海、刘海平、韩新民、曹艳红、张军生、未淑云、李志强、李铁林、李淑花、张继宏、陈永祥、赵永军、袁利梅、徐占明、高劲松、董晓峰、董菲出席会议，列席会议的有区政府副区长于凤喜，区人民法院院长黄滨，区人民检察院检察长赵振辉，人大机关委室负责人。会议听取和审议《区政府关于2012年区本级财政预算执行情况的审计报告》《关于2012年财政决算情况的报告》《关于2013年1至6月全区财政预算执行情况的报告》《关于2013年1至6月全区国民经济和社会发展计划执行情况的报告》。

【北戴河区第十四届人大常委会第十一次会议】 11月28日召开，常委会组成人员王玉海、刘海平、韩新民、曹艳红、张军生、未淑云、李志强、李铁林、李淑花、李集周、张继宏、赵永军、袁利梅、徐占明、高劲松、董晓峰、董菲出席会议，列席会议的有区政府副区长于凤喜，区人民法院院长黄滨，区人民检察院检察长赵振辉，人大机关委室负责人。会议听取政府关于代表建议办理情况的汇报；听取和审议区政府为民办实事情况、节能减排工作以及预算调整情况的报告；会议免去忻妙新北戴河区人民政府副区长（挂职）职务。

区人大常委会主要工作

【概况】 区人大常委会围绕全区中心工作，团结依靠人大代表和全区人民，锐意创新,依法履职，认真执行区十四届人大第二、三次会议各项决议。全年依法任免国家机关工作人员11人。接待群众来访15件37人次，处理群众来信2件，转办案件8件，为群众提供法律咨询9人次。

【依法行使监督权】 区人大常委会对区政府、区人民法院、区人民检察院的工作监督涉及政治、经济、文化、教育、卫生等各个方面，监督的形式主要采取听取汇报、组织人大代表视察检查和调研。年内，召开常委会议5次，主任会议6次，听取和审议关于暑期“4422”工作和“六大双月会战”、节能减排、养老保险、代表建议办理、为民办实事等工作报告10项，提出意见建议38条。组织人大代表视察、检查、调研活动，内容涉及城乡一体、重点项目重点工程、生态环境、城市环境、服务环境、工业企业用工情况、交通安全管理、小区安全管理、医疗文化卫生体育基层服务网络建设等方面。

【依法行使任免权】 按照法律规定，区人大常委会认真做好人事任免工作，坚持任前法律知识考试、提请机关到会介绍情况、拟任命人员自我陈述、无记名投票、颁发任命书等制度，年内，依法任免国家机关工作人员11人。

【代表工作】 年内，收到代表建议64件，确定重点建议3件，代表建议的办结率、答复率、当面走访率、满意和基本满意率均达到100%。建立代表联系选民制度、代表“一对一”联系制度、代表履职登记制度并坚持重大事项和重要工作向代表通报、代表列席常委会会议、代表团团长例会等制度。组织108名代表，参加各种培训、视察、检查、调研等活动；涌现出先进代表小组5个，尽职履责、维护稳定、带头致富、热心公益、文明向上各类优秀代表24名。组织代表开展“向代表问计，为发展献策”“解放思想，看成效”“树正气，看状态；讲团结，看合力”“企业家进讲堂”《中国梦、燕赵情—书法美术摄影大赛》等活动。

【法律监督】 常委会通过开展视察、检查、调研和评议等活动，先后对《中华人民共和国安全生产法》《中华人民共和国就业促进法》《中华人民共和国道路交通安全法》《中华人民共和国计划生育法》等法律法规落实情况开展执法检查。在人事任命前，安排任前法律知识考试，并把考试内容与被任命人员业务工作相结合，提升政府组成人员依法行政自觉性。2013年，组织庭审评议工作2次，评议法官、检察官、律师8人。

【人大代表变更】 北戴河区第十四届人民代表大会代表名额为137人，2013年度实有代表135人。其中曹子玉代表调离，其代表资格自行终止。杨立民代表因贪污罪被北戴河区人民法院判处有期徒刑10年6个月，区人大常委会决定暂时停止其执行代表职务。1月，补选李学民、王志新、尚勇利、李建平、田涛5人为区人大代表。

区第十四届人民代表大会代表

（135人，按姓氏笔画为序）

丁茂春　马超群　王文玺　王玉海
王志新　王秋菊（女）
王晓臣　王晓光　王晓青（女）
王　慧（女）　未淑云（女、蒙古族）
冯利辉　冯　松　冯树坤（女）
田　涛　母四川　朱凤霞（女）
朱新生　刘兰山　刘　伟
刘利燕（女、满族）
刘学彬（蒙古族）　刘　秦（女）
刘海平　刘振田　刘海复
刘海燕（女）　刘　新
齐忠怀（满族）　江秀山
孙晓华（女）　孙景余　纪振勇
杜占山　杜宪忠　杨　文　杨立民
杨占武　杨加胜　杨　武
杨明信（满族）　杨　玲（女）
杨家平（满族）　苏文庆　苏君柱
李文侠（女）　李建平　李天宝
李　成　李志国　李克梅（女）
李志强　李学民　李春华　李春兴
李徊林　李铁林（满族）　李海泳
李淑花（女）　李梦群（女）
李集周　李智勇　严　彬
肖海东（女）　员　杰　宋胜昔
宋振平　宋福贵　张凤华（女）
张军生　张　利　张秀云（女）
张志田　张志加　张学军　张洪华
张洪萍（女）　张继宏　张　敏
张福利　张德开　陆绍增　陈山河
陈永祥　陈自彬　陈金富
陈秋华（满族）　陈　敏　陈维生
尚勇利　范彦杰（女）　岳彩合
金国胜（满族）　金树学　金　晶
周建华　周金捍　单士忠　单建军
胡　权　胡荣田　赵永军　赵　伟
赵庆国　赵洪岐　赵振辉　赵德全
侯亚东　姜维秀　秦宝军
袁利梅（女）　晁建东　徐占明
徐庆荣　郭　权　高劲松
高树萍（女）　高银山（满族）
唐国柱　黄　滨　曹志明
曹艳红（女）　韩月萍（女）
韩新民　董晓峰　董继新
董　菲（女）　程香女（女）
程淑颖（女）　谢明琪　谢海龙
蔡文利　裴世保　裴耀辉　薛洪滨

（周春梅）

北戴河区人民政府

重要会议

【区政府常务会议】 2013年，区十四届政府召开4次常务会议。

2月1日，区十四届政府召开第5次常务会议。研究《北戴河区人民政府突发公共事件总体应急预案》事宜；研究《北戴河区政府投资项目资金管理暂行办法》事宜；研究精神文明奖金发放事宜。

5月25日，区十四届政府召开第6次常务会议。研究《北戴河区实施〈中华人民共和国水土保持法〉细则》《北戴河区关于进一步推进义务教育均衡发展的意见》《北戴河区城乡医疗救治管理办法》《北戴河区城市生活无着流浪乞讨人员救助管理办法》《北戴河区畜禽养殖禁养区、限养区划分方案》《北戴河区严厉打击违法占地和违法建筑工作方案》等事宜。

7月11日，区十四届政府召开第7次常务会议。研究干部任免、区政府领导工作分工调整等事宜。

9月16日，区十四届政府召开第8次常务会议。研究2012年度随军家属安置、教师队伍建设、《北戴河区行政事业单位国有资产公物仓管理暂行办法》《北戴河林地保护利用规划（2011—2012年）》等事宜。

【区长办公会议】 2013年，召开7次区长办公会。

2月1日，召开区长办公会。研究2013年绿化方案、提高直选社区工作人员工资、《北戴河区人口与计划生育借助公益金筹集管理试用暂行办法》、第五批军队无军籍退休退职职工接收、当前其他重点工作等事宜。

2月25日，召开区长办公会。研究市场建设服务中心办公区消防系统改造、2013年重点城建工程、太平庄村拆迁改造、《加快发展现代农业推进城乡一体化进程的实施意见》、2013年园林绿地养护工程委托及招标、增加交通协管员、秦皇岛市渔业生态环境监测北戴河中心站建设、《2013年政府工作报告》、2013年重点项目和重点涉暑工作责任分解等事宜。

3月22日，召开区长办公会。研究2013年亮化方案、城管系统基础设施改造、招聘人事代理工作人员、老旧小区安装治安技防设备、《北戴河区家庭旅馆管理暂行规定》、重点景区改造提升、“智慧旅游”项目建设、草厂中路整治、海北路绿道建设、赤土山北沟河道整治、北戴河中学餐厅二期工程及西山小学操场改造、北戴河教学仪器厂停产及人员分流、《北戴河区道路桥梁更名、命名方案》、规范性文件清理等事宜。

4月1日，召开区长办公会。研究东经路社区服务中心建设、城市家具导视系统建设、老旧小区基础设施改造、市政消防设施维修、成立相关临时管理机构、2013年经济工作会议相关文件等事宜。

5月25日，召开区长办公会。研究农村生活垃圾收集站运转、交警五大队戴河中队办公用房扩建、社区建设改造、部分公路养护、涉暑工程、怪楼奇园北侧1.53公顷苗圃地使用权移交及原饮食服务公司刘明忠、苏兆春人事档案丢失等事宜。

7月11日，召开区长办公会。研究暑期应急工程、处理怪楼奇园周边争议土地等事宜。

9月16日，召开区长办公会。研究北部

片区污水管网建设、北部片区保障性住房分配、北戴河水系治理二期工程立项审批手续、海北路小学校门改造、“行囊”雕塑采购、殡仪馆修缮、新华假日酒店注册资本等事宜。

（宋丽娜）

【全区性会议】 1月14日，副区长孙谓青主持召开全区食品安全工作调度会，区食安委办、区卫生局、区农牧局、区商务局、区园林局、区质监分局、工商分局、戴河镇、海滨镇、东山街道办事处、西山街道办事处等食品安全委员会成员单位负责人参加会议。孙谓青听取各相关单位关于食品安全工作汇报，就存在问题及下步工作提出具体意见。

1月16日，区委常委、副区长、区委农工委书记于凤喜主持召开全区农业产业化结构调整工作座谈会。区农工委，区农牧局、区水务局、区国土资源局、区规划分局、区园林局、区旅游局、供销社、戴河镇、海滨镇负责人及集发公司、部分农村负责人参加会议。会议全面分析全区农业产业发展现状，与会人员结合单位职能和镇村实际对农业产业结构调整工作提出发展思路和建议。

是日，召开区2013年第一季度安全生产工作会议。区领导刘学彬、李海泳、孙谓青出席会议，区安全工作委员会成员单位主要负责人和区属重点企业负责人参加会议。会议通报了2012年度全区安全生产工作情况，就当前安全生产、森林防火、消防等重点工作进行安排部署。

2月28日，区委常委、常务副区长纪振勇主持召开春季环境整治“双月”攻坚活动协调会议，区委常委、副区长于凤喜出席会议，区环保局、区城管局、区旅游局、区交通局等部门和单位有关负责人参加会议。会议针对城乡环境部分地段“脏、乱、差”现象，以农村和城乡接合部为重点，以解决环境卫生重点难点问题为着力点，开展洁净城乡环境容貌综合整治“双月”攻坚活动进行安排部署。

3月7日，召开北戴河区2013年民情工作会。区委常委、常务副区长纪振勇，区委办公室、区人大办公室、区政府办公室、区政协办公室、区纪委、区委组织部、区委宣传部分管领导及区民情工作网络单位的相关负责人参加会议。会上，区政府办公室负责人对全区2012年民情工作做总结回顾，并就2013年民情重点工作进行安排部署，同时就《关于进一步加强民情工作的实施方案（草案）》予以简要说明。

3月12日，副区长李韶云主持召开清理整治违法占地和违法建设工作会议，区住建局、戴河镇、海滨镇、区规划分局、国土资源分局等部门和单位主要及主管负责人参加会议。会议听取各相关部门和单位关于清理整治违法占地和违法建设的思路、举措和建议，深入分析各类违法案件形成的原因，并提出具体工作要求和安排部署。

3月14日，副区长周向东主持召开海北路绿道建设项目协调会议，区交通局、区住建局、戴河镇及驻区单位联通、供水、供电、排水、广电等单位和戴河镇西古城村、太平庄村、东坨头村、西坨头村、杨各庄村5个村的相关负责人参加。会议传达区委、区政府实施海北路一流标准绿道建设，打造迎宾新景观的重要部署，介绍项目规划和前期准备情况，周向东就做好当前海北路沿线管线移除，推进项目建设实施，提出具体要求。

3月19日，召开全区使用正版软件工作培训暨整改推进会议，副区长付红出席会议，区委办公室、区人大办公室、区政府办公室、区政协办公室、区发改局、区财政局、区文广新局等34个相关部门和单位负责人参加会议。付红就推进全区正版软件检查整改工作做出全面部署。

3月26日，副区长李韶云主持召开全区春季森林防火工作调度会，区森林防火指挥部成员单位及与此相邻单位负责人参加会议。会议听取部分成员单位森林防火工作汇报，通报近期火情及全区森林防火工作开展情况，李韶云就做好相关工作提出明确要求。

3月27日，区委常委、常务副区长纪振勇，区委常委、副区长于凤喜带领区城管局、区环保局、区水务局、区农牧局、区园林局、区交通局、区住建局、区环卫处、区电视台、区政府督查室、戴河镇、海滨镇主要负责人对城乡环境综合整治情况进行现场检查，对区内主要迎宾线路，部分河道、排洪沟进行踏查，对检查中发现的问题逐一明确具体责任单位，限期整改。

4月2日，副区长孙谓青主持召开全区餐饮行业燃气安全专项治理行动部署会，区安监局、区公安分局、区旅游局、区商务局、区卫生局、区工商分局、区质监分局、戴河镇、海滨镇、东山街道办事处、西山街道办事处等安委会成员单位负责人参加会议。会议就餐饮场所燃气安全专项治理行动进行全面部署，对监管责任进行分工。孙谓青对专项治理行动提出具体要求。

4月7日，召开全区经济工作会议。会议认真总结2013年和2014年一季度经济工作，深入分析当前经济形势，安排部署全年经济工作。市委常委、区委书记李学民，区委副书记、区长刘学彬做重要讲话，区委副书记、政法委书记王志新主持会议。开发区、财政局、区地税局分别做表态发言。区几大家主要领导、全区副科级以上干部、部分驻区单位的主要负责人、各村（居）主要负责人参加会议。会上，下发《关于进一步加快开发区发展的意见》《关于加快发展特色农业的实施意见》《关于印发〈北戴河区2013年招商引税目标任务分解表〉的通知》等文件。

4月19日，召开全区2013年重大林业有害生物防控工作会议，副区长李韶云出席会议，区美国白蛾防控指挥部全体成员，各镇（村）、街（居）有关负责人，各中小学、驻区院校有关负责人，驻区休疗单位有关负责人参加会议。会议传达国家、省重大林业有害生物防控工作电视电话会议精神，通报全区2012年防控工作情况，并提出2013年工作安排。李韶云就做好重大林业有害生物防控提出要求。

4月22日，副区长付红主持召开2013年“运动之春”第九届轮滑节筹备工作调度会，区委办、区政府办、区体育局、区城管局、区教育局、区文广新局、区旅游局、区电视台、供电公司等相关部门和单位负责人参加会议。进一步明确各部门和单位的工作职责和完成时限。付红要求各相关部门和单位要服务大局，合理摆布分工与合作的关系，协调配合，无缝对接，遇到问题主动解决，形成上下贯通、运转高效的工作机制，确保整体活动按照既定计划有序推进。

4月24日，区委常委、常务副区长纪振勇主持召开近岸海域环境综合整治调度会，开发区管委副主任、区发改局局长王晓青出席会议，区环保局、区城管局、区农牧局、水务局、区交通局、区住建局、区园林局、区应急办、区督查室等有关部门和单位负责人参加会议。会议就进一步做好近岸海域环境综合整治、集中清理城乡环境卫生工作进行安排部署。

是日，区委常委、副区长于凤喜主持召开动物H7N9禽流感防控工作调度会，区农牧局、区旅游局、区商务局、区园林局、区民政局、区工商分局及戴河镇、海滨镇、东山街道办事处、西山街道办事处负责人参加会议。会议传达市政府、市农业局动物H7N9禽流感防控工作会议精神，通报了国内疫情情况及全区防控工作开展情况。于凤喜对相关部门和单位积极开展工作给予充分肯定，强调指出，努力实现疫情在全区不发生、发生不扩散，将病源潜伏和传播风险降到最低。

4月27日，区委常委、常务副区长纪振勇主持召开近岸海域环境综合整治调度会，区政府办、区发改局、区环保局、区水务局、区城管局、区住建局、戴河镇、海滨镇、供销社等有关部门和单位负责人参加会议。会议传达全市动员会议精神，就贯彻落实好会议精神，切实做好全区近岸海域环境综合整治工作进行安排部署。

4月28日，区委常委、副区长于凤喜召开农村环境综合整治工作调度会，在听取两镇相关工作进展情况汇报后，集中观看区内部分环境卫生脏乱的视频资料，并就工作推进过程中遇到的困难和问题，逐项提出解决意见。区环保局、区农牧局、区农工委、区水务局、区爱卫办及戴河镇、海滨镇负责人参加了会议。

5月9日，区委常委、副区长于凤喜主持召开治理渔船非法载客工作调度会。区农牧局、区旅游局、边防派出所、海事处、海滨镇等部门和单位负责人参加会议。会议认真分析当前渔船非法载客整治工作面临的重点和难点问题，逐项研究解决措施。

5月18日，区委副书记、区长刘学彬主持召开严厉打击违法占地和违法建设综合执法工作调度会。副区长李韶云出席会议，区委组织部、区政府办、区城管局、区公安分局、区国土资源分局、区规划分局、海滨镇、戴河镇等相关单位负责人参加会议。刘学彬要求，各级各部门要高度重视此项工作，加强沟通协作，整合执法资源，做好工作衔接，提高执法效率，切实形成长效打击态势，坚决遏制违法占地和违法建设行为蔓延势头。

5月31日，副区长孙谓青主持召开区旅游协会乡村旅游分会年会暨民宿工作推进会，区旅游局、海滨镇、戴河镇、乡村旅游分会成员单位负责人参加会议。会议听取并审议通过区旅游协会乡村旅游分会的工作报告，并就民宿整治规范相关工作进行部署。

6月5日，区委副书记、区长刘学彬，区委常委、副区长于凤喜在收听收看省、市防汛抗旱暨“三夏”生产工作电视电话会议后，召开防汛工作调度会议，区水务局、区农牧局等相关部门和单位负责人参加会议。区领导要求各相关部门和单位要全力推进防汛抗旱各项准备工作，认真排查安全隐患，加大督促整改力度，并做好防汛人员、物资、预案的准备工作。

6月8日，区委副书记、区长刘学彬主持召开街巷环境整治提升工作会议，区领导王志新、张杰、赵启伟、于凤喜、周向东、李韶云、忻妙新、高银山、黄滨、王立刚出席会议，相关部门和单位的主要负责人参加会议。会议就认真落实省、市有关领导指示精神，进一步改善城市面貌，提升城市形象进行安排部署。

6月10日，区委副书记、区长刘学彬主持召开安全生产暨食品安全工作会议，副区长孙谓青出席会议，区安委办和食安办各成员单位相关负责人参加会议。会议通报全区安全生产和食品安全有关情况，对下一步相关工作进行具体部署，就做好两项工作分别提出明确要求。

6月25日，区委常委、副区长于凤喜主持召开包街综合整治工作部署会，开发区工委副书记任晨，开发区管委副主任王立刚出席会议。区城管局、区教育局、区环保局、区人口计生局、区发改局、区水务局、区农牧局、区农工委等部门负责人参加会议。会议明确了中国人民解放军第281医院大桥至专家疗养院门口、平水桥停车场至中央军委办公厅北戴河办事处36号楼两条包街线路的执勤区域、重点点位和分包部门职责，对具体工作进行安排部署。

6月28日，副区长孙谓青主持召开安全生产大检查暨旅游秩序与安全部署宣教大会，市安委会大检查督导宣教组组长、市安监局副局长张金镇，区安委会各成员单位和区属重点企业的主要负责人参加会议。张金镇进行宣讲，孙谓青对安全生产和营造良好旅游秩序提出具体要求。

7月1日，区委副书记、区长刘学彬主持召开2013年防汛抗旱工作会，区委常委、副区长于凤喜，区委常委、宣传部部长姚飞，开发区管委会副主任、区发改局局长王晓青出席会议，区防汛抗旱指挥部成员单位主要负责人参加会议。会议通报了全区防汛抗旱准备工作情况，于凤喜对今年防汛工作进行具体部署。刘学彬作重要指示。

7月27日，副区长任晨主持召开海蜇伤人防范工作调度会，副区长孙谓青出席会议。区农牧局、区卫生局、区城管局、区北戴河医院、区广播电视台、区海浴场管理处等部门和单位的主要负责人参加会议。会议听取各相关部门和单位关于海蜇伤人防范工作的情况汇报，并对下步工作进行安排部署。

8月6日，副区长孙谓青主持召开全区农村危房改造工作调度会议，区住建局、区民政局、区财政局、区发改局、区监察局、区审计局、区国土资源分局、区规划分局、区残联以及戴河镇、海滨镇相关负责人参加，会议就全区农村危房改造工作进行安排部署，现场签订工作目标责任书。

9月12日，召开全区经济工作运行分析会。深入分析当前主要经济目标、财政收支、固定资产投资和重点项目运行等经济指标运行情况，安排部署今后一段时间全区经济工作。市委常委、区委书记李学民，区委副书记、区长刘学彬，区人大常委会副主任刘海平，区政协副主席、财政局局长高银山，开发区管委会副主任王晓青，开发区管委会副主任、海滨镇党委书记周金捍以及全区主要经济部门和两镇、两街主要负责人参加，会议由区委常委、常务副区长于凤喜主持。会上，区统计局、区发改局、区财政局、开发区分别就1—8月份经济运行情况进行汇报。李学民作重要讲话，刘学彬对经济工作提出安排部署，于凤喜就落实会议精神提出要求。

9月13日，副区长任晨主持召开清理整治违规渔具专题会议，区政府办、区农牧局、工商分局、区国土资源分局、区电视台以及边防派出所、海警支队特勤队等部门和单位相关负责人参加。会议通报了省、市相关会议精神和今年以来全区整治工作情况，任晨就做好下步工作提出要求。

9月29日，区委副书记、区长刘学彬主持召开安全生产暨冬季防火工作会议，区委常委、副区长周向东，副区长、公安分局局长李海泳，副区长孙谓青出席，区安委会、消委会成员单位主要负责人，区属重点企业、林区周边重点单位、临山重点村等相关单位负责人参加。周向东、李海泳、孙谓青分别就做好第四季度安全生产、消防和森林防火等工作进行安排部署。会上，下发区安委会办公室《关于转发〈国务院关于近期四起特重大安全生产事故处理结果的通报〉的通知》。

10月9日，副区长孙谓青在火车站片区拆迁改造工程指挥部二楼会议室主持召开会议，部署火车站片区改造相关工作，区委组织部、火车站片区改造工程指挥部办公室相关负责人参加会议。孙谓青对火车站片区拆迁改造工作进行部署。

10月11日，区委副书记、区长刘学彬主持召开冬季供热工作调度会，区领导于凤喜、孙谓青、高银山出席，区政府办、区财政局、区住建局、区热力公司相关负责人参加。会议听取冬季供热准备工作情况汇报，并就做好冬季供热工作进行安排部署。

10月15日，区委常委、常务副区长于凤喜主持召开2014年度重点涉暑工程项目调度会。区政协副主席、财政局局长高银山出席会议，区政府办、区暑办、区发改委、区城管局、区住建局、区园林局、区旅游局、区国土资源分局、区规划分局、区水务局、区农牧局、区卫生局、区商务局、区文广新局、区食安办、东山街道办事处、西山街道办事处、戴河镇、海滨镇等重点工程项目责任单位主要负责人参加会议。会议对拟于2014年实施的重点工程项目逐项进行认真研究，对项目推进工作进行安排部署。

10月16日，副区长丁新杰主持召开全区食品安全工作调度会，区食安办、区农牧局、区商务局、区教育局、区食品稽查大队、区质监分局、区工商分局、戴河镇、海滨镇、东山街道办事处、西山街道办事处等部门和单位有关负责人参加。会议传达了全市食品安全工作会议精神，食品稽查、工商、质监部门简要汇报了暑期后工作情况和下步工作安排。就进一步做好食品安全工作，丁新杰要求：全力打好食品安全保障攻坚战，努力为全区群众构建安全、放心的消费环境。

10月25日，区委副书记、区长刘学彬主持召开全区经济工作分析调度会，区领导于凤喜、裴耀辉、高银山出席，区主要经济部门负责人参加。区统计局、区发改局、区财政局、开发区分别就前三季度全区各项经济指标完成情况进行汇报；刘学彬就做好年底前经济工作作重要讲话。常务副区长于凤喜结合“进位，提升，保上游”的工作要求，对各部门、各单位具体工作进行安排部署。

10月28日，区委常委、常务副区长于凤喜，副区长丁新杰召开大气污染防治工作协调会，区环保局、区发改局、区住建局、区城管局、区农牧局、开发区、区燃气公司主要负责人参加。会议按照全市大气污染防治工作部署，对全区相关部门承担任务进行分解。就做好有关工作，于凤喜作重要讲话，丁新杰重点针对燃煤锅炉取缔等大气污染防治工作进行安排部署。

11月5日，召开全区第三次全国经济普查单位核查工作暨业务培训会，区委常委、常务副区长、区经济普查领导小组组长于凤喜出席，区经普办及各镇（街）、村（居）普查人员参加。会议对第三次全国经济普查单位核查工作进行安排部署，就做好相关工作于凤喜提出具体要求。

是日，区委常委、常务副区长于凤喜主持召开全区镇村志编纂工作动员会，区政府办、两镇及各村负责人参加。会议就《北戴河区镇村志》编修工作进行安排部署。

11月14日，区委常委、常务副区长于凤喜，副区长任晨就明年拟实施的水系治理三期、浴场提升、大气污染治理、市政雨水系统改造等近岸海域环境综合整治及重点涉暑工程项目前期手续推进工作召开专题调度会。区财政局、区农牧局、区水务局、区住建局、区城管局、区发改局、区国土资源分局、区规划分局、区环卫处、海浴场管理处、排水管理处负责人参加。会议听取了各责任单位项目前期手续办理进展情况汇报，针对存在的问题，区领导逐一提出解决意见。

11月20日，副区长、公安分局局长李海泳在组织收看全省冬季消防安全工作电视电话会议后，召开全区冬季消防工作会议。区消防安全委员会成员单位有关负责人及辖区消防安全重点单位负责人参加，李海泳就做好下步工作提出要求。

11月27日，副区长任晨主持召开畜禽养殖禁养限养区有关事宜协调会，区政府办、区农牧局、区环保局、区水务局、区科技局、区财政局、戴河镇、海滨镇、供销社等部门单位负责人参加。

（宋丽娜）

为民办实事

【概况】 2013年，区委、区政府围绕“唱响改革开放创新主旋律，建设美丽实力幸福北戴河”奋斗目标，致力于了解民情、尊重民意、服务民生，不断加大财政倾斜力度，努力解决群众关心关注的实际问题，使广大群众得到更多实惠，共享经济社会发展成果，决定在直接关系群众生活等方面办好10件重要实事。除保障性住房建设工程需跨年度完成外，其余9件实事至年底全部完成。

【老旧住宅供暖分户改造】 重点改造东山小区老旧住宅楼，涉及12栋楼、240户，3万平方米。工程于8月5日正式开工，10月15日全部完成。

【安装治安技防设备】 7月初，完成育花路小区，滨海小区，北岭一区、二区、三区5个老旧小区的治安技防设备安装工程，新装30个点位全面投入使用。

【建设北三路居民游园】 该园投资450万元，改造总面积1.11万平方米，东侧毗邻北三路，自然式点缀千层石，园内铺设花岗岩园路，入口处修建叠水景观，在园内高点建观景亭，与游园其他景观互为借景。还建有棋牌广场、乒乓球场、羽毛球场、篮球场（半场）、儿童活动场及卫生间，栽植各类乔木、花灌木及绿篱造型等。11月，游园投入使用。

【改造公厕和垃圾收集站】 对文化宫、育花路、鹰角路公厕进行改造；在火车站广场新建公厕暑期前投入使用；改造北四路老年活动中心、草厂西路牙克石、志诚桥和火车站4座公厕的供水供热管线，交由环卫处管理。保二路、奥林匹克大道公园、康复路、金山宾馆（2座）、晨光小区、安四路、老药工、北四路、防疫站等10座生活垃圾收集站改造完成暑期前投入使用。

【为餐饮服务业从业人员免费健康体检】 3月6日起对5000余名从事餐饮、卫生服务业人员实行免费卫生体检政策，实际完成体检5242人（其中含中直、国务院、政协等几大家驻区单位803人）。

【免费为农村计划怀孕夫妇提供孕前优生检查】 分别于5月4日、6月7日、9月12日、10月23日开展4次大型免费孕前优生健康检查活动，为214对农村待孕夫妇进行检查，发放宣传单3000余份，完成省、市制定的年度目标任务。

【建成13个村级卫生室】 完成东坨头村、费石庄村、单庄村卫生室建设；草厂村为城中村，由社区卫生服务站承担医疗服务功能；西坨头村、车站村、陆庄村、北戴河村、蔡各庄村、河东寨村、西古城村、小薄荷寨村、崔各庄村均已完成村级卫生室建设。11月，对已建成卫生室进行考核验收。

【提高80周岁以上高龄老人补贴标准】 90～99周岁老年人，补贴标准由原来每人每月50元提高至100元；100周岁以上的，由每人每月100元提高至200元；同时，将80～89周岁老年人纳入补贴范围，标准为每人每月60元。为1579位高龄老人发放补贴金87.67万元。

【居民天然气扩户】 天然气扩户工程共涉及91栋楼房、2105户。其中东山片区36栋、828户，北岭片区55栋、1277户。北岭片区完成所有外网管道铺设，覆盖居民1277户，完成室内安装1127户，其中北三区636户验收通气，进入点火阶段；北二区491户于11月底完成并验收通气，12月初开始点火。东山片区完成外网管道铺设10栋，覆盖居民240户，年底前实现通气点火。

【建设保障性住房工程】 该工程选址北戴河经济开发区南侧，金三路以东、规划金鸽路以北，地处北部片区“百亩”经济适用住房小区，拟新建2栋18层经济适用住房324套，总建筑面积2.20万平方米，预算投资7700万元。工程前期各种手续已办理完毕。

（王力强）

区政府办公室工作

【概况】 2013年，基层建设年活动深入推进。后勤保障节俭高效，全年“三公”经费比上年下降13%。狠抓平安建设，成立社会治安综合治理工作领导小组。坚持“一把手”负总责的原则，健全《区政府办公室值班制度》《车辆管理使用制度》等制度，确保单位无刑事、治安案件和重大事故发生。高标准完成暑期服务保障工作，积极协调做好安全稳定、物资供应、卫生防疫、食品安全、市政保障、噪音治理、海蜇伤人防治等暑期各项任务。全方位做好隆基泰和、天房集团、神州数码、香港永盛、国韵文化、总部（中国）控股集团北戴河总部基地等大企业、大集团到北戴河区考察的接待服务工作。参与承办“运动之春”第九届轮滑节开幕式、雅好文华——癸巳北戴河十人书画展等节庆品牌活动。组织策划隆基泰和城市建设战略合作框架协议、天房集团城市综合体项目框架协议签约仪式等重大活动。着眼于为民办实事、安全生产、“双违”治理、“六大双月会战”“四大攻坚年”等经济社会发展中的关键环节和重点问题，主动协助领导协调、处理、解决决策运行过程中出现的矛盾和问题，确保全区各项重点工作稳步推进。超额完成区委、区政府年初下达的200万元招商引资任务。年内，区政府办公室获得市、区级“先进单位”称号5个，其中市级表彰4次，区级表彰1次。

【文秘工作】 全年处理各级各类来文3300余件。落实精文简会的有关要求，从严控制发文数量，制发区政府和办公室文件255件，比上年下降3%。严格落实保密工作要求，排查整改泄密隐患，无泄密事件发生。高质量完成暑期动员、暑期总结表彰、安全生产等重大会议及区政府常务会、区长办公会、区长月工作碰头会议的会务组织服务工作，召开各类会议100余次，采取合并召开、文件传达等方式缩减会议10余次，撰写各类综合材料600余篇300余万字。制发《关于进一步规范全区政府系统办公室工作流程的通知》，明确办文规范和办会程序。

【信息工作】 编发《政务快报》152期，刊发各类信息800余篇（条），累计上报各类信息300余篇（条），被市政府信息刊物采用90余篇（条），被省政府信息刊物采用4篇（条），经省政府办公厅上报国办1篇，全面客观地反映全区经济社会发展所取得的成就。加强政府信息公开工作，明确专人负责公开平台的管理维护，定期检查信息公开情况。全年公开政府信息1014条，向区档案馆移交公开查阅信息444条。

【督查工作】 采取一线督查、跟踪督查、联合督查等方式，认真抓实区委、区政府议定事项及领导批示、交办事项的落实反馈。对各项重点工作及时进行任务分解，建立督查台账，定期跟踪进度，针对相关问题提出合理化建议。暑期，坚持每天对市容环境、城市绿化、亮化、美化等工作进行联合督导检查，发现问题及时督办落实。全年编发《政务督查专报》16期、《联合督查快讯》42期、其他各类专刊86期。督查室被市政府办公厅授予“督查工作先进单位”称号。

【提案工作】 制发《代表建议、政协提案办理情况登记表》《承办单位答复行文格式》《办理征询意见表》等8种制式表格，采取联合调研、现场办理、召开座谈会或“面对面”答复、“面对面”征求意见等“开门办理”方式，密切与人大代表、政协委员的沟通联系，提高承办工作水平。全年办理各级人大代表建议64件、政协委员提案99件，满意率均达到100%。区政府被评为市政府系统“承办工作优秀单位”。

【法治工作】 完成全区20个行政执法单位62宗行政处罚案卷、16宗行政许可案卷检查和31家具有罚没权限的行政执法单位罚没情况检查，规范化率和合格率均达到100%。完成全区执法人员执法证年检，31人通过资格考试取得执法证。审核规范性文件8件并及时向市政府报备，完成2002—2012年规范性文件清理。做好国家、省、市取消下放行政审批项目衔接工作，梳理取消行政审批事项1项、接收下放事项9项，取消行政事业性收费项目5项。审查各类合同、协议10余件次。高标准通过全市2013年度依法行政考核。

【应急管理工作】 修订完善《北戴河区人民政府突发公共事件总体应急预案》及各类专项预案200余件，组织参与应对重污染天气、海域原油污染、公共卫生事件、人员密集场所疏散、森林防火等综合性应急演练10余次，成功处置海域原油污染、海蜇伤人等突发事件。组织开展各类风险隐患排查监控，完善污染源、危险源数据库，对可能引发突发公共事件的风险隐患进行风险评估，及时研究制定应急预案和防范措施。采用上街宣传、展牌展出等形式，运用网络、电视、条幅、海报等各种媒介开展宣传教育活动，普及应急知识。

【民情工作】 借助区长公开电话、网络问政平台、区长信箱和市长热线等载体，畅通为民解忧办事渠道，解决群众反映的问题。

全年受理民情事项1004件，办复率100%，收到群众感谢来电、来信21件，区领导就民情工作给予肯定性批示55件次，区民情工作得到省委社情民意办公室肯定。

【民宗外事工作】 对全区20余家重点休疗旅游接待单位进行巡查，妥善处置1起非法宗教集会活动。加强基督教福音堂规范管理。加大对区内清真餐饮单位和清真食品经营单位监管力度。为39名应届少数民族考生办理加分手续，为符合条件的5名居民更改民族成份。审核因公出国（境）团组3批25人次，办理邀请外国人来秦手续2批2人次，接待日本、韩国等外事人员10批100余人次。区政府办公室被市外侨办、市归侨华侨联合会评为“全市侨务工作先进集体”。

（张磊、田甜、柳志军、刘海滨）

【地方志工作】 年鉴编纂 《北戴河年鉴》2013年卷设特载·专题、大事记、区情综述、中共北戴河区委员会、北戴河区人民代表大会、北戴河区人民政府、政协北戴河区委员会、民主党派·工商联、人民团体、法治·国防、城乡建设、旅游·休疗养、农业和农村经济、工业、北戴河经济技术开发区、商贸流通业、交通邮电业、金融业、财税管理、综合管理、社会事业、社会生活、镇·街道、人物、荣誉专版、附录等26个类目，137个分目，630余条条目。2月，区委办、区政府办制定《关于做好〈北戴河年鉴〉2013年卷编纂工作的通知》，印发到全区各单位、部门、驻区单位及人民团体，对做好年鉴的编纂工作提出要求。4月，年鉴编辑人员开始根据各单位报送的年鉴材料，进行精心编辑。至年末，31万余字的初稿完成。

启动村镇志编修工作 制定《北戴河区村镇志》编修方案，对村镇志编纂工作的重要意义、指导思想、编写原则、目标任务、编写要求、注意事项及内容设置等进行说明和谋划；组织工作人员学习外地村镇志编纂工作经验，讨论、研究本区村镇编纂工作。11月中旬，召开全区村镇志编纂工作动员会议，北戴河村镇志编修工作正式启动。区委常委、常务副区长于凤喜主持会议并讲话，区政府办公室、海滨镇、戴河镇主要负责人、25个行政村主要负责人和区地方志办公室工作人员参加会议。

志书发行与方志理论研究 发行、销售、赠送、交换《北戴河志》30余册、《北戴河年鉴》2011年卷40余册。为省、市、区有关单位及个人查询资料50余人次。《北戴河年鉴》2012年卷初稿，报市、省地方志办公室，经专家审定，进行招投标工作，付梓印刷出版。在全省方志理论研讨会论文征集工作中，马颖撰写的《对二轮区志篇目设计的思考》论文获奖。9月，“全国地方志工作机构新任负责人培训班”在人民日报社北戴河疗养院开班，办公室负责人列席并参加部分内容的培训活动。为省、市年鉴编纂工作提供北戴河部分相关材料。北戴河区地方志年鉴编纂委员会、《北戴河年鉴》编辑部人员发生变化及时进行调整充实。

（韦 国）

【政府采购工作】 规范管理招投标程序，扩大政府采购范围和规模，把园林绿化养护工程、亮化工程、市政工程、旅游景点提升改造工程等项目纳入政府采购范围，做到应采尽采。严把投资评审关，确保工程采购有序运行，年内，完成政府采购372批次，采购金额13505.75万元，节约财政资金539.88万元，节约率3.84%。

加强政府采购评审专家库管理。建立区本级专家库，与市财政部门专家库实现资源共享，同时广泛征集评审专家，鼓励符合条件人员申报政府采购评审专家，现专家库资源涵盖20余类570名各类专家。强化需求管理，建立相互制衡机制，抑制政府采购中奢侈浪费行为。以国有资产信息化网络管理系统为手段，实现国有资产管理与政府采购行为有效对接，完善政府采购项目审批，避免盲目购置、重复购置。推进政府采购资金国库直接支付办法，减少和杜绝违纪问题出现。

（周永勃、周慧敏）

人事工作

【机关事业人员管理】 2013年，全区有公务员514人（包括两街、两镇政府系统人员），参照公务员管理事业人员59人；事业单位人员2706人，其中管理人员432人、专业技术人员1748人、工勤技能人员526人。对全区机关、事业单位一般工作人员进行年度考核，其中机关122人参加考核，优秀16人；机关工勤人员108人参加考核，优秀12人；事业单位2599人参加考核，优秀393人。开展事业单位创新能力常态化培训，培训人员476人，开展政府机关公务员职业道德与西柏坡精神培训，培训各类人员134人次。

【专业技术人员管理】 2013年，全区专业技术人员评审、初定135人，其中高级职称32人、中级职称58人、初级职称45人。至年末，全区事业单位有专业技术人员1748人，其中教育系统1086人、卫生系统324人、其他部门338人。按照专业技术职称分高级职称211人、中级职称788人、初级职称749人。

【人才交流服务】 2013年，全区人事代理档案903卷。其中单位集体户73家，代理人事档案346卷；个人人事代理档案557卷。开展人才交流服务活动，征集用工单位5家，征集教师、工程师、人力资源师等硕士、本科、专科学历用工岗位35个。开展专家服务基层活动，确定苏庄村、朱庄村、费石庄村、东坨头村4个帮扶村10个帮扶培训项目。联系农业专家到帮扶村开展现场技术指导，帮助农户解决生产难题。

（张晓华）

政务服务工作

【概况】 2013年，北戴河区人民政府政务服务中心共进驻22个职能部门，涉及190项行政许可、非行政许可和便民服务事项。中心建有对外办事窗口30个，设有电子触摸屏、大屏幕、饮水机、书写桌椅等设施。年内，中心办结各类审批和服务事项2.10万件。收储金额684万元。收到锦旗5面，表扬信89封。评选出工商局窗口、质监分局窗口、国土资源分局窗口为年度文明示范窗口。政务服务中心被秦皇岛市创建青年文明号活动组委会授予“2013年度青年文明号”，被市政务服务中心授予全市政务服务系统“2013年度信息工作先进单位”，被区委、区政府授予“2012—2013年度文明单位”，被区总工会授予“工人先锋号”。

【项目审批服务】 强化业务监管 按照首问负责和一次告知的相关要求，窗口工作人员接待业务咨询时，针对申请事项具体情况出具书面办事指南，一次告清审批标准、申报材料、承诺时限和收费标准，在窗口放置制式申报材料范本供服务对象参考。加强建设项目审批各阶段审批事项和时限监管，配合市中心项目领办处做好区建设项目审批事项的联合指导和联合验收，切实做到审批提质提速。

规范业务流程 窗口工作人员受理申请、提出补正意见时应立即录入政务服务信息管理系统并出具书面受理凭证，审核、审批、办结等各业务节点均要求及时在政务服务信息管理系统中记录，并及时在中心外网网站上进行政务公开，确保网上记录信息及时、完整、准确。定期召开窗口业务推进会，总结上月工作情况，对本月业务工作提出要求。依托电子政务平台，开发事项办理情况监管模块，将行政许可审批事项、非行政许可审批事项、监管服务事项全部纳入政务服务信息管理系统监管。区纪委监察人员对全区行政审批事项办理情况实现动态全方位实时电子监察。

开辟项目建设审批“绿色通道” 完善“绿色通道”审批流程，对重大项目积极与市中心项目领办处协调联动，落实全过程联合审批制度。中心对符合法律法规的重点项目开通绿色通道，全程领办帮办，对有利于北戴河区经济发展的重大项目，企业提出申请，在不违背法律法规原则前提下，适当变通采取先签后补办法，促项目尽早落地。年内，对29起进行联合审批，对项目落地起到促进作用。

建立全程领办帮办机制 研究确定重点领办帮办项目目录，建立《重大项目帮办卡》和领帮办服务台账，明确责任部门、帮办代办员和办结时限。推行中心工商注册流水线为企业实行VIP服务，专门安排领办帮办服务人员在企业提出申请前提下，为企业提供VIP服务，对办事过程中遇到问题给予细心讲解，及时引导、化解难题，有效解决企业逐个服务窗口排队咨询、材料准备不符合要求多次往返等问题。

【便民利企举措】 建立外网可查询系统，将中心常驻窗口部门、综合窗口部门、网络报件部门、镇（街）中心办理事项全部纳入中心网站“政务公开”板块进行公开，在全市县区级政务服务系统中率先实现办理事项全面公开。推进全民创业，召开由工商局窗口、国税局窗口、地税局窗口、质监分局窗口、环保局窗口和卫生执法监督所窗口参加的全民创业攻坚工作推进会。围绕降低准入门槛、放宽登记条件，对投资主体、注册资本、名称登记、经营场所登记等企业或个人创业可能遇到的制约等问题进行“松绑”，将零资本注册、放宽经营场所登记条件，实行一址多照、一人多照等创业政策落到实处。简化审批流程，优化审批环节，开展“畅通”“变通”“疏通”审批服务。在工商局窗口设立创业服务窗口和在中心大厅设立导询服务台，为各类创业人员提供创业政策咨询和办事流程指导。推进预约服务、上门服务、引导服务、延时服务，为创业企业和群众提供优质服务。在外网网站推出《政务服务手机报》，将上级相关方针政策、北戴河区最新发生的政务信息、社会焦点、新鲜资讯等及时、准确发布给办事群众，满足社会各界需求；在服务大厅开通免费WiFi服务。开通政务服务“直通车”。组织各相关窗口赴开发区、社区、农村现场办公，为项目、企业和百姓提供“零距离、保姆式”服务。中心开通残疾人、老年人、困难户上门服务热线，即“拨通4186378，登门服务到你家”。

【镇街政务服务中心建设】 定期组织召开镇（街）主管领导工作会议，研究、解决镇（街）中心和村（社区）便民服务室在运行中出现问题。组织镇（街）中心工作人员和村（社区）代办员学习政务服务代办工作主要内容、办事程序和代办职责，并对代办工作提出具体要求。在此基础上，加入审批服务流程等相关内容编制印刷区、镇（街）、村（社区）便民服务手册3000册进行发放，使全区百姓对三级政务服务体系有所了解。组织召开事项梳理工作会，会同镇（街）中心对镇（街）、村（社区）办理事项进行梳理。据统计，两镇中心进驻事项为100项，村便民服务室进驻事项37项；两街中心进驻事项41项，社区便民服务室进驻事项22项。下发《北戴河区镇（街）中心、村（社区）便民服务室进驻事项目录》，严格按《目录》做好事项受理工作，村（社区）便民服务室为辖区群众提供“一站式、一条龙”服务受到市领导和新闻媒体充分肯定，区中心积极推进网上政务服务中心建设。

（张志娟）

机关事务管理

【概况】 北戴河区机关事务管理局负责为党政机关综合办公楼内40余家机关单位正常办公提供安保、保洁、会议、维修、餐饮等后勤保障工作和全区公共用能机构的日常节能减排工作及临时交办任务。

【日常服务】 严格落实24小时值班、定期检查、按期保养、以旧换新和维修登记等各项工作，及时做好水、电、空调、电梯、消防设施等各方面维护维修工作。加强对职工食堂管理，严把采购、入库、出库、加工、检验等多道卫生关口，在确保食品安全同时，不断丰富和变换菜肴品种，减少浪费环节，稳控销售价格，做到方便实惠、物美价廉。加强政府广场管理，维修广场喷泉，更换各类彩灯射灯600余个、破损地砖800余块，并刷新车位线、道路标线和护栏，清理花坛及周边环境。细化晚间群众集体舞服务，丰富群众业余文化生活。办公楼整体保洁工作，严格按照卫生工作标准，对楼道、电梯间、会议室、卫生间、垃圾道等重点部位做到全天候保洁，定时进行蚊蝇消杀，每天4次逐项检查，确保全部达到卫生标准，营造良好办公环境。做好全区公共机构节能统计工作和节能宣传，改造办公楼原有制冷机组。做好会议服务、文件印刷、报刊投递等项日常性工作。

【安保工作】 加强思想教育和职业道德教育，特别是暑期期间，以高度责任感和危机意识，确保安保工作不出疏漏。对外来办事人员，进行询问和登记，待完善各项手续后再准进入。在加强重点部位24小时电子监控同时，安排1名保安人员在门口进行询问，杜绝可疑人员混入。加强消防工作力度，及时检查各项消防设备，疏通消防通道，对配电间、垃圾道等火险高发区域实施不间断监控，确保绝对安全。专人专组，坚持白天不少于4次、晚间不少于5次定时巡逻，带班领导随时对各岗位进行检查，发现问题及时处理，确保办公楼整体安全。

（王 欢）

档案管理

【概况】 2013年，北戴河区坚持档案工作为经济建设服务，为社会发展服务，为人民群众服务，认真履行档案事业行政管理和档案保管利用两大职能，开创新的工作局面。

【档案管理人员素质教育】 3月7日，举办全区档案人员继续教育培训班。讲解档案归档整理、安全保管、全宗卷规范等业务知识，解读《秦皇岛市归档文件整理办法实施细则》《秦皇岛市档案收集管理办法》等文件，92人参加培训。针对各基层档案人员对业务掌握情况和单位职能特点进行单独指导。

【档案接收及提供利用】 年内，加大档案工作社会宣传力度和档案资料征集力度，拓宽收集、征集范围和渠道，逐步建立档案资料征集管理机制，明确档案资料移交范围和时限。对全区2009年以前产生的档案进行接收进馆工作，接收档案865件。利用馆藏档案编写《北戴河区大事记》《北戴河区经济活动汇编》《政府工作报告汇编》《国民经济和社会发展规划汇编》《人大常委会工作报告汇编》等编研材料12册，方便查阅。

【检查督导】 加强档案业务指导，打牢基础业务建设，重点加强对一年一度文件收集、整理归档、编目工作指导。下发文件，对全年立卷归档工作提出要求；深入各镇（街）、机关、企事业单位，进行调查研究、检查指导工作。经过全区各单位档案员共同努力，全区立卷归档合格率达到96%。从10月初开始，区档案馆对全区档案工作进行年度检查，检查内容包括机关档案工作组织管理、档案业务建设、档案基础设施建设、档案信息化建设和档案开发利用工作以及2013年度档案归档文件整理情况等。检查组采取听、看、议的方法进行，及时提出各单位档案工作中存在的问题并进行现场反馈。

【农业农村档案】　全区2个镇全部建有档案，“四有一能”率达到100%，25个行政村均建有档案室。党的群众路线宣传教育活动开展以来，北戴河区档案馆结合派驻村刘庄村的特色，开展一系列活动。宣传中共十八届三中全会、全区农业农村工作意见、北戴河区旅游方面相关文件等惠民政策；针对村级档案管理实际，为村干部进行现场档案业务培训，对村级档案收集、档案管理及规范建档等进行重点讲解；赠送刘庄村价值约1000元的档案装具，促进村级档案室建设。

【档案数字化建设】　档案数字化工作成绩显著　按照全区制定的档案事业“十二五”发展规划，档案数字化是一项重点工作，按照“随收随整随录”的原则，将收集进馆的每一件档案及时安排人员进行规范化编目录入及全文扫描，所有进馆档案均实现计算机检索。为保证档案目录数据采集报送工作质量，派人参加市档案局举办的有关业务培训，规范档案数字化工作，提高业务水平。至年末，完成扫描105万页。

档案信息网站内容进一步充实完善　维护更新网站各栏目内容，明确专人负责，网站新增多项专栏，方便群众浏览。

【服务社会民生】　区档案馆严格执行《现行文件报送制度》《政府信息公开条例》，采取按季度报送制度，依托档案馆添置的触摸屏和软件，高标准建好政务公开信息平台，通过政务信息集中采集和集中提供，在政府部门和人民群众中搭建沟通的桥梁。

（姚海鹏）

政协北戴河区委员会

政协全体委员会议

【政协北戴河区第八届委员会第二次会议】 1月25—26日，政协北戴河区第八届委员会第二次会议在区政府综合办公楼三楼会议厅召开。应出席委员115名，实际出席106名，特邀区委、区人大、区政府、区纪委和人武部的负责人，离退休的区政协原主席、副主席，区公安分局、区人民法院、区人民检察院以及行业驻区单位主要负责人参加会议，各镇、各街道、区直各部门主要负责人列席会议。北戴河新区工委书记、管委会主任、北戴河区委书记李学民代表中共北戴河区委作重要讲话。会议听取并审议通过政协主席严彬所作的《政协北戴河区第八届委员会常务委员会工作报告》，政协副主席杨振久所作的《政协北戴河区第八届委员会常务委员会关于八届一次会议以来提案工作情况的报告》。全体委员列席北戴河区第十四届人民代表大会第二次会议。听取并讨论《北戴河区人民政府工作报告》，讨论《北戴河区2012年国民经济和社会发展计划执行情况及2013年计划草案的报告》《北戴河区2012年财政预算执行情况和2013年财政预算草案的报告》《北戴河区人民法院工作报告》《北戴河区人民检察院工作报告》。会议通过政协北戴河区第八届委员会第二次会议政治决议。

区政协常委会会议

【政协第八届委员会常务委员会第三次会议】 1月10日，召开政协八届三次常委会，会议由政协主席严彬主持。拟增补郭路祥、曹瑞旺、夏建军（回族）、王朝满、张寅生、毕青春（满族）6名政协委员，常委会全体通过；审议通过关于召开政协八届二次会议的决定、区政协八届二次会议筹备有关事项、区政协八届委员会常务委员会工作报告及区政协八届委员会常务委员会提案工作报告；传达学习中共十八大、省委八届三次全会、市委十一届四次全会和区委十一届二次全会精神。

【政协第八届委员会常务委员会第四次会议】 1月26日，召开区政协八届四次常委会，会议由政协主席严彬主持。听取政协八届二次会议期间小组讨论情况汇报，审议通过区政协八届二次会议提案审查情况报告草案、区政协八届二次会议政治决议草案。

【政协第八届委员会常务委员会第五次会议】 2月27日，召开区政协八届五次常委会，会议由区政协主席严彬主持。研究讨论《北戴河区政协2013年工作要点》，提出修改意见；研究部署区政协开展“解放思想、更新观念、再创辉煌”活动；研究确定2013年重点提案、重点调研课题及任务分解；审议通过家庭旅馆业发展调研报告。

【政协第八届委员会常务委员会第六次会议】 12月6日，召开区政协八届六次常委会。会议由区政协主席严彬主持，区委常委、副区长于凤喜及有关部门负责人列席会议。会议听取区政府2013年改善民生、为民办实事工作落实情况报告、区政府关于政协八届二次会议提案办理情况汇报；分析探讨调研报告《关于规范暑期旅游市场秩序的思考》和《关于北戴河区义务教育均衡发展的调研报告》；学习中共第十八届中央委员会第三次全体会议公报。

区政协主要工作

【协商议政】 八届二次会议期间，组织委员认真听取《政府工作报告》和其他报告，围绕全区经济社会发展的重大问题积极协商议政，提交意见建议100余条。探索和改进常委会议协商形式，通过会前调研与会议协商的形式，对政府为民办实事、招商引资和项目建设等重要问题进行深入协商，所提建议得到有关部门采纳和落实。采取实地调研和外出考察等方式，围绕城市环境面貌提升、旅游产业发展、民宿行业规范管理等问题开展专题协商。支持和鼓励政协委员担任政府职能部门行风评议员和特邀监督员，积极参与执法执纪监督和民主评议活动。多次组织委员旁听法院庭审，进行现场评议，增强民主监督力度和深度。

【提案工作】 八届二次会议后，共收到委员提案102件，立案94件，确定重点提案3件。提案办理中，采取党政领导牵头办理、政协主席重点督办、走访提案承办单位等有效举措，增强提案办理实效，截至年末，所有提案全部办结，委员满意率和基本满意率达到100%。

【委员视察调研】 组织委员深入基层调查研究，收集并向有关部门反映社情民意信息40余条，一些群众普遍反映的热点、难点问题得到解决。组织委员就食品安全问题、义务教育均衡问题、保障性住房建设、旅游景区建设、开发区招商引资和企业发展工作、海北路绿道建设、平安建设、城乡一体化建设等情况进行监督视察，提出意见建议，推动相关工作落实。为进一步规范暑期旅游市场秩序，从规范经营者经营行为、加大网络营销、畅通维权渠道等方面提出意见和建议。提出的“关于制定老旧小区物业管理办法、以社区为主体加强物业管理”等建议得到有效落实。

【晋冀鲁豫县级政协工作经验交流会议】 8月30日—9月1日，晋冀鲁豫县级政协工作经验交流会第三十七次会议在北戴河区召开。市政协主席杨宏出席会议并讲话。区委书记李学民，区委副书记、区长刘学彬，区委副书记、开发区工委书记、农工委书记王志新，区人大常委会主任王玉海，区政协主席严彬，区政协副主席陈艳霞、杨振久、卢洪文、高银山出席会议。严彬主持会议。山西、河北、山东、河南4省18个县（市、区）政协的70余人参会，会议围绕“新时期发挥委员主体作用的经验做法和体会”这一中心议题进行研讨。会议期间，与会人员观看《品味北戴河》宣传片，考察北戴河区海北路绿道、保二路街景等城市建设以及部分城市亮化工程。达到交流经验、互相学习、增进友谊、共谋发展目的。

【政协委员变更】 政协八届三次常委会增补郭路祥、曹瑞旺、夏建军（回族）、王朝满、张寅生、毕青春（满族）6名政协委员；委员邸贵宝因工调离，减少1人。截至2013年末共有委员115人，特邀列席委员5人。

政协委员名单

（115人，按姓氏笔画为序）

于志勇　卫丽敏（女）　马海明
王　东　王　芳（女，满族）
王　青　王　惠（女）　王文义
王文胜　王东升　王有奇
王树忠（蒙古族）　王铁军　王鸿雁
王雅婷（女）　王朝满　王智华
王墨江　井赞泉　公晨艺　计春江
艾　琳（女）　卢玉平　卢洪文
田　宏（女）　田欣华（女）　田春来

白　鹤　冯树合　毕青春（满族）
师建国（满族）　朱　红（女）
朱晓东　刘　明　刘立辉
刘艳红（女）　刘艳柱　刘润秋
刘景平　刘锁华　刘渤江　严　彬
李　扬（女）　李　伟（满族）
李　伟　李　军　李　强　李文彬
李其滨　李宝明　李治国　李建春
李春兰（女）　李洋洋　李霄霏
杨　宏　杨立更　杨仲秋　杨国兴
杨国栋　杨振久　杨静媛（女）
肖　敏（女）　吴庆红（女）
谷平海　宋汝位　张东海　张志强
张振江　张家祥　张海燕（女）
张寅生　张盘成　陈国刚
陈秋菊（女）　陈艳霞（女）
采蓉梅（女）　周学年　周维忠
郑国滨　孟香爽（女）　赵长吉
赵国祥　赵洪辉　逄忠利
姚占来（满族）　夏建军（回族）
顾　东　高志强
高丽杰（女，蒙古族）　高春华
高银山（满族）　郭　晨　郭一心
郭永广　郭红娟（女，满族）　郭路祥
姬献平（女）　黄　伟
曹晓军（满族）　曹瑞旺
崔　颖（女，满族）　崔兆文
崔国利　商洪林　梁军涛　蒋玉滨
蒋丽艳（女）　韩英山　韩英河
傅德礼　管　茁　滕运林
潘颖丽（女）　薛　伟
特邀列席委员（5人）
王　铁　冯　军　李　蘅（女，满族）
张秀兵　徐轶尊

（周　杨）

民主党派·工商联

民主党派

【中国国民党革命委员会北戴河区支部】（简称民革北戴河支部）支部现有党员25人，其中，副主任医师职称的4人，教授职称的2人。主委：张振江，全国政协管理局副处长；副主委：采蓉梅，女，北戴河二中高级教师；逄忠利，北戴河医院副主任医师。党员中有市政协特邀委员2人，区政协常委1人，区政协委员7人。支部组织党员两次集中理论学习活动，共同学习中共十八大及十八届三中全会精神；春节期间慰问80岁以上老党员1人。

【中国民主同盟北戴河区支部】（简称民盟北戴河支部）支部现有盟员21人，年内，发展新盟员3人。其中，副主任医师职称的4人，主任医师1人，高级工程师1人。主委：刘润秋，北戴河二中高级教师；副主委：吴庆红，女，北戴河医院儿科主任，副主任医师；宣传委员：韩英河，北戴河专家休养所；组织委员：杨力伟，北戴河国税局开发区分局副局长。盟员中有市政协委员1人，区政协常委1人，区政协委员2人。支部组织全体盟员认真学习讨论中共十八大及十八届三中全会精神，并结合本职工作，落实于行动，支部还发放有关宣传材料，供盟员自学。5月，到青龙满族自治县官场小学进行慰问，盟员为学生们带去乒乓球、足球、笔本等价值1922元的文体用品，并对老师授课进行现场指导，并对师生进行体检。11月，到青龙满族自治县采桑峪村看望留守儿童，为孩子们带去书籍、衣物以及5台电脑，盟员为孩子们授课并检查身体。盟员为四川雅安地震捐款1.12万元。

【中国民主建国会北戴河区总支委员会】（简称民建北戴河总支）有会员29人，年内，新入会1人。主委：周学年，北戴河区政协委员工作委主任；副主委：李新，秦皇岛保险公司；潘颖利，女，东方爱婴早教中心。会员中有市政协委员1人，区人大常委会委员1人，区政协常委会委员1人，区政协委员5人。总支组织会员进行理论知识学习，认真学习中共十八大及十八届三中全会精神，组织会员开展各项活动。3月，组织会员在官厂乡举行赏梨花活动并与其他支部举行联谊活动。10月，组织会员到辽宁本溪参观学习。总支撰写的《关于严查暑期路边烧烤的意见》《关于秦皇岛市汽配城拆迁意见》《关于统一国家各方面报警号码的建议》以及《关于农村建设的几点意见》等提案受到区领导高度重视。

【中国民主促进会北戴河区工作委员会】（简称民进北戴河工委）工委分为2个支部，现有会员34人，年内新入会2人。工委主委：李伟，秦皇岛广播电视大学北戴河分校校长；工委副主委兼第一支部主委：郭晨，秦皇岛广播电视大学北戴河分校教务主任。第二支部主委：冯树合，北戴河区联峰山公园管理处副主任。会员中有市政协委员1人，区人大代表1人，区政协常委会委员1人，区政协委员4人。5月，联合民进市委艺术委员会开展艺术交流活动，邀请市著名书法家乔海光（艺术委员会主委）为全区中小学书法教师进行书法讲座；10月，支部组织骨干会员走访青龙满族自治县官场乡小裕岭后小学，进行慰问和文化交流活动，为山村孩子带去5台电脑和体育器材。为贯彻落实中共十八大关于“珍爱自然”“保护生态”的精神，第一支部历时2个月，对戴河沿岸环境进行多次实地考察，走访多位当地居民，完成集体提案《关于治理戴河污染问题的建议》。民进市委旅游文化调研组与北戴河第二支部共同组织“关于将花厂峪列为国家级爱国主义教育基地，开发老区红色文化与自然旅游资源”的调研活动，撰写的《秦皇岛市申报历史名城的建议》调研报告，作为省级重点调研报告。会员段丽琴在秦皇岛市教师教育科研素能基本功大赛中荣获三等奖，撰写的《对中小学音乐课渗透爱国主义教育的几点思考》，在全市中小学学科创新教育--学科渗透德育教育研究成果评选活动中获得创新教育优秀研究成果二等奖，并被民进市委评为“2013年度宣传工作先进个人”；冯树合被民进市委评为“2013年度参政议政工作先进个人”。

【中国农工民主党北戴河区支委会】 （简称农工党北戴河支委会）有党员12人，年内，新入党1人。党员有主任医师职称2人，副主任医师职称4人。主委：王晓臣，北戴河医院医保科主任；副主委：李春风，女，国家电网公司北戴河疗养院内科主任。党员中有区人大代表1人，区政协常委1人，区政协委员1人。四川雅安地震后，在职党员为灾区捐款900元；6月，组织党员到山海关毛家沟进行调研；7月，与市医院支部、中医院支部一起到开发区周营区进行义诊；10月，与民进北戴河工委和九三学社北戴河支社到青龙满族自治县官场乡小裕岭后小学进行慰问，为山村孩子带去5台电脑和体育器材，并为老师体检，为学生检查视力。

【九三学社北戴河区支社】 （简称九三北戴河支社）有社员24人，年内新发展社员2人，有高级工程师职称的9人，副主任医师职称的2人。主委：张志强，北戴河区工程质量监督站站长；副主委：蒋玉斌，北戴河冰都工贸公司总经理；张东明，女，秦皇岛职业技术学院外事办副主任。社员中有市政协委员3人，区政协常委1人，区政协委员3人。10月，与民进北戴河工委、农工党北戴河支委会一同到青龙满族自治县官场乡小裕岭后小学进行慰问，支社带去篮球、跳绳、羽毛球拍等文体用品；张志强、蒋玉斌、王芳、白鹤作为区政协委员积极参加区政协所在小组的“五个一”活动，积极捐款捐物，参加帮扶和慰问困难户等活动；蒋玉斌为蔡各庄小学、北戴河第一中学捐赠图书100册，折合人民币约1000元；支社为离退休的老社员订阅《益寿文摘合订本》和《生活文摘报》。

（宁 萌）

北戴河区工商业联合会

【概况】 2013年，北戴河区工商业联合会有会员280余人，其中，非公有制经济代表人士130余人，基层分会组织2个。区工商联引导和带领会员，围绕全区中心工作，服务大局，不断提高履职能力，深入区属企业及相关部门单位，开展调研。组织非公经济人士参加商贸洽谈会。区工商联被省工商联评为“优秀县区工商联”。

【参政议政】 及时了解并反映非公有制企业要求、建议和呼声，对区委、政府研究制定的有关发展非公有制经济的政策、措施，提出建设性意见。组织工作人员，对北戴河区招商引资、企业改制、城市建设等进行专题调研，听取广大会员意见、建议和诉求，帮助会员协调解决实际困难和问题；引导会员中人大代表、政协委员撰写政协提案和人大代表建议。

【光彩事业】 组织引导会员参加“帮扶”活动，两节期间，工商联组织部分民营企业家到育花路社区和蔡各庄村开展走访慰问活动，为5户低保困难户送上米、面、油等慰问品以及慰问金，价值1万余元。“六一”

儿童节，组织区民营企业家代表，联合团区委、区妇幼保健站，到区第一幼儿园、实验小学开展慰问活动。

【联谊工作】 区工商联利用暑期各种资源和优势，围绕培育新的经济增长点，拓展非公经济发展领域，组织非公经济人士参加商贸洽谈会，学习外地招商引资、小商品经济发展新模式、高起点规划和城市建设等先进经验。与江西桥王有限公司、武汉桥维建筑工程有限公司进行接洽，招商纳税50余万元。

（郑铁桥）

人民团体

北戴河区总工会

【概况】 2013年，全区基层工会组织325家，新建工会组织15家；工会会员1.71余万人，新增会员100人。全年，区总工会面向全区广大职工，举行系列比赛、文体活动11场，其中1000人以上参加的2场；各种宣传、培训、慰问、走访等活动21场次，发放各类帮扶资金22万余元。接受同级审计3次，市总工会审计2次。在国家级报刊发表信息1篇、省级3篇、市级8篇，在各级网站、电视台报道新闻30余件次。创新实施的“幸福雨”帮扶项目在《工人日报》、人民网等媒体刊登转载；“导游之星”大赛活动在中国报道网、河北新闻网等网站受到关注；率先在全省旅游大巴中开展“工人先锋号”创建工作。获“河北省总工会财务工作先进单位”“市级全国劳模接待工作先进单位”“市总工会工作先进单位”“宣传工作先进单位”等称号，在市总工会全年工作、劳动竞赛、集体协商评比考核中名列前茅，被评为优秀。

【帮扶解困】 “两节”期间，北戴河区委书记李学民等主要领导走访慰问部分特困职工；2月6日，在区劳动人民文化宫举行送温暖物资集中发放仪式，救助资金和物资计6万余元。暑期前，为困难职工发放救助金3万余元和价值1万余元的粮油物资。区职工服务中心全年提供求职岗位78个，为53人次提供职业介绍。8月，对部分窗口行业冒高温战酷暑的一线职工开展“送清凉”活动。全年发放助学金1.60万元。免费为39名困难女职工每人缴纳保额2万元的“女性安康保险”。全区参与第二期大病医疗互助职工5895人，收到互助金29.48万元。为10名患病职工发放大病互助补偿金7.20万元，其中有1名职工得到3万元的最高补偿金。7月17日，启动实施“幸福雨”帮扶项目，成立“幸福帮帮团”。集发公司出资1.50万元慰问30户困难职工。

【维护职工合法权益】 在基层工会广泛开展“安康杯”竞赛活动和安全生产知识培训，聘请律师为职工尤其是困难职工提供法律咨询和法律援助，全年接待职工来电来访7人。建立重大节日期间入户慰问与日常帮扶相结合的长效机制。把困难劳模纳入困难职工帮扶体系，为其申请专门补助。多次走访看望住院、患病的劳模，落实劳模各种待遇。建立健全劳模定期体检、休假制度。暑期期间，全国总工会组织近600名劳动模范分三批到北戴河休养。

【开展劳动竞赛活动】 开展“创建学习型组织，争做知识型职工”，创建“职工之家”“工人先锋号”等活动，激励广大职工在经济建设主战场更好地发挥主力军作用。组织开展各类劳动竞赛和职工技能比赛，将学习培训、岗位练兵和技术比武有机结合。先后开展“工人先锋号”创评、“精细化服务”培训、“导游之星”大赛等活动。

【促进劳动关系和谐稳定】 形成党委领导、政府负责、社会协同、企业和职工参与的创建工作格局，建立区、乡镇（街道）、村（社区）、企业四级联动的工作网络。多措并举，强力推进工资集体协商。全区建立劳动关系和谐企业30家，劳动合同签订率达到99%以上，99家25人以上的企业签订独立的集体合同和单项合同；向职工发放《中华人民共和国工会法》《中华人民共和国劳动合同法》《中华人民共和国安全生产法》等宣传资料、宣传小册子1000余份。

【文体活动】 1月，举办工会干部联谊会。3月7日，在联峰山公园举行“姐妹向前冲”女职工登山比赛，1000余名女职工参赛。是月，邀请区书画协会9名书画家，开展“文化下基层”活动。4月，在劳动人民文化宫举行迎接“五一”国际劳动节职工歌咏大赛。全区30余家单位的17支代表队近1000人参加比赛。举行“建幸福北戴河、展岗位新风采”职工摄影比赛，部分优秀作品在老虎石海上公园门前摄影长廊展出。6月，在平水桥海边举行“舞动梦想”广场健身舞大赛，全区22支代表队300余名健身爱好者同台竞技。举行休疗系统冬季趣味运动会，全区300余人参加比赛。

迎“五一”劳动节机关、事业单位大合唱

（王会恩）

共青团北戴河区委员会

【概况】 2013年，全区共有直属团组织27个，团员3800余人，团干部115名。农村团组织建团率100%，国办学校建团率100%。团区委紧紧围绕党政中心工作，服务青年，服从大局，加大教育青年力度，努力提高青少年思想道德素质，不断深化党建带团建工作，切实加强团的基层组织建设，共青团事业得到稳步健康发展。年内，全区13个市级青年文明号集体全部顺利通过验收，中建五局秦皇岛片区团支部预申报省级青年文明号集体；疾病预防控制中心、人民检察院侦查监督科2013年新申报“秦皇岛市青年文明号”集体；人民检察院被评为2013年度河北省优秀青少年维权岗命名单位；区人民法院、实验小学为2013年度河北省优秀青少年维权岗认定单位。冯维通获第二届“秦皇岛市青年创业奖”；陈健、岳亮获第二届“秦皇岛市青年创业奖提名奖”；财政集中支付中心获第八届秦皇岛市“十大青年文明号标杆”；中建五局秦皇岛片区团支部获第八届秦皇岛市“十大青年文明号标杆”提名奖；刘茵被评为第七届秦皇岛市“优秀青年文明号号长”；北戴河经济技术开发区综合办公室被评为“2013年度秦皇岛市青年创新创效活动先进集体”；胡鹤潼被评为“2013年度秦皇岛市青年创新创效活动先进个人”；吴晓、陈玲被评为“2013年度秦皇岛市青年岗位能手”。

【组织建设】 夯实团建基础，提出“五个一”要求，即“每个团组织都有一套翔实的团建工作台账，每个基层团委形成一份团建调研报告，每个基层团委书记挂钩一个‘团建联系点’，每个团干部记好一本团建工作笔记，每个月上报一次团建工作开展情况”，将其作为检验考核各团干部工作是否合格的最基本要求。与党组织联系，共建、共用党员远程教育网络平台、办公场所、活动中心等各类阵地，不断优化基层团建环境。深入平安路社区1750户居民进行调研，重点关注帮扶社区36名纳入低保范围的居民及部分特困家庭。北戴河团区委开通新浪微博和腾讯微博，发布微博信息300余条，听众达到800人。

【学校团队工作】 开展“小手拉大手，共建生态家园”环保主题教育活动，将文明和谐、绿色环保的理念传播到家庭、社会；评选环保小卫士，佩带“绿色小天使”标志，在校内设立环保行为监督岗，监督校园内及校园周边的环境卫生；举办环保作品设计与制作大赛，优秀作品在学校进行集中展示、宣传。开展中小学生暑期社会实践活动，组织“小导游快乐行”。在繁华街道、路段、旅游景点为游客提供导游服务，组织师生帮扶慰问“郭文香老年公寓”的老人和离退休老教师。开展“铁路小卫士”活动，定期开展铁路干线巡查。组织小记者团走进军营，参观访问。开展纪念少先队建队64周年庆祝及“我为队旗添光彩”活动。

【希望工程】 联合区工商联和区妇幼保健站到第一幼儿园和实验小学开展“六一”爱心慰问活动。赠送价值7000余元的学习机、图书、玩具等学习生活用品，区妇幼保健站的医生们为50余名学生进行免费体检。开展爱心助学活动，为6名成绩优异的寒窗学子争取到助学金3.70万元。

【青年志愿者服务】 团区委于5月4日正式成立“幸福方队”义工组织。“幸福方队”已组建11支分队，队员124人，定期组织队员从事环保、扶贫、助残、赛事服务等公益活动。团区委组织青年创业、青年奋进、青年争先3支志愿者队伍，履行暑期文明巡访职责。在全区青年商户中开展“共青团示范岗”创建活动，在集发生态农业观光园新增10户“共青团示范岗”。叶列娜超市等14家“爱心驿站”传递爱心，为游客热情服务；非公企业宝顺集团被评为“青年文明号创建单位”。组织青年志愿者为“五一”北戴河第九届轮滑节服务，招募160名大学生志愿者为2013年“中国体育彩票”铁人三项赛提供志愿服务。

【青少年合法权益和维权工作】 健全机构、完善机制，加强学校、家庭、社会三方面联动，形成“三位一体”的法制教育网络。在中小学普遍开设法制课，在家庭开展“小手拉大手”活动，提高家长法制意识和教育方法。强化社区预防功能，抓好校园周边整治，感化、挽救问题青少年。开展预防青少年违法犯罪宣传活动。

【青工青农工作】 开展“‘贷动青春’青年小额贷款邮储项目”工作，已贷出70笔共350万元扶持青年就业创业。5月2日，举行“青春成就梦想 ”庆祝“五·四”青年节活动。

（康治超）

北戴河区妇女联合会

【概况】 2013年，妇女工作不断创新工作载体，以联系妇女、服务妇女、维护妇女儿童合法权益为根本任务，谋求工作新思路、新举措，妇联工作取得一定成效。年内，评选出5户星级文明户，区妇联被评为秦皇岛市“平安家庭”创建工作先进集体、秦皇岛市妇联干部“一连五”贴心扎根工程先进集体。

【巾帼建功活动】 以“巾帼文明流动岗”创建活动为载体，积极引导广大妇女创业就业。在巾帼文明流动岗示范竞赛活动受到全国妇联以及各级领导充分肯定基础上，2013年创建活动主题确定为“服务暑期、争创一流”，通过授旗、定期检查、表彰等形式，促使流动岗真正发挥示范带动作用，成为暑期展示北戴河良好形象的窗口。

【“双学双比”活动】 巩固巾帼乡村旅游示范户创建成果，全方位展现巾帼风采。结合基层建设年活动，重点在丁庄村打造巾帼乡村旅游示范户。区妇联购买价值500余元书籍送给示范户。市、区领导为丁庄村示范户授牌并视察了解创建活动，提出意见和建议。

【“美丽庭院”创建】 8月，制定《农村面貌改造提升 千村妇女争创“美丽庭院”

行动实施方案》，11月，按照“五美”要求，在西古城村、西坨头村、拨道洼村、车站村、费石庄村等样板村中进行评选，评选出89户“美丽庭院”，并举行创“美丽庭院”家庭擂台赛。

【维权工作】 关注弱势群体，开展慰问特困母亲及儿童活动。1月29日，分别到特困母亲张丽、贺秀菇，特困儿童张婷、黄云飞家中慰问。北戴河区自2004年成立救助特困母亲及儿童基金后，有569名特困母亲、504名特困儿童得到救助，基金累计资助达到14.57万元。加大宣传力度，依法维权。区妇联在三八节期间开展维权周活动，各基层妇联分别结合实际通过板报、宣传栏、广播等形式宣传法律法规，营造学法、守法良好氛围。全年区妇联接待妇女群众来信来访 8件，均给予协调解决。

【儿少工作】 5月，区妇联与区教育局联合邀请《知心姐姐》杂志全国巡回报告团，在蔡各庄小学举办“关注孩子可持续发展的能力”家庭教育报告会，300余名家长参加活动。“六一”期间，团区委、区妇联、区教育局、区关工委办公室联合对203名好少年好儿童、优秀家教工作者等各类先进进行命名表彰。

【宣教工作】 3月6日，区妇联在党政综合办公楼三楼会议厅举办北戴河区庆三八表彰大会，来自全区各界的妇女代表300余人参会。会上，区国家税务局等18个三八红旗集体、党爱丽等55名三八红旗手、西山街道办事处妇联等6个先进妇联组织、甄自荣等10名优秀妇联干部、陈玉敏家庭等11个星级文明家庭标兵户受到表彰。区委宣传部、区妇联、区摄影家协会联合在老虎石海上公园举办“美丽北戴河我的家”巾帼摄影展。市妇联主席孙雪莲、区领导姚飞、王慧、付红出席活动。本次摄影展共征集作品110幅，评选出优秀作品19幅。

【防治艾滋病宣传工作】 6月28日，区妇联在丁庄村举办艾滋病防治宣传教育工作表彰暨妇女之家展演活动，对全区妇联系统艾滋病防治宣传教育工作中涌现出来的戴河镇妇联等12个先进集体、王晶等9名先进个人进行表彰，全年印发艾滋病防治知识宣传单5735份。

【预防出生缺陷工作】 扎实推进预防出生缺陷工作。10月，区妇儿工委办公室组织动员基层广大干部群众积极参与“预防出生缺陷知识有奖竞答”活动，发放问卷500份。依托市妇幼保健院，组织西古城村及周边村庄适龄妇女及孕产妇，进行体检和宣传，服务适龄妇女100余人。

（曾 媛）

北戴河区科学技术协会

【概况】 2013年，北戴河区科协有农技协2个、1500余人。全面实施《全民科学素质行动计划纲要》，开展科普宣传工作，举办农村科技大集活动，宣传科技政策法规，发放科技信息资料及书籍，开展农业科技讲座、培训活动；抓实抓好社区居民、青少年科普教育宣传和科技活动。组织开展省级优良科普资源和社区科普益民行动计划项目审报工作，秦皇岛鸟类博物馆被评为“秦皇岛市全民科学素质教育示范单位”，西山街道办事处平安路社区获“河北省社区科普益民计划”专项资金5万元。

【科普工作】 农村科普工作 4月24日，邀请河北科技师范学院生命科技学院院长、河北省蔬菜学会理事宋士清教授，就大棚蔬菜种植管理及病虫害防治等知识对40余名种植户进行集中培训和现场指导。年内，在戴河镇开展粮油、林果、畜牧、配方施肥、沼气、植保等各种培训班14期，培训人员180人次，结合远教平台组织农民收看农业专题片和讲座22次，培训农民150人次。

社区科普工作　5月28日，东山、西山2个街道办事处主要负责人到海港区燕海里社区参观学习“社区科普建设”活动。东山街道的东山社区和育花路社区内均设有固定科普活动室、图书（电子）阅览室、书画创作室、乒乓球室、台球室、棋牌室、舞蹈排练厅、科普画廊、科普学校等综合性科普活动场所，增设科普图书2000册、科普宣传栏150延长米。社区有专用科普宣传栏、科普图书室、科普活动站。有科普志愿者120人，年人均参加科普志愿活动100天以上。

全国科普日活动　9月17日，组织区21家全民科学素质成员单位近100名科技工作者和科普志愿者，在三角地广场围绕“保护生态环境，建设美丽中国”活动主题联合开展宣传活动，活动悬挂18条宣传条幅、50块展板，发放宣传资料5000份，受众达1000余人。

科学素质工作　全面实施《全民科学素质行动计划纲要》，9月9日，召开全民科学素质工作领导小组会议，调整领导小组成员。各成员单位围绕全国科普日活动主题、结合自身特点开展各类宣传。街道和社区利用辖区黑板报宣传科普活动主题和意义，利用科普宣传栏张贴科普挂图，利用社区LED显示屏滚动播放科普活动口号。各社区在社区阅览室设置科普知识图书角，供居民阅览学习。社区开展“保护环境·净化沙滩”环保公益活动，安居社区举办“低碳，从再生资源开始”环保作品展示活动。区文广新局开展科普惠农行动，在各村放映公益电影。

【协会工作】　2013年，全区有秦皇岛市北戴河集发农业专业技术协会1个、1500人。高级协会1个、24人。集发农技协采用试验、示范、推广相结合方法，对引进的16个果蔬新品种进行观察、试验，品种间进行比较，总结出优质高产、高效的配套生产技术规程，进行广泛推广，取得显著的经济、社会效益，并且对研发试验成功的薰衣草、蓝莓绿枝扦插快繁育苗技术，建立旅游观光科技示范基地4个，制定5种绿色蔬菜技术标准及生产技术规程，在公司带农户中应用，被市质量技术监督局做为质量技术文件，建立农业科技传播站和科普惠农中心，辐射带动农民参与产业化经营达到50%，农产品加工转化率28%，实现农业生产及生态农业旅游综合产值1.86亿元。畜牧协会开展贵妃鸡生态养殖示范与推广工作，北戴河贵妃鸡生态养殖示范基地孵化贵妃鸡种蛋3000枚，育成贵妃鸡种鸡1500余只。在陆庄村、北戴河村和西古城村（集发）推广养殖户（场）3个。

【青少年科技活动】　在区青少年活动中心建立“小小科技馆”，安装能够互动的“壁挂”式展品和“感知与认知”台式展品。探索校内外科技教育活动。配备专兼职科技辅导员，引导和鼓励学生加入各类科技兴趣小组，开展研究性、探究性学习活动。举办校园科技节活动，北戴河区青少年活动中心、北戴河区育花路小学与秦皇岛市职业技术学院开展“大手拉小手”活动，将科技活动内容进行有效整合。在科技教育活动中有4所学校、242名学生和13名教师在科技教育方面受到表彰奖励。

组织学生参加市区教育局、科协组织的“科技绘画比赛”“青少年科技创新大赛”等科技活动，聘请科技教育方面专家为各校做科普报告，组织科技辅导员进行业务培训。

在第28届河北省青少年科技创新大赛上，北戴河区5名教师、23名学生、3个年级组分别在科教制作、科教方案、小论文、科幻画、信息技术、科技实践活动6个主题评选活动中获奖，其中海北路小学张耀兮同学的科技小论文“玻璃瓶中的蚂蚱”和海宁路小学曾亦婷同学的科幻画“机器人星球”获省级一等奖。北戴河区教育局和海北路小学被授予“第28届河北省青少年科技创新大赛优秀组织奖”。

（孙　洁）

北戴河区文学艺术联合会

【文化艺术活动】 书法家送春联活动 区文联同书法家协会开展春联送进千家万户活动，送出1000余幅春联。

“音乐文化乐万家”活动 11月，区文联、区音乐舞蹈家协会联合主办“音乐文化乐万家”文化惠民工程活动，在社区、村镇进行原创音乐、舞蹈等形式演出。

“风光无限”摄影展 12月，由北戴河区文联、区文广新局、区老干部局、区摄影家协会共同主办的“《风光无限》摄影展”在北戴河劳动人民文化宫举行，摄影展历时3个月，向老年摄影爱好者征集稿件360幅，精选出58幅作品参加展览，500余人参观展览。

【区文联及协会换届工作】 2011年10月，北戴河区文联经市、区编办研究决定，恢复为独立设置的正科级群团组织。核定事业编制4人，科级领导职数2人，其中主席1人，副主席1人。一直未配备人员。2013年7月，北戴河区委任命于红艳为区文联主席。其他人员未配备。11—12月，区文联对所属书法、作家、美术家、摄影家、音乐舞蹈家等5个协会进行换届或增补理事工作，新增民间文艺家、新闻工作者和社科联等3个协会。共8个协会，会员800余人。

协会主席：

摄影家协会主席 赵洪辉（11月任）

书法家协会主席 李瑞卿（11月免）

韩英河（11月任）

音乐家协会主席 王俊峰（11月任）

作 家 协会主席 孙振彦（11月任）

新闻工作者协会主席 李文斌（12月任）

美术家协会主席 徐占明（12月任）

民间艺术家协会主席 冯树合（12月任）

社科联协会主席 赵立群（12月任）

北戴河美术家协会换届大会

获省级以上奖项作品

表3

作者	作品名称	类别	奖项内容	举办单位
徐占明	《李可梁的山水艺术》	书画		中国科学报
苗德生	《词两首》	诗词	金奖	中国当代文学学会
黄文耕	《小品大艺 邀请展作品集》	书画		中国文联出版社
张红艳	《律诗选》	诗词		中华国粹出版社
孙渊龙	《自在龙年》	诗	三等奖	中国散文学会
孙振彦	《面朝大海》	散文	美文副刊头条	中国文化版
徐占明	《国画》	书画	三等奖	民盟中央美术院河北分院
张恩杰	《国画》	书画	三等奖	民盟中央美术院河北分院

续表3

李春光	《李春光作品集》	书画		河北美术出版社
韩英河	《苏东坡定风波词》	书法	入展河北省首届行书大展	河北省书法家协会
孙振彦	《未了缘》	散文	二等奖	河北省散文学会
王艳伶	《山上有朵冰莲花》	诗		河北教育出版社
孙庆丰	《黄桥 幸福像荷香一片辽阔》	散文	获《荷香黄桥》华语世界散文大赛三等奖	江苏省作协编《荷香黄桥》复旦大学出版社

（靳 丹）

法治·国防

政法工作

【概况】 2013年，全区政法工作贯彻落实中共十八届三中全会和有关政法工作会议精神，加强和改进新形势下党对政法工作领导和政法队伍建设，坚持深化依法治区，推进社会管理创新，强化措施，完善机制，全面细致安排部署各项工作。

年内，全区刑事发案363起，比上年下降18.80%；抓获各类犯罪嫌疑人162人，其中网上在逃人员75人，分别比上年上升29.60%和41.50%；破获各类刑事案件305起，比上年上升144%；惩治团伙11个。检察机关受理审查各类案件186件275人。其中批准逮捕案件47件73人，提起公诉案件75件113人，立案侦查依法贿赂犯罪案件16件17人、渎职侵权犯罪案件3件5人；受理信访、举报45件67人。审判机关受理审判、执行等各类案件891件，审（执）结889件，年内审结率100%。其中受理刑事案件69件，审结67件，对86人作出有罪判决；受理执结执行案件144件，执结率100%，执行标的1493.60万元。

【平安北戴河建设】 维护暑期社会稳定工作 开展安全稳定百日会战活动，成立领导小组，召开全区维护社会稳定工作大会，部署暑期信访稳定工作。完善《北戴河区群体性事件应急处突预案》，围绕指挥调度、现场处置以及通信保障等环节，政法各部门多次对各单位应急处突工作的准备情况进行明查暗访，检验应急处置与协同配合的能力。开展严打整治暨“除恶治痞”“破案会战”“打击盗窃自行车”、暑期“清剿”“战时严打歼灭战”等专项行动。

提升社会服务管理能力 以基层网格化管控机制建设为抓手，创新社会管理工作取得较好社会效果。全区分为261个网格，配备261名网格长、网格指导员（片警）25人，楼户长、门店长、信息员等各类网格管理人员1090人。在实有人口和实有房屋“双清”活动中，依托网格管理平台，彻查全区所有人口信息和房屋信息，破获刑事案件29起，抓获违法犯罪嫌疑人34人，其中网上在逃人员8人，新列管重点人员11人。

护路联防工作 以铁路护路小营区为依托，以戴河镇12名专职护路队员为骨干，严格落实巡线守护制度，对铁路沿线及周边5千米范围内的重点部位、场所和重点人群进行不间断排查，排查涉路纠纷4起，协助铁路派出所抓获4名盗窃铁路器材的违法人员，出动宣传车26辆次，散发各类宣传品1万余份，制作悬挂永久性宣传牌18个，特别是全国“两会”、暑期期间集中警力、人力、物资，全力以赴保证铁路安全。成立由铁路沿线6个村庄44人组成的6支义务护路队，严防砸车、拆盗、路基取土、精神病人上路和蓄意破坏铁路设施事件发生。加强护路队伍教育培训。以形势任务、法律法规、高速铁路安全知识为主要内容，对护路队员进行轮训，提升护路队伍业务素质和巡护执勤能力。

建立健全国家安全人民防线网络体系 下发《关于调整充实国家安全小组成员和联络员的通知》，在两镇、两街、开发区、驻区5所大学、8家旅游景区、重点休疗单位和涉外宾馆均建立国家安全小组，全区所有区直机关、企事业单位、各人民团体和各村（居）设立国家安全联络员。建国家安全小组，实行国家安全联络员在册登记制度。依托综治网格体系，将国家安全人民防线工作与综治工作有机结合，将基层网格工作队伍转化为国家安全情报信息员队伍，更好地掌握社会面敌社情动态。拓展国家安全宣传教育阵地，开展政策和国家安全教育。借助“综治宣传月”“全国法制宣传月”等活动，发放《中华人民共和国安全法》《国家安全宣传图册》2000余份，会同司法局、信访局、团委等单位开展普法宣传活动5次，组织国家安全联络员和群众信息员业务培训2次。

【执法监督工作】 区委政法委召开领导班子会议，研究加强执法监督工作的具体措施，总结、推广执法监督工作典型经验，及时发现执法中存在的普遍性、倾向性问题，督促政法部门依法及时办理有重大影响的、群众反映强烈的案件。参加全省“执法大检查”和全市政法系统“案卷抽查”工作。开展执法突出问题专项检查、治理活动。对2012年以来的案件进行逐案逐项自查。其中，公安机关自查重点在立案、侦查、现场勘验检查、强制措施、执法主体、扣押款物等环节。区人民检察院侦查监督部门对审查逮捕案件、反贪部门对贪污贿赂案件、渎检部门对渎职案件进行自查、互查，重点在执行逮捕案件的起诉书中所列举的事实、依据方面，贪污、渎职立案的管辖权、处理结果方面等进行自查。区法院自查民商案件，重点在立案、审判、裁决、再审、执行等环节进行自查。区司法局重点对司法鉴定案件、社区矫正的加减刑环节和公证案件进行自查。年内，全区受理、审判和执行各类案件989件，初访涉诉案件4件，信访案件新发率0.40%。

【维护社会安全稳定】 *化解不稳定因素* 在全区开展“两项排查”活动，对特殊群体和上访老户等信访突出问题进行重点排查，对排查出的8件重大矛盾纠纷隐患，重新进行分析研判，实行动态跟踪，真正做到把各类安全稳定隐患解决在萌芽状态。按照《北戴河区群体性事件隐患特殊群体及重点人排查稳控工作实施方案》，明确对四类特殊群体和十类重点人进行排查稳控的目标任务。对全区梳理排查出的32件重点信访问题，11件集体访隐患和17件涉法涉诉信访案件，全部落实涉案单位责任人、稳控单位责任人和县级包案领导，截至11月，全区发生刑事案件345起，比上年下降16%，八类主要案件发生17起，比上年下降26%，多发性盗窃案件下降21%。

化解涉法涉诉信访难题 对全区涉法涉诉案件重新进行梳理，逐人落实稳控措施和领导承包责任制。将“百日攻坚”活动与政法机关开展领导接访培训活动有机结合，实现政法机关领导干部亲自部署信访工作，亲自接待群众来访，亲自包案解决，亲自督促检查，实现涉法信访接待率100%。组织开展涉法涉诉信访案件排查摸底情况“回头看”行动，对政法系统的信访案件和信访隐患问题进行“拉网式”排查，排查出尚未息诉涉法涉诉信访案件24件，其中3件为该区稳控案件，21件均在法律程序中。集中开展信访事项“三清”集中攻坚活动和政法系统干部大接访活动。全区没有省、市交办案件，没有强制终结后上访和来信来访案件。

【政法队伍建设】 全区政法各部门贯彻落实习近平总书记关于做好新形势下政法工作的重要指示精神，深入开展以为民、务实、清廉为主要内容的党的群众路线教育实践活动和“树正气、讲团结、聚合力、促发展”为主题的大讨论，加强宗旨意识教育、群众观念教育和群众路线教育；开展理想信念、宗旨观念、职业道德、遵纪守法和廉洁自律教育活动。将提升维护社会公平正义能力作为职业化建设的重要指向，着力提高政法干警恪守法治精神、严守法定程序、坚守执法底线的职业素养。组织观看《妈妈片警》，开展向张广胜同志学习活动，组织全区政法干警1200余人参加河北省委政法委首届“政法网络大讲堂”活动，与北戴河区移动公司共同建设政法系统语音专网，实现省市区政法语音互联互通。

（郭石城）

司法行政工作

【概况】 2013年，开展普法宣传活动25场，组织法制讲座20场，编印《星火》普法月刊2.40万册，发放其他宣传资料20万份，接待法律咨询5000余人次；排查各类矛盾纠纷705件，调解成功率为98%；接收刑释解教人员43名，安置帮教培训基地接收安置帮教对象36人；办理法律援助案件160件，接待“12348”专线电话咨询650余件，接待来访咨询900余人次；办理各类公证事项573件。司法医学鉴定5件，无错鉴发生。北戴河区被全国普法办公室评为“全国法治城市法治县（市区）创建活动先进单位”，北戴河区司法局被市妇联、市综治委评为“平安家庭”创建工作先进集体，北戴河区司法局被市司法局评为“法制宣传教育工作先进单位”，公证处被评为“优秀公证处”；王建国被省司法厅评为“全省社区矫正先进个人”。

【法制宣传教育】 落实“六五”普法规划。调整区“六五”普法领导小组，下发《2013年全区法制宣传教育工作要点》《北戴河区法制宣传教育第六个五年规划实施情况评议考核办法（试行）》等文件。开展“送法律、送科技、送卫生”三下乡活动。组织秦皇岛科技师范学院文法学院大学生志愿者，在北戴河安居社区开展模拟法庭进社区的法律宣传活动。暑期开展“北戴河浪漫之夏广场文艺演出暨六五普法宣传”活动。联合海滨律师事务所深入戴河镇苏庄村，开展以“村民律师面对面，法律服务在身边”为主题的法律知识讲座活动。组织公证员、律师，在鸽子窝法治文化公园，开展“深化法制宣传教育，为实现伟大中国梦营造良好法治环境”为主题的法制宣传活动。到军营开展以“树立正确人生观，做遵纪守法军人”为主题的法律拥军活动。组织开展“大力弘扬法治精神，共筑伟大中国梦”主题征文、“法律进课堂”、法律知识网上答题等系列宣传活动。省、市“六五”普法中期检查领导小组于7月4日和11月10日到北戴河区就普法工作进行考核验收，实地检查西山街道安居社区和鸽子窝法治文化公园等普法阵地，对北戴河区普法工作给予好评。

12月4日普法宣传

【人民调解】 2013年，各镇、街道均完善两级调解网络，建立健全人民调解各项工作制度。在日常工作中，各基层民调组织定期开展矛盾纠纷排查调处工作，实行“零报告”“月排查”等制度。各基层单位建立“防激化”“防群体性事件”活动机制，及时认真处理基层矛盾和纠纷，防止民转刑案件发生。全年受理各类矛盾纠纷705件，调解率为100%，调解成功率为98%，调解协议执行率为100%，无民转刑案件发生。

【帮教工作】 将“教育、感化、挽救”作为安置帮教工作的指导方针，因地制宜，多途径进行安置，使刑释解教人员能够尽快融入社会。在日常安置帮教工作中，各司法所加强对安置帮教人员的信息管理，做好对刑释解教人员的档案、教育、务工和生活管理，使刑释解教人员思想、生活稳定。各镇街帮教组织对其进行妥善安置，全部签订帮教协议，有专门帮教小组，实行“一帮一”或“多帮一”的帮教形式。对刑释解教人员进行日常监管，了解其思想状况，帮助其解决生活中遇到的实际困难。全区接收刑释解教人员43人，安置帮教培训基地接收安置帮教对象36人，配合监视做好人员核实工作，共核实50人次。

【律师和法律援助工作】 组织律师投入到法律援助案件、讲师团及“法律进社区”“法律进学校”等社会实践活动中去，发挥律师在社会生活中的积极作用。全年办理各类案件11件，担任30余家企事业单位法律顾问。创新服务群众载体和方式，创建法律综合服务中心，极大方便那些需要法律服务的老、弱、病、残等困难人群。年内，办理法律援助案件160件，接待“12348”专线电话咨询650余件，接待来访咨询900余人次。

【公证工作】 以“坚持信念、精通业务、维护公正、恪守诚信”高素质公证队伍为总体要求，坚持“三不办”（不符合规定的不办，拿不准的不办，违法违规的不办）“一不准”（不准办假证）的办证原则，依法办证，严格办证程序，统一收费标准，为当事人提供优质服务。公证文化建设开全省公证处之先河，在“三化一建设”（标准化、规范化、法制化、加强公证处建设）活动中所取得成效得到市司法局领导肯定和表扬。年内，办理各类公证事项573件，解答法律咨询3000余人次。

【社区矫正】 投资3万元，用于维护社区矫正“司法e通”业务正常运转。组织社区矫正信息管理平台培训班，邀请市矫正办技术人员对社区矫正工作人员进行专业培训。利用信息管理平台，GPS手机定位技术，加强对社区矫正人员监管。年内，社区矫正人员信息资料录入率达到100%，定位手机配发率达到90%以上，开展审前调查评估15人，在册矫正对象66人。鉴定各类业务5件，无错鉴发生。

（王仲玲）

公安工作

【概况】 2013年，北戴河公安分局下设14个科、室、大队，6个派出所，7个检查站。公安工作以省市公安机关“五项建设”（信息化建设、执法规范化建设、和谐警民关系建设、正规化建设、标准化建设）为推动，以全面服务于北戴河区“两个率先”战略目标为己任，以加速提升公安业务工作的争先进位能力为主线。全年完成警卫勤务887次，动用警力22418人次，比上年分别上升78.80%、46.60%；执行一级警卫任务勤务210次，二级警卫勤务391次，三级警卫勤务286次。年内，全区刑事发案363起，比上年下降18.80%；抓获各类犯罪嫌疑人162人，其中网上在逃人员75人，比上年分别上升29.60%和41.50%。破获各类刑事案件305起，比上年上升144%；惩治团伙11个，有力遏制各类案件发案势头。

【社会治安管理】 澄清实有人口房屋底数　1—4月份，开展以彻查实有人口和实有房屋为目标的“双清”行动。排查实有房屋39706户、实有人口73253人。新列管重点人员11人，直接破案29起，抓获违法犯罪嫌疑人34人。利用虚拟信息搜集，抓获在逃人员13人。

网格化机制建设　构筑“一个体系、三级平台、四级管理”的网格管控体系。在全区划分网格261个。建立由261名网格长，1090名网格协管员（门店长109人、楼户长981人）构成的基层网格化管理体系。

破解社会管理难点问题　暑期，抓好全区2289家旅馆的治安管理工作。处罚违规旅馆323家，登记旅客信息183.54万条。通过互联网关键词搜索，得到北戴河日租房关联信息135万条。经逐步梳理、取缔、转变经营性质，确定全区实有日租房471家。在全市率先建立旅店业式日租房管理体系，设置集中上传点，配备专职登记员，471家日租房登记上传住宿人员信息2万余条，抓获网上在逃人员1人，消除多年来的管理盲点。

确保重点要害部位安全 治安大队、国保大队分别对全区57家重点单位和24家反恐目标单位开展不间断集中检查，发现并剔除安全隐患46处。消防大队及各派出所先后开展消防安全大排查大整治、餐饮场所燃气安全、“三合一”（生产、经营、储存、住宿在一起的）场所消防安全专项治理等行动，深入辖区消防重点单位和“九小场所”（小学校式幼儿园、小医院、小商场、小餐饮场所、小旅馆、小歌舞娱乐场所、小网吧、小美容洗浴场所、小生产加工企业）开展消防安全拉网式检查，着力提升消防“四个能力”（检查消除火灾隐患能力；扑救初级火灾能力；组织疏散逃生能力；消防宣传教育能力），检查各类场所1755家次，发现并整改火险隐患3332处。

位于实验小学的社区警务室

【打击刑事犯罪】 年内，抓获各类犯罪嫌疑人162人，其中网上在逃人员75人，分别比上年上升29.60%和41.50%；破获各类刑事案件305起，比上年上升144%；惩治团伙11个。全区刑事发案363起，比上年下降18.80%。

严打整治专项行动 年内，开展春节前、五一前、暑期前严打整治和打黑除恶、港城缉毒猎鹰、打击“两抢一盗”等专项攻坚行动。第四季度破获包括省督案件任××诈骗案在内的各类刑事案件70起，抓获犯罪嫌疑人26名，阶段性排名一度排在全市第三，取得近年以来刑侦打击的重大突破。

侦查破案联合作战 通过派出所民警入户访查，搜集情报线索直接抓获违法犯罪嫌疑人34名，破获案件29起。情报部门通过技侦、临控和各类信息系统获得线索协助破案36起，抓获在逃人员15名；网安部门利用网侦手段摸排各类案件线索、情报196条，协助破获刑事案件61起，抓获网上在逃人员27名。食药安大队惩治无证生产劣质食品、餐具窝点5个，查处案件3起。

攻克重点案件 3月11日晚，将持刀抢劫团伙赵××等5人一举抓获。暑期初，东山小区4户居民家中被盗，涉案金额近13万元。分局从嫌疑人作案手段、被盗物品、交通工具入手，通过调取案发地周边数百小时的监控录像，在很短的时间内即锁定嫌疑车辆，民警远赴沧州连续鏖战7天6夜，将3名犯罪嫌疑人抓获，破获本市入室盗窃案件5起。11月，民警远赴吉林长春、农安，将西古城村附近盗砸汽车的3名嫌疑人抓获。

规范执法流程 全年预审大队受理案件56起，提请批准逮捕33起56人，移送审查起诉45起69人。对受理的全部案件坚持逐案、逐人、逐项审查。法制大队充分发挥执法监督职能作用，审核行政案件121起，行政拘留167人；审核刑事拘留案件48起79人；审核取保候审案件38起41人；办理强制隔离戒毒29人；所有案件全部网上办理，所审案件程序合法，法律手续完备。全局全年零败诉、零判决无罪案件、零信访积案，执法质量连续三年位列全市前三名。

【维护社会稳定】 做好区内信访稳控工作，确定重点信访人员22名、不稳定因素10件，未出现影响暑期工作和社会稳定的突发事件。发现处置涉及17省市的外地访民93批310人次，分别比上年暑期上升126.80%、86.70%。处置二次回流访民18人，三次回流7人，四次回流1人，五次回流2人。坚持“四个结合”严密防范，避暑区未发生影响暑期安全、危及警卫安全的个案事件。专业力量与社会力量相结合。按照上级领导的具体要求，做强火车站第一道防线控访过滤机制。车站派出所、铁路派出所、火车站流动警务工作站、火车站常设化装执勤点4支专业力量紧密对接，形成站外核查比对与站内纵深查控同步的整体合力。同时对火车站广场城管工作人员、出租车司机、停车场收费员、卫生清扫员、旅馆接站员、公交车安全员等社会力量进行有效整合，调动社会力量参与和支持。常规查控与重点防范相结合。在依托社会面整体防控布局建立分层过滤、常态查控机制的同时，重点加强中直周边剑秋路、西海滩路等区域的盘查检查。暑期中，两条路线共查控访民34批117人次。情报信息与落地核查相结合。分局指挥中心情报平台24小时值守，暑期以来，通过列车实名购票、全国信访重点人员数据库比对、临控预警、情报指令四个渠道，分别获悉全国涉暑重点人员信息216条、926条、2条、22条。指令各派出所第一时间落地核查，从中甄别发现以非访为目的的涉暑重点人员67名。快速处置与严密管控相结合。新购买23套遮挡伞、抓捕器、灭火器、防爆衣和4件大型遮挡板，配发到10辆警车和13辆流动警务车。为缩短应急反应时间，暑期采取分散多点备勤模式，一旦哪个区域出现突发事件确保就近响应、快速处置。与此同时，高度关注入区的涉稳、敏感群体，对艾滋病、“失独”“世界人民建设集团”3个群体在可控范围内进行严密掌控和妥善处理。

【队伍建设】 优化警力资源配置，对5个派出所所长进行调整。暑期前，为巡特警大队新招录辅警20人，强化应急处突第一梯队建设。强化纪律作风建设。以党的群众路线教育实践活动为统揽，先后开展克服“四风”“五条禁令”“三项纪律”学习教育、反腐警示教育参观、窗口单位规范服务等纪律作风教育活动，狠抓队伍的严格、规范管理。开展健走大赛、暑期送电影下基层、电声乐队慰问演出、民警心理健康辅导、安排中医到局机关坐诊、“树讲聚促”大讨论演讲比赛等一系列警营活动。开辟《北戴河警视窗》视频播报栏目、《浪淘沙警苑》报刊、《暑期成果展》《前进中的北戴河分局》画册等宣传载体。年内，分局党委被评为“全市先进基层党组织”，分局被评为“2013年暑期工作先进单位”；12个集体受到上级表彰。北戴河区副区长、公安分局局长李海泳荣立个人一等功，4人荣立个人二等功。全局受到上级表彰共212人次。

（冯茹潇）

【交通秩序管理】 开展交通违法行为专项整治行动　在辖区开展涉牌涉证专项整治行动、暑期前交通秩序“百日会战”整治行动、“大排查、大教育、大整治”货车违法行为专项行动、非机动车与行人交通违法和酒后驾驶机动车违法行为专项整治、交通秩序大整治“百日会战”等多项整治行动和道路交通安全大检查工作。2013年，查处各类交通违法行为10414起，罚款58.34万元，其中酒后驾驶181起，涉牌涉证770起，行政拘留43人，扣留机动车955辆。

加强辖区重点车辆及其驾驶人交通安全管理　区内有旅游客运车辆239辆。开展旅游客运企业、旅游客运车辆及其驾驶人摸排工作，建立台账，详细掌握驾驶人交通违法记录和近3年交通事故情况，开展面对面、人盯人式管理。对辖区7家旅游客运企业法人和6辆私人旅游客车所有人及其驾驶人员开展交通安全教育。加强辖区中小学生交通安全管理，召开现有22辆接送学生车辆驾驶人见面会，彻底摸清接送学生车辆及驾驶人底数、驾驶人交通事故、违法记录以及记分情况、车辆手续完备、有效投保以及安全设施配备情况，掌握其运行时间和行驶路线，逐车、逐人建档，彻底管住源头。联合北戴河区教育局对辖区12所学校每名学生交通情况进行统计，制作《交警五大队辖区学校学生交通情况统计表》。开展形式多样的交通安全宣传活动，悬挂标语30余幅。

确保节假日交通安全畅通　春运期间，加强恶劣天气交通管理，严格执行冰雪天气交通疏导方案，科学合理调配警力，争取做到24小时路面不失控。将7家旅游客运公司、2个出租车协会作为工作重点，5次组织所属驾驶员学习、观看春运安全资料片，发放宣传材料。加大对酒后驾车、超员超载、农用车违法载人治理力度，消除事故隐患，确保春运期间道路安全畅通。“清明节”和“五一”小长假，恰逢北戴河“运动之春”轮滑节举行，提前安排、周密部署、全警上路，全力做好辖区道路交通管理工作。

暑期交通安保工作　暑期，大队共执行交通警卫任务749次。增加滨海大道、海北路、沿海线、环城区4条道路常态执勤岗位。在刘庄、单庄旅馆区等处设置执勤警力，保证游客集中路段车辆有序通行和停放。夜间设置17处夜岗和2组巡逻警力，延长有警管控时段。重点路段加强疏导，在南戴河至281桥路段和崔各庄、刘庄两个环岛采取摆放锥桶、相位放行、信号灯控制等措施，保证双休日旅游车辆高峰的平安畅通。与各参暑单位签订安全责任状，制定《暑期恶劣天气应急疏导预案》《双休日高峰期交通巡逻预案》和《暑期交通事故处置疏导应急预案和流程图》。摸清全区34个停车场底数，详细掌握1661个停车泊位具体情况；在海宁路、老虎石、刘庄单庄旅馆区、鸽子窝等游客车辆密集点段加大交通疏导，对执勤民警进行定岗定责，保证主干线停车有序、行驶畅通。每天保证一支10人的应急处突警力，其他民警24小时值班备勤，随时做好处置各类突发事件的警力准备。

2013年，大队被省交管局评为“2013年全省交警系统暑期安保工作先进集体”，1人被省厅荣记个人二等功，7人被省局评为“暑期安保”先进个人，4人被市公安局荣记个人三等功，28人被市公安局嘉奖，30人被市交警支队评为“暑期工作先进个人”。

（卢　陈）

检察院工作

【概况】　2013年，北戴河区人民检察院不断强化法律监督、强化自身监督、强化队伍建设，各项检察工作取得新进展。全年共受理审查各类案件186件275人。其中批准逮捕案件47件73人，提起公诉案件75件113人，立案侦查贪污贿赂犯罪案件16件17人、渎职侵权犯罪案件3件5人，受理信访、举报45件67人。所有审查逮捕案件准确率为100%，无错诉、漏诉，无违法、超期和无罪判决案。

【刑事检察】　全年受理审查批准逮捕案件47件73人，批准、决定逮捕55人；受理审查起诉案件75件113人，提起公诉67件94人。深入探索和规范刑事和解、量刑建议、非法证据排除等办案新规定，健全完善轻微刑事案件快速办理机制；严格落实执法办案风险评估预警机制和释法说理制度，促进执法办案向化解矛盾延伸。对8名犯罪嫌疑人依法作出无逮捕必要的不捕决定，办理刑事和解案件4件，所办案件的当事人无一上访，无一申请抗诉。在办理未成年人犯罪案件或侵害未成年人合法权益案件中，推行犯罪记录封存、分案起诉、案后帮教等制度，加强对未成年犯罪嫌疑人的教育挽救力度，2013年被团省委命名为“河北省优秀青少年维权岗”。

【贪污贿赂检察】　全年立案侦查发生在全市范围内的贪污贿赂犯罪案件16件17人，全部移送起诉，法院已作出有罪判决。通过查办职务犯罪案件为国家挽回经济损失961万元。查办的青龙满族自治县教育局原局长王×受贿、巨额财产来源不明案，被省检察院评为“十佳精品案件”。

【渎职侵权检察】　围绕民生领域渎职侵权犯罪易发多发部位，查办危害民生民利的渎职侵权犯罪案件。全年共初查渎职犯罪案件线索3件5人，移送起诉3件4人，不起诉1人，法院作出有罪判决。

【预防职务犯罪】　全年开展职务犯罪预防调查工作45件次，职务犯罪案例剖析19件次，分析、总结职务犯罪产生的原因和特点，向发案单位和受调查单位提供可行的预防对策，提高职务犯罪预防时效；举办预防职务犯罪法制讲座5场次，受教育500余人，开展预防咨询178人次，预防调查问卷50人次，发放各类宣传资料1000余份。撰写的《北戴河区职务犯罪发生情况、发展趋势和预防对策综合报告》得到区委等领导肯定。

【诉讼监督】 坚持依法监督、规范监督，把执法不规范、司法不公正等问题作为诉讼监督工作重点，加强刑事立案和侦查活动，全年监督立案3件，监督撤案4件，纠正侦查活动违法3件次，纠正漏捕3人、追诉1人，羁押必要性审查2人，监督行政机关移送涉嫌犯罪案件1件。开展审判活动监督，提出抗诉1件，并获得市院支持，在民事行政审判监督中，注重挖掘案源，拓宽监督视野，重点开展再审检察建议工作。深化社区矫正法律监督，全年监督检察监外执行罪犯65人，监督纠正违法4件次，经监督收监执行1人。

【控告申诉检察】 落实首办责任制，将各类案件办理在首办环节，大大减少群众重复信访、越级上访，降低司法成本。进一步畅通群众控告申诉渠道，开展带案下访、定期巡访、检察长接访等活动。全年受理举报线索20件21人，受理来信来访25件次46人，受理刑事申诉案件1件，对受理的所有信访和举报案件，在法定时限内办结，并给来访群众满意答复，未发生赴省进京等非正常访和涉检访。

【服务农村改革发展】 推动涉农检察工作向纵深发展，依托乡镇预防教育工作站，深入农户家庭开展林业惠农资金发放情况专项调查。结合区情实际，开展村财镇管情况专项调查，发出检察建议31件次，其中向镇村发出的《关于完善村财镇管制度的检察建议》，得到区领导肯定。开展排忧解难、结对帮扶、送法入村等一系列帮扶活动，投入资金6万元。

（崔丽萍）

法院工作

【概况】 2013年，北戴河区人民法院践行司法为民，不断提高司法公信力，发挥人民法院职能作用，为全区发展提供坚强有力的司法保障。全年共受理审判、执行等各类案件891件，审（执）结889件，审限内结案率100%。其中受理刑事案件69件，审结67件，对86人作出有罪判决；受理审结民商事案件675件，涉案标的5600万元；受理审结行政诉讼案件3件；受理执结执行案件144件，执结率100%，执行标的1493.60万元，没有超期审理和超期羁押现象发生。接待咨询、立案、来访群众1300余人次，诉前化解纷争12件，立案调解3件，妥善处理省联合接访中心和区人大交（督）办信访案件5件。为困难群众减缓免诉讼费5万余元，提供司法救助金7万余元。

【刑事审判】 严厉打击“两抢一盗”、重伤害和诈骗等严重犯罪和高发型犯罪，增强人民群众安全感。年内，对29名被告人予以惩处，其中有3人被判处10年以上有期徒刑。依法惩治与民生密切相关的危险驾驶犯罪和食品安全犯罪。全年判处食品安全犯罪案件2件2人，对7名醉酒驾驶机动车的被告人判处拘役刑罚。在严惩严重犯罪的同时，对犯罪情节轻微的初犯、偶犯、未成年犯，依法从轻、减轻或免除处罚，减少社会对抗，促进社会和谐。对4名未成年被告人均依法从宽处罚，对45名罪犯依法宣告缓刑，对4名罪犯免予刑事处罚。

【民商事审判】 依法审理各类合同纠纷案件381件，维护诚实信用的市场秩序，保护市场主体的合法权益。妥善处理离婚、抚养、赡养、继承等婚姻家庭纠纷案件148件，依法保护妇女、未成年人、老年人和离婚无过错方的合法权益。加大对农民工合法权益保护力度，全年审结农民工工资、劳动报酬案件62件。根据修改的《中华人民共和国民事诉讼法》规定，大胆尝试小额诉讼案件。在当事人双方自愿前提下，实行一审终审，既减少当事人的诉累，又提高审判效率。贯彻“调判结合、调解优先”原则，坚持将化解矛盾、案结事了贯穿于案件审理全过程，有520件民商事案件通过调解撤诉方式解决，调撤率为77%。

【行政审判】 在审理行政案件时，发挥行政审判监督职能，严把行政非诉案件审查关，把握好行政审判监督和支持的平衡点，在维护行政机关执法权威和保护行政管理相对人合法权益之间，实行监督和支持并重，确保审判的社会效果和法律效果有机统一。对涉及征收社会抚养费等行政非诉执行案件及时作出准予执行裁定并移送执行，支持依法行政工作顺利开展；对行政机关在决策和执法方面存在问题和薄弱环节，认真分析问题产生原因并提出具体可行的意见建议。对12件非诉执行案件裁定移送执行，向有关部门提出口头或书面建议10余次。

【执行工作】 通过多渠道查询被执行人身份和财产信息，对逃避执行行为采取反规避执行措施等方法，促使被执行人履行义务，最大限度保护申请执行人利益。坚持柔性执法，注重和解，将和解工作切实落实到执行工作全过程，最大限度减少不和谐、不稳定因素。

【审判监督】 构建“点、线、面”多角度、全方位案件质量控制体系。“点”即加大对重点案件和重点判项的监督管理，对可能有重大影响的案件，审监庭提前介入，确保案件在审理程序和法律适用上不出偏差。“线”即利用审判流程管理系统对办案流程和重点环节进行全线监督，防止案件超审限。“面”即利用对审判执行案件办理情况的数据统计，对审判执行工作运行态势进行全面分析研判，及时发现影响均衡结案、制约案件质量与效率的各种问题，提出切实可行的审判工作建议，促进整体审判执行工作规范有序和良性发展。

【法院文化】 利用院办《莲花》月刊、网站、微博等载体，不断丰富法院文化内涵和宣传形式，打造多维度法院文化体系。全年编辑《莲花》月刊7期、编发信息66期、撰写工作研究10篇，其中在省级媒体刊发2篇、市级媒体刊发14篇、区级媒体刊发5篇。

【接受社会监督】 主动接受人大监督，认真贯彻执行人大各项决定、决议，坚持重大事项报告制度，认真办理人大常委会交办的各类事项。通过发放意见征求函等形式，主动邀请社会各界和人民群众对各项工作予以监督。落实人民陪审员制度，全年有13名陪审员参与170件刑事、民商事案件审理，陪审率达93.40%。

（周志伟）

驻区部队

【中国人民武装警察部队河北省总队第四支队】 中国人民武装警察部队河北省总队第四支队（简称四支队），担负着北戴河区暑期安全保卫工作任务。2013年，支队被武警总部树为“基层建设标兵支队”，荣立集体二等功。被总部表彰为“党风廉政先进单位”和“学雷锋先进单位”，连续13年被评为“预防事故案件工作先进单位”。支队长刘文喜、政委宋胜昔、二大队教导员田军被省总队荣记个人三等功。政治处组织股干事彭国华被评为“优秀党务工作者”，五中队中队长刘波被评为“优秀共产党员”。政治处主任马卫松被评为“新闻工作先进个人”。勤务中队网络管理员陶训国被河北省政府评为“燕赵武警十佳卫士”，并荣立个人三等功。勤务中队副班长陈昆被总队评为“学习成才先进个人”，勤务中队班长刘延武被总队评为“红旗车驾驶员”；勤务中队放映员任泽晖被总队评为“新闻报道先进个人”。

班子建设　以中共十八大精神和党章为主要内容，落实中心组学习、领导干部理论集训、课题研究牵引理论学习制度，提高班子成员理论素养和思想素质。将民主集中制列入中心组学习教育内容，开展民主集中制学习研讨活动，落实总队“经常性执勤工作规范、经常性思想工作规范、经常性管理工作规范”3个规范性文件，提高党委科学、民主、依法决策水平。严格落实支队《党员领导干部廉洁自律若干规定》，开展反腐倡廉教育，加大对敏感问题的监督，加强干部任用、评先推优等机制建设。

思想政治建设　全面打牢部队听党指挥、绝对忠诚的思想根基。密切关注国内外形势变化和意识形态领域新动向，及时搞好政治纪律教育和时事政策学习，组织部队学习中共十八大报告和党章原文，深入领会重大理论观点和重大战略思想。开展“坚定信念、铸牢军魂，争做党和人民的忠诚卫士”教育和群众性自我教育，落实党委议教、思想调查、教育准备会等制度，组织党委常委为部队授课，确保官兵忠诚可靠。落实日排查、周分析制度，规范思想骨干、每周话题等载体，准确掌握官兵思想。发挥政治工作作战功能，开展“三战”（心理战、舆论战、法律战）研究演练，为遂行任务提供强有力的思想保证。

科学练兵　运用“考核、比赛、拉动”的方法，抓好新兵训练和部队基础训练，全面提升官兵基础素质。按照基本常识、专勤专训、专哨专训、模拟执勤、考核验收五个步骤开展暑期专项训练。区分首长机关、机动分队和特战排，首长机关立足应对多点发生群体事件，制定处置预案和兵力抽组方案。机动分队突出处置群体事件、骚乱事件、自然灾害，强化针对性实战化训练。特战排重点加强侦察、突击、狙击、排爆等训练。开展勤务研讨，对警卫区进行现地勘察，推进执勤部署改革和减员增效，探索论证改进警卫形式部署模式；对照总队《北戴河暑期警卫实施细则》修订本，修订完善各类方案；召开“议中心”会议审议完善方案，确定勤务部署。落实干部蹲点带勤、逐日勤务分析、上勤前哨位论证、勤务不间断督导检查、重大勤务主官到一线、蹲点领导一线指挥、三级干部一线查勤、所属哨兵一线迎送等制度；强化“三班四哨两小时”（勤务编班、勤务领班、勤务值班，上哨、换哨、站哨、下哨，站哨保证两小时）管控，坚持跟踪督导、全程指挥，确保暑期警卫万无一失。

现代化建设　紧贴职能任务拓展与编制体制调整，坚持参观学习与内部研讨相结合、打牢基础与创新发展相结合，使官兵开阔新视野、树立新观念、明确新目标。按照精干、多能、高效原则，狠抓暑期警卫、处突维稳、反恐突击、抢险救援、应急保障五种力量建设，采取课题研讨、优化方案、抽组拉动等方法，提高执勤处突体系能力。结合编制体制调整，按照总队要求落实编制员额，申请配齐装备器材，实现人员与装备同步发展。

从严治警　以条令条例、《基层、机关正规化管理规定》和《安全工作规定》为依据，狠抓法规制度学习，提高部队依法运转、官兵依法行为自觉性。组织部队学习《共同条令》，继续完善《机关管理、兵员管理、车辆管控及安全工作实施细则》，完善《暑期管理措施》及《日常工作流程》，为部队依法运转提供依据。抓住人车枪弹酒、水电火毒密，结合新《中华人民共和国交通道路安全法》的颁布实施，对驾驶员进行再教育再培训。加大对干部“八小时之外”的检查力度，突出解决干部不假外出、不跟班作业、不查铺查哨等问题，确保不发生问题。

基层建设　坚持优胜劣汰、末位淘汰，配强配齐基层主官。加强党支部书记队伍建设，制定年度考察帮建计划，采取专题培训、现场指导、蹲点帮扶等措施，提高书记队伍综合能力。抓好基层干部队伍建设，采取经常性教育、制度性管理、兄长式关爱等措施，确保基层干部安心尽心。抓住“一线指挥部”，通过抓学习、抓帮带、抓奖惩，提高领导部队科学发展和指导基层做好经常性基础性工作的能力。开展密切内部关系专题教育，倡导依法带兵、以情带兵、文明带兵、科学带兵，提高依法文明带兵能力。

后勤建设　立足保中心保生活，提升综合保障能力。加强专业兵一专多能、人装结合训练。抓好理发员、驾驶员、军械员和四小员工培训，组织后勤专业兵技能比武，提高应急保障和处突能力。协调目标单位改建一中队营房，为二、六中队营房改建立项，改善官兵居住条件。协调地方党委政府，完成新建中队选址、规划，解决三中队执勤点营房建设用地问题。认真执行账户统管要求，把住计划采购、经济民主、卫生监督、膳食营养等关口，每周制订食谱，确保官兵吃饱、吃好。大力开展节能减排、群众性资源节约等活动，提高经费资产综合保障效益。

国家领导人慰问部队官兵　7月13日，国务委员、公安部部长郭声琨在公安部副部长刘彦平、河北省政法委书记张越、总队司令员李志坚以及秦皇岛市委等领导陪同下，莅临支队视察并亲切看望参暑官兵。8月13日，国务委员、国务院秘书长杨晶亲切看望支队执勤官兵。

领导视察部队　7月11日，武警部队副参谋长杨斌率作勤部处长曹杰，视察北戴河暑期警卫工作。7月31日至8月1日，武警部队副司令员戴洪生率作勤部副部长张文阁等一行4人，到支队检查指导工作。8月9日，武警部队司令员王建平率工作组一行5人，到四支队检查指导工作。8月10日，“神十”指令长航天英雄聂海胜到支队看望担负北戴河暑期警卫任务官兵。8月14日，中央警卫局局长曹清、副局长衣庆然、副处长滕英俊、中央警卫团副团长韩正太一行4人，看望担负北戴河暑期警卫任务官兵。

（彭国华）

【河北省公安边防总队海警支队特勤队】 2013年，特勤队以“绝对听党指挥，敢于担当大任，忠诚履职尽责”为工作标准，连续20年完成北戴河暑期海上警卫任务，被北戴河区委、区政府授予“2013年度暑期工作先进单位”，荣立集体一等功。年内，警卫列名对象235人次，总航时8624小时，总航程2.23万海里，出动警力16478人次，驱赶船只348艘，打捞漂浮物579件，完成警卫勤务187次。

部队党建工作　4月，特勤队成立党委，升格为副团级。将想干事、能干事、官兵信任的党员选为党委委员，增强支部班子的凝聚力和核心力；通过对官兵关心关注的事项广泛征求官兵意见并进行公开，重大事项交给全体党员投票表决，增强支部班子公信力和决策力；特勤队党委召开创建活动形势分析会、推进会、务虚会，排查分析影响党组织建设的深层次问题，制定2013年创建活动工作要点、宣传工作措施、党的群众路线教育实践活动、深化“三学”活动方案，谋划部署党委、支部“双向讲评”“联创联建”等亮点工作，在暑期决战决胜阶段召开专题民主生活会，查找思想根源，坦诚交心，增强支部班子凝聚力和战斗力。在暑期任务中，重新划分16个党小组设置，确保组织单元始终延伸至警卫第一线，实现警卫任务中的组织全覆盖。6月，通过开展“重温誓词，续写辉煌，坚决打赢暑期硬仗”主题党日活动、“唱红歌颂忠诚”等活动，激发组织活力和党员工作热情。

政治教育　特勤队在开展“深入学习贯彻中共十八大精神、做为民务实清廉的忠诚卫士”主题教育的基础上，结合特勤任务，3月，开展“迎暑期、保暑期坚决打赢暑期警卫硬仗”暑期专题教育。改变上大课的陈旧模式，采取官兵讲坛、讨论会等互动形式，使官兵对传统政治教育更能接受。通过开设官兵讲坛，培养出以王景烨为代表的一批小教员；开展党课教育、主题实践及“学习十八大，争当排头兵”比武竞赛、积极开展中秋篝火晚会、沙滩排球对抗赛、cs比赛等，全年开展大型心理互动活动5次，邀请各级心理咨询师8人到部队开展心理咨询125人次，确保部队集会有歌声、周末假日有活动、重大任务有疏导的文体制度落实。7月29日，秦皇岛市公安局在北戴河劳动人民文化宫举办以“中国梦、公安梦、警民情”为主题的“庆‘八一’慰问参暑安保队伍暨第二届‘范党育式民警’宣传推介”大型文艺演出，海警支队12名官兵参演情景剧《浪尖上的誓言》。8月，开展“为民、务实、清廉”廉政文化主题月活动。

党的群众路线教育实践活动　在学习教育阶段，特勤队将教育实践活动与暑期专题教育紧密结合，开展“牢记两个务必、坚决克服‘四风’”主题讨论活动，帮助官兵更好理解和把握党的群众路线的内涵、外延，将教育延伸到暑期执勤一线，实现中心任务与教育实践活动两手抓、两不误、两促进。将教育实践活动与开门评警大走访活动相结合，与北戴河区政府、西山小学、浴场管理处、快艇联合体等多家单位就党的群众路线的理论学习、党员领导干部带头立说立行、当前党的群众工作的突出问题、党的群众路线的贯彻落实等重要问题进行深度沟通交流，并达成共识。将教育实践活动与微系列教育相结合，特勤队精心设置“微教育食谱”“廉政微课堂”，以微阅读、微文化、微讲堂等微教育形式对教育内容进行细化，力求“三五句话讲明道理，四五分钟解决问题”。9月23日，党委召开以反对“四风”为主题的党委班子专题民主生活会。

正规化管理　以1—2月开展“冬训大练兵”和3—6月“迎暑期百日强化训练”为基础，全面提升部队技战术水平。根据总队、支队统一部署，特勤队有计划分阶段制定详细训练方案，开展以游泳、体能等为重点的基础科目训练，以驾驶员培训、抗眩晕训练、编队训练等为重点的船艇科目训练，以海上防暴射击、跳帮、海上处突等为重点的处置突发事件科目训练。采取分组训练、个别辅导、由陆地到海上、由单兵到合成等方式，以点带面，固强补弱，完成“忠诚8号”演练。按照正规化管理“巩固提高年”活动部署，开展“条令学习月”“内务秩序规范月”和“作风纪律整顿月”活动。制定符合特勤队船艇实际的《特勤队摩托艇管理规定》，抓纪律抓作风，提升部队正规化管理水平。

连续20年完成暑期海上警卫任务　4月，组织海警13009艇和7艘海豹船艇提前吊装下水，首艘摩托艇试行任务。5月11日，开展海上警戒区浮球布设定位工作。20日，正式进入2013年北戴河暑期海上警卫任务。特勤队警卫列名对象235人次，总航时8624小时，总航程22300海里，出动警力16478人次，驱赶船只348艘，打捞漂浮物579件，完成警卫勤务187次，受到公安部及部边防局、河北省委、省政府、省公安厅等各级首长肯定和好评，被北戴河区政府授予“2013年暑期工作先进单位”，荣立集体一等功。

迎暑期备战

爱民固边　2月，开展“大宣传、大走访”活动，深入走访摸排，强化社会面管控。走访渤海集团渔业队、辖区渔民群众和涉海企事业单位，定期对北戴河公安分局、南戴河边防派出所、西河南边防派出所以及北戴河周边的洋河口码头、西港码头、东山旅游码头、老虎石停泊点、金山嘴停泊点进行重点走访，全面掌握辖区海域的敌社情动态，与友邻单位建立信息协作机制，拓展情报信息来源，强化辖区海域管控能力。3—10月，特勤队以开展“三访四见”（访贫问苦、访疾问难、访外问弱，看见、敢见、愿见、想见）活动为载体，不断深化爱民固边战略，确保辖区海域安全稳定。暑期，特勤队派出专门船艇为北戴河赤潮治理船舶保驾护航，完成暑期海上噪音治理任务；10月，执行国庆安保任务、打击海上盗沙、治理海上噪音和海上赤潮治理，检查船只186艘次，渔船民459人次。协助支队侦察队、一大队做好北戴河海域案件侦破工作。为驻地学校义务开展军训、普及国防知识教育，深化警校共建层次，慰问孤寡老人，组织船艇官兵打捞海蜇，消除游客安全隐患。成立海上应急处突分队，救助海上游客，年内救助海上游客16人，解救陷入沙滩车辆14辆，为游客发放安全宣传单1320份。

领导慰问视察　5月6日，省边防总队总队长徐训高、副总队长王利明、参谋长张宝善率总队工作组到海警支队特勤队检查指导暑期警卫准备工作。6月6日，总队参谋长张宝善率考核组一行3人对特勤队迎暑期百日强化训练工作进行考核验收。7月3日，中央军委警卫局副局长李民等一行3人到暑期一线调研走访，并与支队长谷立新、政委王小兵及暑期一线有关人员进行座谈交流。7月9日，在北戴河浴场外围海域，支队举行“忠诚8号”北戴河暑期海上警卫处突演练。中办警卫局副局长王庆等各级领导20余人观摩演练。7月11日，省公安厅党委副书记、副厅长万书君，省厅暑办主任安英春一行，在省边防总队总队长徐训高、副总队长王利明陪同下，到支队暑期警卫一线检查指导工作。7月13日，国务委员、公安部部长郭声琨在公安部副部长刘彦平，省委常委、政法委书记、公安厅厅长张越，部边防局政委李乐民、参谋长倪荣和省边防总队队长徐训高、副总队长王利明陪同下，到支队特勤队视察北戴河暑期海上警卫工作，看望慰问一线执勤官兵。7月22日，省边防总队总队长徐训高、副总队长王利明、参谋长张宝善一行到支队暑期警卫一线看望慰问援暑官兵，并实地踏查北戴河暑期海上警卫工作。7月23日，公安部警卫局副参谋长仲照明在总队副总队长王利明、参谋长张宝善陪同下到海警支队暑期一线检查指导工作。7月31日，公安部警卫局副局长申晓明、副局长刘希德、处长翟运行一行到支队暑期警卫一线看望慰问官兵，向官兵致以节日问候，并赠送慰问金。8月1日，公安部警卫局局长武冬立、参谋长倪荣一行在省边防总队总队长徐训高、政委刘元祥陪同下到北戴河暑期海上警卫一线视察工作，看望正在执行海上警卫任务的执勤官兵，并送去部局党委和首长的节日祝福。是日，公安部警卫局参谋长倪荣在总队基指领导的陪同下，到北戴河暑期海上警卫一线官兵中，与基层官兵共度“八一”建军节。8月14日上午，中办警卫局局长曹清一行在省边防总队副总队长王利明陪同下到海警支队暑期一线视察指导暑期警卫工作。

（张瑞锋）

【秦皇岛市北戴河区公安消防大队】　北戴河消防大队辖六中队和特勤一中队，负责北戴河区消防监督检查和灭火救援工作，暑期担负着中央首长疗养期间的消防保卫任务。2013年，被河北省消防总队评为“先进大队”。

民宿消防管理　为解决民宿开业集中、从业人员消防意识薄弱、消防设施配备不齐等问题。暑期前，参加协调管理研讨会4次，研究民宿管理办法；对《北戴河区民宿管理暂行规定》消防部分提出修改意见；对全区2000余名民宿从业人员进行消防知识培训；联合旅游局、派出所、村委会对家庭旅馆进行普查，对刘庄村、草厂村、单庄村、陆庄村、丁庄村、河东寨村、崔各庄村、大薄荷寨村、小薄荷寨村、西古城村10个重点区域的1959家旅馆进行摸排检查，并指导村委会督促各家庭旅馆建立各项制度、预案，开展隐患自查，限期要求家庭旅馆配齐各类消防设施和器材。暑期中，积极参加由政府10个职能部门组成的民宿综合管理办公室工作，坚持每周开展2次联合消防检查和民宿评星工作。区民宿综合管理办公室开展的民宿评星工作,考评中政府10个职能部门将消防工作列为否定项。暑期后，大队参加2013

年度民宿管理考核工作会议，并对10个重点区域进行实地检查。

防火工作　年初，为全面提高消委会各成员单位消防业务理论水平和实际工作能力，举办全区消防安全委员会成员单位消防业务知识培训班。大队2次对128家重点单位开展“户籍化”管理系统日常维护及应用培训，增强各单位负责人的消防安全第一责任人意识。对44家有消防控制室的操作人员进行免费培训，发放临时消防控制室培训证168份，全区2342家社会单位全面开展自查自纠行动，全部将自查自纠情况上报本行业主管部门，并在网上进行公布。

大队重点针对部分老旧建筑火灾隐患较为突出的情况，结合大排查大整治行动以及建设工程施工工地、建筑自动消防设施、“三合一”场所、网吧游戏厅歌舞厅等专项治理活动，加大督导检查力度，集中排查解决消防安全隐患。组织检查行动14次，排查社会单位2700余家，排查整改隐患5900余处。

森林防火　协调政府及林业主管部门，对联峰山林区实行全封闭管理，加强卡口的监管力度，在联峰山公园正门设置安检门、公安哨位，检测检查火种、可疑液体、易燃易爆物品，严禁上山人员携带此类物品进入林区，同时严禁一切机动车辆及闲杂人员、精神病患者进入林区。增强防火巡逻力量，增加每日防火巡查的频率，全部开启森林消防火灾视频监控系统，建立不间断、无空隙的防控巡查体系。辖区中队制定具体灭火战斗预案，定期与联峰山防火大队开展灭火实战拉动演练，确保联峰山林区绝对安全。

加强派出所消防工作　建立健全并完善基层派出所消防监督机制，暑期前，大队举办派出所民警消防业务知识培训班，对民警进行系统的消防业务培训。辖区民警对辖区“九小”单位、民宿、日租房进行监督检查，清理整治一批“三合一”场所。

消防安全“大排查大整治”活动　消委会27个成员单位按行业监管和辖区划分成11个组进行消防检查，并实行日报制度，每天向消委会办公室上报检查情况。各行业监管单位共检查社会单位2012家，发现并整改火灾隐患988处，整改率达100%。东山街道办事处先后组织64名社区基层干部着橙色消防志愿者T恤，分成13个组对辖区内的社会单位、民宿、日租房开展消防检查，发放宣传资料300余份。旅游局旅游协会征召30名大学生志愿者分派到两个镇、5个民宿区域，着橙色消防志愿者T恤开展消防检查，督促民宿新增灭火器1300余具、应急照灯1100余盏、疏散指示标志1190余个，6个派出所共检查社会单位1751家，发现火灾隐患2415处，当场整改733处，下发各类法律文书564份，发放和张贴消防宣传资料3000余份。西山派出所在大排查大整治活动中，结合开展的生产、储存、经营、使用易燃易爆化学危险品专项治理工作，发现2家私存液化气点，及时联合消防大队、区安监局清理完毕。

消防安全宣传培训工作　在借助消防宣传车开展流动宣传的基础上，在34路公交车站、石塘路市场设立2个消防专题宣传站，并依托全区文明服务岗的10个固定宣传亭，20个民宿驿站发放消防安全宣传资料。在鸽子窝公园、奥林匹克大道公园、刘庄村等4处设有LED电子屏区域，定时播放消防提示语，做到流动宣传与固定宣传相结合，确保消防宣传无盲区、全覆盖。先后印制发放宣传资料10万份。组织现场宣传活动10余次，向居民和游客专题讲解消防常识、灭火器使用方法、逃生常识，现场解答问题1000余次。针对全区休疗单位数量众多、服务人员轮换频繁、培训量较大的情况，制作服务行业从业人员消防培训课件，对全区50余家社会单位、7000余人次进行消防安全知识讲座，实地开展灭火疏散演练，提高单位员工消防意识。

（马琳）

【秦皇岛市公安局北戴河分局北戴河边防派出所】　北戴河边防派出所辖区海岸线西起戴河口东至狼牙桥，全长21.10千米。主要负责北戴河区丁庄村、陆庄村、河东寨村、草厂村、刘庄村、单庄村、赤土山村、崔各庄村8个行政村的渔民管理工作，同时担负着中共中央直属机关事务管理局北戴河服务局等浴场的暑期安全保卫任务。

加强部队思想建设　5月5日，北戴河边防派出所新一届党支部成立，支部把抓好党组织建设和发挥党员先锋模范作用作为关键环节，抓紧抓好，发挥实效。坚持把遂行重大任务工作纳入重要议程，集体讨论决定，做到决策导向统一、思路规划统一、领导力量统一。党支部战斗堡垒作用在暑期安保一线战场得到充分发挥，为暑期安保工作提供强有力组织保障。通过组织演讲比赛、座谈讨论等形式，在官兵中开展“事业心、责任感”“牢记重托、不辱使命”等主题宣教活动，教育官兵做到“一个党员就是一面旗帜，一个干部就是一个标杆”，确保干部党员始终是攻坚克难的排头兵。以忠诚教育、党的群众路线教育实践活动为主题，充分利用展板、条幅、微博等渠道营造浓厚的教育氛围。组织开展“四风”查摆剖析，施行教育“小讲台”等形式，把领导讲课和官兵座谈结合起来，把课堂教育和组织参观学习结合起来，利用“七一”和“七七”等时间节点组织官兵参观烈士纪念馆等爱国主义教育基地活动，教育官兵树立坚定政治信仰和信念。

“八一”建军节期间，组织排演“军魂”节目参加市支队“践行群众路线　履行光荣使命”庆祝建军86周年文艺晚会。在省总队第三届“燕赵卫士杯”书法、摄影、美术作品大赛活动中，组织《暑期魂》《先天下之忧而忧　后天下之乐而乐》《浪淘沙·北戴河》3幅书法作品参赛。结合“为民务实清廉”廉政文化主题月活动组织开展“严党纪、正风气”警示教育活动，进一步推进党的群众路线教育实践活动。加强思想宣传工作，完成中央级稿件1篇，省级稿件1篇，新华网、长城网等4大网络稿件5篇，市级稿件1篇。

确保部队内部安全稳定　结合双分析评估规定及“百日安全竞赛”活动要求，坚持每周对部队进行一次形势分析，评估预测可能存在的隐患风险，以发生的部队安全事故为典型案例进行研究分析，将车辆事故、食物中毒、溺水淹亡作为夏季安全工作的重点内容，有针对性地制定防范措施。严格落实查铺查哨、出入登记、晚点名等日常管理制度，加强对援暑学员、在外执行任务人员的跟踪管理，确保全体人员不发生失控漏管问题。

爱民固边工作　通过联合海浴场管理处、东山派出所等8家涉海单位组建一线群众工作站的方式将各单位职能进行重新整合分配，确立以北戴河边防派出所执勤警力为中轴的“八位一体”海滩管理模式，组建“边防—浴场”联合巡逻组，将社情民意搜集、法律政策宣传、一线优质服务、群众矛盾联调等工作由过去的线性接触，转为网状覆盖，实施集约化管理服务，打造立体化群众服务体系，维护沿海一线安全稳定，创造良好的暑期旅游环境。暑期期间，依托群众工作站的快反服务救助体系，实施海上联动救助4起4人次，联合化解矛盾纠纷20余起，收集意见建议40余条，7个勤务点服务游客超过30万人次，为游客找回丢失财物20余件，为群众挽回损失折合人民币5万余元，找回走失儿童18人。针对暑期北戴河地区游客增多、矛盾纠纷多发的特点，北戴河边防派出所采取定期演练、模拟练兵、岗位培训等形式提高应急反应和执法执勤能力，提高官兵执行设卡堵截、应急处突等任务的能力，严格落实各项防护措施，最大限度降低官兵执行任务时的风险系数。

完成暑期和节假期间安全保卫任务　重点突出东山旅游码头的安防工作，并依托沿海各浴场群众工作站基点辐射，使一线警力连点成线，形成安全维稳防护网，确保北戴河及沿海一线社会稳定。年初，组织警力423人次、车辆78辆次，走访相关单位10余家，入户调研190余人次，检查各类船舶188艘次、渔船民281人次，清查海上游乐场所等重点部位6处，对勤务海域从陆地到海上进行全方位拉网式大排查，对码头、停泊点及各类船舶底数逐一核对，登记造册。特别是辖区周边海域，对可能影响社会安全的重点区域、重点人群、重点行业、重点问题进行集中梳理，指定专人，限时定责。

按照北戴河公安分局对东山旅游码头的反恐防暴工作要求，积极协调海上游船公司配备价值28万余元的防爆仪（爆炸物探测仪），并在检票口加设安检环节，部署4名机动警力，配备两只金属探测仪，对上船游客进行安检。协调码头安保人员成立4支安保小组，安排3名便衣民警跟船随行，及时发现和处置危险苗头，通过“警便结合”的形式在游船上增设第二道防线，确保旅游码头安全稳定。坚守在东山旅游码头一线的执勤民警先后为长城号游轮监护出航291班次，监护警力721人次，为16万余人次游客保驾护航，未发生一起安全事故。

协调丰顺游船公司划分旅游“警戒艇”

协调该公司在北戴河沿海一线部署“警戒艇”10艘，作为近海巡逻的机动力量，每日早午晚各巡逻一次，及时发现近海险情，快速实施救援。开展噪音治理联合执法，北戴河边防派出所每日派驻2名警力24小时驻扎西港码头，联合北戴河区农牧局渔政监督管理站实施海上噪音严打整治。暑期出动警力1296人次，车辆156辆次，实施海上联合执法巡查35小时，出航350余海里，抓获违规出海人员2人，开展噪音治理巡逻98次，检查游船87艘次，联合渔政等部门开展联合清查活动25次，检查渔船105艘次，劝阻船舶出海10艘次。

（张　超）

人民武装工作

【概况】　2013年，人民武装部深入贯彻落实习近平总书记关于“听党指挥、能打仗、打胜仗”的指示，坚决贯彻军分区党委的决策意图，结合“听党指挥、履行使命、安全稳定”三大重点任务，围绕“着眼长远打基础、主动作为促发展，团结聚力带队伍、围绕任务抓落实，重点工作走在前，安全稳定求发展”的工作思路和奋斗目标，加强思想政治建设，突出党委班子建设和思想作风建设、履行核心使命能力建设和正规化建设，狠抓工作落实，人武部全面建设呈现协调发展、稳步提升的良好势头。

【机关建设】　党委始终把安全、保密工作作为贯穿全年的重点来抓，严格对照各类规章制度，落实对人员、车辆、微机、文电、印章、存储介质等重点内容的管理，着重抓好“两个经常性”管理，做到“事事想安全”“处处不忘保密”。4月，部党委统一安排部署，开展机关正规化和安全管理综合治理月，逐项逐条对照上级要求和考评细则抓落实。6月，参加省军区开展的“平安营院”建设活动。11月，在省军区检查验收中受到好评。

【思想政治工作】　开展“坚定信念、铸牢军魂”和“学习贯彻党章、弘扬优良作风”两大主题教育，完善干部职工理论学习制度，编印学习要点和学习资料，组织中心组理论学习和机关体会交流，进行政治理论考核，做到理论学习教育年度有方案、阶段有计划、每月有落实。围绕“党委领学、支部督学、活动促学、注重实效”的思路，采取党委中心组带机关，网上交流、集中讨论、个人自学等方法，将思想政治教育学习作为首位工作和头等大事，将学习中共十八届三中全会精神以及习近平总书记一系列讲话，作为当前重大政治任务突出出来，确保政治上绝对纯洁、可靠。

【兵员征集】　开展兵员潜力调查。整组期间认真组织兵役登记和兵员潜力调查，对2所大学的大学生参军入伍进行问卷调查，为完成征兵任务奠定坚实基础。严把新兵质量，完成新兵征集任务。面对征兵时间调整出现的新情况、新问题，部党委及时召开专题会议，分析研判形势，加大征兵宣传力度，组织机关和专武干部开展征兵宣传进社区、进村庄、进学校，举办大学生专场征兵宣讲推介会，为大学生解答各种政策疑问，征兵宣传工作由被动变主动，营造参军入伍的良好氛围。通过严肃体检纪律，严格掌握体检标准，实行“一站式”政审方式等，严密组织体检、政审和审批定兵工作，完成新兵征集任务。

【战备训练】 重大节日前集中组织战备值班演练，严格组织交接班，突出重大节日和敏感时期战备工作制度落实，确保遇有情况迅速反应。应急分队建设取得成效。在区建设局、园林局、海事学校，组建抗洪抢险、森林扑火、抗震救灾、应急维稳4个专业157人的民兵应急连专业救援力量；进行基础科目训练，规范民兵组织阵地建设。4月初，召开党委会对民兵应急分队专业训练比武活动进行研究筹划，制定比武实施方案和迎考训练计划，开展1个月的强化训练，6月，在军分区组织的训练比武中取得第2名的成绩。

【发挥桥梁纽带作用】 努力创新武装工作环境，主动协助区委抓好党管武装工作，密切协调军政、军民关系。区委将专武干部和基层武装工作，纳入年度机关部门和各镇街综合绩效考评，北戴河区委、区政府主动走访慰问驻区部队和军烈属家庭，为驻区部队解决工作、训练、生活以及子女入学、干部转业等方面存在的困难，优先安排转业干部进入公务员岗位。近两年来，为人武部年度征兵、应急分队训练和机关正规化建设等投入经费50余万元。2013年征兵工作与暑期工作重叠交叉，在做好征兵工作同时，积极参与全区暑期包路、包街综合治理工作。充分发挥桥梁纽带作用，协调驻军部队积极参与暑期噪声治理、海滩清理、扶贫帮困、校官助学等活动。组织民兵参与暑期维稳备勤和安保训练演练，协助区委、政府做好暑期安保各项工作，随时做好应对处置各种突发事件准备。

（王建凯）

人民防空

【工程维护管理】 2013年，办理人防工程建设审批14项，收取人防易地建设费2397.28万元。查处未批先建以及违规拆除人防工程案件2项。监督在建人防工程2项，竣工验收合格人防工程2项。加大公用人防工程维护管理力度，定期进行工程安全、防汛、消防检查，谋划对北戴河区早期人防工程进行数字化测绘、工程安全隐患排查鉴定及进行工程除险加固专项行动。加强人防工程安全工作。春节前对辖区内人防工程使用单位进行检查，对存在安全隐患单位，及时提出整改意见。汛期对辖区早期人防工程和结建工程进行专项检查。定期检查区属人防工程，对“西大沟”工程进行清淤及更新恢复照明；对“防疫站”工程更新电线及电表；解决“东大沟”拆除补偿遗留问题，成功收回补建面积产权。年内，配合市人防办质量监督在建人防工程3项，竣工验收合格人防工程3项。

【指挥通信】 不定期巡查人防警报系统，新安装一套LED多媒体警报器。参加省人防办举办的人防通信技术培训班，提高操作各种通信设备技能。对各专业队整组情况进行务实摸底，确保人员适用。对疏散地域相关村、居进行常态化管理。参加秦皇岛市人防指挥通信拉动演练。

【宣传教育】 在全区3所初级中学开设防空防灾知识教育课程。参加全市初级中学防空防灾应急知识教育辅导员培训会议，为3所中学和5个社区安装人防知识宣传栏26块。利用人防工程检查验收等时机，向企业宣传人防工作，发放《居民防空防灾应急知识读本》3000册，《防空防灾应急知识读本》600册，《中国人民防空》25份，《国防》3份，《华北人防》杂志刊登北戴河区政府信息1条。

（吴静环）

城乡建设

综　述

2013年，北戴河区完成近岸海域环境综合整治年度任务，实施水系治理二期和农业面源污染防治工程，造林20公顷。实行河长、片长、段长、沟（口）长负责制，海水质量达到近年最好水平。开展大气污染防治，加强建筑节能改造、清洁能源推广、工地扬尘整治等重点工作，取缔燃煤锅炉10台，完成节能减排任务。实施宝石路、北二路等道路改造，对剑秋路、联峰路人行道进行修缮，海北路迎宾绿道暑期前精彩亮相。完成游园建设、景区改造、道路及节点绿化提升、立体绿化和花海工程，栽植乔灌木及花卉91万余株，建成绿化小品375处，生态绿化工作在中共河北省委全会上介绍经验。对滨海大道、东经路、西经路等18条主要路段和11个重要节点进行亮化提升，打造“海之韵”、水滴造型等亮化精品。新增喷泉水景观游园、数字水幕、“中国梦”“行囊”等7处城市艺术小品，增设公交车站牌、候车亭、文化导视牌等一批城市家具精品。推进农村面貌改造提升工程，争取上级资金975.50万元，10个省定重点村全部完成“四清四化”（清垃圾、清杂物、清残垣断壁和路障、清危房、绿化、美化、亮化、净化）任务，建成3个高标准示范样板村。组建“三打”办公室，加大违法占地和违法建设整治力度，累计清理违法占地、拆除违法建设5135平方米。

城乡规划

【概况】　2013年，北戴河区城乡规划以统筹城乡协调发展为主线，严格执行城乡规划法，加大城乡规划的编制及管理力度，并做好建设项目审批后跟踪管理和规划公示工作。编制完成《北戴河城市家具设置导则》，公布施行《北戴河区老别墅复制利用管理规定》。全年办理市政工程规划7项，批复用地规划17项。审批农村院内建房116户、3.29万平方米，农宅竣工验收155户、3.90万平方米。

【依法规划】　严格执行城乡规划法，严厉打击违法建设活动。下达违法建筑停工通知书130份。下达限期拆除通知书74份，区内违法建筑自行拆除及配合三打办办公室和相关单位强制拆除35户、2500平方米。北戴河区规划分局协同供电部门对审批手续合法的建筑出具供电证明197份，从源头上遏制违法建筑产生。

【农村住宅审批】　2013年，北戴河区规划分局在农村住宅建设管理中坚持城乡一体化，严格审批程序，严把设计方案。全年审批农村院内建房116户，建筑面积3.29万平方米；农宅竣工验收155户，建筑面积3.90万平方米。

【建设项目审查】　2013年，北戴河区规划分局办理交通银行培训中心翻建、中国环保管理干部学院新校区、拨道洼村安置商业用房等方案审查17项，共计建筑108栋、40.70万平方米，上报区政府审定方案19项。为确保重点工程顺利建设，准确、快速审理北戴河乔庄葡萄酒庄园、车站村、杨各庄村、拨道洼村安置用房、国际酒店、天洋公司低碳馆等重点项目，积极配合工程开工放线、验线和局部调整工作。配合市规划局完成国际酒店、河北新闻出版集团等11个项目15栋、15.60万平方米工程规划许可手续办理；审理省总工会疗养院客房公寓、市人防应急指挥中心办公用房、秦皇岛职业技术学院机电中心等7个项目10栋、3.20万平方米建设工程的验收。

【用地规划管理】 2013年，北戴河区规划分局批复青少年营地配套设施用地、太平庄村整体拆迁改造用地、戴河片区原拨道洼村用地、原河北广播电视局办公楼用地等项目用地规划设计条件17项；东经路社区服务中心用地、北戴河保障性安居工程四期用地及北戴河图书馆、文化馆用地、太平庄村村民安置房用地等项目选址意见书4项；万科戴河丽舍一期用地、北戴河区保障性住房四期用地、东经路社区服务中心（日间老年照料站）用地、河北省国家安全厅用地等项目的建设用地规划许可11项；北戴河火车站片区改造住宅安置项目（富兴小区）用地规划许可证延期1项。

【市政工程规划管理】 2013年，批复秦皇岛市公交公司用地、海三路道路用地等市政规划设计条件7项；办理秦皇岛市南戴河应急供水专线工程、北戴河森林湿地水系综合治理一期工程、海港区西部污水处理厂配套管网工程项目的选址意见书3项。

【建设项目批后跟踪管理】 加强对全区范围内建设工程跟踪管理，减少建设工程规划批后违法建设行为发生。确定建设项目跟踪管理人，具体负责项目跟踪监督管理。对工程项目实施每日巡查，对工程进展全面掌控，发现问题及时处置。对秦皇岛海事局北戴河办事处业务用房、戴河名墅、拨道洼村安置房等外饰材料会同监察科联合把关，发现与审批外饰不符的建设行为及时告知，并监督改正。

【规划公示与管理】 落实建设项目批后监督工作，执行批后公示制度。加强公示牌设立指导和工程外饰环节把关，将公示牌作为项目开工建设前置条件，指导制作和设立莲蓬俱乐部项目住宅、万科戴河丽舍（一期）、天津工人疗养院综合楼、中国社会科学院北戴河培训中心翻改建、张丽星黄德胜宾馆改造、市渔业生态环境监测北戴河中心站等项目的批后公示牌。

【规划编制】 2013年，委托秦皇岛市规划设计研究院编制《北戴河区农村面貌改造提升规划》，完成9个行政村的农村面貌改造提升规划，对7个行政村进行地形图补测；配合市规划设计研究院开展《秦皇岛市“十二五”保障性住房规划》编制工作。按照《规划》中关于北戴河区保障性住房建设任务要求，做好前期选址工作，选址于金城路以南、戴河四号路以西、戴河支路以东，新增保障性住房（2014—2015）建设备用地2.67公顷；棚户区改造用房指标确定在太平庄村改造居民安置区；结合重点项目，完成部分单元控制性详细规划的动态调整。对A－07单元控规进行较大调整，对歌华青少年营地二期配套等用地进行局部调整，并履行相关法定程序。

【用地调查】 2013年，对域内建成区和城郊区闲置用地、破旧大院、处于休眠状态的休疗单位进行调查，登记造册。调查规划城市建设用地范围以内的闲置用地和破旧大院15家，总用地面积21.03公顷；处于休眠状态的休疗养院和规划为旅游度假用地的空院6家，用地面积6.89公顷；沿海宁路历史形成私搭乱建用地面积11.87公顷。另对规划城市建设用地范围内的可用地面积和山体、湿地、森林、绿化隔离带占地面积及海岸线长度进行详细摸底。

（郭再坤）

城乡建设管理

【概况】 2013年，完成全社会固定资产投资46.64亿元，比上年增长13.90%，其中固定资产投资完成46.14亿元，增长13.70%。华贸·喜来登酒店、华贸·松石国际球会、歌华营地二期等一批重点产业项目顺利完工并投入使用。

【景区建设管理】 2013年，省风景园林管理中心和住建部城建司风景处分别到北戴河区进行执法检查。在肯定工作的同时，对存在的突出问题进行整改。将准备实施保护性修复的濒危风景名胜资源的保护方案和名录上报省建设厅。全年审批风景名胜区内建设项目3个。

【街巷改造】 北二路、宝石路东段小巷改造　4月初开工，5月13日竣工通车。北二路共铺设沥青路面1420平方米，宝石路东段铺设沥青路面2700平方米、砌雨水沟350延长米、雨水集水井10座。

鸽赤路、海坡路维修　3月11日开工，4月27日竣工。维修花岗岩车行道2116.25平方米。

人行道改造工程　完成联峰路东段河北省北戴河办事处路段、东经路友谊园附近、剑秋路中直东门两侧、东经路秦皇岛市政府招待所门前等处人行道的改造施工，改造面积921平方米。

【海北路改造】 改造范围为站南大街至二八一医院西侧，全长5.33千米，填土方2.74万立方米，挖土方508.18立方米；浇筑混凝土底基层2.25万平方米、基层8590平方米；铺设沥青混凝土面层1.12万平方米、路缘石25.22延长千米；新建停车港湾6对，修建小桥4座、涵洞5道；新建道路两侧人行步道1.55万平方米，安装护栏3.43延长千米；高标准完成道路、节点绿化面积7.50万平方米。打造集发生态农业观光园等区域驿站3个，建成高速引线等节点景观2个。

【城市美化工程】 雕塑小品　在主要路段和重点部位新增5个高品位雕塑小品。其中在东经路东段新增“艺术座椅”雕塑、鸽子窝湿地处安放“海鸟景观组合”雕塑、金山宾馆浴场处摆放“趣味互动性鲸鱼”雕塑、鸽赤路与滨海大道交叉口西侧安装“行囊”雕塑、奥林匹克大道公园内新增“梦”雕塑。

绘制“树洞画”　组织艺术家、美院学生，在平水桥公园、月季园、中海滩路、东经路等主要道路及城区街心花园，绘制海洋生物、区内经典风光等内容的树洞画60幅。

打造水景观　在鸽赤路与滨海大道交叉口，新建占地面积约1000平方米的喷泉景观游园广场，内设自然山石、音乐喷泉、亲水平台、拉膜凉亭等，绿地内种植红枫和白桦等彩叶、观叶树种；在西经路与海宁路交叉口设置数字水幕，播放图形、文字等信息。

【亮化工程】 对全区原有的10条道路、10个游园及重要节点、桥梁、楼体的亮化设施进行全面检修，更换破损设施。对联峰路、联峰北路等13条重要道路，老虎海上石公园、火车站广场等17个公园及节点，赤土山大桥以及保二路、海宁路等沿街建筑楼体，在延续原有各条道路及节点的亮化特色基础上，新增添LED仿真玫瑰花灯、LED网灯、LED洗墙灯等灯具造型，全面营造“灯的花街、灯的花城、灯的花海”亮化效果。在平水桥公园，增加海岸水滴造型灯和仿生水晶兰花灯组合的亮化小品。在崔各庄环岛，安装浪漫烛光造型灯、投光灯，在环岛周边安装璀璨花蕾造型灯、流星雨灯等，打造亮化小品景观。在海宁路，对重要路段增加“百年圣地、美丽之冠”logo欧式灯箱。在海北路绿道，安装高分子碳纤维材料制成的绿色草坪景观灯。在滨海大道，以“日月、彩虹、浪花、鱼贝、海鸟”五大元素为设计主题，安装“海之韵”灯光雕塑。在刘庄环岛，安装“走向未来”灯光小品。在火车站片区的8个路口安装可发光路标导示牌20块。在主城区北五路北口、北七路北口、海二路西口安装可发光路标导示牌3块。将7条公交线路的173块老式铁制站牌更换为具有

LED灯带的新式站牌。在东经路、联峰路等路段安装带有亮化设施的欧式候车亭50座。在东经路、海坡路等道路及节点设置安装文化导视柱20根。以“2008”为主题样式，在奥林匹克大道公园公交车站安装带有亮化设施的“2008奥林匹克公交车站”站牌。

【华贸·松石国际球会和华贸·喜来登酒店投入使用】 7月11日，华贸·松石国际球会和华贸·喜来登酒店正式投入使用。华贸·松石国际球会项目占地67.13公顷，总投资3亿元，包括18洞国际标准高尔夫球场及球场会所等配套设施，由世界最大的体育经济公司——美国IMG国际管理集团担纲设计、运营、管理，可承接高标准国际专业级别高尔夫球赛事。

华贸·喜来登酒店项目占地3.07公顷，总建筑面积5.80万平方米，总投资6.40亿元，包括五星级酒店、国际会议中心、酒店式公寓，拥有243间高端客房以及可容纳上千人的会议中心。

【歌华营地配套项目】 项目占地面积1.36万平方米，建筑面积7838平方米，总投资约5000万元，含东侧和北侧两栋建筑，中间用玻璃体连接，可用于室内活动、科技实验、舞美和声乐等培训以及住宿、餐饮、接待服务等。东侧建筑的最南端设有240平方米的活动空间，可进行攀岩、集中运动、营员party等。

国土资源管理

【土地资源】 北戴河区土地总面积7289.89公顷，其中，园地面积613.47公顷（全部为果园）、林地面积1571.30公顷（有林地1359.93公顷、其他林地面积211.37公顷）、草地面积28.55公顷（全部为其他草地）、城镇村及工矿用地面积2947.85公顷（城市2010.44公顷、建制镇407.16公顷、村庄485.31公顷、风景名胜及特殊用地44.94公顷）、交通运输用地面积473.54公顷（铁路用地86.15公顷、公路用地309.22公顷、农村道路78.17公顷）、水域及水利设施用地面积639.85公顷（河流水面132.51公顷、坑塘水面110.20公顷、沿海滩涂361.93公顷、沟渠29.73公顷、水工建筑用地5.48公顷）、其他土地面积260.61公顷（设施农用地237.01公顷、田坎8.34公顷、裸地15.26公顷）。土壤以棕壤为主，分布着沙质壤地和盐化潮土。

【土地遥感监测】 2013年遥感监测下发图斑29个，监测图斑面积16.51公顷，其中耕地面积为6.98公顷。经与2013年用地批准范围套合，合法用地面积为5.11公顷，其中耕地3.71公顷。此次变更调查参与变更的图斑有19个，其中变更为设施农用地的图斑有10个，变更为建设用地的图斑有7个，往年批准本年建设图斑2个；不参与变更的图斑有10个。变更为建设用地的9个图斑，包括经审批的图斑5个，为秦皇岛市2013年度中心城区实施第五批次（中国环境管理干部学院新校区）和2013年保障性安居工程实施第三批次建设用地（保障性安居住房）。其中中国环境管理干部学院新校区用地项目监测面积5.18公顷，图斑内部分建筑超过审批范围，形成未批先建用地0.19公顷，均为耕地；未批先建的图斑2个，包括西古城村住宅超出批准用地范围的0.27公顷（地类为果园）和西坨头村活动中心未批先建用地0.37公顷，其中耕地0.14公顷；往年批准本年建设图斑2个，为秦皇岛市2011年第三批准建设用地。不参与变更的10个图斑，包括原设施农用地图斑7个，主要是设施农用地内部翻建和加建；临时用地图斑3个，主要为中国环境管理干部学院新校区建设项目放置工程设备、临时工棚和堆料场临时用地和秦皇岛北戴河莲蓬房地产开发有限公司放置大型工程设施及堆料场临时用地。

【地籍管理】 完成集体土地所有权登记和使用权调查。2012年9月开展集体土地所有权登记工作，2013年6月19日北戴河区集体土地所有权确权登记成果顺利通过市级验收。集体土地使用权调查工作由河北省地矿局秦皇岛资源环境勘查院作为技术协作单位开展，于12月开始，对建制镇和车站村开展调查，至年底完成82宗调查和测量工作。

【建设用地项目预审】 完成建设用地项目预审19个，包括海北路小学新建校门道路停车场用地；园林苗圃、花圃用地；秦皇岛市西部污水处理厂及配套管网工程新建泵站用地；北戴河海三路工程用地；北戴河区保障性安居工程四期经济适用住房；东经路社区服务中心（东经路老年日间照料站）用地；北戴河区文化馆图书馆；110千伏河东寨变电站及进线路由选址用地；南戴河应急供水专线工程（联峰北路加压泵站）；太平庄村村民安置房用地；怪楼奇园提升改造；北戴河区水系治理二期工程；新建北戴河区戴河镇卫生院；北戴河区西山小学操场改造；秦皇岛排水有限公司北戴河区污水管网建设工程路由选址；国务院机关事务管理局北戴河服务局驻地外围防控组执勤民警备勤用房建设；北戴河区水系治理三期工程；北戴河区新河湿地段环境治理工程；神州数码信息产业基地项目。

【土地登记】 年内，办理国有土地使用权登记40宗；商业用房登记32宗；城镇个人住宅抵押59宗；宅基地使用权登记115宗，其中海滨镇43宗、戴河镇72宗；办理分割登记6个。完成4个农用地整理项目和7个建设用地整理项目文字及图件的编制工作，上报省国土厅备案。

【建设用地管理】 2013年，供应土地13宗，面积26.07公顷，收取土地出让金275.77万元。其中划拨土地11宗，面积25.66公顷；协议出让土地2宗，面积0.41公顷。

征地组卷报批工作　完成秦皇岛市2013年实施第五批建设用地的申报工作，涉及中国环境管理干部学院新校区 、东坨头污水泵站等7个项目，12个地块，总用地24.36公顷，全部为农用地，其中耕地6.99公顷。完成秦皇岛市2013年保障性安居工程实施第三批次建设用地的征地组卷报批工作，总面积2公顷。完成秦皇岛市2013年第二批次建设用地的征地组卷报批工作（谢李庄村村址征收），该批次涉及2个地块，总面积8.71公顷。重点项目津秦客运专线（北戴河区段）项目土地征（转）用工作加速推进，卷宗已上报国土资源部审批。

基本农田保护划定　涉及1个乡镇，4个行政村。已完成外业调查阶段，4个村庄共签订村民—村责任书454份，完成村—镇、镇—区责任书的签订及数据库的建设。

【土地执法监察】 做好卫片执法检查，区政府研究制定《关于开展2012年度土地卫片执法查检工作的通知》，成立由区长任组长，多个部门和单位主要领导为成员的领导小组。2012年度卫星遥感监测图斑共182个，总监测占地面积72.22公顷，耕地面积10.04公顷。国土部卫片正式数据下发，全区新增建设用地疑似违法用地图斑23个（20宗地），监测占地面积9.09公顷，耕地面积0.18公顷，违法用地占用耕地面积和新增建设用地占用耕地面积的比例为2%。

开通“12336”“4281683”违法案件举报热线。全年开展动态巡查228次，出动巡查车辆228辆次，人员580人次，发现新的违法占地39起，制止18起，组卷上报市国土资源局查处21起，行政强拆7次，拆除违法占地建筑约600平方米。接待来访群众56起、140人次，接听举报电话7起，受理信访案件19件。

（姬晶鹏　李强　李霞）

城市管理

【概况】 2013年，北戴河区完成市容秩序规范整治、环卫保洁、沿海线服务管理等工作任务。以数字化城管指挥中心为平台，受理上级派遣案件5022件，群众举报案件405件，办结率达99.97%。办理办结审批事项53件。承办市、区政协委员提案、人大代表建议16件，承办工作满意率达到100%。区城市管理局获得“城市管理工作先进单位”“市容环境工作先进单位”“暑期工作先进单位”等荣誉称号。

【市容市貌整治】 2013年，加强对市容市貌整治和管理，规范摊点1135家、门店862家、店外出桌1057家、早点摊点930余次、商品外溢1504余家；清理流动商贩3790余人次、招手揽客1565人次、牌匾1586块、灯箱430余个。全面整治烧烤摊露天经营、店外经营、乱倒垃圾污物等行为。强化道路扬尘综合整治,环卫处道路机扫率达到50%以上，垃圾收集全面规范，运输和处置能力逐年提升。暑期综合执法队开展执法活动102次，查封4家违规饭店、宾馆；收缴碳火烧烤炉子19个，收缴塑料泳具1500余个；依法暂扣非法经营的双人骑自行车44辆。

【海浴场管理】 营造安全舒适的海浴环境，对各个公共浴场设施进行维修，做到人性化服务、人性化管理。提升海上救生能力，对120名沿海救生员进行集中培训并实施海上救援应急演练，提高海上应急救援和救生能力。多措并举，实施海蜇伤人防治。在所有公共浴场设置海浴须知牌、海蜇伤人防治牌83块，加密防鲨网5延长千米；向沿海各管理站及经营户发放救治药品明矾700千克；高峰期每天组织30余名工作人员，利用快艇、脚踏船、手摇船等工具实施海蜇打捞，日打捞海蜇5000余千克。海浴场管理处被市委、市政府评为“文明单位”；被区委、区政府评为“暑期工作先进单位”；海浴场管理处党支部被区委评为“四强四有先进支部”。为中外游客做好事1000余件，捡到物品折合人民币60余万元，有43人被区文明办评为“为北戴河添光彩先进个人”，7人被区综治委评为“见义勇为先进个人”，有8人分别被区委、区政府评为“暑期工作先进个人”“优秀共产党员”和“防范工作先进个人”。2013年，旅游经营收入1000万元。

【环境卫生管理】 道路清扫保洁　对城区110万平方米，78条主次干道实行全日保洁，对剑秋路南口至狼牙桥段20.19千米沿海沙滩公共浴场垃圾污物和海藻进行及时清理，全年清运沿海沙滩垃圾1万吨、海藻5000吨。

生活垃圾清运　保二路、北四路等10座新改造的拉臂式新型封闭式收集站投入使用。维修和更换108公寓生活垃圾中转站原有老化设备，改造升级监视系统等设施，加装集装箱移位系统，提高生活垃圾转运能力。19辆运输车对城区200余家休疗养院、企事业单位、76座生活垃圾收集站和20余个垃圾散点产生的生活垃圾进行及时收集和运输，全年清运生活垃圾10万吨。取缔北五路北段私自设置垃圾散点，集中清理乱堆乱倒垃圾。道路两侧摆放果皮箱1000余个。

公厕管理　2013年，城区31座公厕全部免费开放。重建文化宫、育花路2座公厕，改造升级鹰角路公厕。在北戴河火车站广场西侧新建高标准公厕1座。

（吴静春　陈立红）

【市政设施管理】 2013年，投入市政维修资金96.18万元。维修车行道258.11平方米，维修人行道2339平方米，维修路缘石1.46延长千米，破损车行道修补沥青2.60吨；维修收水井3座，维修检查井5座，更换井箅子45个，更换井盖11个，焊接加固综合管沟井盖6个，更换雨水沟盖板7.40延长米；清掏雨水收水井、检查井3041座次，掏运污泥1773.60吨，清掏雨水沟25吨；镶嵌道路挡墙蘑菇石24.18平方米，镶嵌环岛压顶石17.46平方米，镶嵌道路挡墙大理石板6.54平方米；维修木制护栏5.50延长米。

【排水管理】 2013年排放污水1193万吨，

日最大排水量10.10万吨。3月初，对北戴河排水泵站远程监控系统中的水监控操作系统、视频监控系统等进行升级。4月，对7座固定泵站、5座暑期运行泵站33台机组的机械、电器设备及全区重点路段污水管道进行全面检修、维护，确保排水设施及管线、井圈、井盖完好无损，完好率达98%以上。全年疏通管道总长度56.32延长千米，疏通检查井2343座，清运杂物3.40吨，维修检查井168座，更换井盖102个，更换井圈46个。便民义务疏通管线2.88延长千米，检查井128座，清掏杂物2.30吨，维修检查井26座，更换井圈、井盖42个。

“北戴河排水热线”接警制度，“12319”值班室保证24小时接警，昼夜值班，在规定的时间内彻底解决。2013年排水管理处接社会联动、群众报警电话216起，按规定时间办结216起，办结率100%。接区长公开电话、民情办、政府督办室电话13起，处理13起。

（曾文利）

住房保障

【安居住房建设】 2013年，保障性安居工程二期项目已全部竣工具备入住条件，该项目共建住宅楼房6栋，436套。其中实物廉租住房2栋，6+1层，162套，建筑面积8070平方米；经济适用住房2栋，6+1层，132套，建筑面积9100平方米；限价商品房2栋，11层，132套，建筑面积13160平方米。实物廉租住房已于2012年底前分配到户，完成钥匙发放和经济适用住房、限价商品房公开摇号分配工作。

继续完成北部片区保障性安居项目三期工程，开工建设北部片区保障性安居工程项目四期工程。三期工程新建保障性住房174套，总建筑面积8755平方米，其中，廉租房72户、公共租赁住房102户，各工程均已完成主体建设及验收。北部片区保障性安居项目四期工程新建2栋18层经济适用住房324套，总建筑面积2.20万平方米，预算投资7700万元，全部工程预计于2015年8月竣工。

保障性住房摇号仪式现场

【廉租住房保障】 2013年，受理申请廉租住房保障家庭80户，保障人数153人，保障面积2753.68平方米（其中低保家庭8户，保障人数15人，保障面积260平方米；低收入家庭72户，保障人数138人，保障面积2493.68平方米）。截至年末，全区有廉租住房保障家庭405户，其中实物配租118户，保障人数235人，保障面积6389平方米；货币配租287户，保障人数740人，保障面积16321平方米（低保家庭112户，保障人数380人，保障面积4628平方米；低收入家庭293户，保障人数595人，保障面积11693平方米）。当年发放廉租住房补贴资金52.38万元。对符合条件的城市低收入住房困难家庭做到应保尽保。经过年度复核，退出保障家庭2户。

【建筑业管理】 2013年，北戴河区建筑业呈稳步增长态势。全区资质建筑企业完成建筑业总产值29232万元，比上年增长3.3%。建筑业企业房屋建筑施工面积10.12万平方米，比上年增长20.8%。竣工面积9.27万平方米，比上年增长141.70%。

【房屋产权产籍管理】 2013年，办理房屋登记1607件，总建筑面积17.92万平方米；商品房257件，建筑面积2.89万平方米；买卖368件，建筑面积4.10万平方米；经济适用房18件，建筑面积1798.23平方米；赠与18件，建筑面积1573.41平方米；初始登记63件，建筑面积5.68万平方米；变更109件，建筑面积3.08万平方米；房改2件，建筑面积116.04平方米；继承35件，建筑面积2776.52平方米；析产52件，2469.86平方米；补契12件，建筑面积1454.45平方米；抵押351件，建筑面积11.47万平方米。发放“房屋所有权证”1057个；收取交易手续费和登记费23万元；查找房改档案2206卷次；配合区地税局征收税费6267万元，接受群众咨询业务2800余人次，上门服务10次。启用新的产权登记系统并全市联网准备工作。

【物业管理】 全区现有住宅小区（含老旧住宅片区、休疗养院宿舍区，不含农村小产权住宅区）52个，建筑面积合计约180余万平方米，其中，办公及商住、公寓别墅小区11个，2000年以前建设的老旧小区22个。24个小区已实施物业管理，8个住宅小区已选举产生业主委员会，还有28个老旧住宅小区（组团）、拆迁安置用住宅小区，100余万平方米住宅楼没有实施物业管理（或被物业服务企业弃管）。

2013年，对已实施物业管理小区的物业管理服务活动进行监督的同时，重点加强新建小区前期物业管理是否到位和物业管理准入审查以及老旧小区探索推行开放式物业管理。年内2个新建小区实施物业管理，1个小区通过业主选举产生业主委员会。监督和指导维修基金的规范使用，接待群众保修申报23起，完成房屋维修23起，动用维修资金200余万元，维修房屋建筑面积4万余平方米。

【招投标管理】 2013年，直属工程建设管理中心监督检查全区招投标工程建设项目31项（含5项监理招标工程），其中公开26项，邀请5项。总中标价为1.54亿元，其中道路改造1项，路长1.07千米；园林绿化12项；电力工程4项；安居工程1项；其他建筑工程8项，建筑总面积10.55万平方米。

【安全生产管理】 2013年，深入施工现场检查安全生产300余次，全区性安全生产大检查4次，专项治理检查2次，下发隐患整改通知书30份，停工指令书10份；检查全区建设单位工程款拨付和施工单位农民工工资发放120余次，妥善处置农民工上访事件4起，涉及工程款和农民工工资2054.30万元，农民工748人。

【工程质量监督】 全年监督招投标工程23项；结算备案工程14项。接收市工程质量监督站办理监督注册的建筑工程16个项目119个单体，建筑面积约30万平方米（包含提前介入工程约12万平方米），总投资约4亿元。主要项目：北戴河区北部片区保障性住宅三期公共租赁住房、廉租房，德大地产北戴河谢李庄村安置房，天洋地产杨各庄村改造安置房二期工程，兴龙地产太平庄村村民安置房工程，万科地产戴河丽舍工程等。

参加竣工验收监督的工程10个项目57个单体，建筑面积约20万平方米。出具建设工程质量监督报告15个项目90个单体，建筑面积约30万平方米，已报市建设局备案。主要项目有：省信投信息产业基地，国华游艇俱乐部，原交通银行改造天海颐墅，北戴河国际酒店，西山花园公寓式办公楼，天洋地产拔道洼村改造安置房一期，天洋地产杨各庄村改造安置房一期，北戴河区北部片区保障性安居工程二期等。河北外国语职业学院主教学楼工程通过省结构优质工程考评，申报省优质结构工程。

（任雅新）

城市绿化

【概况】 2013年，北戴河区城市绿化工作紧紧围绕“生态型、园林式、国际性旅游休闲度假区”的城市定位，精细谋划、科学管理、高效组织，不断提升城市形象，改善环境质量，在巩固已有绿化成果的基础上，本着人性化、艺术化、精细化的理念，打造了一批绿化精品景观。栽植乔木13.38万株、花灌球6024株、造型2725.80平方米、宿根花卉5.17万平方米、草坪1616.50平方米，草花86.64万株、藤本植物1.98万株、野花组合5.93万平方米；农村造林153.33公顷。建成区改造面积7.50万平方米、农村改造面积7.66万平方米，工程总概算4340万元。全区绿化覆盖率达到57.40%，绿地率达到53.69%，人均公共绿地面积53.33平方米。

【绿化工程】 *游园建设工程* 改造面积1.08万平方米，投资439万元，安装自来水给水管道270延长米，采暖管道230延长米，雨水管50延长米。修建卫生间1座，占地面积40平方米，建景观亭1座。铺设棋牌广场、乒乓球场、羽毛球场、儿童活动场等各类运动广场共计1527平方米，园路铺装700平方米。回填种植土883立方米，修砌景石墙437吨。栽植乔木78株，花灌球330 株，宿根花卉2454 平方米，绿篱造型283.40平方米。

道路及节点提升工程 投资480万元，调整联峰路西段、联峰北路东段“树下树”过密苗木；调整中海滩绿地过密银杏树；联峰北路空旷地增加暑期花卉品种；养护范围宿根花卉分栽、调整；行道树补植等内容共栽植乔木336株，花灌球235株，造型1655平方米，藤本植物560株，宿根花卉1.18万平方米，草花42.26万盆。

人行道树更新工程 投资150万元，更新刘赤路206株合欢为栾树，更新单赤路南段102株合欢为五角枫。

海岸线丰富工程 投资50万元，在中海滩路、东海滩路南侧绿地自然式、组团式栽植黑松429株，丰富海岸线绿化景观。

应急工程 投资810万元。包括：薰衣草栽植工程，地点在高速引线两侧乔庄段，栽植野花组合4165平方米；葡萄酒庄园景观提升工程，在路两侧播种野花组合1.15万平方米；乔庄葡萄酒庄园周边环境整治工程，在乔庄与葡萄酒庄园接壤处进行绿化遮挡，村口处进行景观提升，共栽植乔木24株、灌木200株，野花组合120平方米；乔庄村入口改造面积150平方米，道路两侧栽植行道树国槐63株；在海宁路、滨海大道、火车站、奥林匹克大道公园、刘庄转盘、平水桥节点摆放“心向大海、梦想成真”“激情梦想”“实干兴邦、梦想成真”“梦”字雕塑、“奋力建设沿海强市美丽港城”“中国梦、我的梦”的花架、造型、组字牌摆放鲜花3.35万盆，栽植乔木13株，灌木18株，地被草花5412盆，宿根花卉333.30平方米；“行囊”雕塑周边绿化，在鸽赤路与滨海大道交叉口西侧回填种植土300立方米、安装围栏60延长米、栽植乔木36株，灌木11株，草坪300平方米，草花80平方米；仿贝类小品摆放工程，在崔各庄转盘、刘庄转盘、“行囊”雕塑节点摆放仿贝类小品40个；火车站站前南大街商业门店前绿化，改造面积4148平方米，栽植宿根花卉2841.50平方米，草坪1316.50平方米；村庄绿化，对费石庄村、拨道洼村、乔庄村、苏庄村、朱庄村等村进行绿化改造。改造面积2.84万平方米，回填种植土2088立方米，整理绿化地2.84万平方米，栽植乔木776株，灌木5294株，月季1450株，色带782.40平方米、宿根花卉1.90万平方米、播种野花组合8129.90平方米；海宁路大薄荷寨两处节点绿化，改造面积600平方米，栽植侧柏230株，栽植野花组合600平方米；为两镇17个村提供野花组合种子86.60千克。

市属花街花城工程 投资421万元，栽植草花17.15万盆。其中高速路口“中国梦”组字牌花堆挂花3.30万盆。花树一组104盆共计两组208盆，滨海大道两侧花箱9.60延长千米内栽植草花12万盆。高速引线104根灯杆挂花4350盆，滨海大道142根灯杆挂花13950盆。

北戴河区花海工程 投资160万元，在高速引线、两侧绿地播种野花组合6000平方米，宿根花卉9146平方米。

【公园绿化】 维修公园及游园基础设施于4月2日开工，6月15日竣工，工程总投资

100万元，包括对平水桥游园、鲁迅公园、奥林匹克大道公园、联峰山公园等全区主要游园及公园的基础设施进行维修和改造。联峰山景观步道野花组合播籽进行补播。

奥林匹克大道公园“北戴河之梦”雕塑工程　雕塑长8.40米、宽5.30米、高3.69米，由56根砖砌柱与构造柱组成，柱面抹灰，外侧喷真石漆，顶部喷红漆，标注对北戴河区有重要意义的年号，象征中华民族大团结，共同托起民族伟大复兴之梦。工程于6月15日开工，7月15日竣工，总投资15万元。

【民间绿化】　通过组织大规模植树活动、部门绿化、城区重点绿化、农村四旁植树、工程造林、培育花卉苗木、经营管护森林等多种方式，全面推动义务植树进程，全年完成植树31.89万株，超出年初15万株的植树任务，义务植树尽责率达到98.20%。其中，在城区完成植树13.21万株，义务植树尽责率为97.80%；农村义务植树完成18.68万株，义务植树尽责率为98.70%。

（杨菁菁　李海宁　党爱丽　孙宇　刘丹丹）

公用事业

【供水】　秦皇岛北戴河供水总公司下辖1座地上水水厂，1个地下水源地，5个加压泵站，管线全长164千米，服务常驻人口10万人。水厂设计日供水能力5万立方米，暑期超负荷供水最高达8万余立方米，水源来自桃林口水库。2013年全年供水1589万立方米，最高日供水量8.16万立方米，水质综合合格率100%，管网维修及时率100%。7月8日，南戴河应急供水专线试水成功并开始正式运行。

（高安宁）

【供电】　2013年，北戴河地区有营业户数45457户，其中农村用户18702户。供电客户48548户，年售电量34323万千瓦时。市区设营业大厅1个，郊区设供电营业厅1个。累计供电量完成36888万千瓦时，比上年增加1602.40万千瓦时，上升4.54%。累计用电量完成34323万千瓦时，比上年增加2533万千瓦时，上升7.97%。拉动用电量增长的主要原因是居民售电量增长较快。休疗旅游行业，全区新增用电负荷40725千伏安/千瓦。区内有220千伏变电站1座、110千伏变电站3座，负责北戴河行政区供电保障，区域内供电容量主要由戴河站、赤土山站、海滨站、崔各庄站4座变电站提供。2013年暑期最大负荷11.20万千瓦，全区用电总装容量为50.18万千伏安。

2013年，冀北电力有限公司投资899.20万元进行电力设施改造，集中解决家庭旅馆新增用电容量，分割切改公变线路，解决低压超负荷问题，确保城中和周边家庭旅馆暑期接待正常用电。投资3309.09万元，开工建设重要用户供电电源改造工程，确保重要用户供电安全可靠。2012年10月翻建的污水泵、四中配电室于2013年5月正式投入运行。

（王顺兴）

【供气】　秦皇岛市燃气总公司北戴河公司占地面积1.87公顷，建有100立方米液化石油气储罐3座，10立方米残液罐一座。储气能力120吨，日最大充装量15吨，负责北戴河全区1.20万民用户及各大休疗院所、宾馆、饭店的供应任务。随着天然气的广泛使用，液化气储罐已拆除，将在储罐区建设天然气加气母站。至年末，北戴河区天然气管道工程投入资金近1亿元，完成建设每小时2000立方米的CNG卸气站一座，9月实现长输天然气管道对接，结束车载天然气的历史。至年末，压燃气主干线已铺设完成北戴河区各主要交通干道，管网长度155.30千米。建设各种调压站箱190台，中低压阀门井177座。燃气管网辐射海韵假日小区、怡峰御景小区、海景花苑小区、馨庆苑小区、天鹅堡小区、里维埃拉小区、红屿别墅小区、薄荷花苑小区、御墅龙湾小区、紫光苑小区、北岭小区、育花小区、北戴河信投高科研发中心、北戴河陆庄村小区、华光苑小区、西山花园小区、杨各庄小区、中纪委教职公寓、东山社区、戴河镇万家嘉园等43个居民小区。民用户建设15276户，实际点火11049户，完成国税局疗养院、新华假日酒店、安全部疗养院、外国专家疗养院等休疗院所、宾馆饭店公建用户84户，日最大供气量为1.80万立方米。全年完成天然气销售472.50万立方米，比上年增加66%，销售收入1436万元，与上年基本持平。

2013年，三期惠民工程开发宁馨苑二期、北岭三区、东山社区等天然气民用户1935户，点交验收中压管线11.55千米，低压管线15.32千米。对北戴河自建工程乔庄酒堡、中央纪委监察部北戴河培训中心、总参三部北戴河疗养院等18家公福户通气点火。

（高静君）

【供热】 2013年，北戴河区有供热站13座，即刘庄供热站、北岭供热站、草厂供热站、避暑园供热站、北岭三区供热站、北房供热站、滨海供热站、百花供热站、中直供热站、房产局机关供热站、海韵供热站、东山供热站、宁馨苑供热站。锅炉32台，其中15吨炉2台、10吨炉12台、8吨炉1台、6吨炉10台、4吨炉6台、2吨炉1台。供热管网98千米，供热面积169万平方米（建筑面积），用户2.20万户，区属和驻区机关事业单位41家。年内，对东山小区、南岭小区、草厂小区2.80万平方米住宅楼进行分户供暖改造，外管网改造2000延长米。购置供暖用煤5.90万吨，资金3400万元，取暖费实收2300万元。

（任雅静）

环境保护

【概况】 2013年，北戴河区以生态良性循环、资源合理利用、环境质量良好、城市优美洁净为工作目标，以服务发展为要务、污染减排为中心、生态创建为抓手、宣传教育为先导、绿色行动为主线、执法监督为关键、能力建设为支撑、队伍建设为保障，全面推进环保基础设施建设、工业污染治理、城乡环境综合整治、重点生态工程建设和重大项目环评审批等重点工作，全区环境质量继续稳步改善。全年接办环境信访投诉37件，群众投诉案件结案率100%，群众满意率100%。

【生态建设】 根据国家生态区创建部署，全力推进环保基础设施建设、环境优美镇创建、农村环境综合整治和基层绿色创建等重点工作。推进以生活垃圾集中处置、河道整治、禽养殖场粪便综合利用、秸秆禁烧为重点的农村连片整治，片区共涉及整治村庄11个。推进清洁生产审核工作，鼓励工业企业采取改善管理、综合利用、革新生产工艺等措施，从源头削减污染，提高资源利用效率，减少或者避免生产、服务和产品使用过程中污染物的产生和排放。开展国家级生态区和生态乡镇、生态村创建活动，陆庄村、杨各庄村申报创建国家级生态村。

【污染减排】 2013年，全区污染物排放总量得到有效控制，化学需氧量、氨氮、二氧化硫、氮氧化物4项污染物减排指标在2012年排放量的基础上分别净削减2.20%、3.10%、2.10%和5%，完成年度总量减排指标。从源头上预防环境污染与生态破坏，制定全区主要污染物总量控制计划，把总量指标作为企业新、改、扩建项目环评审批的前置性条件，对不能通过清洁生产、污染治理削减排污总量，实现“以新带老”的，不予批准新上新增污染项目。全年办理建设项目29个，环境影响评价率达到100%。

初步建立有利于推进全区污染减排的政策体系，将污染减排作为约束性指标纳入全区国民经济和社会发展“十二五”规划和年度工作计划。实施西坨头村污水入网工程、畜禽清洁养殖工程以及淘汰黄标车工程。城区内各类商业经营性1吨以下小锅炉改用天然气、油、电等清洁燃料，不达标的一律拆除，取缔燃煤锅炉10台。

【环境监测】 密切关注敏感地区和重点污染源周边环境质量状况，全年完成环境空气、降尘、功能区噪声、道路交通噪声、区域环境噪声等6个环境要素的环境质量监测。设置监测点位环境空气1个、降尘3个、入海河口水1个、功能区噪声4个、景点噪声7个、道路交通噪声12个、区域环境噪声62个。对310家休疗养院、开发区企业进行污水监测，出具水监测报告310份。对全区88家企业的锅炉进行监测。

【环境监察】 实施区域性生态环境监察试点工作，明确近海海域生态保护区、生态城镇建设区、生态农业保育区、生态工业发展区、森林生态系统保护区5大重点监察区域，抓实建设项目、水资源开发利用、森林资源开发利用、生物物种资源开发利用、旅游资源开发利用、农业资源开发、城市与生态工业园区建设等7方面的生态监察重点内容，建立部门联席会议制度、联合监督检查制度、生态环境破坏报告制度等8项制度。开展“整治违法排污企业保障群众健康”环保专项行动和强化企业污染防治设施运行管理年活动，全面清查企业污染防治设施运转情况，督促企业进行排污口规范化。6月，联合中石油秦皇岛输油气分公司进行突发原油泄漏环境污染事件应急演练。

（李明玉）

旅游·度假

综 述

2013年，北戴河区紧紧围绕“旅游兴市”战略部署，以旅游综合改革试点为契机，狠抓重点项目建设，加大基础设施投入，加强旅游宣传营销，规范行业市场，推进特色民宿管理，各项工作取得积极进展，旅游产业保持良好发展势头。

华贸·喜来登酒店、歌华营地二期等一批高端旅游项目暑期前投入使用，为全区旅游产业持续健康发展提供有力支撑。在全市率先实现智慧旅游服务，建立北戴河智慧旅游服务中心、智慧旅游三级网络监控服务体系和智慧旅游平台，开通智慧旅游入区欢迎短信服务，实现游客免费WiFi上网，开发智能手机APP导游系统，建成北戴河智慧旅游360度实景导览系统。

年内，积极实施旅游基础设施改造项目；完成北戴河旅游协会换届工作，成立饭店分会、俄罗斯接待专业委员会、乡村旅游分会和旅行社分会4个分会。开展旅游饭店星级评定、星级饭店年度复核、旅游行业培训、旅游行业精细化服务活动；强化旅游基础性宣传品制作和质量提升，包装13条精品旅游线路，打造四季皆宜旅游品牌，“请进来”，开展业界洽谈，“走出去”，主动拓展市场；开展访查式执法监督，联合打击深层次违规问题，整治景区周边和暑期包街路段等重点区域秩序，提升旅游安全整治合力，强化旅游安全责任落实，完善应急机制并开展演练，畅通旅游三级投诉举报平台，维护旅游者权益；数字旅游网站内容丰富，更新及时准确，增设信息亭方便游客，建立北戴河家庭旅馆群，推广“家庭旅馆住宿管理系统”，完成绿道网、乡村旅游示范村等乡村旅游暑期重点项目建设，成立乡村旅游协会，指导行业健康发展；举办北戴河“休闲之冬”全国旅游摄影大赛颁奖典礼暨获奖作品展。

4月，家庭旅馆更名为民宿并成立民宿综合管理办公室。旅游部门从硬件设施、服务质量、管理措施、文化休闲、附加项目等方面，制定星级民宿评定标准，通过示范带动提升整体水平。由村镇选派人员和各职能部门、旅游专家、人大代表、政协委员构成的北戴河民宿星级评定委员会，对照《北戴河区民宿星级评定标准和细则》，深入到西古城村、单庄村对申报星级的民宿进行严格评定审核，截至8月10日，共有81家民宿被评定为“星级民宿”，其中五星级2家（西古城村的园中缘民宿和古枫小院民宿），四星级13家，三星级36家，二星级30家。

至年末，接待游客703.82万人次，其中，国内游客701.21万人次，分别比上年增长2.57%和2.73%；入境游客2.61万人次，比上年下降27.60%。其中接待俄罗斯游客2.33万人次，比上年下降31.60%。辖区内旅游景区（点）接待游客536.90万人次，比上年增长7.97%；实现门票收入9091.25万元，比上年增长10.79%。

旅游项目建设

【概况】 坚持以政府主导、项目拉动、促销带动、管理推动为一体的旅游发展战略，以项目为载体，特色为支撑，围绕“生态型、园林式、国际性旅游休闲度假区”的城市发展定位谋划包装旅游新项目，加大旅游软硬件建设力度，优化旅游环境，推进旅游业持续健康发展。

【俄罗斯游客接待单位改造】 年内，完成总投资8350万元。其中，阳光培训中心投资720万元改造临街立面，亮化设施提升；欧鹏酒店投资400万元对客房、餐厅等基础设施改造，临街立面亮化提升；石油管道培训中心投资550万元进行绿化、旧楼改造；中国社科院培训中心投资4000万元拆旧建新客房楼1座，改造旧楼；河北省老干部休养所投资380万元改造客房、餐厅灯基础设施，提升绿化水平；北戴河交通疗养院投资2300万元新建9号楼。

【住宿接待单位改造】 年内，完成总投资1.42亿元。其中，河北省北戴河管理处投资4500万元，新建客房楼2座；河北煤矿职工休养院投资3000万元，新建6号公寓楼；河北省气功疗养院投资800万元，提升改造基础设施；天津工人疗养院投资2100万元，拆除重建9号客房楼；悦华宾馆投资310万元，提升改造客房、餐厅；中铁秦皇宾馆投资220万元，重新装修客房、餐厅楼；最高人民检察院培训中心投资3300万元，重建工程收尾工作。

【景区改造】 年内，完成总投资6938万元。其中，鸽子窝公园投资630万元，治理省办浴场周边环境，新建垃圾转运站和管理用房1座；新建智慧景区管理用房；提升景区绿化、亮化水平；完善游客中心基础设施。怪楼奇园投资470万元，对园内及西部艺术片区绿化进行改造；新建生态停车场、垃圾运转站及1座管理用房。集发生态农业观光园投资1118万元，新建5星级厕所1座、高架飞天桥1座；新建2200平方米驯兽表演场及3300平方米恐龙探险游乐场；改造提升生态停车场；维修升级景区道路；景区美化、绿化、亮化提升；更新规范标识标牌。野生动物园投资1070万元，新建狐猴岛，改造繁殖场；改造园区屋顶防水、园区大门、安装高清大屏幕；改造园区道路，进行绿化提升；更新园区标识标牌。碧螺塔酒吧公园投资3650万元，改造“海上生明月”演出舞台及观众席；加固改造啤酒广场；新建5星级厕所1座；按AAAA级旅游景区标准新建游客中心1座；改造大门及生态停车场、景区步游路；增设多个视频监控点，安装电子门禁系统；安装LED屏幕信息发布系统，铺设全园背景音乐；布置WiFi点，实现无线网络全园覆盖。

（张 栋）

旅游行业管理

【概况】 2013年，北戴河区有宾馆、休疗养院、招待所等308家，接待床位4.58万张，民宿1955家，接待床位6.04万张，全区累计接待床位10.62万张。

【星级酒店管理】 至年末，全区正式挂牌星级酒店23家，其中四星级酒店8家、三星级酒店14家、二星级酒店1家。北戴河区旅游饭店星评委员会星评工作，推广新版国家标

2013年北戴河星级酒店一览表

表4

单 位 名 称	前台电话	总经理	星 级
海滨花园大酒店	5929000	杜为民	AAAA
新华假日酒店	4280888	苏海峰	AAAA
幸运国际大酒店	4020555	刘利燕	AAAA

续表4

冀北电网公司北戴河疗养院	4661188	刘守刚	AAAA
北华园观海酒店	4680666	陈　靖	AAAA
怪楼奇园大酒店	4683999	田　冰	AAAA
金台度假酒店	4681666	晁建东	AAAA
天津起士林大饭店	4680000	殷　路	AAAA
北戴河金山宾馆	4041338	王文治	AAA
北戴河友谊宾馆	4041945	范彦杰	AAA
北戴河悦华宾馆	4020999	王秀礼	AAA
鸥鹏酒店	4041228	刘志军	AAA
国林宾馆	4022128	张春生	AAA
广电宾馆	4024799	崔　明	AAA
中国煤矿工人北戴河疗养院	4041017	张振国	AAA
石油宾馆	3857188	张学军	AAA

准《旅游饭店星级的划分与评定》（GB/T 14308-2010），有5家酒店成功晋升星级。金台度假酒店（人民日报社休养所）、天津起士林大饭店荣膺四星；内贸宾馆（国资委商业休养院）、全国青少年北戴河活动营地（团中央培训基地）荣膺三星；野生动物救护中心酒店荣膺二星旅游酒店并正式挂牌。

【精细化服务】 2013年，在全区开展“精细化服务”活动，制定《北戴河旅游行业精细化服务活动实施方案》，印制《精细化服务培训指南》。5月28—29日，区旅游局在鸥鹏酒店举办北戴河区旅游行业精细化服务综合培训班，来自休疗单位、星级宾馆、旅游景区、旅行社近百家单位300余名管理及服务人员参加培训，重点学习北戴河概况、接待服务礼仪、服务制胜、旅游服务技能等内容，发放《北戴河区旅游行业精细化服务培训指南》300余册。要求各旅游企业开展多种形式培训，实现参训率100%，达标率100%。并组织行业单位参加省、市旅游局多种培训活动。

【旅行社管理】 2013年，审批旅行社及分社5家，即秦皇岛领航国际旅行社、秦皇岛天之蓝旅行社、省国旅北戴河分公司、秦皇岛虹桥北戴河分公司及海南三亚天马北戴河分公司。完成对秦皇岛北戴河云海国际旅行社、海滨假日、鸿天国际旅行社、秦皇岛北戴河海屿国际旅行社、秦皇岛北戴河海韵旅行社及宣昊咏等旅行社的单位名称、经营场所、地址、投资人等信息的变更并备案登

2013年北戴河区旅行社基本情况

表5

名　称	地　址	法人	电话
秦皇岛北戴河金山国际旅行社	金山嘴路4号	王玉珍	4041748
秦皇岛夏都国际旅行社	联峰北路9号2栋	王　涛	4041011

续表5

秦皇岛市北戴河金海国际旅行社	保二路中国煤矿北戴河疗养院内	张振国	4041317
秦皇岛海之韵国际旅行社	鸽赤路口污水泵站旁	孙兰清	4045131
秦皇岛市北戴河区旅行社	草厂西路6—1—5号	王树中	4036819
中国青旅集团北戴河基地旅行社	黑石路四号	王亚林	4046199 4042688
秦皇岛市北戴河联峰旅行社	剑秋路26号	刘　晞	5925044
秦皇岛市北戴河新东方旅行社	北戴河区刘赤路	李庆文	4033692 4041354
秦皇岛森林商务旅行社	鸽赤路1号	乔占营	4037778 4037779
秦皇岛海之旅国际旅行社	海宁路10—3	管　茁	4040022 4040033
秦皇岛方舟国际旅行社	北岭一区33—3—101	任　毅	4038133
秦皇岛市北戴河艾芙旅行社	育花二区51—1—502	丁艾芙	4031592
秦皇岛市北戴河海韵旅行社	刘庄村	王秉轩	4042199 4046719
秦皇岛市北戴河华夏旅行社	北戴河联峰北路9号32B	缪春生	4038311
秦皇岛市北戴河大正旅行社	海宁路薄荷花苑老三号楼中门402室	郑永青	4186802 4046032
秦皇岛北戴河卓越国际旅行社	东经路（外交部休养所院内）	边　猛	7905351
秦皇岛北戴河天博国际旅行社	北岭二区70—3—102	王建军	7189991 4189701
秦皇岛北戴河大航国际海商务旅行社	北戴河区联峰路	吕雪松	4046115 4046116
秦皇岛渤海旅行社	海宁路80号	刘东风	4036000
秦皇岛市北戴河红日旅行社	联峰路同程公寓	郑立波	5895505
秦皇岛中通国际旅行社有限公司	薄荷花苑15栋	张　超	4030077 7907770
秦皇岛风景国际旅行社	东经路（外交部休养所内）	刘莹华	4033040
秦皇岛市佳韵国际旅行社	东山小区3—1—201号	秦新武	4045733 4045833
秦皇岛北戴河鸿天国际旅行社	滨海大道临海度假村E区5—2号	修志华	4030666
秦皇岛天际国际旅行社	安一路9栋101室	刘　伟	4045090
秦皇岛市华奥旅行社	红石路11栋12号	张绍华	4039202
秦皇岛市北戴河明珠商务旅行社	联峰北路56号	姜乃瑶	4668201 5995657
秦皇岛北戴河鼎诚国际旅行社	康乐路18—1—201	高　丹	5921501 5921504
秦皇岛北戴河百益旅行社	鹰角路36号昱晨大酒店	王丽艳	4031278
秦皇岛景程国际旅行社	单庄村134号	周瑞申	7189990 7906669

续表5

秦皇岛北戴河云海国际旅行社	北六路21-1号	段长春	4038881 4038882
秦皇岛市海屿国际旅行社	海宁路78号（华江宾馆内）	许伯薇	5920120
秦皇岛海源国际旅行社	安一路8号吉程大酒店	李俊生	5927331 5927332
秦皇岛中澳国际旅行社有限公司	天鹅堡1-201	关晓风	4032959
秦皇岛天平国际旅行社	交通疗养院4-7-1	王振华	7909135
秦皇岛大金龙国际旅行社	联峰北路刘庄村居委会	赵春海	4049758
秦皇岛人合国际旅行社	北戴河火车站（华盟宾馆内）	李　栋	4011668
秦皇岛海洋国际旅行社	联峰北路56号2单元3、4号	崔　浩	7905400
秦皇岛畅游国际旅行社	南岭小区6-2-401	杨琳琳	4046665
秦皇岛领航国际旅行社	剑秋路17号铁道部疗养院内	幺冰冰	4287058
秦皇岛宣海国际旅行社	联峰北路9号40栋	房必元	4283555
秦皇岛天之蓝国际旅行社有限公司	海宁路天鹅堡公寓17号201	常志朋	4033620
北京易游假期旅行社北戴河分社	刘庄北里11-2号	郭月晨	4038811
中国铁道部旅行社北戴河分社	剑秋路15号	李建忠	7935286
河北省中国国际旅行社有限公司 北戴河分社	刘庄北里11排8号	孙立山	4036963
秦皇岛虹桥国际旅行社有限公司 北戴河分公司	草厂北路37号	巩广成	4039011
三亚天马旅行社有限公司 北戴河分公司	联峰路209号	赵春红	4047188
秦皇岛海燕国际旅行社门市部	蓝色港湾_天鹅堡4-203	杨立平	4035777
秦皇岛圆梦国际旅行社门市部	联峰北路012-15号	孙晓舟	4037177

（朱玉荣）

记。做好旅行社责任险的投保和监督管理工作。至年末，区内旅行社共47家，其中设立社43家、分社4家，另有门市部2家。悦华旅行社因多年经营不善，自动注销。

旅游市场开发

【旅游宣传品制作】 设计、制作针对不同游客和群体的“游谱·北戴河”精品旅游线路手册、“画卷·北戴河”四季画册、“史迹·北戴河”历史文化丛书、“感悟·北戴河”旅游记事本、俄文导游图、俄文版北戴河旅游线路手册、两种手提袋和北戴河旅游接待手册等8种旅游宣传品。联合邮政部门以北戴河旅游景区为载体，制作完成《惠游秦皇岛》旅游明信片册，在全国范围内发行，进一步宣传旅游资源。通过旅游咨询服务中心窗口，将各类旅游宣传品免费发放给游客，加大旅游宣传力度。

【国际客源市场开发】 年内，针对俄罗斯客源市场创新宣传方式，加大开拓力度。4月“秦皇岛市第八届中外旅行社经理联谊会”在北戴河区举办，北戴河区与东极地区的汤原、抚远、桦南、七台河、双鸭山、佳木斯、富锦、建三江的旅游区域合作及俄罗斯入境游业务对接不断加强。双方签订共同开发俄罗斯旅游市场，共同捆绑促销，共建北戴河、东极、俄罗斯旅游大通道，东极地区对俄罗斯游客到北戴河度假旅游，在交通、入境手续等方面给予便利条件。4月26日，组织区内旅游企业参加第二届中俄国际旅游（北戴河·布拉戈维申斯克市）交易会，并赴哈巴罗夫斯克进行促销，在该市召开北戴河旅游专题推介会；邀请俄罗斯哈巴罗夫斯克市17家旅行社的经理及媒体到北戴河区考察旅游资源；接待美国艾奥瓦州旅游代表团和参加北方旅游交易会的俄罗斯旅行商代表团。

【国内客源市场开发】 年内，组织和引导行业单位多渠道拓展客源市场。接待海内外旅游客商、新闻媒体1000余人次，对城市环境、酒店住宿、旅游线路、各景区（点）、服务接待进行综合考察。包括“新浪名博·行走河北长城·我为长城添块砖”活动的新浪微博达人、全国记者采风行记者团、首届环渤海房车巡游活动的巡游车队、“胜境河北体验团”河北新闻网记者行、由河北新闻网发起的“梦之蓝　善行河北　我的中国梦”系列圆梦行动的盲童碧海蓝天梦活动考察团等到北戴河区考察旅游资源；举办“浪漫北戴河·美丽大东极——北戴河第八届中外旅行社经理联谊会”“百年胜地·美丽之冠——2013相约北戴河旅游产品推介会”和“体验海洋·相约北戴河——2013秦皇岛（北戴河）海洋旅游产品发布会”、北戴河华贸·喜来登酒店首届旅游推介会等系列活动。“走出去”主动拓展市场。依托北戴河旅游协会，科学整合景区、旅行社、星级宾馆、疗养院、饭店等旅游资源，采取区域针对性促销、景区打包联线促销、涉及俄罗斯游客单位整合促销等形式，积极发动旅游协会、区内旅游企业参加各种促销活动。组织区内旅游行业单位随省高铁旅游城市联盟团队赴广东省广州市、湖北省武汉市、河南省郑州市开展“美丽中国·燕赵行”高铁旅游推广活动；赴贵州省贵阳市、北京市、河北省石家庄市参加“2013中国国内旅游交易会”“2013北京国际旅游博览会”“2013北方旅游交易会”等专业会展，累计发放旅游宣传品10万余份，接待旅行商、民众咨询8万余人次。

【旅游产品线路】 包装推广13条旅游线路，整合北戴河区旅游资源和特色，以打造高端旅游地为目标，以养生、商务、文化、体育等为纽带，让中外游客感受到“夏都”之外的另一个北戴河。包括滨海览胜游、休闲垂钓游、民俗乡村游、浪漫观鸟游、商务会议游、婚纱摄影游、艺术写生游、康体养生游、体育拓展游、蓝色夏令营、城市博览游、文化博览游、浪漫夜间游。

【媒体宣传促销】 第二届中俄国际旅游（北戴河·布市）交易会期间，接受俄罗斯莫斯科电视台、阿穆尔州电视台、海参崴电视台等媒体采访，各媒体对北戴河区旅游资源进行详细报道，进一步扩大北戴河的国际知名度和影响力。接待“全国记者采风行”记者团体验采访。河北省广播电台、秦皇岛市广播电台的记者就全区旅游资源、暑期旅游准备工作、便民服务等方面进行专访。在津秦高铁开通之际，配合天津卫视拍摄“高铁来了两天一夜”节目。配合由秦皇岛市旅游局与秦皇岛晚报联合主办的“心向大海

北戴河暑期文明志愿服务队，成为一道靓丽的文明风景线

梦想成真”秦皇岛“新十景”评选活动，奥林匹克大道公园“奥运留风”、滨海木栈道“诗情木道”、北戴河保二路“欧陆风情”、集发生态农业观光园“生态奇园”、碧螺塔酒吧公园“碧螺望月”入选秦皇岛“新十景”称号。

（曹　凯）

旅游市场秩序与安全

【概况】 召开行业内安全生产大检查工作调度会和专题会、旅游秩序与安全部署宣教会，制发《北戴河区旅游行业安全生产大检查实施方案》，与行业内76家单位签订“暑期安全责任状”“旅游安全生产目标管理责任书”“平安景区创建责任书”“诚信经营公约”。深入景区进行旅游法规宣传，发放宣传资料5000余份。督导行业内单位开展旅游法及节假日旅游安全知识宣传和温馨提示活动。

【维护游客权益】 完善旅游三级投诉举报平台，在各旅游景区（点）、星级宾馆、旅行社公布市区旅游投诉电话，全日24小时畅通；健全行业内旅游质监网络，建立高效的投诉处理工作机制，确保有电必接、有诉必理、理后必答。接听投诉电话107件次，受理行业内游客投诉及市长热线转办投诉58件次，转接、协调其他游客投诉问题63件次，为游客挽回经济损失6万余元，投诉结案率达到100%，游客满意率达98%。

【旅游市场监管】 对区内景区旅游安全基础设施、娱乐项目和游乐设备、地质灾害点和安保硬件设施的“四必备”、安全巡查值守及预警发布等进行检查，突出娱乐设施检验检测、水上船艇荷载、防海蜇蛰伤及防汛、森林防火及消防安全治理等，指导纠正增加安全提示牌等事项80余件次，下达责改通知书7份并跟踪完成整改。对星级宾馆全日实时安全监控、电梯等特种设备操作及运行状况、后台动力系统和用电设施安全、消防安全及紧急疏散、燃气和食品安全管理及应急预案等进行全面检查，纠正持证上岗问题7件次，指导增设温馨提示牌9个，下达责改通知书2份。抽查47家旅行社及分社租（自）用车辆安全管理、租车合同签订、营运车辆和司机安全资质及良好运行、旅行社责任险及意外险投保、安全提示及告知等情况。纠正导游安全带团、督导做好防海蜇伤人和防溺水等安全提示及救护工作30余件次，下达责改通知书2份并跟踪完成整改。制定“节假日旅行温馨提示”并下发给行业内76家单位，在北戴河旅游政务网和北戴河智慧旅游网站及微信、微博上发布，提醒游客注意出行安全。

【“平安景区”创建】 制发《北戴河区旅游局2013年“平安景区”创建活动实施方案》及《“平安景区”创建工作考核评分标准》，督导各景区对照方案和《旅游景区质量等级的划分与评定》及A级资质标准，改造提升软硬件环境。科学设置标志标识、语音广播及智能提示系统，完善旅游公共信息、咨询服务、投诉处理、旅游保险等公共服务体系；启动面向游客的安全预警和应急处置工作机制。召开消防安全工作调度会，开展专项执法和联合执法检查，严查消防和燃气设施配备及完好率、消防物资配备、巡查队伍应急值班等，约谈并检查旅游行业单位76家，指出问题60余个，下达书面整改通知书13份。检查旅游用车、旅游保险、演出场馆、浴场防海蜇蜇伤等关键环节，指导纠正问题50余件次，下达责改通知书6份并跟踪完成整改。成立旅游行业防汛和应急工作领导小组，制定应急预案，加强人员队伍和物资装备建设，及时进行恶劣天气预报和预警，落实24小时值班制度。在鸽子窝公园、碧螺塔酒吧公园、集发生态农业观光园等沿海临河景区树立防汛及防地质灾害公告牌，强化安全提示警示和疏导避险工作，纠正水上娱乐设施泊停、滑冰及滑雪安全等事项30余件次。开展模拟演练活动，突出集发生态农业观光园娱乐设备故障游客施救，鸽子窝公园防踩踏、防中暑和游客落水紧急施救，野生动物园森林防火和猛兽逃逸应急防控及救援，幸运国际大酒店等星级宾馆防食物中毒及消防演练等，提高各单位安全应急工作的敏感性和快速反应能力。

（李海玉）

乡村旅游

【概况】 4月，成立区民宿综合管理办公室，将家庭旅馆更名为民宿，启动周报制度。结合“美丽 实力 幸福”北戴河、全民创业和城乡一体化建设目标，在行业培训、准入审批、星评指导、品牌塑造、宣传推广等方面深入开展民宿综合整治提升工程，优化旅游产业品质，提高经营户素质，增加村（居）民经济收入，力求使“政府、游客、经营户”三方满意。

【提升民宿经营者素质】 集中授课4次，请专家下村指导10余次、招募30名大学生志愿者入户帮扶、开通QQ信息交流群、组织外出考察学习等形式在全区两镇（街）15个村（居）2000余名民宿经营户中开展素质教育，包括利用网络进行营销订房、家庭旅馆住宿系统应用等相关知识。暑期，招募30名大学生志愿者驻扎到民宿镇、村、户中面对面帮扶，累计入户帮扶1200余家，挖掘上报特色民宿120余户，发现民宿好人好事30余件，上报民宿信息180余篇。

【民宿管理】 4月初，对全区12个重点民宿村进行民宿信息资源普查，累计入户1772家，登录统计民宿客房23062间，床位49230张，完成《北戴河区民宿信息普查现状分析及调研报告》。指导镇、村严格履行民宿经营手续初审、复审及申报工作。完成行业准入1955户（含四层以上的“参照民宿”92户、新民宿准入53户），并全部加入区旅游协会乡村旅游分会，接受协会统一管理。实施“北戴河民宿”品牌化建设工程，设计完成北戴河民宿标识、制作民宿星级牌匾、统一接待服装、建设民宿网站、完善3个民宿接待中心、修缮20个民宿驿站，品牌形象初显。强化民宿经营户的管理与服务工作，制定接站制度，补齐丢失会员证200余个，派发“北戴河民宿统一接待服装”3800余件和《预防海蜇蜇伤小提示》4000余份，发放《戴河民宿价格指导公约告知书、消防安全提示、旅游卫生安全常识、北戴河特色民宿评选活动海报等各类提示卡2000份。定期联合公安分局、工商局、地税局、卫生局、物价局等执法部门深入刘庄村、单庄村、丁庄村、西古城村、大薄荷寨村等重点民宿村、片区和民宿户中进行综合检查与房价专项检查，并对违规民宿户进行严肃查处与限期整改。培育以单庄村为代表的“公司管理型”、以西古城村为代表的“景区带动型”和以刘庄村为代表的“要素助推型”经营模式，促进民宿业上档升级、整体运营和合作共赢。

【民宿品牌打造】 开展“北戴河区民宿星级评定”和“戴河林语杯”北戴河“特色民宿”评选活动。对单庄村、西古城村100余户申报星级的民宿进行严格评定审核。评选出五星级民宿2家，四星级民宿13家，三星级民宿36家，二星级民宿30家。联合燕赵都市报开展特色民宿评选，有40余家不同特点、不同风格的民宿先后在《燕赵都市报》和网站上展出，读者和网友投票参与达26万人次，在搭建宣传推广平台展示北戴河民宿的同时，引导民宿特色化、个性化、差异化发展，从而整体提升民宿综合服务水平。

【宣传促销】 在区电视台和《北戴河时报》开辟民宿专栏，定期推出“北戴河民宿”专题采访。在人民网、光明网、新华网河北频道、河北新闻网、新民网、燕赵都市网、秦皇岛新闻网等网媒《人民日报》《中国青年报》《中国政协报》《燕赵都市报》《秦皇岛日报》等纸媒发布各类工作宣传稿件40余篇。制作《北戴河民宿宣传册》2000份，借助旅游咨询服务中心、景区服务中心、星级民宿进行宣传推广。二次开发北戴河数字旅游网，开发数字旅游网手机版、北戴河民宿旅游网站，收集上传民宿信息2000余户，采集录入图片6000余张。推出“民宿住宿管理系统”软件，实现民宿信息网站发布、浏览、查询等服务，推广“网络营销”理念。

（张　康）

旅游信息化工作

【概况】 2013年，北戴河区建设智慧旅游三级网络监控服务体系。对域内景区景点、游客中心、商业街区、停车场、主要路口等重要节点进行全方位高清监控。对数字旅游平台、官方微博、官方微信、旅游局政务网站、网络舆情进行管理和实时监控。管理智慧旅游服务热线（4016000、4016111），全方位为游客提供咨询、投诉等服务。开通中国北戴河官方旅游微信平台，标志着北戴河旅游网络宣传进入“微营销”时代。

智慧旅游从概念走向现实

【开通入区欢迎短信】 5月1日开始，开通移动、联通两大手机网络的入区欢迎短信发送，截至10月7日共发送短信300余万条，并通过发送统计，进行客源地统计分析。进入到北戴河的外地游客，就会收到欢迎短信：“百年胜地·美丽之冠，时尚、浪漫、活力、现代的北戴河欢迎您！敬请关注北戴河智慧旅游平台：www.zgbdh.com咨询电话4016111”。

【免费WiFi上网】 为游客提供免费WiFi上网服务，可以实现智能手机、平板电脑、笔记本电脑等免费访问互联网。覆盖全区11个景区（点）及保二路、石塘路、崔各庄环岛、联峰北路中段（政府大楼广场）和火车站、汽车站旅游咨询服务中心。信号强，带宽高，速度快，兼容性强，可承载上千人同时在网。暑期高峰达到日流量220G，受到游客广泛好评。

【手机APP导游系统】 对智能手机APP导游系统试运行情况进行测试维护，智能手机APP导游系统包含吃、住、行、游、购、娱、互动交流等内容。让游客可以利用智能手机（安卓、苹果系统手机），下载北戴河智能APP导游系统，实现手机智能导游功能，鸽子窝公园自动语音讲解功能。智能导游系统包括导航、导游、导览、导购和集成二维码扫描功能，实现智能化服务。

【360度实景导览系统】 制作包括旅游景区、星级宾馆、休疗养院、旅游协会单位、街景、交通、停车场、标志性建筑、餐饮、酒吧、艺术馆、浴场、超市市场等180余个点位的高清360度实景导览。全方位展示北戴河的旅游景色，达到虚拟游览身临其境的效果。

【启用多媒体查询触摸屏】 在鸽子窝公园、火车站游客（民宿）接待中心、汽车站游客（民宿）接待中心、石塘路市场、集发游客中心、碧螺塔游客中心等地安装摆放智慧旅游多媒体查询触摸屏。该触摸屏采用55英寸高清液晶屏，依托智慧旅游数据中心，通过互联网实时发布天气情况、播放宣传视频，可点击查询各方面旅游信息咨讯，参与微博互动。

【电子书柜】 制作北戴河智慧旅游电子书

柜，游客可登陆北戴河智慧旅游平台——数字旅游网进行浏览欣赏。电子书柜已推出5册电子杂志，即《北戴河指南》《北戴河海滨志略》《北戴河海滨导游》《游谱北戴河》《画卷北戴河》，着重宣传北戴河的发展历史、旅游文化及北戴河的四季风光、精品旅游线路，配以大量精美图片，融合出行小贴士等，让游客更直观的了解北戴河，给游客旅游带来新体验。

【智慧旅游宣传推广】 2013年，投资3万元对北戴河民宿网及数字旅游平台进行百度关键字推广、百度网盟推广，提升网站的访问量。通过网易、新浪、腾讯3家官方微博，发布互动话题，公布旅游信息、图片、链接，增加北戴河民宿网及北戴河数字旅游网的知名度。注册开通中国北戴河旅游官方微信，微信号bdh12301。网友通过微信扫一扫，加中国北戴河旅游官方微信后，即可收到北戴河旅游的相关信息，增强广大网民到北戴河休闲度假的兴趣。利用新公交站牌发布北戴河智慧旅游二维码。游客通过智能手机扫描该二维码，可以访问北戴河数字旅游平台、北戴河旅游官方微博、北戴河旅游官方微信，获得吃、住、行、游、购、娱等相关旅游咨讯。

北戴河区智慧旅游免费无线WiFi网络的开通以及智能手机APP的试运行，引起各界媒体的广泛关注。省、市电台、电视台、《河北日报》《秦皇岛日报》《秦皇岛晚报》及《燕赵晚报》《燕赵都市报》、新华网、搜狐网等多家媒体进行报导和转载。

（王洪祥）

景区景点

【概况】 北戴河是四季皆宜的海滨旅游休闲胜地，年平均气温12℃，暑期平均气温24℃。23千米海岸线沙软潮平，是海水浴、沙浴和日光浴理想的天然场所。辖区内有旅游景区（点）11个：鸽子窝公园、集发生态农业观光园、秦皇岛野生动物园为国家AAAA级旅游景区。集发生态农业观光园还是全国农业旅游示范点；怪楼奇园为国家AAA级旅游景区；联峰山公园、老虎石海上公园为国家AA级旅游景区；奥林匹克大道公园为“全国十大优秀体育公园”；碧螺塔酒吧公园为休闲性酒吧主题的海上夜公园；北戴河博物馆和秦皇岛鸟类博物馆为2个博物馆类的景区，长城号游船为海上观光的1个亮点。

【鸽子窝公园】 鸽子窝公园建于1958年，又称鹰角石公园，占地20余公顷。该园是集自然与人文于一体的旅游景观，是“北戴河老二十四景之一”“爱国主义教育基地”“全国旅游四十佳之一”和“国家风景名胜管理园区”，被列为与泰山、黄山、崂山、衡山和西樵山齐名的观日出最佳地，每逢夏暑清晨，纷至沓来的观日出游客数以万计，甚是壮观。

公园内因地层断裂形成的临海悬崖上，有一块巨石，形似雄鹰屹立，故名鹰角石。该石高20余米，过去常有成群鸽子朝暮相聚或窝于石缝之中，故名鸽子窝。1937年，“公益会”在海边石崖顶端修建了一座凉亭，取名鹰角亭。1954年夏，毛主席到北戴河，并写下《浪淘沙·北戴河》这一不朽诗篇。为深切缅怀毛主席的丰功伟绩，园内敬立高3.20米的毛泽东主席雕像和《浪淘沙·北戴河》诗词碑。1985年，北戴河区借鉴颐和园和避暑山庄长廊的特点，采用透景、借景的方法，在园内东南临海崖顶处，修建一条长50米的望海长廊。长廊建筑面积180平方米，廊内彩绘100多幅传统壁画。长廊南侧建有书阁，专供名人名家及游客题诗作画之用，书阁上悬挂周谷城题写的《书阁》牌匾。书阁的西侧建有碑廊和碑亭，悬挂方毅题写的《碑亭》牌匾。

鸽子窝景区的看点：

虔赏日出 北戴河的鸽子窝公园是华夏九大赏日出胜地之一，在其他地方赏日出一般都在海边平视，只有在鸽子窝公园却是

居高临下的观赏，所以是观赏海上日出的最佳之处。此景名鹰亭迎日，已被评为秦皇岛“十佳”美景之一。

静观大海　鸽子窝的第二大胜景就是观大潮，观海潮和看大海的最佳位置就在这鹰角亭上，鹰角厅匾额是1987年全国人大常委会原副委员长胡厥文题写，鹰角亭建于1937年。鸽子窝公园外大潮坪南北有700多米长，呈外口大内口小状态，这里海潮的潮差不大，多在1米之内，深度比较稳定，素有“沙软潮平”之称。特别是海潮退后，海滩上可以见到波痕、雨痕、龟裂、生物洞的沉积物等构造，构成了一幅难得的、由大自然鬼斧神工创造的美丽图画。

观鸟佳地　中国鸟类有1329种，北戴河就发现了415种，占全国鸟类的34%，占河北省鸟类的43.9%，在中国和日本两国候鸟保护协定中的227种鸟类中，这里就有181种，占协定总数的79.7%，世界上很稀有和濒临灭绝的鸟类在北戴河被多次发现，如白鹳、遗鸥等等，北戴河鸽子窝公园这块潮坪及周边湿地是鸟类迁徙的必经之地，在春秋两季鸟类迁徙的季节，这块海滩曾出现过数万只鸟在海空中翱翔的壮观场面。

“灯光秀”展演　2008年，鸽子窝公园启动山体大型探照灯亮化工程，增设32台电脑程控大型探照灯亮化设施，推出大型“灯光秀”夜公园项目。采用新型现代科技，利用声、光、电特效组合，编配以毛泽东《浪淘沙·北戴河》为主题的背景音乐，使探照灯的蓝、白、粉、绿等彩色光柱交相辉映。

【碧螺塔酒吧公园】　位于北戴河海滨最东侧（又名小东山），北临旅游码头和鸽子窝公园，南临金山嘴和老虎石海上公园，东临大海，交通极为便利，园内路域树木丛郁，风光秀丽，是集休闲文化、餐饮文化和演艺文化为一体的休闲性酒吧主题公园。

园内主建筑碧螺塔为海滨东山地区最高点，塔高21米，分7层，是世界上独一无二的海螺型螺旋观光塔，登塔远眺“秦皇岛外打渔船”的海上风光尽收眼底，令人心旷神怡。公园三面环海，形似半岛，陆域面积7.07公顷，海域面积1.50平方千米，适宜浮游生物生长，各种鱼、虾、蟹、海参等海洋生物极其丰富，是天然的垂钓宝地。一代伟人邓小平曾到此垂钓，园内有“邓小平钓鱼处”纪念碑。

2009年7月，推出大型实景演出《海上生明月》，由著名导演边发吉任总导演。整场演出以自然为依托，以大海礁石为元素，运用声、光、电等高科技手段，以浪漫唯美的表现形式，以现代时尚的表现手法，体现人与自然的和谐相处，创造出天人合一的境界，给人留下气势宏大、场面震撼的艺术享受和唯美的视觉冲击。

【怪楼奇园】　位于北戴河联峰路北侧的百花山上，占地7.39公顷，建筑面积999平方米，建于1991年。该园名由著名漫画家华君武亲笔题名，属AA级旅游景区，绿化覆盖率90%以上。景区由怪楼和奇园两部分组成，设置奇景、怪景99处，是北戴河老二十四景之一，有“青年文明号”、河北省“全省旅游景区（点）综合治理达标单位”等美誉。1996年夏，张爱萍将军参观怪楼奇园后，即兴写下“题怪楼”：怪楼却也怪，千姿又百态，飞流下龙宫，夜来放光彩。

【奥林匹克大道公园】　2004年4月，经国家体育总局批准，并征得第29届奥运会组委会奥林匹克公园远景委员会同意，秦皇岛市为迎接第29届北京奥运会，建设滨海大道并冠以“奥林匹克大道”名称，奥林匹克大道位于北戴河旅游度假区的中心地带，南起中海滩的月季园，北至滨海大道的鸽子窝海滩，长3千米、宽90米的步行主体大街，是全国唯一以奥林匹克命名的街道。北戴河区委、区政府决定在奥林匹克大道东侧建设奥林匹克公园。

奥林匹克大道公园建成于2005年5月，面积17.32万平方米。公园的设计以科技奥运、人文奥运、绿色奥运为理念，以休闲健身、旅游观光为特色，通过浮雕墙、雕像、喷泉、历届中国奥运冠军手足印等多种形式展现奥运发展史。

园内建有集速度轮滑、轮滑球、花样轮滑、平地花式等国际标准化轮滑场地和适合不同年龄人群活动的各种球类、棋类等体育休闲配套服务设施。以高25米的巨型抽象海鸥造型为标志性建筑，体现了奥林匹克不断进取、永不满足的奋斗精神，园内建有5674.50平方米的京东第一音乐喷泉。2005年，公园被国家园林协会评为“园林金奖”，成功举办了“米高杯”第21届全国速度轮滑、“米高杯”首届全国少年速度轮滑锦标赛等多项轮滑赛事，成功举办了2008北京奥运会秦皇岛赛区火炬传递圣火回收仪式。

2009年，北戴河区投资1600万元对奥运浮雕墙进行完善，增加第28届、29届奥运会内容。奥林匹克大道公园向世人充分展现百年奥林匹克精神，为居民及游客提供了以奥运为主题的全民健身及休闲娱乐场所。

【老虎石海上公园】 建于1994年（此前为开放式），程思远题写园名，位于著名的北戴河风景区中心，占地总面积3.30万平方米。老虎石在北戴河海滨的中海滩，原是海中的一个近岸礁石，由于海岸抬升而卧踞岸边。组成老虎石的岩石为古元古界混合花岗岩，其三组节理均衡发育，经长期风化剥蚀，易形成形状特异的象形石。此石即因其形状似虎而得名。老虎石又泛指北戴河中海滩一带的礁石群，高低错落，成群而立，巍然壮观。

老虎石海上公园，海水水质优良，环境清幽，自然资源得天独厚，是难得的天然海水浴场。完全具备当今国际海岸旅游的海洋、沙滩、空气、阳光、绿色五大要素。园内设有旅游快艇、脚踏游船、水上球类项目，还设有沙滩排球、沙滩足球，是集参与性、刺激性、文化性于一体的娱乐中心。老虎石西有一座小巧玲珑、颇具情趣的亭子，名曰“望龟亭”。这里还是朝看日出，晚看夕阳日落的佳处。日升时的辉煌壮丽，日落时的熔金耀眼，与大海、青山、街市相映成画。

【联峰山公园】 联峰山公园是北戴河最大的公园，园内有3座松林覆盖的山峰，最高山峰海拔153米，因山势连缀故有联峰之称，山势远眺又似莲蓬，亦称莲蓬山。

联峰山公园是民国8年（1919年），由光绪举人、民国政府代国务总理朱启钤建立的，是秦皇岛地区历史上第一座公园（时称莲花石公园）。1938年的《海滨地方志略》曾集名胜24景，联峰山景区即占14景。自1954年起，这里成为中央领导的暑期办公地。毛泽东、周恩来、刘少奇、朱德、邓小平等老一辈革命家在此留下许多感人故事。

联峰山景区以登山览胜、林中探幽、寻史访踪、氧吧洗肺为特点，是世人瞩目的旅游胜地。公园内有避雨石、瓮石、莲花石、月亮石、狮子石、福地石、试剑石等各有妙趣；古刹“如来寺”“观音寺”“卧佛洞”等古朴壮观；神山景区、百福苑景区、莲花石景区景色迷人。站在主峰望海亭上：早看晨辉染海，晚瞧夕阳西下，南眺沧海，北顾青山，东观市貌，西赏村落，居高鸟瞰，美不胜收。

【北戴河集发生态农业观光园】 集发生态农业观光园隶属于北戴河集发农业综合开发股份有限公司，占地面积100公顷，是一座集观、住、吃、购、玩5大功能为一体的生态农业观光园。该园2002年被评为国家级AAAA农业观光园，2004年被评为“全国农业旅游示范点”，被全国政协等13个部门确定为科技示范、科学引智、科普教育基地。

园内建有世界最长的丝瓜长廊，国内最宽阔的日光温室。植物园可观赏千余种名优花卉，百菜园可感受立体种植、无土栽培等高科技农业的神奇，传统民俗大院再现了二十世纪五六十年代民间生产生活的场景，同时还可在环境独特的农家饭庄品尝原汁原味的农家饭菜。

集发观光园民俗大院占地2.67公顷，

包括“院中园”和“室内表演展示”两大部分。“院中园”以雕塑和可参与活动的形式，展现中国北方农村传统的马拉犁杖耕地、播种、收割、拉大据、石匠做活、辘轳井打水等手工业生产加工劳动场景；“室内表演展示”以手工业纺线、织布、缝补、织渔网、打铁、做木工活、推碾子拉磨、漏粉条、腌制咸菜和老式桌椅、板凳、餐具、瓷器等家庭装饰及生产、生活用具演示，展现农产品加工及其他传统的手工业生产劳动场景，为游客提供亲身体验参与劳动的乐趣，并展出大量的二十世纪五十至六十年代传统的生产和生活器具实物。

民俗大院墙体绘画了24幅中华民族历代尊老、敬老的“煎尝药汤、卧冰求鲤”孝子图解，是教育青少年传承文明、树新风，讲科学，促发展的典型事例。

民俗大院汇集中国北方农村传统的主要农业生产劳动和农产品加工生产场景，创造出一种特殊的环境氛围，让人们重返历史的时空，观赏昔日的农家传统生产、生活情景，品味悠久古朴的农村民俗文化，启迪人们在游乐之中，思源思进，承前启后，勇于创新，建设和谐幸福的生活！

【秦皇岛野生动物园】 建于1995年5月，位于秦皇岛森林公园内，距秦皇岛市中心10千米，是目前中国城市中占地面积最大、森林覆盖率最高，自然环境最优美的野生动物园。1993年经国家林业局批准立项建设，1995年7月建成开放，被河北省和秦皇岛市命名为“科普教育基地”。

秦皇岛野生动物园占地334公顷，充分利用林海、绿地为各类野生动物提供休养生息的乐园，模仿各种动物的原生环境，在充分保护和利用现有资源的条件下，将动物分区隔离散放，营造返璞归真、回归自然的氛围，形成人与自然相融的旅游特色。园内主要建有笼养动物区、猛兽区、非洲动物区、猴区、草食动物区、鸟类区、步行游览区7大展区。动物展区建有猩猩馆、鳄鱼馆、小动物馆、象苑、东北虎园、狮园、白虎园、孟加拉虎园、熊园、幼狮园、长颈鹿馆、猴山、动物表演场、鹿苑、孔雀园、雉鸡园、百花园、涉禽湖、游禽湖等动物苑舍，有国家级保护动物和世界珍稀、濒危动物100余种4000余只。游人或与动物直接接触，或乘车穿梭于各类动物生活小区，人在游车上，车在兽中行，十分新奇、刺激。

【北戴河湿地】 2011年3月25日，国家林业局在北纬39°47′58.43″～39°53′40.4″，东经119°24′6.17″～119°32′10.5″，建立了河北北戴河国家湿地公园，湿地公园总面积306.7公顷，湿地面积164.2公顷。北戴河湿地是国内最大的城市湿地，已发现鸟类20个目61个科的415种（中国鸟类共1329种），其中属国家重点保护动物的有68种。2011年，久违的世界珍禽白鹤、丹顶鹤也开始光临北戴河沿海湿地，被誉为“观鸟的麦加”。 每到春天，北戴河成为国内外观鸟爱好者的盛会，来自世界各地的观鸟人追随候鸟陆续飞抵秦皇岛。近年来，由于生态环境逐年优化，长期在南方生活的棕背伯劳、中国罕见的欧洲鸟类“剑行鸟”和世界濒危鸟类小杓鹬都可以在北戴河见到。

【北戴河博物馆】 博物馆坐落于联峰路东端滨海大道环岛与刘赤路交接处，占地1.20万平方米，建筑面积3750平方米，是以收藏古代艺术品为主的艺术类博物馆。北戴河博物馆拥有中国、日本、朝鲜、韩国及中亚、南亚等国家的古代和现当代艺术品近万件，包括陶瓷、青铜器、漆木器、玉器、石刻、书画、杂项等类。相关专家认为，这些藏品生动形象地反映了亚洲古代文化艺术的发展轨迹。

北戴河博物馆与北戴河区文化局联合举办4项陈列展出，由北戴河区文化局主办的基本陈列地“北戴河历史文化展”；由博物馆举办的两个专题陈列“古代陶瓷艺术展”和“古代青铜艺术展”；引进的特展“石头的史诗——汉代画像石展”。

【北戴河轮滑博物馆】 北戴河轮滑博物馆是亚洲第一座轮滑专项博物馆。位于北戴河奥林匹克大道公园内，建筑面积约721平方米，2008年8月15日正式对社会免费开放。

北戴河轮滑博物馆展出空间分为中央精美厅、世界近现代轮滑发展史、世界现代轮滑发展简史、中国轮滑发展简史、北戴河轮滑风情、轮滑荣誉堂、轮滑运动分项展厅、多姿多彩的轮滑运动等8个陈列厅，以展览鉴赏、体验交流、研究测评、综合服务为宗旨，集权威性、知识性、学术性、互动性于一体，把收藏、展览、研究、测评和宣传教育功能有机结合，形成基本陈列、专题陈列和临时展览互为补充、交相辉映的陈列体系，从多角度、多侧面向公众展示轮滑运动和文化，成为宣传和推广轮滑运动与文化的多功能性综合设施，是全面了解国内外轮滑发展的一个重要窗口。

北戴河轮滑博物馆还负有促进国内轮滑氛围的引导与文化建设，推进公众对轮滑运动的深入了解、加速与国际轮滑发展接轨的重大使命。用丰富的内容为不同层次、不同需求的参观者提供多元化轮滑信息，在展览中充分利用现代高科技手段，以便捷的文化服务为公众提供轮滑文化享受。

该馆收藏近百份珍贵轮滑资料，轮滑展品实物200余件，各类图片500余张。

【秦皇岛鸟类博物馆】 坐落于北戴河海滨鸽赤路，占地面积3.33万平方米，场馆总面积1947.39平方米，展陈面积1650平方米。该馆以收藏鸟类标本为主，多媒体展示鸟类的起源、进化、发展，是集知识性、趣味性于一体的专题科普博物馆。

鸟类博物馆分为3大展区：鸟的世界展区450平方米，湿地与水鸟展区900平方米，4D动感电影体验区100平方米。馆内收藏鸟类标本88种，恐龙骨架化石1架，恐龙蛋化石3组。参观秦皇岛鸟类博物馆的人们可以了解到鸟的起源与分布、鸟的飞翔、鸟的生活、神奇的鸟、鸟与人类、湿地、中国湿地、湿地与水鸟等内容。

农业和农村经济

综　述

【概况】　2013年，北戴河区突出抓好产业项目建设、特色园区打造、扩大对外招商，培植壮大特色产业体系。谋划实施总投资678.8亿元的76个产业项目、基础设施项目和村庄改造提升项目，北部新城建设和赤土山村、太平庄村拆迁改造等一批攻坚项目实现突破。推进农业结构调整，退出大田作物37.67公顷，加快发展蔬果、花卉、苗木等现代高效农业。全区农业总产值10271万元，比上年增长8.10%；粮食总产量5030吨，比上年增长10.80%。实施水系治理二期和农业面源污染防治工程，造林20公顷。家庭承包经营土地面积1436.16公顷，土地流转总面积333.37公顷，流转率达到23.20%；农村集体资产总额16.60万元；拥有农民专业合作社12家，社员总数1104户，辐射带动农户6000余户；创办家庭农场2家，经营面积分别为3.33公顷和2公顷。

【首家家庭农场】　2013年，中央一号文件首次提出"家庭农场"的概念。6月18日，北戴河源兴家庭农场作为秦皇岛市首家家庭农场，在北戴河区甘各庄村成立。农场占地面积约3.33公顷，前期投资200万元，建有2公顷药材种植基地，种植果树及苗木0.67公顷，养鱼池1座，蓄水池1座。计划建设采摘大棚4个、高效设施温室2个。源兴家庭农场从农作物栽培管理、肥料使用、病虫害防治均采用可持续发展的绿色农业种植技术，已基本具备绿色防控、技术保障、节水灌溉、高效种植的绿色家庭农场条件。

【农业产业化建设】　2013年，帮助龙聚森有限公司等龙头企业制定发展规划。全区有省级龙头企业1家，市级以上重点龙头企业8家。实施农业产业化项目8项，完成投资9360万元。其中实施标志性项目5项，完成投资8550万元；实施其他项目3项，均已完工，完成投资810万元。全区农产品加工企业4家，包括北戴河集发农业综合开发股份有限公司，属蔬菜加工类企业；北戴河海鳌之鲜食品有限公司，属粮油加工类企业；秦皇岛市北戴河杨氏肠子肉制品有限公司，属畜产品加工类企业；秦皇岛市北戴河龙聚森食品有限公司，属海产品加工类企业。

【产权制度改革】　戴河镇苏庄村为全区产权制度改革试点。该村有农户172户，人口384人。农用地总面积49.53公顷，其中耕地面积39.53公顷、园地面积3.33公顷、林地面积6.67公顷；家庭承包土地面积39.53公顷，涉及农户103户。目前流转面积1.67公顷，全部签订土地承包合同，发放土地承包经营权证。

种植业

【概况】　2013年，全区主要作物播种面积1037.07公顷。其中玉米499.4公顷、水稻46.93公顷、大豆60.6公顷、甘薯17.8公顷、花生64.4公顷、蔬菜346.67公顷。玉米测产平均亩产592公斤，总产4434吨；水稻平均亩产584公斤，总产411吨；大豆平均亩产291公斤，总产264吨；花生平均亩产270公斤，总产260吨；甘薯平均亩产490公斤，总产125吨；全年粮油作物总产5494吨。蔬菜平均亩产3100公斤，总产16120吨；全年农作物总产预计21614吨。开展苹果蠹蛾的监测工作，未发现苹果蠹蛾。

2013年北戴河区农业主要产品生产情况表

表6

指标			合计			海滨镇			戴河镇		
			2013年	2012年	比上年±%	2013年	2012年	比上年±%	2013年	2012年	比上年±%
农作物总播种面积（公顷）			1107	1017	8.84	15	16	-6.25	1092	1001	9.09
农作物总产量（吨）			29484	27815	6	162	134	20.89	29322	27681	5.93
粮食作物	稻谷	播种面积（公顷）	47	53	-11.32	0	0	—	47	53	-11.32
		单产（公斤/公顷）	9128	8906	2.49	—	—	—	9128	8906	2.49
		总产（吨）	429	472	-9.11	0	0	—	429	472	-9.11
	玉米	播种面积（公顷）	501	392	27.81	13	15	-13.33	488	377	29.44
		单产（公斤/公顷）	8291	8222	0.84	11154	7800	43	8215	8239	0.29
		总产（吨）	4154	3223	28.89	145	117	23.93	4009	3106	29.07
	豆类	播种面积（公顷）	61	60	1.67	1	1	—	60	59	1.69
		单产（公斤/公顷）	4361	4000	9.02	2000	2000	—	4400	4034	9.07
		总产（吨）	266	240	10.83	2	2	—	264	238	10.92
	薯类	播种面积（公顷）	16	18	-11.11	1	1	—	15	17	-11.76
		单产（公斤/公顷）	11313	33667	-66.40	15000	15000	—	11067	34765	-68.17
		总产（吨）	181	606	-70.13	15	15	—	166	591	-71.91
经济作物	花生	播种面积（公顷）	64	74	-13.51	—	—	—	64	74	-13.51
		单产（公斤/公顷）	3469	2986	16.18	—	—	—	3469	2986	16.18
		总产（吨）	222	221	0.45	—	—	—	222	221	0.45
	蔬菜	播种面积（公顷）	418	420	-0.48	—	—	—	18	420	-0.48
		单产（公斤/公顷）	57971	54888	5.62	—	—	—	57971	54888	5.62
		总产（吨）	24232	23053	5.11	—	—	—	24232	23053	5.11

【新品种种植】 2013年，开展旅游蔬菜品种展示试验。新引进旅游蔬菜7大类、19个品种，总种植面积6.57公顷。其中，黄瓜类3个品种0.37公顷，甜瓜类3个品种0.27公顷，番茄类4个品种0.46公顷，茄子类3个品种0.42公顷，菜花（椰叶菜）类2个品种0.2公顷，苦瓜类2个品种0.16公顷，韭菜类2个品种4.67公顷。

农业采摘

【发展农业设施】 2013年，朱庄村、甘各庄村共新建温室46个，占地面积5.13公顷。按照北戴河区农牧局、北戴河区财政局《关于发展设施农业的奖励补助办法》，全区共发放温室奖补资金47.44万元，基础设施配套资金15.4万元，合计62.84万元。

大棚种植

林果业

【概况】 2013年，北戴河区全面实施以生态建设为主的林业发展战略，着力提升商品林、果品、花卉苗木产业增产增收，加强资源保护和科技支撑，发挥林业在实现生态环境可持续发展中的基础和保障作用。全年完成造林任务153.33公顷，栽植乔灌木13.14万株。育苗面积67公顷，产量69.40万株；果树面积395公顷，品种有桃、梨、大樱桃、李子、杏、苹果、草莓、枣、板栗、核桃、葡萄等，全年果品产量达2546吨；花卉种植面积85公顷，年产盆花184万盆，观赏苗木70万株。林业产业总产值达11982万元。

【果品生产】 全区果树种植面积395公顷，品种有桃、梨、大樱桃、李子、杏、苹果、草莓、枣、板栗、核桃、葡萄等，全年果品产量达到2546吨。推广大樱桃管理技术。甘各庄村、拨道洼村栽植的大樱桃已初现成效，聘请果树专家边卫东教授提供技术服务，现场培训大樱桃的浇水、施肥、修剪、病虫害防治等管护技术，培训果农200人次。引进新品种，从山东果树研究所引进矮化脱毒大樱桃吉赛拉6、7、12号500株，在丁庄村果园试验栽植。组织果树种植户及乡镇技术人员赴其他县区参观学习。

【果品安全】 制定果品安全方案，明确监管范围，落实到相关村、果园、农户。自3月份开始，对果树种植重点村进行果园巡查，每周不定期检查果农施肥、打药等投入品施用情况。累计出动车辆59辆次、236人次，检查企业、基地、合作社各1个，农户1340户，未发现使用高毒高残留农药。从集发果品采摘基地、费石庄村果园、太平庄村果园、刘庄市场、北四路市场随机抽取上市的鲜果桃、油桃8个样本，涵盖集发、费石庄、太平庄、崔各庄、东坨头5个果品种植重点村（基地），送到河北省果桑花产品质量监督检验站进行农药残留检测，检测结果全部合格。

【花卉生产】 全区花卉种植面积85公顷，年产盆花184万盆。品种有矮牵牛、萱草、鸢尾、串红、万寿菊、紫松果菊、景天、金山绣线菊、金叶薯、三色槿等。主要用于本区绿化。

【造林绿化】 在甘各庄村东、京山铁路两侧、城际快速路两侧、新河南侧、崔各庄村北等地点，实施沿海防护林工程，完成绿化造林153.33公顷，栽植速生杨、桃树、金丝垂柳等13.14万株，初步核查成活率达到90%。在崔各庄村、苏庄村、甘各庄村、谢李庄村的道路、河边等四旁零星栽植速生杨0.70万株，成活率在95%以上。

【农村绿化】 根据《秦皇岛市农村面貌改造提升行动绿化方案》要求，对各行政村居内绿化的乔灌木、树种、绿地栽植的花草现状进行调查、统计，科学制定未来三年《农村面貌改造提升绿化实施方案》。完成2013年度的10个重点村村庄绿化，达到省级验收标准。

【林政管理】 2013年，北戴河区依法办理"林木采伐许可证"39份，采伐树木61774株，采伐总蓄积7995.28立方米。其中，人工商品林更新采伐38份，采伐树木61694株，采伐蓄积7981.81立方米；人工商品林抚育间伐1份，采伐树木80株，采伐蓄积13.47立方米。办理"木材运输证"36份，共计蓄积971立方米。

（郑桂敏　张磊）

畜牧业

【概况】 2013年，全区畜牧业产值为5891万元，比上年减少32.10%。全区肉、奶、蛋产量分别达到573吨、1085吨、2572吨。生猪存、出栏分别达到2100头和4449头，比上年减少13.93%和增长18.67%；奶牛存栏981头，比上年减少10.41%；肉牛出栏34头，比上年减少15%；羊存、出栏分别为1227只和1162只，分别比去年增长45.55%和4.78%；禽存栏约11.94万羽（其中蛋鸡存栏10.82万羽），禽出栏约14.75万羽（其中肉鸡出栏4.64万羽），分别比上年增加13%和6.30%。

2013年北戴河区牧业主要产品生产情况表

表7

单位		合计			海滨镇			戴河镇		
		2013年	2012年	比上年±%	2013年	2012年	比上年±%	2013年	2012年	比上年±%
一、肉类产量	吨	573	531	7.90	48	53	−9.43	525	478	9.83
二、当年出售和自宰肉猪	头	4449	3749	18.67	592	605	−2.15	3857	3144	22.68
猪肉产量	吨	330	291	13.40	41	45	−8.89	289	246	17.48
三、当年出售和自宰羊	只	1162	1109	4.78	52	53	−1.87	1110	1056	5.11
羊肉产量	吨	15	16	−6.25	0	1	—	15	15	—
四、禽肉产量	吨	221	202	9.41	0	1	—	221	201	9.95

续表7

五、牛奶产量	吨	2572	2113	21.72	264	200	32	2308	1913	20.65
六、绵羊毛产量	吨	0.78	0	—	0	0	—	0.78	0	—
七、禽蛋产量	吨	1085	1248	-13.06	205	95	115.8	880	1153	-23.67
一、大牲畜年末存栏	头	1040	1182	-12.01	51	55	-7.27	989	1127	-12.24
1.牛	头	981	1095	-10.41	49	53	-7.45	932	1042	-10.55
其中：乳牛	头	971	1076	-9.76	49	51	-3.92	922	1025	-10.05
2.马	匹	1	23	-95.65	0	0	—	1	23	-95.65
3.驴	头	54	46	17.39	0	0	—	54	46	17.39
4.骡	头	4	18	-77.77	2	2	—	2	16	-87.50
二、猪年末存栏	头	2100	2440	-13.93	432	474	-8.86	1168	1966	-15.15
三、羊年末存栏	只	1227	843	45.55	94	96	-2.08	1133	747	51.67
四、家禽年末存栏	羽	119430	105644	13.05	7790	15105	-48.43	111640	90539	23.31

【畜禽品种改良】 至年末，全区奶牛冻精人工受精配种793头，使用冻精1222支，繁育优种奶牛177头；生猪改良配种795头，累计产仔8180头。羊改良配种646只，累计产仔734头。全区畜禽优良品种覆盖率达到95%。

【重大疫病检测】 组织实施春、秋季重点动物疫病集中强制免疫工作并及时进行查漏补针。全区累计口蹄疫免疫猪2700头，牛1820头，羊1760只，均完成应免数的100%；高致病性禽流感免疫家禽23.78万羽，均完成应免数的100%；高致病性猪蓝耳病免疫完成2920头次，占应免数100%；猪瘟免疫完成2920头次，完成应免数100%，鸡新城疫完成25万羽，完成应免数的100%。加强规模场和散养户防疫档案建立和二维码动物耳标佩戴工作。17个规模养鸡场、5个规模养猪场和1个规模奶牛场全部建立规范的免疫档案；共发放猪耳标2600套、牛耳标600套、羊耳标450套。防疫档案建档率、免疫合格证发放率、免疫耳标佩带率均达100%。累计监测禽流感和鸡新城疫血清样品90羽份、双腔棉拭子40份、野鸟粪便30份、鸡蛋50枚、亚洲I型口蹄疫血清样品头70份、A型口蹄疫血清样品70头份，结果全部符合标准。完成牛羊布病检测1260头份，奶牛结核病检验636头份，对检测结果不合格的牲畜全部按照相关技术规程进行无害化处理。

【重大疫病防范】 动物标识及疫病可追溯体系建设工作初见成效，电脑录入牲畜耳标管理基础信息、规模猪场信息，实现耳标的网上订购和管理。防控信息报送及时到位，加强对网络传输管理，确保动物疫情网络传输报告及时，数据和情况报告准确，传输到位率月月达到100%。对辖区内畜禽养殖情况进行摸底调查，造册登记。普查所辖25个行政村的92个畜禽养殖场（户），普查2700头猪、1020头牛、900只羊、11.3万羽家禽，未发现口蹄疫、禽流感、猪瘟、猪高致病性蓝耳病、鸡新城疫等重大动物疫情。每季度组织人员进行畜禽死亡情况调查，畜禽死亡率均在正常范围内。

【动物防疫】 全年订购高致病性禽流感疫苗50万毫升，鸡新城疫疫苗30万毫升，猪口蹄疫苗5万毫升、牛羊口蹄疫苗7万毫升、猪瘟疫苗5万毫升，结核菌素2300头份、狂犬病疫苗500只份。及时订购免疫档案、动物免疫合格证和免疫耳标等。召开2次村级动物防疫员及养殖场技术员防疫技能和有关法规培训，参加培训人员100人。完善疫情报告和应急处置工作，在重大动物疫病高发季节，实行24小时值班制度，对区域内出现的动物发病及死亡病例及时监测、摸排。制定《北戴河区突发重大动物疫情应急预案》。

【动物类食品质量安全整治】 开展瘦肉精专项整治活动。对全区肉牛、肉羊、生猪养殖户进行拉网式排查，抽检尿样，用快速检测试剂卡现场检测克仑特罗、莱克多巴胺、沙丁胺醇，排查养殖场（户）111家次、市场120个次，检测尿样1644批次、肉样157批次，全部阴性。监督检查4个规模化肉用动物养殖场投入品使用情况及其档案记录，未发现使用、藏匿“瘦肉精”行为。落实瘦肉精监管长效机制，落实定期监督检查和定期抽检制度，实施瘦肉精检测与产地检疫同步制度。“两节”期间监督检查肉鸡养殖场3家，未发现贮存或使用违禁添加剂行为，在肉鸡饲养过程中均能做到严格按照规定执行休药期制度；按不低于肉鸡养殖户数10%的比例抽样检测肉鸡饮用水，抽检比例100%，抽检肉鸡水槽中饮水样品4批次，进行氯霉素、磺胺残留检测，结果全部合格。加强奶站监督管理，每月对际牧牛业奶站进行6次现场检查和隐患排查。对在检查中发现的养殖档案记录不及时等隐患提出整改意见。5月15日—6月18日，开展肉及肉制品专项治理行动，以打击注水肉、假冒牛羊肉、病死畜禽等各类有毒有害肉制品违法行为为重点，通过严格产地检疫，加强对养殖场的监督检查，重点查处非法使用禁用物质、滥用抗生素、出售病死动物等措施，在养殖环节、收购贩运等关键环节实施全面排查。排查养殖场户65家次，未发现非法使用禁用物质、滥用抗生素、出售病死动物行为。

【兽药残留超标专项整治】 开展养殖环节畜禽产品兽药残留专项治理专项监督检查2次，出动监管人员86人次，检查规模养殖场30个次、奶站6家次，未发现超剂量超范围用药、不执行休药期及滥用抗菌药，违规使用原料药、人用药品和抗生素滤渣的行为；使用的含有饲料药物添加剂的饲料产品执行休药期规定，在出售供屠宰的畜禽和畜禽产品时按休药期规定，更换不含药物饲料添加剂饲料。出动执法人员50人次，开展拉网式监督检查行动，对辖区内的养殖场（户）等生产经营主体进行拉网式检查，重点检查中小规模养殖场，未发现不落实质量安全制度及非法生产使用“瘦肉精”、贩卖、宰杀含“瘦肉精”活畜等行为。以规模养殖场（户）育肥后期生猪、肉牛和肉羊为重点，采取例行监测与监督抽检相结合的方式，开展“瘦肉精”监测，检测尿样156批次，全部合格。全区20个达到备案规模标准的畜禽养殖场（小区）技术人员进行安全用药知识培训。定期对其养殖档案进行检查，重点检查养殖档案是否建立、是否完整规范、用药记录与药房所存放药品实物是否相符，并填写监督检查记录。全区20个达到备案规模标准的畜禽养殖场全部建立养殖档案，建档率不低于80%。全年累计应用“瘦肉精”速检卡检测尿样1644批次、肉样157批次，生鲜乳样品81批次、饲料样品4批次，全部合格。完成市农牧局下达的动物产品、兽药、饲料送样任务，累计送样17批次。

【动物及动物产品检疫监督】 加强动物及动物产品检疫监督。落实动物卫生监督工作责任制，按照官方兽医包场、包片制度，“谁检疫谁监管谁负责”的责任制，官方兽医等执法人员与动物卫生监督所签订《动物卫生监督工作责任书》，明确负责责任区（场）的动物卫生监督管理工作、产地检疫、动物防疫条件的审核和监管、负责无害化处理监管以及瘦肉精监管工作。严格执行出栏动物产地检疫与瘦肉精检测同步制度，要求达到备案规模的动物养殖场，填写《动物“瘦肉精”自检合格报告书》；对达不到备案规模的动物养殖场（小区、户），在动物出栏前，填写《未添加使用“瘦肉精”保证书》。至年末，养殖户产地检疫申报64批次，受理检疫64批次。检疫合格生猪32批次（378头）、鸡28批次（4.67万羽）、牛1批次（7头）其他3批次。出动人员118人次，监督检查经营动物产品的超市、肉类市场48个次，检查动物产品714吨，未发现违法经营行为。严密防控动物H7N9亚型禽流感。加大监督巡查力度，强化对活禽交易环节的监管，取缔活禽现场宰杀行为。指导养殖场户做好畜禽饲养的封闭管理，禁止畜、禽混养，减少家禽与野鸟接触，严格控制饲养人员、物品的流动。针对家禽养殖场和候鸟栖息地区全面开展消毒灭源，累计消毒面积60万平方米。

【病死动物专项整治】 由官方兽医严把检疫关，对检疫不合格的严格按照规定监督货主进行无害化处理。对养殖环节实施监管，对存出栏动物数量差异大并说不清原因的养殖场户列入黑名单，重点监管。加强无害化处理的监管，监督无害化处理病死动物595头（只）。

【动物检疫电子出证试点工作】 6月始，实施动物检疫电子出证试点工作。依据省农牧局制定的《市、县级动物检疫电子出证项目建设标准》，北戴河区完成了包括电子出证在内的动物卫生监督机构信息化、执法监督以及快速反应系统配套建设等建设内容的试点工作。建设动物检疫电子出证信息管理平台；购置检疫申报点电子出证终端设备及动物检疫移动电子出证设备，区财政投资11万元配置台式电脑2台、针式打印机2部、笔记本电脑2部以及车载逆电器等设备；对5名官方兽医开展动物检疫电子出证系统培训。

【规模化养殖场管理】 为落实北戴河及相邻地区近岸海域环境综合整治工作，对全区13个项目单位（包括22个养殖场）列入清洁养殖工程项目，实施综合整治的养殖场进行监督检查，其中4个重点整治场列入2013年续建项目。13个项目单位计22个养殖场的储粪池、污水沉淀池、化尸池等粪污处理主体工程全部正常运转。

【暑期动物产品质量安全监管】 做好暑期特供鲜奶及鲜鸡蛋的过程监管 6月29日开始，按照奶牛饲喂及生产时间周期，每天有2名监管人员在早3点至晚6点之间轮流值班，负责对专用供奶牛的日常饲养管理、饲料及兽药等投入品使用、防疫制度及消毒制度的执行和早晨机械挤奶的操作以及冷链运送等生产、运输过程实施全程监管。建立健全监管工作日志。每天单独安排2名工作人员负责押运，保证特供奶在低温条件下运输。累计安全供奶65天，供应鲜奶9.65吨。按照监管制度对规模养殖场实施监管，加大暑期特供鸡蛋养殖场养殖环节投入品监管检查频次，对暑供蛋鸡养殖场的动物防疫条件、重大动物疫病防疫、饲料、饲料添加剂和兽药等投入品使用情况每周检查一次。

特供动物产品的质量安全监测 每天有2名专职人员，对特供鲜奶的乳质成分常规指标，猪肉的瘦肉精残留，禽肉、兔肉（包括海蟹）等动物产品的兽药残留实施快速检测。累计检测12类产品343批次，其中检测奶样乳质成分常规指标65批次，检测猪肉盐酸克伦特罗、莱克多巴胺和沙丁胺醇等瘦肉精残留62批次，检测禽肉、兔肉（包括海蟹）等动物产品的兽药残留166批次，全部合格。完成省、市涉及暑期动物产品送检任务。向市质监站送检样品9批次，其中鸡蛋2批次、生鲜乳样品5批次、饲料样品2批次，全部合格。

水产业

【概况】 北戴河区海岸线长23千米，有渔业船舶97艘，其中隶属于公司长期在外地停泊作业的捕捞渔船17艘。其余80艘均在本地停泊作业，其中73艘渔业捕捞船舶，7艘岩礁养殖船舶，另有300余艘无证船舶分布在沿海一线。海水养殖面积51公顷，淡水养殖户27家，养殖面积33公顷，全年海洋捕捞总产量1210吨。海水养殖总产量10吨，淡水养殖总产量40吨。监督检查水产品食品安全，抽检淡水鱼样品85份，牙鲆、大菱鲆等养殖海产品样品12份，全部合格。

2013年北戴河区渔业生产情况

表8

单位		合计			海滨镇			戴河镇		
		2013年	2012年	比上年±%	2013年	2012年	比上年±%	2013年	2012年	比上年±%
一、水产品总产量	吨	1260	709	77.72	710	672	5.65	550	63	773.01
其中：海水产量	吨	1220	669	82.36	700	662	5.74	520	3	17233.33
淡水产量	吨	40	40	—	10	10	—	30	60	−50.00
（一）捕捞产量	吨	1210	657	84.17	690	650	6.15	520	3	17233.3
其中：鱼	吨	580	290	100.00	325	287	13.24	255	1	25400.00
（二）养殖产量	吨	50	52	−3.85	20	22	−9.09	30	60	−50.00
其中：鱼	吨	40	40	—	10	10	—	30	60	−50.00
二、养殖面积	公顷	84	84	—	60	60	—	24	24	—
（一）海水	公顷	51	51	—	51	51	—	0	0	—
（二）淡水	公顷	33	33	—	9	9	—	24	24	—

【渔船管理】 2013年，检验渔业捕捞船舶73艘（其中新造渔船初次检验13艘）、养殖船舶7艘，检验率达到100%。对全区的“三无”（无船名船号、无渔船证书、无船籍港）渔船逐一造册并登船采集数据，查看“三无”渔船320艘。

【渔港基础设施建设】 2013年，投资78万元将码头岸线损毁严重的木平台更换为混凝土平台，对港区实施绿化，改善渔港整体环境。借助国家海洋局北海分局海水水质监测站项目建设，新建60平方米的渔港值班室，改善执法人员工作环境。

【治理船舶非法载客】 设立治理船舶非法载客宣传文化石，提醒广大游客不要乘坐渔船出海。向重点船船主宣传载客行为危险性与违法性，要求其签订“承诺书”，承诺不利用渔船载客观光游览。暑期期间，安排9名协管员与本单位工作人员和渔政执法人员组成值勤小组，全天在金山嘴、黑石窟、省办浴场等重点部位进行定点监管，重点查处船舶非法载客行为和劝阻游客不要乘坐渔船出海。在海上重点海域租用3艘船舶24小时监管，形成海陆一体的监管局面。年内未发生船舶非法载客现象。

【渔船渔港噪音治理】 清明节、“五一”、端午节及暑期封闭戴河口渔港期间，除公务船舶以外，任何船舶未经批准严禁进出渔港。海洋局防赤潮船舶，有任务时提前向市暑办申请，噪音治理值班室接到区暑办转来的市暑办的通知后，方可发动船舶。渔业行政执法人员、边防干警及9名协管人员对戴河口渔港进行24小时不间断监管。冀北渔养00085船在戴河口渔港外24小时监管，负责监控渔港周围近海噪音情况，发现问题，渔业行政执法人员乘坐冲锋舟及时处理突发情况。投资140万元，将全区73艘渔业捕捞船舶全部集中到戴河口渔港统一看管，在海蜇及刺网开捕期间均严禁其出海作业。养殖船舶进出渔港严格执行报告制度。对中央警卫团、海警部队、市农业局渔政船及海监执法艇进出渔港情况进行实时记录，以备查阅。完成暑期渔船渔港噪音治理工作。

【水母捕捞工作】 暑期期间水母（俗称海蜇）大规模爆发，为给游客创造良好安全的浴场环境，区农牧局按照区委、区政府统一部署，7月28日起每天4时30分至9时、15时30分至18时30分租用无动力船舶在区沿海浴场开展捕捞水母作业。截至8月23日，全区共出动船舶952艘次，组织人员872人次。捕捞各类水母（主要品种为沙蛰、海月水母）14.13万千克，水母密度明显下降，完成捕捞水母任务。

（张福林）

水务管理

【概况】 2013年，北戴河区水务局认真开展防汛抗旱、城市节水、农村饮水、农田水利建设、水政执法、移民等各项工作，全年争取市以上资金1600万元，编发8期《防汛快报》。

【水利工程】 北戴河区水系治理二期工程对戴河、新河部分河段及10条排水沟进行清淤、护岸、护底。于5月10日开工，已全部完工。

蔡各庄新河生产桥工程　投资50万元对原有生产桥实施桥面加宽、桥墩加固等加固改造措施。于5月2日开工，7月1日完工。主要实施淤泥及土方822立方米，混凝土129立方米，砌石356立方米。

节水灌溉工程　项目位于集发生态农业示范观光园内的戴河两岸，建设面积33.33公顷。于2013年11月开工，12月完成。投资约167万元。

【防汛抗旱】 落实防汛工作“一把手”负责制，调整防汛抗旱指挥部成员，明确区政府领导包重点度汛工程及相关部门、镇街工作职责，形成“五级联动”的防汛责任体系，实现全区防汛工作网格化管理。完善各项防汛预案，编印《北戴河防汛抗旱管理工作手册》。开展汛前大检查，消除隐患。对区内2条主要河道、5座中型水闸、6座小水库、7条城市排洪沟、4处危房居民区进行多次检查，对281医院桥头家属院、西经路老三河一带、草厂水库下游西山花园段排水不畅及道路收水设施堵塞等问题，责成相关单位加强管理，落实应急度汛方案。加强2座病险水库（丁庄北水库、崔各庄水库）巡查，确保行洪通畅、水库度汛安全。汛期前完成2吨铅丝、5000条编织袋、500把铁锹、31辆抢险车、6只抢险船只的储备工作，建立10支、900余人的应急抢险队伍，确保物资随用随取，人员随叫随到。

防洪工程建设　投资约90万元实施大薄荷寨片区应急度汛工程，主要包括：铺设管径1.2米混凝土管200米；穿海宁路顶管36米，管径1.05米；3个路口修建暗渠50米；新建沉沙池3处。于7月15日完工。

【河道清淤】 修订《北戴河区河道保洁实施方案》《雨后保洁应急预案》，启动河道捞漂保洁运行机制，严格落实沿海沿河排水沟（口）管理责任分解要求，清捞队伍、巡查队伍、船只、运载车辆全部上岗到位，责任到人，对戴河7个清捞河段、新河6个清捞河段实行无缝式对接，全线捞漂清理外运作业。对河道内养殖地笼、拦渔网等非法捕鱼设施进行集中清理和收缴。清捞外运垃圾2000立方米，收缴地笼230米。

【移民工作】 开展水库移民核查，全区核定登记移民213户、498人，分布在两镇23个行政村。其中,海滨镇6个行政村28户、60人（其中包括现役军人1人）；戴河镇17个行政村185户、438人（其中包括甘各庄村商××离婚孩子1人、失踪未证明死亡4人），核减2人（死亡）。第一、二季度大中型水库移民后期扶持资金应发15.03万元，实际发放500人（服兵役1人），共计15万元。

【水利普查】 开展第一次全国水利普查。主要对北戴河区境内所有江河湖泊、水利工程、水利机构以及重点社会经济取用水户。此次普查于2013年底基本完成，普查阶段全区共下发普查表591张，收回普查表591张。普查表填报责任单位582个，个人591人。水库工程6座,小（2）型水库6座；水闸工程6座；泵站工程2座，全部为小型泵站；居民用水调查共计100户，其中典型城镇居民用水调查41户、典型农村居民用水调查59户；灌区用水调查1处；规模化畜禽养殖场用水调查0处；公共供水企业用水调查1处；工业企业用水调查80个；建筑业与第三产业用水调查85个；河湖取水口普查7处；河流治理保护情况3处；入河湖排污口普查0处；水蚀野外调查0处；水利行业能力建设情况5处，其中水利事业单位2个、水利企业3个；灌区普查1个；规模以上机电井147口、规模以下机电井人力井18口；规模以上地下水水源地0处。

（杨洪亮）

工 业

综 述

2013年，全区有规模以上工业企业10家，涉及通用设备制造、金属制品、造纸及纸制品业、化学纤维制造业、专业设备制造业5大类，主要产品有机械设备、阀门法兰、型材铝材等。全区规模以上工业企业累计实现工业增加值3.17亿元，比上年增长0.30%；累计实现工业总产值3.83亿元，比上年下降12.80%；累计实现主营业务收入3.54亿元，比上年下降10%；利润总额-443万元，比上年下降213.55%；税金总额520万元，比上年下降12.77%；亏损面50%，亏损额598万元。

民营企业

全区有民营经济单位10744个，比上年增长16.11%；民营经济增加值实现26.66亿元，比上年增长6.50%，占全区GDP的68.49%，比重较上年增长0.99个百分点；实际上缴税金完成59818万元，比上年下降12.18%，占全部财政收入的67.05%，比重较2012年减少10.01个百分点；民营从业人员30643人，比上年增长9.35%，占全社会第二、三产业从业人员的56.56%，比重较上年增长3.79个百分点。

企业帮扶

做好扶持企业政策解读。对国家、省、市有关部门在2011—2013年密集出台的扶持中小微企业发展的系列优惠政策进行整理汇编成册发送希望企业，累计下发200余册。加强基层企业调研。上半年深入17家小微企业调研，对有关微利企业、高新技术企业等优惠政策及各类专项资金申报进行解读宣传，了解企业日常税费负担情况，征集企业技改项目、信息化项目、节能项目，与企业就服务需求、培训需求、信息化需求等进行对接。下半年深入工业、商贸、文化、旅游等行业40家企业进行走访调研，听取企业负责人关于进一步加大政府政策扶持力度、优化发展环境、扶持做大做强本土企业等方面提出的意见和建议，对影响企业发展的土地、资金、市场、人才等问题进行详细梳理，形成调研报告。5—7月，以“解决企业实际困难”为中心，以“扩市场、破瓶颈、减负担”为主题，开展产需衔接、要素协调、银企对接、减轻负担等重点帮扶活动，帮助企业解决实际困难，改善经营状况。2013年，北戴河区有大开电子、杨氏肠子、玉山食品等7家企业列入市级重点扶持小型微型企业，作为各级中小企业发展专项资金扶持、政策倾斜和金融支持的重点，加大帮扶力度，促进帮扶小微企业不断发展壮大，成为引领全区经济发展新的增长点。

落实惠企措施

2013年，办理减免税1491万元，出口退税358万元，企业固定资产进项税额抵扣增值税113万元；发放小额担保贷款11405万元；落实农民专业合作社资金、燃油补贴、农机补贴等各项补贴400余万元；协助企业获得省、市、区级各类扶持资金200余万元。

培训学习

积极开展人才对接交流，组织兰德科技有限公司、隆达润滑技术研发有限公司等企业参加网上百日招聘高校毕业生活动和中小企业中高级专业人才招聘会。组织杨氏肠子有限公司、龙聚森、新港阀门、吉马包装等企业经理参加在石家庄举办的两期管理转型升级公益培训，就提升企业执行力、市场营销管理、企业全信息化管理等内容接受免费培训、咨询和“望闻问切”式诊断。组织鑫龙、鑫融汇两家担保公司参加在北戴河、西宁、石家庄举办的担保机构高管及监管人员三期培训班，提高担保业务及各部门监管能力。组织聚源、吉马、龙聚森、兰德等企业参加工业对标暨企业团队战略执行专题讲座及河北省两化深度融合促进工业转型升级巡回培训，学习企业战略与执行、成长型企业管理以及两化深度融合基本知识和两化深度融合促进转型升级的主要途径、企业两化融合发展水平评估等专业知识。

企业融资

推进政银企合作，联合区邮政储蓄银行、建行等银行机构对企业资金缺口进行细致调查，与符合国家产业政策、有市场、有效益的企业开展点对点式的对接合作，有效解决银行和小微企业信息不对称问题。严格监管、规范发展融资性担保机构，鼓励引导区内鑫龙、鑫融汇两家担保机构以及区外实力强的担保机构为该区企业提供融资担保。在2013年财政预算中单独设立中小企业发展及技术改造专项资金500万元，重点支持现有企业技术改造，提高自主创新能力，开发优质产品。

创业辅导基地建设

按照《河北省中小企业创业辅导基地评价认定办法》，规范基地的运营和管理，完善基地服务功能。使“文化创意辅导基地”“旅游纪念品创业辅导基地”达到四星级创业辅导基地标准。

工业运行调度分析监测及民营统计

对全区规模以上工业企业进行跟踪调度，及时掌握其运行动态并进行监测分析。全面掌握北戴河区在全市占位，做好工业运行月度统计及行业分析，促进全区工业经济平稳发展。及时发现全区工业运行工作中苗头性问题，并做到及时汇报及时解决。

模头机检测调试

全民创业攻坚年活动

2013年，出台《北戴河区“全民创业攻坚年”活动实施方案》。按照方案要求，将全区及各部门承担的攻坚目标按年度进一步细化分解；成立专门机构，配备专门人员，将全民创业活动逐项落实到位。

企业荣誉

2013年，兰德科技有限公司获“河北省信息产业与信息化诚信企业”称号，兰德科技的“太阳能供暖及自动控制系统”被鉴定为国内领先水平，吉马包装被评为市级2012年度工业企业对标示范企业，金风帆总经理李晓波被评为秦皇岛市第六届创业先锋。海鳌之鲜食品有限公司的海鲜系列速冻饺子被评为河北省中小企业名牌产品；龙聚森食品有限公司香辣鱼等系列休闲食品被评为河北省优质产品；集发农业综合开发股份公司被评为河北省标准化良好行为企业；秦皇岛佳泽文化传播有限公司通过质量体系认证；兰德科技公司成立“秦皇岛市智能传感器工程技术研究中心”，铸业达机械设备有限公司成立“秦皇岛市精密铸造工程技术研究中心”。

（徐月兰）

经济技术开发区

综　述

全年引进内资34.72亿元，比上年增长27.30%，实际利用外资2085万美元，出口总额871万美元，超额完成市定内、外资和出口目标任务。各类企业实现税收4.32亿元（剔除天业通联、博硕光电、中油沥青、宣亚广告、新潮流和部分房地产企业外迁因素略有增长）。实现工业增加值3.65亿元，比上年增长0.60%，其中规模以上工业增加值完成3.17亿元，比上年增长0.30%；实现主营业务收入163.40亿元，比上年增长5%；实现固定资产投资13.20亿元，比上年增长10.50%。

对外开放

瞄准京津“中”字头的大企业、大集团，拓展与北京CBD的战略合作，参加“百家名企进秦皇岛”“百家央企进秦皇岛”“百家外企及港澳台侨企业秦皇岛行”等系列招商活动，实施“20家央企、20家民企、20家外企”进北戴河战略。落实招商引资引税责任制，修改完善鼓励投资和设立总部企业的扶持政策及中介人奖励办法，加强两库一网建设，激励全员“走出去”，参加香港、厦门、上海、廊坊等地招商会，综合运用小团组招商、利暑招商、以商招商、委托招商、网络招商等招商方式，大力引进煤炭、钢材、铁精粉和商贸企业，全年引进郎玉实业、方华能源等新项目63个，其中亿元项目2个，千万元以上项目15个。

项目建设

新华创投企业总部基地项目签约并完成公司注册和2470万股股权转移，香港胜威国际公司成功并购中源工贸，中运集团物流总部、中油华通、中矿集团等一批项目落地。隆基泰和实业集团商贸物流中心项目签约，神州数码信息产业园、北京恒丰易盛文化艺术品交易中心及国贸企业总部、总部基地控股集团总部基地、香港永盛影视、中植集团、国韵文化、天房集团等一批重大战略项目进展顺利。

主导产业发展

实施重点税源企业责任分解，落实县级领导和部门包企业制度，建立企业服务台账，对中油华奥、中油东奥、天洋地产、三发保险代理等纳税大户实施保姆式服务，及时为浩通能源、中燃能源、和嘉物流等企业办理一般纳税人，兑现企业扶持发展资金4305万元，帮助企业拓展市场、加快发展。全年总部企业实现税收2.66亿元，占全部税收的61.60%，对经济增长发挥重要作用。

企业科技创新

深入开展企业调研，抓准现有企业增长点，促进银企、院企合作，有针对性地加大扶优、扶强、扶新力度，鼓励有能力的企业拓展生产性服务业和申报服务外包企业。中油华奥、中油东奥等大户税收逆势不减，大开电子等7家企业列入市级重点扶持的小微型企业，兰德科技2项自控系统通过专家鉴定，吉马包装引进德国技术提质上档，新港阀门试制新项目，服务外包企业增至14家。

环境建设

推进扩区规划调整，争取恢复4平方千米产业用地。研究开发区向高新技术产业园区转型升级。申报省级文化创意产业园区，争取文化创意产业政策支持。充分利用休疗资源，协调二炮休养所总部和文化企业办公用房，推进休疗单位与大型企业合作，搭建引进央企总部的新平台。成立信息产业园区管委会，推进园区二期建设，加强入园企业规范管理。实施重大项目领（帮）办、“立即办”“上门办”等创新服务工作，开辟“绿色通道”，为投资者提供“一对一”全程业务代办。实行企业安静生产经营日制度，规范执法检查。帮助隆达润滑、阜新电力等企业协调解决土地、规划等遗留问题。强化路灯、管网、有线电视等基础设施维护和管理，实施全天候保洁，开展“我为园区添美丽”环境卫生清理活动。

节能减排

实施能耗对标、合同能源等能源管理方式，加强节能管理，制定重污染天气应急预案，大力推进节能减排，严格实行排污入网，大力提倡清洁生产，单位GDP能耗下降2.73%。

和谐开发区

开展“平安北戴河”“文明北戴河”创建活动，统筹推进安全生产、综治维稳、精神文明和节能减排等项工作。高度重视安全生产，以全国安全生产迎检工作为契机，开展“安全生产法人承诺践诺行动”，完善安全监管和突发应急体系，顺利通过国家和省、市安检。认真排查化解矛盾纠纷，做好重点部位执勤、巡查和防汛工作，开展民兵基层组织建设，推进警企联动，开展铁路护路、打非治违和“双清”专项治理，维护社会稳定，确保中共十八届三中全会召开期间和暑期安全。加强思想道德和社会规范教育，开展“六五普法”“五个一”建设活动，发挥工会、共青团、妇联等群团组织的桥梁作用，丰富企业职工文化生活，积极推进企业吸纳失地村民就业，帮助企业规范劳动关系，全面推进精神文明建设，连续被评为“市级文明单位”。

（王伟）

商贸流通业

综　述

【概况】　市场环境建设不断完善，城乡居民生活水平提高，消费品市场繁荣，居民消费逐步提升。旅馆、饭店等服务行业市场尤为活跃。个体工商业发展迅猛，至年末，全区有个体工商户9692户，其中新增1234户；有私营企业1228户，其中新增145户。全年实现社会消费品零售总额44.51亿元，比上年增长13.40%。

【对外贸易】　积极搭建以开发区为主导，特色园区为补充的“一区多园”发展格局，全年批准内资项目63个，累计引进内资34.72亿元，完成市定目标任务的112%，增长27.30%；实际利用外资2085万美元，完成市定目标任务的104.30%；进出口总额完成871万美元，完成市定目标任务的104.90%。

市场建设

【市场管理】　引导企业调整产品结构，开发适销对路商品，引导消费结构升级。组织杨氏肠子肉制品有限公司、龙聚森食品有限公司、集发股份有限公司等企业参加省、市展销会，拓展商品服务信息，引导、培育和发展定制类消费，鼓励商贸企业活动，与区情区史相结合，开展文化商品促销，禁止虚假广告宣传，保障促销商品质量。年内，在车站村建成5000余平方米超市1座。

【安全监管】　制定《2013年安全工作实施方案》，将安全生产的目标责任落实到人。结合“安全生产月”活动，制发安全生产知识宣传资料1000余份。在较大商场、超市有针对性进行火灾逃生方法应急演练、安全生产知识的培训、安全生产意识教育、安全器材的使用，提高企业安全生产工作指数，餐饮场所燃气安全整治工作顺利进行。4月，对全区非星级宾馆、酒店，饭店、火锅店、烧烤店等200余家餐饮企业负责人，进行燃气安全使用相关规定和操作规程培训，填写《餐饮场所燃气安全专项治理行动自查情况登记表》，强化安全意识。7月，对区内非星级宾馆进行预防海蜇蛰伤宣传，发放提示卡51份。开展安全生产大检查活动，出动执法人员66人次、执法车辆22辆次、检查企业80余家次，下发安全生产大检查告知书、明白卡10份，收到企业安全大检查承诺书10份，有效排除各类安全事故隐患，各商贸流通企业安全生产规范有序，确保全年安全生产“零”事故。

石塘路市场青年志愿者商户

商贸行业管理

【酒类市场管理】 2013年，北戴河区全面实行酒类流通管理许可和经营备案登记制度，所有批发企业均办理备案登记，发放“酒类零售许可证”101份，检验批发许可证9份。专项整顿散装酒市场，摸清全区散装酒经营的基本情况、规模、分布、数量等，造册登记，对不符合规定要求的用户责令停止经营立即整改。规范使用酒类流通随附单，做到单随货走，单货相符，加强对酒类零售许可证和“禁止向未成年人售酒”标志的管理。打击经销假冒伪劣酒类商品的行为，严厉查处无证批发、无酒类流通随附单和销售假冒伪劣酒行为。全年实地检查336人次，出动车辆96辆次，对19户酒类经营者进行立案调查，罚款1.80万元，打击非法和违规经营，确保酒类市场安全。

【成品油管理】 2013年初，对全区10个成品油零售企业加油站进行年度审查，停业整改扩建的2个。开展成品油市场“打非治违”专项整治行动。完成全区成品油零售企业经营批准证书的换证工作，开展全年重大节日和特殊时期的重点检查，确保全区加油站无私搭乱建、不按合同购油等违规现象发生。至年末，域内加油站全部供应国四标准燃油。完成4座加油站油气回收工作。暑期，购买柴油灶用油，杜绝汽油散装零卖。同时，保障汛期全区成品油供应。

【商贸执法】 抓好畜禽屠宰管理工作，成立畜禽屠宰专项整治工作领导小组，分解和细化专项整治的目标和任务，及时采集和上报相关信息。开展打击私屠滥宰专项行动，发挥食品安全信息监督员的社会商务监督作用，协助开展商务执法检查，配合商务举报投诉处理和咨询，严查城乡接合部等有可能发生私屠滥宰重点部位，对私屠滥宰行为起到震摄作用。加强对销售畜禽产品单位的巡查，全年出动执法人员136人次，车辆27辆次，全区无私屠乱宰问题发生。

（赵文红）

供销合作

【概况】 2013年，北戴河区供销合作社有基层社、盐业公司、农产品批发市场3个经营单位，下设农合联组织1个，其中农产品批发市场是北戴河及周边地区农产品主要集散地。年内，供销合作社被河北省供销总社评为“食盐专营工作模范单位”。

【食盐专营】 2013年，盐总量购进、销售任务450吨。实际购进盐总量488吨，完成计划的108.40%，比上年增长3.20%；销售盐总量495吨，完成计划的110%，比上年增长9.50%；食盐的购进、销售任务400吨，实际购进408吨，完成计划的102%，比上年增长0.70%；销售403吨，完成计划的100.80%，比上年增长0.20%；小包装入口食盐购进、销售任务300吨，实际购进302吨，完成计划的100.70%，比上年增长1%；销售305吨，完成计划的101.70%，比上年增长1.70%。全区范围内入口碘盐小包装使用率达到100%。

落实食盐购销计划，淡季期间保持正常3个月销量的合理库存。暑期旺季，提前增加调盐车次、加大库存储量，提前做好汛期食盐应急供应准备工作，满足市场供应。采用重点检查和经常性检查相结合的方式进行检查，促使食盐零售网点守法经营，禁止私盐和外地盐流入。采取送货上门、预约订货等方式为经营户提供送货服务。

【农产品市场管理】 为农民提供良好的交易环境，责任落实到人，调动员工管理的积极性提高服务水平。加强环境卫生整治，营造良好经营环境。加大蔬菜检测力度，把住食品安全关，对抽样检查不合格产品及时进行处理，确保蔬菜供应安全。

【烟花爆竹营销管理】 积极组织货源丰富节日市场。在经营中，抓好烟花爆竹在运输、储存、批发等各个环节的绝对安全，严把进货源头，保证商品质量，满足城乡居民节日需求。

【为农服务】 帮助戴河镇苏庄村果品和蔬菜专业社做好重新选举后的各项工作，指派工作人员协助办理变更手续，保证专业社工作正常运转。帮助解决果品销售场地问题，开展送技术下乡活动。在苏庄村委会议室举办科技下乡、农业技术讲座，邀请专家为农民讲农业知识，现场指导农民种植栽培技术，解答村民提出的在生产中遇到的问题，提高农户的专业技术知识。

【防汛物资储备】 汛期前，储备草袋、编织袋1万条；锹镐500把；铅丝1700千克；应急灯12盏。落实汛期值班制度，值班人员保持24小时通信畅通，确保防汛物资调得出、用得上。

（李艳英）

烟草专卖管理

【市场营销】 2013年，烟草业务经营以省产卷烟销售为重点，推进卷烟结构提升、品牌培育、明码实价和终端服务等各项工作，实现经济指标的增长和卷烟结构双提升。销售卷烟23539.15万支，比上年增长7.89%。实现毛利2842万元，比上年增长20.42%。一、二类烟销售7511.138万支，销售比重为31.91%，比上年上升24.81%，三类烟销售11889.42件，比重为50.51%；比上年提升3.95%。省产烟销售4165.33万支，比重为17.70%，比上年增长153.31万支。其中一二类卷烟销售343.53万支，比上年下降2.77%，比重为8.25%；三类卷烟销售1154.86万支，比上年增长17.54%。

【专卖市场管理】 2013年，重点对新引进品牌和重点品牌卷烟在销售过程中反映出的问题及时分析总结，制定解决办法，并结合货源的具体情况，加大对省产钻石品牌卷烟的宣传推介力度，普及中、高档卷烟上柜率。推进网上订货工作。全区开业客户358户，网上订货户数达到314户（其中电脑订货306户，手机订货18户），占辖区现有零售户数的90%。维护辖区卷烟市场稳定和卷烟经营秩序，开展“雷电”“烟丝烟叶”“物流企业非法运输整治”“利剑”“暑期整顿”“打假打私”“雪茄烟治理”等专项行动。出动检查车辆340辆次，出动检查人员1362人次，查获各类涉嫌违规案件47起，查获各类违规卷烟24.27万支，涉案案值约9.94万元。

加强内部专卖管理监督，完善工作制度。筛查订单14665笔，其中实地核查疑似异常户610户次。接收市局内管办下发《内部专卖管理监督异常情况下发处理表》8件。查获流入北戴河区的真品卷烟案件7起，涉案卷烟6.82万支，涉案价值5121元；从区内流出真品卷烟总计3.28万支。落实好高价位卷烟监管工作。每月对辖区的“天价烟”及卷烟过度包装情况进行检查。针对有订购“高价位”卷烟记录的零售户及重点户进行监管。与300余个零售户签订自律规范销售卷烟协议。

（赵　辉）

交通·通信

交　通

【概况】　2013年，全区公路通车里程为46.09千米，其中国道7.11千米、省道38.98千米；农村公路总里程37.01千米，其中乡道5条，总长8.20千米，村道28.81千米。北戴河区交通运输局被市交通局评为“秦皇岛市交通运输系统文明单位、先进集体”“先进职工之家”，被北戴河区委、区政府授予“平安建设先进单位”“优秀科级领导班子”等称号。

【公路养护与管理】　北戴河区辖国省干道总里程54千米，折合面积150万平方米，其中滨海大道、联峰北路、驼峰路、海北线、北海山线、108线共45千米，折合面积130万平方米，全部按城市道路标准进行养护。年内清扫路面1383千平方米、553千米，清运垃圾495.60吨，整修路肩、边坡、平台21.20千米，清理流通边沟9.10千米，完成公路两侧绿化46.09千米。对交通路口进行硬化，硬化原始路口24个，铺设方砖1200平方米，碎石2400平方米。全年完成坑槽修补2372平方米，修复基础设施235延长米；路面灌缝500延长米；三桩维修69根；标线施画1.50万平方米；公路粉刷26.27千米。组建专业技术保障队伍，对公路桥涵开展安全隐患排查，及时处置道路病害。汛期前，制定《应急抢险预案》，定期开展应急演练，提升应急处置能力。在8月7日和8月12日晚的防汛工作中，出动抢险人员100余人，抢险车辆9辆，清除倒树、断树10余株，抢修护栏30余米，保障公路畅通无障碍。与6家货运源头企业签订责任状，建立源头企业台账，对重点货源单位进行定期巡查，加大对非法改装车辆及超限超载运输从业人员处罚力度。执法人员坚持每晚7点至12点在滨海大道等重点部位严防死守，年内出动执法人员1500人次，劝返车辆200余辆。

【交通基础设施建设】　高标准完成海北路绿道建设项目，全线绿化7.50万平方米，精心打造重要节点和文化驿站，使海北路成为全区第二条一流迎宾绿道。配合市交通局在短时间内完成205国道改造示范项目，投资1000万余元维修路面和公路沿线设施，投资116万元对公路沿线进行绿化，工程得到交通部验收组高度评价。投资2000余万元对海北路、205国道、滨海大道、新河路、驼峰路等重点涉暑涉旅公路进行绿化升级，播种野花组合营造优美公路环境。加快农村公路建设步伐，投资10万余元维修北环线桥护栏，升级沿线绿化；投资30余万元维修蔡各庄小桥桥面及蔡甘线；按照帮扶共建工作要求，对朱庄村、苏庄村2个帮扶村路面硬化7000平方米。

【行业管理】　暑期前组织“服务暑期、安全运营”誓师大会，出动执法人员对火车站出租车停车场进行重点监管，组织出租车按序发车，疏导客流，日均疏导客流量万余人次。加大对非法营运车辆打击力度，与市运管处、城客处联合组成10余人执法稽查队伍，在火车站、刘庄民宿区、石塘路市场、鸽子窝公园、奥林匹克大道公园南门等客运车辆聚集区域通过定点查、突击查、巡回查等方式，集中整治出租车拼客、倒客、拒载、不打表等违规经营行为，组织集中打击非法营运车辆行动30余次，出动执法人员

200余人次，执法车辆60余辆次，查处非法营运车辆78辆。

开展“情溢旅途”创建工作。实现出租车、旅游车公司管理科学化、正规化，完成暑运、春运等重要任务。以出租车、旅游车公司例会为契机，加强行业精神文明教育。监督指导企业按照客运优质服务标准，对所属车辆车容车貌、清洁卫生状况进行整改，整改情况纳入企业质量信誉考评结果。打造客运服务亮点，在全行业开展“为北戴河添光彩”示范车、“安全生产标兵”“文明服务标兵”示范车授牌活动；组织出租车、旅游车参与“爱心帮帮团”“爱心送考”等社会公益活动。全年开展安全生产检查100余次，查改安全隐患30余个，组织安全教育20余次，发放安全资料1000余份，举行应急演练5次，实现安全生产零事故。

打造彩虹坦途，实现公路管养品牌化。在公路建管养行业打造“彩虹坦途”品牌，通过品牌建设带动全局工作，升华品牌内涵，深化爱心驿站、橙色指针等特色服务，每辆养护车上配备打气筒、急救包、水、修理工具、当地旅游和交通示意图等必要服务用品，免费为过往车辆、行人提供便利。

（田堃）

【铁路运输】 至2013年末，北戴河火车站实现安全生产10109天。年内，上级车务段下达任务指标发送旅客212.80万人，截至11月末完成229万人；客票进款指标为全年1.67亿元，截至11月末完成1.85亿元。暑运期间（7月1日至8月31日），共发送旅客人数100.76万人，日均发送旅客1.63万人，单日最高发送旅客人数2.35万人。北戴河站新建旅客天桥工程为路局重点工程，于2013年3月28日开工至6月19日竣工验收并投入使用。

（刘蕾）

邮政业

【概况】 2013年，北戴河邮政局下设市场部和综合办公室2个管理部门及金融业务部、函件业务部、分销业务部、发投公司、集邮公司、北戴河电子商务班、海宁路支局、石塘路支局和火车站支局9个经营部门。有邮政电子化支局所5个，代办所1个，储蓄网点2个；邮政投递道段16个；邮政车辆5辆，城乡邮政信箱筒24个；报刊亭8个；农村投递线路总长约60千米，服务网络遍布全区城乡。北戴河邮政局针对群众关心的热点和难点问题，推出主要网点全年无休假服务、缺报少刊3日内补投、15日内赔偿等社会承诺，聘请15位社会监督员，全年发出征求意见函5000份，邮政服务社会满意度达到99分。全年收到表扬信726封、锦旗两面，被秦皇岛市邮政局评为“2013年度先进单位”。

【邮政业务】 北戴河局业务种类主要包括金融类、邮务类、分销类三大类10余项业务。邮政代办业务发展迅速，全年实现业务收入1325万元，比上年增长29%，完成形象进度102%，其中保险、集邮、分销、包件等业务提前一个季度完成全年收入计划，储蓄净增额提前5个月完成全年计划，创造建局以来完成业务收入进度和重点业务发展的历史最好水平。邮政储蓄余额达到4.56亿元，储额净增9532万元，完成进度167.24%。寄递信件19.94万件，收寄包裹1.81万件，订阅报纸299.44万份，杂志13.21万份，国内汇票1.03万笔，收寄特快邮件1.66万件。在代办和物流等战略业务方面，全年订送机票182张，代理保险1079笔，代理保费金额5000.86万元。物流专业方面，以服务三农为理念，发展酒水分销和农资配送业务，全年形成业务收入18.01万元。

【经营管理工作】 出台《北戴河区邮政局业务收入管理与稽核办法》，明确各单位收入稽核职责权限，防止截留收入、虚列收入现象发生。全年清理核销各类往来款项5万元。加强往来账款特别是用户欠费的催缴工作，对欠费责任人严格考核，逐步降低用户欠费率，全年控制在2.50%以内，防范坏账风险。加大集邮、分销存货周转率考核力度，存货周转率要达到全省平均水平；加强分销及电商回款考核，减少企业资金占用，降低市场风险。加强固定资产管理，结合资产清查结果，重点盘活闲置房屋土地，盘活资金全部用于网点投资。加强成本费用管理，采取集中管控和零基预算方式，有效集中使用成本费用，全年成本费用增幅比上年下降5.73%，其中主要在水电暖和业务代办费控制上起到良好效果。

加强专职营销队伍建设，为集邮、电子商务专业充实调整营销员3人。成立营销团队，落实营销团队日常管理制度，强化团队营销实力。邀请市函件局、保险公司、发投分局等相关业务人员授课，到山海关、卢龙、青龙等地参观学习。

【优质服务】 北戴河区邮政局成立星级服务创建工作领导小组。从5月起陆续组织服务礼仪、技能操作、练功比赛等活动，并现场观摩燕山大街支行服务。在硬件上完善网店设施，对海宁路营业厅、海宁路储蓄所、北戴河火车站支局、发投公司和石塘路支局等网点进行改造和装修。为用户提供高水平服务环境，制作监督台将员工照片上墙，方便用户监督，坚持做到环境卫生常态化，服务水平亲情化，业务流程标准化，基础管理军事化。在市邮政局10月份的验收检查中，检查组对北戴河局4个创建单位的工作给予高度评价。活动邮局上门服务90余次，收寄包裹9800件。

【安全稳定工作】 成立以主管局长为组长的安保防恐工作领导小组，建立自上而下的安全责任网络和值班制度。与发投公司、营业公司等7个部门签订《物品寄递安全责任书》，按照“谁主管、谁负责”原则，将责任落实到人。制定一系列确保邮政资金安全的工作方案，提高全体职工安保意识，将安保工作纳入日常工作范畴。年内对各支局网点检查168次，特别是针对押款班，落实制度，严格考核，辞退不合格人员，押款队伍稳定，为枪支及资金安全打下坚实基础。

（王海涛）

通信业

【中国移动通信集团河北有限公司北戴河分公司】 2013年，北戴河分公司创新服务、狠抓管理和人才素质提升，实现业务收入4355万元。被北戴河区委、区政府评为“暑期工作先进单位”“社会治安综合治理先进单位”；被秦皇岛市委、市政府评为“市级精神文明单位”；被秦皇岛市总工会评为“先进职工小家”；被省公司授予“模范职工小家”称号。

北戴河分公司主要经营移动电话通信（包括话音、数据、多媒体等）、IP电话及互联网接入服务等业务，拥有“全球通”“神州行”“动感地带”等著名服务品牌，营业网点数90个，实现城区全部覆盖。乡镇和城市区网络室外覆盖率为100%。

积极拓展移动信息服务。为客户提供基本的话音业务和来电显示、短信息、彩信、飞信、彩铃、139邮箱、WLAN、手机导航、手机上网、手机阅读、手机游戏、手机报等丰富多彩的新业务外，推广集团行业信息化和办公电话、办公宽带、办公助手、集团彩铃、专线、物联网、移动OA、车务通、校信通、气象通、关爱通等重点行业应用业务，广大客户通过手机可获得丰富的信息服务。

2013年，各类网络工程共新建基站、机房、搬迁站35个。成立工程项目小组开展站址谈判全力协调,加强环节监控与日报管理，各期工程整体综合进度全市排名前列。

加强预检预修工作，增加现场检查频次，开展安全生产专项检查工作，重点对基站铁塔、防火、防水、防雷、防盗、交流和光线线路、设施基础等进行自查与加固工作，跟踪安全问题整改进度。为应对突发情况，组织进行应急演练，使维护人员熟悉掌握通信保障工作流程。

积极准备、认真自查、加强巡视和现场值守，做好备品备件、防汛物资、工具仪表、油机的盘点和储备工作，顺利完成“春节”“两会”“3·15”“5·17”、暑期、高校营销、国庆等通信保障工作。暑期前组织对重点单位覆盖测试、网络覆盖改善与扩容，加快新建基站、室分站点开通进度，加强重点单位与部门通信保障工作。

（徐　虹）

【中国联合网络通信有限公司北戴河分公司】 2013年，中国联通北戴河分公司下辖1部2中心：综合部、集团客户事业中心和建维中心；1个支局：北戴河车站支局；有设备班、线路班、渠道班、营业班、后勤支撑班、客户服务与投诉班6个班组。全区分布4个营业厅，20余个代办点。全区交换机总容量5万门，通信基站93个，模块局15个。2013年完成主营收入4354万元，全年预算完成率91%，获“北戴河区2013年度暑期工作先进单位”称号。收到客户表扬信3封，有8人次受到表扬。在行风评议中获得总分第7名，同行业中第1名。全年无责任性越级投诉。

年内，新建沃店2家、普通代理3家，引商进厅签约卖场2家，新建末梢渠道23家。沃店累计达6家，普通代理达11家，卖场2家，末梢渠道54家。在联峰路营业厅和北岭营业厅试行引商进店管理模式，通过营业厅卖场管理模式，与代理商签订3G包销协议，月3G销量提升350户。

暑期，开展服务员及支暑人员市场营销活动。发展3G业务300余户、2G业务1055户；销售北戴河旅游绿卡1600张。开展涉暑单位市场营销。根据名单制目标客户单位特点、使用业务情况，按照一户一案原则，有针对性地制定适销对路的转网营销方案。发展3G业务623户。开展聚类市场营销，对石塘路市场以及沿街门店开展上门营销，发展3G业务202户、2G业务150户、宽带业务15户。开展暑期特色营销活动，借助碧螺塔酒吧公园举行户外摇滚音乐节之机，现场开展业务促销，拉动漫入流量及漫入语音收入，活动期间，发展2G/3G融合和2G业务9000余户。装移机一日通完成率90%，比上年同期提升30%。完成暑期、中共十八大通信保障任务。

开展名单制客户转网营销。年内，与新华假日酒店、华贸·喜来登酒店、中共秦皇岛市委党校、新华社北戴河休养所、中国人民银行北戴河干部休养院、中央纪委监察部北戴河培训中心、区公安分局等单位，分别签署3G组网、光纤、虚拟网等协议，发展3G业务381户，光纤5条、虚拟网391部，光宽带30部。

成功中标北戴河智慧旅游项目，实现ICT（信息和通信技术）收入209万元，短信收入10万元，新增167个监控点；保有“12·9”监控项目134个监控点，实现年收入150万元。完成智慧交通15个点工程建设，实现年收入7.50万元。班班通、沃税通营销得到落实。班班通框架协议成功签约；沃税通项目受理完200余户，实现年收入32万元。

（刘仲怡）

【中国电信北戴河分公司】 分公司下设政企客户部、渠道服务部、网维部、客服部等4个主要部门。有2个自有营业厅、25家代理厅，有CDMA用户3万余户。2013年，完成年收入2000万元，年增长率31.12%，公司总体运营情况年增长收入超过200万元。北戴河全区域实现3G无缝覆盖。年内增建基站 8个，其中建成5个4G基站，做好4G覆盖的前期准备。完成FTTH光纤入户小区19个。改善服务环境，设置人性化营业厅功能区，方便用户查询，在自有营业厅、营业点基础上，增设电子缴费点，推进外包建设，增设代办营业网点25个。推介和使用网上营业厅，让用户享受到足不出户的电信服务。

（朱秀丽）

金融业

银行业

【中国银行股份有限公司秦皇岛市北戴河支行】 2013年，中国银行北戴河支行实行条线管理，机构设置为对公条线、对私条线，下辖联峰路支行、北岭支行两个机构。年内，支行人民币存款余额9.77亿元，比上年新增1115万元，其中人民币公司存款余额1.33亿元，比年初下降3478万元，人民币储蓄存款余额8.44亿元，比上年新增4592万元，实现计费收入1770万元。

2013年，支行通过抓产品、推项目，着力增强综合效益。以两项存款为基础、中间业务为重点、资产业务为新的增长点，推进支行业务可持续发展。争取行政事业单位存款，增强公司客户基础，开展全员营销。增强对私客户基础，以VIP客户为重点，提升个人业务优质客户总量。提高对个人客户的进一步细分，提供“一对一”客户经理服务，利用贵宾客户专属优惠，推动以个人理财为重点的零售银行业务迅猛发展。

（王　林）

【中国工商银行股份有限公司秦皇岛北戴河支行】 2013年，工商银行北戴河支行辖营业室、海宁支行、西山支行3个营业机构，有从业人员42人。实现净利润6148万元，比上年增加2146万元，比上年增长53.60%。各项存款余额13.40亿元，较年初减少1.50亿元；各项贷款余额18.40亿元，比年初增加1.80亿元;不良贷款余额27万元，公司法人客户贷款不良、新发生不良贷款均为零。实现中间业务收入750万元。

信贷业务　截至年末，各项贷款余额18.40亿元，较年初增加1.80亿元，增长11.30%，其中，公司贷款余额16.60亿元，比年初增加1.90亿元；个人贷款余额1.20亿元，比年初减少1139万元。全年累计发放贷款6.50亿元，信贷资产流动性进一步增强。年内，全部法人贷款无逾期、欠息现象，个人贷款不良余额控制在年初水平。

负债业务　通过落实包户到人、存量客户深度挖潜、提高奖惩力度等措施，抢抓各项存款资源，稳存、增存成效明显。至年末，各项存款余额13.40亿元，比年初减少1.50亿元。

中间业务收入　全年实现中间业务收入750万元，其中，法人信贷客户中间业务收入对全行中间业务收入贡献明显提高，实现国内保理、安心账户托管、企业常财顾问及高端财务顾问等收入与2012年相比都有较大幅度提高。组织牡丹卡、三方存管、POS机、对公理财、代发工资等业务营销工作，办理信用卡277张；营销三方存管客户112户；布放POS机29台；拓展法人理财客户33户，销售法人理财3.05亿元；销售品牌金2千克、品牌银1.78千克。中间业务来源渠道进一步拓宽。实现非资产性业务收入在全部收入中占比逐步提升。

（姚俊合）

【中国农业银行股份有限公司秦皇岛北戴河支行】 2013年，农行北戴河支行实现本外币对公存款余额2.37亿元，比年初下降554万元；储蓄存款8.20亿元，比年初增长6353万元。年内，全力支持北戴河区域经济建设，投放对公贷款2.66亿元，投放个人贷款1532万元。严控信用风险，五级分类不良贷款年底余额60.67万元，实现农户贷款“零不良”，达到上级行规定的控制目标。被北戴河区政府授予“平安建设先进单位”。

年内，挖潜辖区内潜力客户，了解客户融资需求，为北戴河东奥公司等企业投放贷款。根据不同发展阶段，适时推出不同的《个人优质客户考核激励办法》，激励前台员工主动维护贵宾客户。至年末，个人存款比年初增加6353万元，代理保险业务4042万元；完成全年任务的163.74%。

做细做实贷后管理工作，深入现场开展贷后检查，强化例会机制和监督监测力度，强化贷后管理工作的过程考核。防范个人贷款风险，加强按揭楼盘准入管理。加快权证办理进度，提高办证效率。加大逾期、不良及诉讼贷款催收力度。落实个贷业务管理规定动作，开展定期监测、检查。

（丁大勇）

【中国建设银行股份有限公司秦皇岛北戴河支行】 2013年，中国建设银行股份有限公司秦皇岛北戴河支行设有2部1室1所1支行，即综合业务部、综合保卫部、营业室、海二路储蓄所和北戴河车站支行。至年末，一般性存款新增8303万元，完成市分行计划的54%；个人存款新增7712万元，完成市分行计划的119%；企业存款新增591万元，完成市分行计划的7%；中间业务收入新增1788万元，完成市分行计划的158%，创历史新高；其中，对公中收新增1448万元，完成市分行计划的177%，对私中收新增340万元，完成市分行计划的110%；公司机构类贷款发放12亿元；小企业贷款发放4300万元；个人贷款发放9843万元，办理贴现1.50亿元，完成市分行计划的138%。公司机构有效客户净增26户，任务完成率163%；个人有效客户净增1579户，任务完成率152%；个人贷款客户新增322户，任务完成率123%；中型贷款客户新增1户，任务完成率100%；国际结算客户新增3户，任务完成率100%；代发工资户新增2310户，任务完成率150%；个人网银活跃客户新增2593户，任务完成率147%；各项主要业务指标均创历史新高。

（柳春欣）

【交通银行股份有限公司秦皇岛北戴河支行】 交通银行北戴河支行主要业务有个人金融业务、个人本外币储蓄、太平洋卡业务、个人信贷业务、个人理财业务。理财产品主要包括双利理财、得利宝、开放式基金、外汇宝、圆梦宝。公司金融业务。存、贷款；国际结算；信用证、承兑、贴现和保函等中间业务。电子银行业务。网上银行、电话银行、银信通。2013年实现人民币存款余额6.20亿元；对公贷款1.40亿元；私人银行9户；沃德卡净增30张；交银卡净增100张；贷记卡净增卡3000张，借记卡有效发卡8000张。

（张玉娜）

【秦皇岛银行北戴河支行】 6月28日，经中国银行业监督管理委员会秦皇岛监管分局批准将秦皇岛市商业银行股份有限公司北戴河支行正式更名为秦皇岛银行股份有限公司北戴河支行。至年末，各项存款余额11.18亿元；其中对公53365万元，储蓄58645万元。贷款余额为4.88亿元，不良贷款率为零。

拓展新业务 为个人及公司账户（活期）提供存款、取款、转账、消费、代缴、汇款等账户余额变动的短信通知，提供贷款还款短信提醒通知、发布该行最新产品和经营动态相关资料等，提供全天24小时个人资产查询服务，方便随时随地掌握资金状况。提供包括但不限于行内转账、跨行转账及行内批量转账的汇款功能。该行网银免工本费、年费，办理行内转账、本（异）地跨行转账等暂时不收取任何费用。贷款业务，一手房贷款、二手房贷款、个人助业贷款、个人消费贷款、个人商用车贷款、存单质押贷款等。秦卡、儿童理财卡、生肖卡是由秦皇岛银行发行、带有银联标识、以人民币结算、面向个人的磁条记名式银行卡。该行卡免收开卡费、年费、工本费、短信通费，本（异）地跨行ATM机取款暂时不收取任何费用。

服务开展情况　针对办理业务的老年客户多（代发80岁以上养老金）的情况，设置大堂经理，帮助解决办理业务中的填单、改密、换卡等问题。制作VIP卡，开通绿色通道，缓解大客户排长队现象。开展争创“暑期服务标兵”活动。制定百分制考核办法，调动全员积极性，为存款增长创造有利条件。在秦皇岛银行全行组织的2013年度“对公存款攻坚战”竞赛活动第二阶段综合排名中获三等奖。

（朱　莉）

保险业

【中国人民财产保险股份有限公司北戴河支公司】　2013年，实现保费收入2463.18万元，实现利润42.50万元。年内，坚持依法合规经营，协助监管部门平稳保险市场，提升服务水平，维护投保人、被保险人合法权益，解决客户反映热点难点问题。

（陈　晨）

【中国人寿保险股份有限公司北戴河支公司】　2013年，收取保费总量7900.50万元，比上年增长20.11%。其中长险首年保费3558万元，比上年增长30.70%。长险首年期交保费739万元，10年期及以上期交保费421万元。个险渠道实现保费总量1878万元，比上年下降15.55%。其中长险首年期交保费694万元，10年期及以上期交保费413万元。长险首年标准保费413万元；银保渠道实现保费总量2929万元，新单保费2857万元，首年期交保费45万元。团险渠道实现短期险保费总量63万元。

自2008年至2013年连续5年开展针对55～80周岁高风险老年人群的“老年人意外伤害保险”，仅收取30元保费为老年人承保意外保障2.10万元。

执行《中华人民共和国反洗钱法》规定和要求，对客户身份进行识别，对大额可疑交易进行认真辨别，对每一笔可疑交易都进行调查及做出书面报告。探索建立业务、财务、审计动态监管机制、资金审计调查，防范、化解经营风险。开设“农村小额意外伤害保险”，与中国农业银行、农村信用社开展“小额贷款借款人意外伤害保险”。

（刘佳强）

证券业

【河北财达证券有限责任公司秦皇岛海宁路营业部】　2013年，海宁路营业部新增客户560户，实现交易额48.40亿元（其中，现场交易5.50亿元，占总交易量的11.36%；非现场交易42.90亿元，占总交易量的88.64%），比上年增长78.50%。实现营业收入净额590.94万元，其中，手续费收入净额535.03万元；利息净收入55.91万元。比上年增长43.90%；净利润197.28万元，比上年增长258.3%；客户资产总值3.49亿元，比上年下降3.06%。与上年同期比较营业部各项指标较大幅度增长，主要因素有市场行情有所回暖；在公司的大力指导下增加双融业务收入25万元；约定式回购业务收入13万元；国债逆回购业务收入2万元。年内举办2次规模较大的客户交流培训会，为大客户讲解宏观经济走势。

金融产品销售情况　2013年公司组织稳赢1号、银华日利、南方债券、银像97和燕赵1号五种产品的集中销售工作，其中海宁路营业部完成情况较好，稳赢一号187.50万元、南方债券3万元、银像110万元、燕赵一号100万元，在全公司总排行名列第35名。

新业务融资融券　营业部开户13人，融资上限为5151万元，至11月该部共完成授信笔数89笔，融资融券收入19.77万元。

新业务约定式回购　该部年内约定式购回2笔，客户融资120万元，期限1年。合同到期后，该部此项收益近13万元。从客户角度出发，推荐风险较小的逆回购、正回购、报价式回购等业务，其中逆回购至11月底交易9.70亿元，收入1.60万元，实现营业部与客户双赢。

（李　伟）

财税管理

财政管理

【概况】 2013年，北戴河区财税部门建立财政收入预警和财源结构动态分析机制，开展招商引资“双月会战”、财源普查、福利企业税收清查和商业用房产出租税收清查等专项行动。依托综合治税平台，加大税收征管和非税收入管理力度，保证财政收入稳定增长。全部财政收入完成88769万元，完成调整预算的100.30%，比上年增长0.80%。其中，中央级收入完成22782万元，完成调整预算的99.50%；省级收入完成8100万元，完成调整预算的100.80%；市级收入完成8238万元，完成调整预算的101.40%；公共财政预算收入完成49649万元，完成调整预算的100.40%，比上年增长17.70%。执行中上级对区税收返还、结算补助、转移支付、上级专款等23740万元，地方政府债券收入1000万元，上年结余2723万元，上解支出2217万元，2013年全部可用财力为74895万元。公共财政预算支出完成73558万元（其中，区本级支出60749万元，完成调整预算的99.60%，比上年增长1.20%。），地方政府债券还本支出500万元，结转下年支出743万元，净结余94万元，当年实现财政预算收支平衡。北戴河区财政局获得“省级文明单位”“市级文明单位标兵”“市级创先争优先进集体”“全市财政系统党风廉政建设先进单位”“全市财政系统民主评议工作先进单位”“2013年度民主评议第一名”“2013年市级先进职工之家”等称号。

【财政监管】 开展“依法理财规范管理年”活动，对内部工作制度、岗位职责、工作规范、业务流程进行修改完善，修订工作制度33项、规范工作流程27项。加强预算绩效管理，绩效评价范围扩大到15个项目。在全市率先建成财政财务集中管理平台，督促财会人员主动学习业务，实现对预算资金全程监管。推进非税收入管理系统建设，坚持依法征收、源头控制、以票管收，年内组织非税收入21630万元。强化国有资产监管，出台《公物仓管理暂行办法》，规范出租、出借资产行为及收入管理。联合秦皇岛职业技术学院设立会计人员培训基地，举办各类培训8期，参训人员1200余人。注重项目资金和投资评审管理，出台《政府投资项目资金管理办法》，启用城建资金和债务管理系统，年内投资评审审结项目44个，审减率15%。

年内，通过专项资金平台登陆涉及民生、农林、卫生、教育等73项内容资金3125万元。发挥“专项资金监控系统平台”网络优势，扩大民生资金对外公开范围，接受公众监督。对外公布涉及城乡低保、困难群众医疗救助、粮食和农资综合直补新农合补助等22个项目，2.87万人次，1080.28万元。

出台《公务卡管理办法》，确定8个预算单位作为试点。实施公务卡支付信息网络建设，交通银行北戴河支行对于公务卡服务人员设置、公务卡发放服务、公务卡还款以及电子数据传输等方面给予积极承诺，并投资研发公务卡支付系统软件。

【改善社会民生】 拨付资金5460万元，保障各类社保政策落实到位；落实资金10376万元，优先支持教育事业发展；安排资金6331万元，发展城乡医疗卫生事业，推进村级卫生室建设；拨付资金3497万元，保障各项惠农政策落实和农村面貌改造提升工程顺利进行；安排资金1808万元，保证10项惠民实事全部完成。落实政策提高义务兵家庭优待金，农村义务兵家庭优待金标准从每人每年5721元提高到9535元，城镇义务兵家庭优待金标准从每人每年500元提高到1.32万元。年内民生事业支出占公共财政预算支出74.60%。

【支持经济发展】 年内，拨付扶持企业发展资金1600万元，支持重点企业和中小企业发展。总部经济、创意产业实现税收35169万元，占全部财政收入的39.60%。拨付资金4175万元，支持文化旅游产业发展，为智慧旅游、轮滑节等文体活动提供资金保障，支持艺术写生基地、文化艺术片区等文化创意产业项目建设。推进小额贷款公司试点工作，为66户小微企业及个体工商户发放小额贷款9792万元。

（周永勃）

国家税务管理

【概况】 2013年，北戴河区国家税务局以组织收入为中心，积极开展“改进作风、服务基层”活动和“提升纳税人满意度”活动，深入推进以风险管理为导向的税源专业化管理，强化税收征管，持续优化纳税服务。全局组织入库税收收入2.06亿元，完成年度收入计划的100.17%，其中增值税入库收入1.48亿元，企业所得税入库收入5798万元。

【税收征管】 将全区煤炭、铁精粉、房地产等重点行业和重点税源企业作为监控重点，按月进行数据对比分析，及时掌握税源动态，确保大头税源不落空；规范中小企业管理，定期开展深入企业纳税辅导和走访活动，规范企业账证设置和财务核算，对不符合查账征收的纳税人核定征收，奋力堵漏增收。结合日常税源管理的实际情况，开展税收优惠政策专项检查、企业所得税汇算清缴疑点核查、二手车销售专项检查、大额普通发票比对疑点信息核查、医保卡支付信息专项核查、财政性资金专项清查、商贸企业专项评估和企业所得税专项评估等专项检查，合计查补入库税款552万元，罚款8.20万元，调减企业亏损额2010万元。“营改增”工作有序开展，于8月1日顺利上线运行，全区共导入征管系统营改增纳税人610户（纯地税户569户，国地税共管户41户）。

【依法治税】 深入开展防范执法风险教育活动，深入落实重大税务案件审理、重大税权审议制度，建立和完善执法风险综合防控机制，有效降低税收执法风险。结合岗位特点，认真梳理税收管理各个环节和依法治税工作中存在隐患和风险点，研究解决措施，实行风险提醒制度，力求将问题解决在萌芽状态。加强对正确落实税收政策监督检查和税收执法监督力度，针对重点岗位、重点环节定期开展税收执法检查。全面实施“阳光办税”，强化税务人员被监督意识，增加税收执法透明度。

【纳税服务】 严格落实办税服务厅“一次性告知”“首问负责制”等服务制度，完善“一站式”纳税服务方式。进一步简并纳税人办税手续，优化流程，简化涉税审批，减少审批事项和审批层级。加强与政府相关部门联系，协助搞好招商引资工作，通过在事前为政府提供税收政策服务，确保引进企业实现新的税收增长点。在北戴河区国家税务局和北戴河区政府有关部门共同努力下，促成廊坊中油华通有限责任公司在北戴河区设立分公司。全年办理减免税693万元，出口退税444万元（其中出口货物退增值税244万元，免抵调库增值税200万元）。

（宋望）

地方税务管理

【概况】 2013年，北戴河区地方税务局下设稽查局、征收分局、税源监控分局及4个管理分局和4个综合科室，负责全区范围内8452户纳税人的地方税征收工作。区地税局坚持贯彻“加强征管，堵塞漏洞，惩治腐败，清缴欠税”指导方针，艰苦创业，开拓进取，不断开创全区地税工作新局面。连续20年超额完成税收任务，为国家累计征收税款38.30亿元，其中2013年征收税款达4.65亿元。局征收服务厅年内被省地税局评为“河北省五星级办税服务厅”。运用权力监控软件对税收执法和行政管理中九大节点进行监控，全年未发生不廉洁行为。

【税收征管】 年内税收征管工作以标准化管理和绩效管理为抓手，强化内部管理、基层建设和服务职能，开展“改革推进年”活动，稳步推进各项工作。2013年，累计组织收入5.68亿元，其中税收4.65亿元。其他费（金）收入1.03亿元，其中养老保险费6877万元，失业保险费912万元，残保金189万元，河道费402万元，文化事业建设费18万元，教育费附加972万元，地方教育费附加662万元，工会经费251万元。

【社保费征收】 2013年，入库基本养老保险金6877万元，其中区级5868万元、市级1009万元；单位缴纳4913万元，个人缴纳2403万元。入库失业保险912万元，完成区级789万元、市级123万元。

【纳税服务】 拓宽服务渠道，打造“五星级”办税服务厅。推行“免填单”服务，为纳税人开设“绿色通道”，大力推行网上办税服务，纳税人全年网上顺利办理各类税收业务542件；建立纳税人需求快速响应机制，建立重点行业纳税人QQ群2个，全年向纳税人推送最新税收政策12条、纳税提醒420余条。发挥以税资政作用，撰写税收调查报告。撰写《“强区倍增”建设美丽实力幸福北戴河的税收调查报告》，详细分析北戴河区经济、税收发展现状，提出建设美丽实力幸福北戴河，促进税收增长的具体建议，拿出地税机关具体举措。

（戴红梅）

综合管理

发展规划

【国民经济和社会发展计划】 2013年，全区国民经济和社会发展的预期目标是：地区生产总值增长14%以上。全社会固定资产投资增长20%。全部财政收入增长10.20%；公共财政预算收入增长16.20%。城乡居民人均收入增长10%以上。社会消费品零售总额增长15%。一般贸易及三资企业出口总值增长5%。实际利用外资完成市定目标值。单位GDP能耗下降2.97%。化学需氧量、二氧化硫、氨氮、氮氧化物排放量分别削减2.20%、3.20%、3.10%和1.50%。城镇登记失业率控制在3.20%以内。人口自然增长率控制在6.30‰以内。居民消费价格指数3.50%左右。

【国民经济和社会发展计划执行情况】 2013年，全区国民经济和各项社会事业保持快速、健康发展的良好态势。全年完成地区生产总值38.92亿元，增长5.50%，其中，第一产业1.16亿元，增长3.90%；第二产业7.16亿元，增长0.10%；第三产业30.60亿元，增长6.70%。

农业经济稳步发展 不断加强农业生产管理工作，促进农资市场健康发展，全年主要农作物播种面积1112公顷，农作物总产2.95万吨，其中粮油作物总产5252吨、蔬菜总产2.42万吨。积极引导农民发展蔬菜、花卉苗木等特色农业，为农民进行蔬菜标准化生产、蔬菜病虫害防治等技术培训11期，全年退出大田作物37.67公顷，扶持建设设施蔬菜日光温室4.67公顷，蔬菜种植标准化程度进一步提高。加强农民专业合作社建设，新增合作社2家，合作社总数达到12家，社员753户，有效带动农户6000余户。积极探索“农场+专业合作社+农户”的经营模式，全市首家家庭农场暨北戴河源兴家庭农场在该区成立。大力实施农村面貌改造提升行动，对17个重点村、3个样板村实施道路硬化、村内绿化、路灯安装、沟渠改造等工程，累计完成投资1125万元。13个村接入城市污水主管网，农业农村生产生活条件得到有效提升。推进近岸海域环境综合整治工作，完成水系治理二期工程，北部污水管网建设工程争取到中央预算内资金3509万元。

旅游经济发展壮大 全年接待国内外游客703.8万人次，增长2.60%；区内景区、景点实现门票收入9091万元，增长10.80%。旅游基础设施建设不断加强，全区旅游基础设施建设完成投资2.95亿元，其中鸽子窝公园、野生动物园等5个景区改造完成投资6938万元，悦华宾馆等7家旅游住宿接待单位完成升级改造投资1.42亿元，俄罗斯度假区改造完成投资8350万元。旅游行业管理和培训不断加强，积极引导各酒店按照国家标准开展评星工作，有4家酒店成功晋升星级，针对全区旅游行业单位、民宿业主、旅游一线服务人员进行各类培训教育活动，3000余人次参训。加强旅游三级投诉举报平台建设，投诉结案率100%，游客满意率98%以上，旅游市场环境秩序不断优化。加大旅游宣传工作，举办“2013相约北戴河旅游产品推介会”、参与“2013中国国内旅游交易会”等一系列大型旅游推介活动，全年共接待国内外旅游客商、新闻媒体记者近2000人次。包装滨海览胜游、休闲垂钓游、民俗乡村游、浪漫观鸟游、商务会议游、婚纱摄影游、艺术写生游、康体养生游、体育拓展

游、蓝色夏令营、城市博览游、文化博览游、浪漫夜间游等13条旅游线路，旅游内涵进一步丰富。建设完成智慧旅游服务中心，三级监控网络、数字旅游网手机版和北戴河民宿子网站正式上线运行，在11个景区及保二路、汽车站等游客集中区域开放免费WiFi无线上网服务。

工业创新力度不断增强　区内10家规模以上工业企业完成增加值3.17亿元，增长0.30%，规模以上工业综合能源消费量3636吨标准煤，下降6.10%。企业改造升级步伐进一步加快，兰德科技公司太阳能供暖及自动控制系统、太阳能定日镜自动跟踪控制系统通过专家鉴定。大开电子、恒科科技、兰德科技、金风帆分别与中科院、北京铁科院进行研发合作。大开电子、杨氏肠子等7家企业成为市级重点扶持的小微型企业，通过政策倾斜、资金扶持、金融支持、跟踪服务、管理诊断等，帮助企业快速发展。

对外开放更加活跃　全年批准内资项目63个，引进内资34.72亿元，增长27.30%，完成市定目标任务（31亿元）的111.90%；进出口总额完成871万美元，完成市定目标任务（830万美元）的104.90%；实际利用外资2085万美元，完成市定目标任务（2000万美元）的104.30%。深入落实《关于进一步加快开发区发展的意见》，积极搭建以经济开发区为主导、以特色园区为补充的“一区多园”发展格局。完成新华创投企业总部基地项目签约、公司注册和2470万股股权转移，中运集团物流总部、中油华通、中矿集团等一批“中”字头项目落地。招商基础工作更坚实，修改完善《北戴河区鼓励投资和设立总部企业的扶持政策》《北戴河区招商引资中介人奖励办法》，招商产业目录进一步完善。实施重大项目领（帮）办、立即办、上门办、企业安静生产经营日制度等创新服务工作，为企业营造良好生产生活环境。

固定资产投资和项目建设进展顺利　全社会固定资产投资完成46.64亿元，增长13.90%，其中固定资产投资完成46.14亿元，增长13.70%；千万元以上项目78项，完成投资42.53亿元，增长25%，完成市定年度目标任务（40.20亿元）的105.70%。3项市重点建设项目完成投资2.75亿元，完成市定目标任务（2亿元）的137.50%。华贸·喜来登酒店、华贸·松石国际球会、歌华营地二期等重点产业项目顺利完工并投入使用；隆基泰和商贸综合体、悦榕庄旅游综合体、天房集团城市综合体、总部（中国）控股集团北戴河总部基地等重大项目顺利签约。重点借暑项目取得实质性进展，暑期服务转移支付资金、联峰山生态安全体系建设等31个重点借暑项目累计争取到各类资金1.15亿元。

财政收入稳步增长　全部财政收入完成8.88亿元，增长0.80%，完成全年调整预算（88500万元）的100.30%；公共财政预算收入完成4.96亿元，增长17.70%，完成全年调整预算（49450万元）的100.40%。公共财政预算支出（区级）完成6.07亿元，增长1.20%，完成全年调整预算（60974万元）的99.60%。受重点税源企业外迁和经济放缓影响，总部经济及文化创意产业税收完成3.52亿元，下降7.80%，占财政收入39.60%，所占比重比上年下降3.80个百分点。

居民收入持续提高　城市、农村住户抽样调查结果显示，城市居民人均可支配收入27393元，增长10%，完成全年计划的100%；农民人均纯收入12055元，增长12.60%，完成全年计划的102.60%。社会消费品零售总额完成44.03亿元，增长13.40%。

各项社会事业繁荣发展　做好节能减排各项工作，制定《北戴河区2013年节能工作实施方案》，对全区节能工作进行部署和安排。全年单位GDP能耗降低率预计完成-2.73%，超额完成年计划。以创建北戴河国家级生态区为契机，加大减排工作力度，取缔燃煤锅炉10台，推进农村集中连片污水入网工程和规模化养殖场治理工程，农业源污染物排放进一步减少，主要创建指标基本达到国家级生态区验收标准。

推进创新型城区建设工作，全国科技进步县区考核已经由科技部考核通过。组织实施农村民居建筑太阳能供热采暖应用技术研发、企业工程技术中心建设等重点科技项目5项，争取上级科技资金59万元，6个科技成果获得市科技进步奖。举办各类农业技术培训40余次，培训农民400余人次。

区域教育城乡一体化稳步推进，实施西山小学附设幼儿园改扩建及操场改造工程和海北路小学校门工程。投资138万元对教学仪器设备进行更新，实现全区中小学、幼儿园全部连接互联网。2013年高考总上线率99.68%，其中本科上线率48.10%。

坚持文化旅游融合发展，成功举办第九届轮滑节、第四届情侣狂欢节、第五届“导游之星”大赛、中俄沙滩排球友谊赛等一系列节赛活动，“浪漫之夏”文艺演出20余场次、音乐文化人和美术文化人活动210场次，制作城市雕塑3组，绘制树洞画60幅，城市文化艺术氛围更加浓郁，群众和游客文化生活更加丰富，北戴河音乐文化人活动被文化部评为第十届中国艺术节项目类“群星奖”。公共文化服务体系三级网络建设深入推进，区文化馆、图书馆加紧前期工作。

深化基层医疗卫生机构综合改革和国家基本药物制度，全面落实基本和重大公共卫生服务项目，人均基本公共卫生服务经费达到30元，城乡居民健康档案建档率达到60%以上，新农合制度不断完善，筹资标准提高到340元，参合率达到98.20%，人民群众看病就医保障能力不断增强。

以充分就业为目标，全面推进就业再就业工作，全区新增就业1586人，完成全年目标任务的106%，其中下岗失业人员再就业842人，完成全年目标任务的106%；就业困难对象实现就业416人，完成全年目标任务的139%。全年农村富余劳动力转移就业329人，完成全年目标任务的329%。全区城镇登记失业率控制在2.77%以内。企业养老保险参保覆盖人数16125人，完成全年目标任务的102.70%，城乡居民社会养老保险参保率98.20%，全区失业保险新增参保人员803人，完成年度目标任务的200%。

重点项目建设

【概况】 2013年，北戴河区千万元以上在建项目78项，总投资124.69亿元，2013年完成投资42.53亿元，完成年度计划（40.20亿元）的105.70%，比上年增长25%。其中，续建项目39项，总投资104.66亿元，2013年完成投资27.01亿元，比上年增长61.80%；新开工项目39项，总投资20.03亿元，2013年完成投资15.52亿元，比上年下降10.50%。

【项目投资及完成情况】 2013年，北戴河区列入市重点建设项目计划3项，总投资52.40亿元，累计完成投资2.75亿元，完成市定全年目标任务（2亿元）的137.50%。其中，续建项目1项，总投资6亿元，年度完成投资1.98亿元；新开工项目2项，总投资46.40亿元，年度完成投资7736万元。

2013年北戴河区市重点建设项目投资完成情况表

表9　　　　单位：万元

项目名称	总投资	完成投资	项目进展情况	备注
北戴河文化艺术区	60000	19800	一期工程已完工。二期工程中歌华配套项目已完工，壮阁美术馆在建，同道电影坊正在调整设计方案	续建
北戴河商业中心项目	400000	1336	戴河万科丽舍酒店一栋主体已完工	新开工
北戴河国际公馆二期项目	64000	6400	已开工建设	新开工

2013年北戴河区千万元以上新开工项目投资完成情况表

表10　　　　单位：万元

序号	项目名称	总投资	完成投资	项目进展情况
	合计	200295	155147	
	高新技术	2000	680	
1	秦皇岛市北戴河兰德科技有限公司太阳能供暖及自动控制扩建项目	2000	680	施工中
	旅游、服务业项目	80740	47237	
2	社科院培训中心翻建	1500	1275	施工中
3	北戴河区老年生态供养中心服务平台	2680	2680	完工
4	北戴河交警指挥中心改扩建项目	5225	5225	完工
5	北戴河海事处业务用房项目	1525	1525	完工
6	天津工人疗养院多功能楼项目	2500	2400	完工
7	北戴河碧螺塔酒吧公园改造	3500	466	施工中
8	基础设施用房	2530	2530	完工
9	万科戴河丽舍（地块二）酒店楼	2795	1336	施工中
10	北戴河海滨度假村配套用房加建（94号楼东楼改造工程）	1250	3000	完工
11	歌华营地项目	5000	5000	完工
12	歌华营地配套项目	5000	5000	完工
13	天津市教师北戴河疗养院：沿街改造	1600	1600	完工
14	天津市北戴河工人疗养院九号楼改建项目	4500	2700	施工中
15	深海旅游纪念品平台	4200	4200	完工
16	北戴河国际公馆	34935	6400	施工中
17	戴河名墅宾馆项目	2000	1900	施工中
	农业产业化	11202	11102	
18	生态农业循环经济项目	2680	2680	完工
19	中直北戴河服务局院内园林绿化工程	5800	5700	施工中
20	北戴河区园林管理局园林苗圃、花圃建设	1522	1522	完工
21	蔬菜基地建设项目	1200	1200	完工
22	秦皇岛市北戴河液氨长输管道改线工程	993	993	施工中
23	北戴河海北路绿化景观建设工程	2166	2166	完工
24	北戴河西海滩浴场重点海浴整治工程	9900	5000	施工中

续表10

序号	项目名称	总投资	完成投资	项目进展情况
25	北戴河区水系治理二期工程	2059	2213	完工
26	北戴河老虎石浴场及周边岬湾海岸修复工程一期	5000	5000	完工
27	北戴河老虎石浴场及周边岬湾海岸修复工程	8000	8000	完工
	房地产开发及其他项目	78235	72756	
28	谢李庄村安置房项目	9994	20100	施工中
29	北戴河区北部片区保障性安居工程三期廉租住房项目	1100	1100	完工
30	国务院北戴河服务局环境整治绿化工程改造	1500	1500	完工
31	北戴河区北部片区保障性安居工程三期公共租赁住房项目	1560	1560	完工
32	太平庄村村民安置房二期项目	16637	8677	施工中
33	太平庄村村民安置房项目	11309	7703	施工中
34	万科戴河丽舍一期	8920	12659	施工中
35	秦皇岛市渔业生态环境监测北戴河中心站建设工程	1400	1400	完工
36	越峰怡景住宅小区	5500	3157	施工中
37	西坨头村文明生态村村民住宅楼工程	7000	7000	完工
38	北戴河区保障性安居工程四期经济适用住房项目	8315	2900	施工中
39	北戴河紫藤苑	5000	5000	完工

（杨信凯）

国有资产管理

【概况】 2013年，北戴河区国有资产经营公司做好为政府重点工程融资、推进国有资产确权及租赁经营、暑期市场经营管理与优质服务等工作。获得“北戴河区直工委系统先进基层党组织”“北戴河区级文明单位”“北戴河区基层建设年先进帮扶单位”“2012年秦皇岛市总工会先进职工之家”等称号，市场服务中心被北戴河区委、区政府评为“暑期工作先进单位”。

【融资工作】 银行对政府性债务审核要求比较严格，每笔贷款都需要重新做一系列规范工作。年内，北戴河区有3笔政府贷款到期，总计1.02亿元。为此公司进行寻找项目、办理抵押，准备抵押和贷款相关资料，往返于政府、银行、市政以及相关单位，顺利完成贷款任务，缓解区财政还款压力。

【国有资产经营】 推进国有资产确权及租赁经营工作，确保资产保值增值。年内，在国土局、规划局、银行等部门配合下，公司国有资产经营工作顺利开展。完成以区政府行政办公大楼北8公顷土地为财政借款担保抵押7000万元，原房产局和原教育局补充园林局用地抵押贷款7500万元的工作。租赁资产经营收入96.80万元，实现租赁费收入稳中有升，比上年增长10%。

【市场经营管理】 市场服务中心加强对经

营户文明诚信经营引导和管理。年内接待游客约400万人次，营业额3.30亿元，在暑期高峰期，日接待游客最高4万人次，日营业额突破300万元，实现市场稳定可持续发展，被北戴河区委、区政府评为“暑期工作先进单位”。

（赵鸿雁）

统计管理

【概况】 2013年，北戴河区统计工作协调推进。推进统计方法制度改革。加强统计信息咨询服务功能，全年撰写统计分析6篇，统计信息11篇。全面开展全国第三次经济普查工作。夯实基层基础工作，组织全区统计人员（专、兼职）进行业务培训。开展高速下道车流量监测工作，编写车流量统计分析。完成《2013年北戴河旅游调查报告》等专题统计（调查）分析报告。完成2012年统计资料及2013年统计月报的编印。完善信息共享平台及乡镇、街道联网工作。推进统计视频会议系统建设。北戴河区统计局被评为全国“投入产出调查省级先进集体”。

【统计方法制度改革】 在继续加大力度推进在地统计改革同时，重点推进一套表统计改革，认真做好工业、商贸、建筑、房地产、劳资、重点服务业、投资专业的一套表改革工作。“四上”（规模以上工业企业、资质等级建筑业企业、限额以上批零住餐企业、限额以上服务业企业）及联网直报企业网上直报率达100%。开展名录库工作，健全统计名录，做到应统尽统。结合省市加强名录库统计基础规范化工作，不断健全名录库统计工作。

【信息咨询服务】 及时发布年度《统计公报》《统计月报》《统计年鉴》等资料。加强统计分析研究，提高决策咨询水平。全年撰写统计分析6篇，统计信息11篇。为区委办公室、区政府办公室撰写的会议汇报材料提供发展情况材料100余次。

【统计执法】 配合省、市开展统计部门执法检查，对全区统计人员坚持持证上岗。组织全区专、兼职统计人员200余人进行业务培训，参加全国统计资格上岗考试和全省统计继续教育考试。通过单位网络平台，参加省、市局各项业务培训。参加全区执法宣传活动，制作宣传展牌4块，发放宣传资料1000余份。

【普查与调查】 全面开展全国第三次经济普查，成立区经济普查领导小组，健全各项工作责任制度，筹建普查办公室。参加省市经济普查工作培训会议，完成PDA、电子地图学习及名录库核对工作，对经济普查员及抽调人员进行工作培训。协助上级部门客观公正地开展党风廉政情况抽样调查、组织工作满意度等各类社情民意调查；开展人口变动调查、劳动力调查、投入产出调查、城乡建设一体化调查等工作。完成投入产出调查工作。

【暑期统计】 开展高速下道车流量监测工作。节假日及6月1日至9月1日期间，每天对高速北戴河出口下道车流量进行监测统计，上报暑期办公室及有关区领导，每周写一篇关于车流量统计分析。开展暑期游客问卷调查，完成《2013年北戴河旅游调查报告》等专题统计（调查）分析报告，全面了解游客对北戴河区各项工作意见与建议，为制定暑期发展政策服务。

（杨丽君）

物价管理

【概况】 北戴河区物价局（北戴河区物价检查所）下设综合办公室、物价管理股、价格认证中心3个科室。年内，履行物价部门职责，严格依法行政，开展价格监督检查、物价管理和价格认证工作。开展大量价格专项检查，及时有效完成调定价工作。物价检查所被评为“北戴河区暑期工作先进集体”，3名工作人员被评为“北戴河区暑期工作先进个人”。

【价格监督检查】 加强涉旅行业价格监督检查　筛选重点检查行业与地段，开展检查工作。执法人员在午、晚餐时间，对刘庄红石路、黑石路、保二路、海宁路等繁华地段商业、餐饮业明码标价行为开展专项检查，查处和纠正不按规定明码标价的价格违法行为，检查商业门店、餐饮业经营户近300家，下达整改通知175份。

开展政府管理价格行业检查　对景区门票价格、倒卖门票行为进行专项整治，杜绝超标准收费和倒卖门票现象。在市物价局收回停车场管理权、检查权和“收费许可证”发放权后，配合区委、区纪委对停车场进行检查，形成高压态势，遏制停车场乱收费现象。

开展价格专项检查　按上级工作部署，适时开展医疗卫生、教育收费、涉企收费等价格专项检查，严肃查处乱收费行为。针对暑期旅游市场，开展餐饮行业、旅游景点、成品油、停车收费、公厕收费等行业价格行为专项检查。采取重点巡查、拉网检查、暗访等方式，对重点地段、重要时段加大检查力度，维护广大游客合法权益。

开展价格投诉举报案件查处工作　暑期，加大价格投诉举报案件查处力度，举报电话24小时值班，及时处理消费者投诉举报，解答消费者咨询，对消费者投诉举报的问题一经查实，严肃处理。受理价格举报咨询75件，解答处理75件。

【收费管理】 开展2012年度“收费许可证”审验工作　审验“收费许可证”110个，其中行政事业性收费许可证72个、经营性收费许可证38个。变更“收费许可证”19个，注销“收费许可证”9个，审验收费金额20830.70万元，其中行政事业性收费总额1.27亿元，经营性收费总额8130.70万元，审验率达99%。

及时进行价费调整，确保价格政策贯彻落实　上报市物价局该区碧螺塔酒吧公园、联峰山公园、集发生态农业观光园门票价格调整申请。调整临床用血、药品最高零售价格、教师资格考务费等相关收费标准。对该区医疗收费检查中出现的政策滞后问题，向市物价局索要该区各医疗单位部分变更医疗收费价格目录。按照价格政策对硅谷湾物业收费进行调查，清算收费成本。对物业单位公示内容、方式提出要求。研究《民宿规范管理工作意见稿》，提出修改意见，报送相关部门。

【价格服务】 开展价格认证评估工作　注重价格鉴证工作时效性，保证第一时间完成涉案物品市值调查，出具价格鉴证报告，为公安、法院所办案件定性、结案，提供及时、准确、有效的价格依据。年内，受理公安机关委托涉案物品价格鉴证56起，涉案金额31.70万元。

加强收费、价格服务工作　完成市物价局安排的关于开展幼儿园基本情况调研，按时上报材料；对秦皇岛市科安消防进行实地勘察并向市局上报收费申请；受理北戴河奇石艺术学校、金通航空培训学校培训收费标准申请；对全国收费动态监管系统，收费标准、收费信息等基础数据进行录入，与市局联系，对北戴河医院医疗服务收费软件升级。落实取消和下放行政审批事项，对北戴河高中取暖费、计生局计划生育节育手术费、计划生育病残医学鉴定费、园林局城市绿化用地临时占用费、人劳局职工医疗保险证、IC卡工本费收费予以取消。

（李　达）

工商行政管理

【概况】 2013年，北戴河区工商行政管理局牢固树立服务理念，以效能建设为主线，积极履行工商职责，在维护市场稳定、促进地方经济发展等方面做出积极贡献。全年办理登记注册内资企业167家、个体工商户1213户；查出无证无照经营122户，查处取缔无照经营案件立案17起，罚没金额11.76万元；在餐饮行业继续实行餐前确认制度；全年立案查处各类违法案件121起，罚没款96万元。年内，收到表扬信和锦旗12封（面）。

【企业登记管理】 该局登记部门通过降低市场准入门槛、深入推进项目超前服务、开通注册绿色通道提升登记效能等一系列举措，新设立内资企业167家、个体工商户1213户，全区市场主体总量达9259家（企业1743户、个体工商户7516户），比上年增长11.80%。

全程服务秦皇岛润秦房地产开发有限公司、北戴河华贸·喜来登酒店等8户重点项目落地北戴河。协同秦皇岛北戴河新华假日酒店管理有限公司，多次到省、市工商局相关业务部门，为公司找寻到减资变更登记的新途径，使企业走向正轨。

依托市场巡查和网格化管理，全年查出无证无照经营122 户，进行行政指导565次，对无照经营行为，下发责令改正通知书28份，规范办照102户，查处取缔无照经营案件立案17起，罚没金额11.76万元。落实信息抄告制度，对20户无证无照经营户，将具体名单抄告相关职能部门，由前置审批部门进行查处和取缔。

【暑期市场监管】 加大市场规范化管理、强化市场诚信经营、创新监管制度，初步形成一套完整的暑期工作规范，完成区政府确定的包街监管任务，实现安全暑期的工作目标，投诉处理满意率达到100%、市场违规行为下降23%，收到表扬信和锦旗12封（面）。

包街监管工作。没收招揽生意牌子830块，规劝揽客人员6000余人次，取缔流动商贩80人次，没收电子显示屏1个，督导协同有关单位或责任商店清理门外垃圾12处，纠正物品外溢10户，为游客提供咨询服务上万次。

对欺客宰客行为实行零容忍和两罚退市制度，通过深化餐前确认制度、重点部位入场监管、畅通投诉渠道、设立流动公平秤等进一步加大管理力度，在267家海鲜饭店（排档）执行餐前确认制度，在红石路市场等3处游客聚集场所，设立流动公平秤，查处欺客宰客违法行为11起，停业整顿2户，没收不合格计量器具（台秤、杆秤）7台（个），违法行为全部进行立案调查，并顶格进行处罚，罚款6.50万元。

暑期，噪音治理工作劝退流浪歌手55人次，暂扣音响设备4套。

【食品监管】 该区流通环节所有食品经营主体共768户，该局在做好流通许可发放、经营者教育培训、食品安全示范店建设、重点食品抽检、问题食品清查、日常监管等基础工作同时，坚持把构建源头预防、中间严控、事后问责的流通环节、食品安全防控体系，作为提升食品安全水平的核心任务，圆满完成监管任务目标。对食品软件进行升级，建立统一的食品信息库，规范进销货台账，提升监管效能。强化北戴河区干制水产品隐患排查和质量监管，加大对干制水产品的抽检批次和频次，年内共抽检54个批次，比上年上升60%。针对干制水产品市场出现问题，会同区食安办，组织流通环节干海产品经营者代表共53人进行行政约谈。

全年共检查食品经营户4250户次，立案查处食品违法案件61起，罚没款33.63万元。加大食品抽检快检力度，压缩其他经费开支，保障抽检经费足额到位，专款专用，经费保障较上年高出15%，全年完成快检720批次；抽检222批次，发现16批次不合格，依法对经营者进行处罚，涉及的7户经营者，罚款3.50万元，问题食品全部责令退出市场。

【市场秩序整治】 围绕百姓民生深入开展红盾护农、不正当竞争、违法广告、“双打”、无照经营、假烟整治、打击传销等专项执法行动，全年立案查处各类违法案件121起，罚没款96万元，开展行政指导565次，免予处罚的轻微违法行为187处，规范各类问题56个。

“12315”投诉举报中心受理消费纠纷投诉343起、咨询579起，办结率达到99.90%以上，为消费者挽回经济损失5.70万元，其中，市长热线和区长热线转来消费者投诉34件，及时进行回访和回复。对于处理投诉中发现的违法违规行为，全部立案处理，立案14起，罚款7.10万元。

（王海秦）

质量技术监督

【概况】 2013年，北戴河区质量技术监督分局以“思路创新、工作创新”为动力，以“服务发展、控制风险、带好队伍”为目标，全面履行综合管理、行政执法和安全监察职能，积极服务地方经济社会发展，被北戴河区委、区政府评为“平安建设先进单位”“精神文明先进单位”“2013年度暑期工作先进单位”。

【食品安全监管】 2013年，对辖区内12家食品生产企业开展多次监督检查；风险监测2家企业2批次产品，监督抽查9家企业19批次产品；督促10家食品生产企业完成产品比对试验，其余2家为新获证企业；取缔食品非法加工窝点3个，注销食品生产企业2家。

完善具体工作制度　制定《食品安全整治工作方案》《打击违法添加非食用物质和滥用食品添加剂整顿方案》《食品安全突发事件应急预案》《食品安全检验计划》等工作方案，与企业签订食品安全承诺书。

扎实开展监督检查　严格按工作计划开展监督检查。出动执法人员380人次，车辆190辆次，检查产品30余种，货值35万元。督促企业进一步落实主体责任，确保企业产品质量安全。

突出重点专项整治　开展假牛羊肉专项整治、肉制品专项整治、违法添加非食用物质和滥用食品添加剂专项整治行动。

推进食品生产许可　指导帮扶4家食品生产企业取得食品生产许可证，2家食品生产企业延续食品生产许可有效期。

开展食品安全隐患排查　对辖区的获证食品生产企业、重点产品、重点环节以及食品生产小作坊进行全面排查。排查获证食品生产企业28家次，食品加工小作坊50家，发放《食品小作坊明白纸》50余份，与20家小作坊负责人签订《食品小作坊质量安全承诺书》。对存在问题的9家小作坊下达《责令整改通知书》。

【特种设备安全监察】 2013年，出动800余人次，监督检查特种设备使用单位174家283次，检查特种设备1922台次。其中锅炉600台次、压力容器177台次、压力管道9条次、起重机械286台次、电梯669部次、厂内机动车辆65辆次、游乐设施115台次、客运索道1条次、气瓶710个。现场检查录入率91.10%，重点单位检查率100%、重点设备检查率100%，气瓶充装单位现场检查率100%。全区没有发生因安全监察职责履行不到位而引发的重大以上特种设备安全事故。

夯实工作组织基础　制定《北戴河区质监分局特种设备安全监察工作要点》《北戴河区质监分局起重机械专项整治方案》《北戴河区质监分局电梯专项整治方案》《北戴河区质监分局工业管道专项整治方案》《北戴河区质监分局餐饮场所燃气安全专项整治实施方案》《北戴河区质监分局安全生产月活动方案》《北戴河区质监分局安全隐患排查治理方案》《关于扎实推进安全大检查确保“国庆”期间特种设备安全的通知》等工作方案。

加强日常监督监察　在元旦、春节、两会、“五一”“十一”、中共十八届三中全会等重点时期加大检查频次。对气体充装站、冷冻厂、景区、医院、超市、火车站等重点场所在用设备进行反复巡查。对“五小”（小馒头房、小泡沫厂、小洗衣房、小食品厂、小洗浴）企业加强检查。

开展突出问题的专项整治　分别开展工业管道、起重机械和电梯专项整治。对辖区内10家冷库使用单位开展摸底调查和安全监察。对辖区内1家玻璃深加工企业开展专项检查。

开展联合执法　开展餐饮场所使用液化石油气钢瓶整治行动。联合唐山特检所对辖区内2家景区大型游乐设施进行定期检验，对发现问题及时督促整改。与市局特检所联合对辖区内公共场所使用的电梯进行专项安全检查。

开展特种设备安全大检查工作　通过召开相关企业单位专项会议，与各相关单位签订安全承诺书、发放特种设备安全告知书等形式，营造安全生产大检查高压态势。按照先重点单位、先人员密集场所、先涉外酒店宾馆、先重大危险隐患的“四先”思路，对辖区内工业企业、休疗院所、景区、医院等特种设备管理使用单位进行拉网式安全监察，及时排除隐患。对达到报废年限的6台游乐设施及自制电瓶小火车责令其停止使用。

开展特种设备应急演练　该局先后在秦皇岛野生动物园和集发生态农业观光园组织开展大型游乐设施应急救援演练。提高职能部门协调联动能力，锻炼救援队伍，增强特种设备管理使用单位应急处置能力。

【标准计量】　计量　出动执法人员450人次、车辆150辆次，检查加油站12家次、加油机93台次，超市、商场、集贸市场、餐饮单位40余家次，检查定量包装（产）商品40余种、计量器具360余台（件），完成制造计量器具许可证单位换证审核6家。

质量　推荐质量效益型先进企业1家，质量信用档案录入33家。

标准化　推荐“标准化良好行为企业”1家。

监督　彻底摸查辖区工业产品生产企业，将31家企业信息录入省局工作系统。开展工业产品质量监督抽查工作，各级监督抽查完成率100%，其中省级监督抽查3家（其中一家停产）、市级监督抽查9家。完成获证企业年度自查工作。开展重点产品专项摸排整治工作。

【产品认证工作】　强化实验室规范化管理。组织4家获证实验室开展自查，并对其开展监督检查，对检查中存在问题，当场下达《责令改正通知书》，要求限期整改到位，提交整改报告。加强强制性产品认证行政监管。制定《2013年强制性产品认证有效性监管工作实施方案》，出动执法人员48人次，对强制性产品认证目录内的安全玻璃、装饰装修产品和低压电器等强制性产品认证企业进行监督检查。

【“质检利剑”行动】　制定《2013年“质检利剑”行动实施方案》，配合北戴河公安经侦大队对北戴河无证无照涂料厂进行现场检查，对其生产的乳胶漆、涂料等7种产品进行抽样，合格率100%。开展春季农资打假工作。以化肥、农药、种子为检查重点，重点检查有效含量是否严格执行国家标准，是否掺杂掺假、以次充好，是否存在计量欺诈等违法行为。全年为农户提供咨询服务50余人次，发放知识宣传资料600余份。开展“双打”工作。加大对区域内涉及食品、建材、絮用纤维制品企业监督检查力度。

（陈　尧）

审计工作

【概况】　2013年，北戴河区审计工作注重审计能力和审计质量提高，围绕全区重点工作和重点项目及年初工作安排，以服务地方经济发展为重点，履行审计监督职能。全年实施审计项目24项，纠正不规范资金3897万元，提出审计建议16条，提交审计报告及工作报告26篇。

【财政审计】 审计财税部门2个，并延伸审计14个单位的部门预算执行情况及纳税情况。纠正不规范资金3897万元，提出审计建议4条。8月26日，区人大常委会听取关于2012年度区本级预算执行及其他财政收支情况审计报告。

【经济责任审计】 2013年，对6名党政领导干部开展离任审计工作，审计资金1860万元，提出审计建议8条。重点审计领导干部任期内主要经济指标完成情况、财政财务收支、预算内外资金使用等方面，特别注重对领导干部在廉洁自律等方面审计。

【专项资金审计】 保障性安居工程审计 对北戴河区2012年各类城镇保障性安居工程的投资、建设、分配、运营等情况进行审计。重点审计区住建局、发改局、财政局、国土局、规划局、民政局等18个有关部门和经办机构，延伸调查25户住房困难家庭，对2个保障性安居工程项目开工情况和工程建设及质量管理情况进行审查。截至2012年末，北戴河区累计筹集保障性安居工程资金2634万元。当年支出2464万元，年末累计结存504万元。通过发放租赁补贴、配租配售保障性住房等方式，惠及中低收入住房困难家庭336户858人。

涉农资金审计 对该区2012年安排的140万元（其中区财政安排80万元）用于绿化、美化、亮化、净化、清理垃圾等13项农村环境综合整治项目进行审计，为区委、区政府摸清涉农资金有效使用底数提供第一手资料。

校舍安居工程建设资金审计 对区教育局中小学校舍安居工程进行检查及审计，截至2013年9月，审计改造校舍面积3.60万平方米，审计投资资金2244万元，涉及蔡各庄小学、海北路小学、北戴河中学等7所学校，各项工程均达到合格标准。促进有关政策措施落实，重点关注建设资金安全有效使用和建设管理情况。

【乡级财政决算审计】 开展海滨镇2012年度财政决算及财务收支情况审计，审计海滨镇收入资金831.89万元、支出资金872.83万元、资产1492.99万元。针对会计基础工作较薄弱、往来款项清理不及时、未及时缴纳个人所得税等情况提出审计建议3条。

（李　伟）

安全生产监督与管理

【概况】 2013年，坚持“安全第一、预防为主、综合治理”的方针，组织协调全区开展安全生产大检查、“打非治违”等专项执法行动，深入排查治理各类事故隐患，圆满完成元旦、春节“两节”，人大、政协“两会”，暑期、国庆、中共十八届三中全会等重要时期安全生产任务。全区安全生产形势保持总体稳定，工矿企业无死亡事故，未发生较大以上安全生产事故。

【落实安全生产责任】 重新修订《北戴河区安全生产委员会组织机构和职责》《北戴河区安全生产委员会成员单位职责》，并由区安委办负责，按照两个文件精神，督促安委会各成员单位按照职责分工，进一步细化责任，抓好落实，确保安全生产万无一失。实行安全生产日报告制度，全年上报安全生产日报告89期，安全生产周报告27期。

【安全生产大检查】 年内，北戴河区组织召开党政联席会议、安全生产大检查宣教会、安全生产大检查现场会，区领导分别对安全生产大检查工作提出明确要求部署。按照全覆盖、零容忍、严执法、重实效的总要求，安全生产大检查活动期间，出动执法人员1356人次，检查各类企业1537家次，整改各类安全隐患874处，罚款15.20万元（道路交通罚款），对1家非法施工工地下达责令停产停工指令书，依法关闭取缔3家非法经营城市燃气企业和1家非法经营液体燃料企业，有效遏制各类生产安全事故发生。严格执行日巡查制度，对全区危险化学品从业单位进行安全执法检查。多次对全区歌舞娱乐等20家夜间营业场所进行夜查。各街道联合公安派出所全面排查本辖区的小门脸、小商店、小洗浴等“八小”单位的消防安全。检查旅游客运企业和出租车企业，对非法运输危险品以及交通工具带“病”营运、超限运输、酒后驾驶等违法违规行为进行严厉查处。重点值守渔船停泊点，打击“三无”船只和渔船非法载客行为，宣传、教育游船（艇）经营户，强化安全意识，落实游船出海前的日检制度，及时排除海上安全隐患。对全区施工工地进行全面安全检查并对存在安全生产隐患的工地给予处罚。督导检查特种设备管理使用单位的特种设备；全面检查景区景点、星级宾馆饭店、旅行社等。

区交通局、安监局、质监局联合开展暑期微货车运输综合整治大检查

【暑期专项检查】 对全区各休疗养院等餐饮场所开展燃气安全专项执法整治，全面排查各单位在燃气购买、储存、使用等环节中存在的安全隐患。邀请机电、电力、消防专家对重点景区、18家企业的硬件设施进行检查，发现隐患98处，下达责令改正指令书14份。查处违规销售液化气点9处（戴河镇5处，海滨镇4处），处理不合格液化气钢瓶或超期未检验液化气钢瓶31个，建立区、镇（街）、村（社区）上下联动的工作机制，彻底消除安全隐患。检查野生动物园人工瀑布等6家涉水涉电景观，要求4家景观及时更换或安装带有漏电保护装置的开关，严防触电事故发生。联合督导检查浅水湾浴场和金屋浴场海上游船（艇）安全，因运营手续未办理齐全，责令浅水湾浴场海上游艇立即停止运营。

【安全生产宣传教育】 开展“安全生产月千人大签名”活动，组织30余家单位参加安全生产法律法规咨询活动，发放各类宣传资料1000余份，解答群众咨询80余次。暑期期间制发5000余份《安全用气、用电温馨提示卡》，向商户、居民宣传安全用电、用气常识。开展“小手拉大手 安全进万家”主题教育活动，向全区各学校发放《家庭生活安全常识告知书》4000份。

【职业卫生监管】 2013年，全区有60家企业完成作业场所职业病危害项目网上申报备案工作，无职业病发病病例。确定秦皇岛市北戴河兰德科技有限公司作为区职业卫生标准化试点企业，并于11月8日完成“职业病危害现状评价报告”和“职业病危害因素检测报告”。全年出动执法人员102人次，对辖区内有存在职业病危害因素的22家企业进行重点监督检查，下达责令改正指令书7份，全部按要求完成整改。开展职业卫生告知承诺活动，与55家企业签订《用人单位职业卫生告知承诺书》。

【推进安全生产标准化达标建设】 2013年，全区5家危化企业全部完成三级以上安全生产标准化达标。6家规模以上企业有3家完成三级以上安全生产标准化达标，其余3家已申请验收。对已达标的单位，进行分级指导和监督服务，帮助提升水平、加快改进；对未达标的企业事业单位，以及尚未开展标准化建设的学校、医院、人员密集场所和小微企业，制定方案督导企业完善标准和规范，全面推进创建工作。

（王子寅）

社会事业

教 育

【概况】 2013年，北戴河区有公办中小学、幼儿园12所，其中高中1所、初中3所、小学6所、幼儿园2所；在校生7724人，其中高中生975人、初中生1533人、小学生3874人、在园幼儿1342人（含小学附属幼儿园）；初中入学率100%，毕业生人数528人，巩固率100%；小学入学率、巩固率均为100%；幼儿入园率99.40%。在职教职工1006人，其中年龄40岁以下的697人，占总人数的69.30%；具有专科学历的212人，本科学历的739人，研究生学历的28人，专任教师学历达标率100%；具有高级职称的105人，中级职称的530人，占专任教师的63.80%。

辖区内有秦皇岛广播电视大学北戴河分校1所；教师进修学校1所；青少年校外活动中心1所。民办学校6所，其中民办幼儿园4所，在校学生1625人，教职工167人。

北戴河区以办人民满意教育为宗旨，以全面实现区域教育城乡一体化高质量的“均衡·特色·精品”发展为目标，统筹发展城乡教育，提高教师队伍素质，推进全区教育事业健康、协调、快速发展。北戴河区教育局获得“河北省县域基础教育教学改革综合实验项目优秀单位”“2011—2012年度河北省教育工作先进集体”、秦皇岛市青少年“建设幸福中国”读书教育活动组织优秀奖、秦皇岛市“中小学生艺术展演活动优秀组织奖”和“全民国防知识竞赛活动优秀组织奖”等称号；被市政府授予“学前教育发展进步奖”；实验小学、第二中学、青少年校外活动中心被确立为全市“篆刻艺术示范校”。

【教师队伍建设】 师德专项主题教育活动 每学期初举办“开学师德第一课”，评选“身边最美教师”等活动，引导全体教师寻找身边榜样、开展对标行动。完善《北戴河区中小学教师师德考核评价方案》，健全对教师职业道德考核评价、奖惩、督导和责任追究等机制。

实施“研训一体化”战略 制定《北戴河区教师研修规划》《关于加强教师队伍建设的指导性意见》，每年安排80.40万元作为教师培训专项经费，推进教师全员培训及骨干教师、青年教师、新教师分层培训。成立“名师工作室”，发挥骨干教师辐射带动作用。年内区教师参加国培或省培62人次、市级培训500人次、区级培训2000人次。北戴河中学、实验小学、第二中学、育花路小学分别被评为全市“中小学教师专业发展示范校”和“达标校”。

提高班主任待遇 将小学、幼儿园班主任补贴提高到每月400元、中学提高到每月600元，由财政单独列支。年内，该区教师获国家级奖励5人次，省级奖励32人次，市级奖励77人次，区级奖励242人次。

【学前教育】 全区50%的小学附属幼儿园（蔡各庄小学、育花路小学、西山小学）成功改造为日托园。为避免小学附属幼儿园小学化倾向，从两所省级示范园（一幼、二幼）中选派骨干教师挂职为附属幼儿园园长，安排专职幼教管理人员深入各幼儿园进行具体指导。蔡各庄小学附属幼儿园被认定为市级示范性幼儿园，全区其他5所小学附属幼儿园被认定为城市二类园。加强民办幼儿园管理，广顺小海星幼儿园被评为市级一类幼儿园，金海幼儿园被认定为城市二类园。全区3～6周岁适龄幼儿入园率达到99.40%，学前一年入园率100%。

【小学基础设施更新改造】 投资270余万元，改造西山小学操场，总改造面积7937.20平方米；概算投资138万元，用于海北路小学新建校门、道路及停车场等工程；投资300余万元，用于采购锅炉、变压器增容、采购升降式课桌椅、校内维修等；投资150余万元，用于为各校更新添置多媒体教学仪器设备及普教仪器、玩教具、体育器材、图书等。年内，全区各中小学新增电子白板45块、移动多媒体16套、计算机256台，校级图书馆全部通过省一级馆认定。

【素质教育】 落实国家课程计划，开足开齐国家、地方、校本和综合实践课程。推进经典诵读活动与校园文化建设、德育活动、学科教育“三结合”。将篆刻艺术进校园工作与经典诵读、书法教育活动相融合，9月，在实验小学和第二中学先期试点基础上，在全区全面铺开，实现经典诵读活动、篆刻艺术进校园活动覆盖率100%。实验小学、第二中学、青少年校外活动中心被确立为全市“篆刻艺术示范校”。

以科技节、体育节、读书节、艺术节“四节”活动为载体，开展丰富多彩的智体美卫活动，开发综合实践“方法指导

3月3日，北戴河区实验小学开展“学雷锋敬老爱老”活动

3月29日，海北路小学的学生们正在网上祭奠烈士

课”。在各级各类综合技能素质比赛中，获奖学生人数不断增加。区教育局获得秦皇岛市青少年“建设幸福中国”读书教育活动组织优秀奖、秦皇岛市“中小学生艺术展演活动优秀组织奖”和“全民国防知识竞赛活动优秀组织奖”。

【招生与考试】 完善学校评价、教师评价、学生评价、学科教学评价标准，积极探索学习能力检测方式，建立完善教学质量统一监测机制，实行“区校两级检测相结合、综合与专项检测相结合、区内教研员与区外教学专家联合命题相结合”的检测制度，实现“等级+评语”的评价方式。

全区报名参加中考学生490人，有各类升学志愿考生447人。普通高中录取330人。高中上半年学业水平考试报考科次332科次，其中文化292科次，实践40科次；下半年学业水平考试报考科次5817科次，其中文化3193科次，实践2624科次。

普通高校招生考试报名356人，文史类考生186人（纯文史131人，艺术文47人，体育文8人）；理工类考生155人（纯理工140人，艺术理9人，体育理6人）。体育单招1人，其他单招2人，对口12人。其中北戴河中学报名321人，实际参加考试316人，录取291人，总录取率92.09%，本科提前批13人，本科二批9人，本科三批78人，专科163人，单招28人。

【教学改革】 制定《关于整体推进课堂教学改革的指导意见》，明确区域课堂教学改革进程，积极探索四级备课模式、三级教研模式、小组合作学习模式，广泛开展业务练兵、晒课活动，夯实四部联合下校视导，实现教研工作重心下移，形成“科研拉动课改、师训服务课改、教研落实课改”工作格局。“晒课堂”和“小组合作学习”新课堂教学模式初具雏形，在全区进行推广。7月，在“河北省县域基础教育教学改革综合实验项目结题表彰会”上，北戴河区作为全市唯一的项目实验区，被授予“河北省县域基础教育教学改革综合实验项目优秀单位”称号，实验小学、海北路小学等6所学校被评为实验工作先进单位，12名校长被授予实验工作先进个人，2项子课题荣获“优秀实验研究成果奖”。在河北省中英气候课堂项目阶段总结会上，全区9所中小学及区进修学校全部成为河北省“中英气候课堂”项目首批挂牌校，选送的4节活动课分获省级一、二等奖。

【督导评估】 区财政每年安排5万余元用于督导评估，制定完善北戴河区《中小学校发展性督导评估实施方案》《义务教育阶段学科教学评估实施细则》，配备专、兼职督学和学校视导员，开展每年一次的常态教学评估工作，加大过程评估和专项评估力度。10月，北戴河区顺利通过河北省县域义务教育均衡发展督导评估。区教育局被市政府授予“推进义务教育均衡发展工作进步奖”，被省教育厅评为“河北省教育工作先进集体”。

【平安校园建设】 建立安全管理长效机制，逐级成立领导小组，签订责任书，采取学校日巡查、月排查和成员单位联查相结合形式，开展以学校周边秩序、重大隐患、校内管理为重点的摸底排查整治工作。加大校内人防、物防、技防力度，投资60余万元，为中小学聘请30余名专职保安人员，更换消防安全出口、疏散指示牌124块，增设应急灯32盏、灭火器56个。投资近160万元更新学校用电设备、改造塑钢窗、进行场地硬化、新增监控摄像头等。定期组织安全教育活动和预案演练，师生受训率100%。开展“法律进学校”活动，全年制作法制板报30期、法制手抄报300余份、法制横幅18幅，发放法制宣传单1万余份，开展法制专题讲座16次。实验小学、育花路小学作为首批“河北省依法治校示范校”，高标准通过省级复检，北戴河中学被认定为第五批“河北省依法治校示范校”。协同公安、工商、文化、卫生防疫、城管等部门及各村（居）开展联合行动，加强校园周边治安巡逻，年内出动执法车辆20辆次、执法人员112人次，检查大、中、小学和幼儿园37家，检查各类商店14家，取缔50米周边随意摆摊设点3户。开展校车安全专项整治行动，安排接送学生车辆资金60余万元，对驾驶员进行安全培训，签订责任书，每学期初对各校接送学生车辆情况进行全面摸底排查。年内，全系统未发生任何重大安全责任事故、治安事件、刑事犯罪及群体上访事件。区教育局被评为全市“学校安全工作监管先进单位”“学校安全工作先进单位”。

3月25日，北戴河中学组织开展应急疏散及消防灭火演练

【成人教育】 依托乡镇、社区和电大，开展文明礼仪培训、专业技术培训、阳光工程培训及农民职业培训。2013年，秦皇岛电大北戴河分校招收农业大学网络教育考生94人，其中本科49人，专科45人，毕业68人；

"涉农"培养工程（中专）招生51人。成人高考报名283人、853科次，其中高中起点升本科4人，高中起点升专科136人，专科起点升本科143人。办理自考毕业30人。

（杨锦红）

科学技术

【概况】 2013年，北戴河区以促进科技创新，发展高新技术产业以及贯彻落实"全民科学素质行动计划纲要"为重点，推进创新型城区建设活动，组织实施重点科技项目，为全区获2012年度授权的38项专利，发放专利补助资金1.60万元。实施科技特派员服务"三农"工作，顺利开展全国科技进步县区考核工作。

【重点科技项目】 组织实施集发农业新技术成果引进转化与示范应用、农村民居建筑太阳能供热采暖应用技术的研发、企业工程技术中心建设、科技成果推广示范与技术培训等重点科技项目，投入科技项目资金50万元。有5个项目列入省市级科技计划，获得上级科技资金支持59万元。

【科技兴农】 2013年，联合区委组织部和人社局共同选派区内包括大学生"村官"和农村技术能人在内的18名科技特派员。科技特派员通过深入田间地头进行技术指导、举办农业技术培训班、自投资金领办企业和与农民结成利益共同体等形式开展农业技术服务。科技特派员实施科技示范项目2项，推广新品种21项、新技术8项，举办各类农业技术培训40余次，培训农民400余人次，促进农民增加效益60余万元。

【科技进步奖申报工作】 组织10项科技成果申报市科技进步奖评审。经专家评审，有6项成果获市科技进步奖。其中3项成果获市科技进步二等奖，3项成果获市科技进步三等奖。

2013年度秦皇岛市科学技术进步奖获奖项目名单

表11

二等奖					
序号	证书编号	项目名称	完成人	完成单位	推荐部门
4	20130204	超声、CsA浓度、SCr及组织损伤标记物联合评估移植肾功能的系列研究	李晓萌,宋晓东,朱　军,李春晖,吴玉梅,刘武岩,赵　洋,姜　伟,周　妍,王恩伟	中国人民解放军北京军区北戴河疗养院	北戴河区科技局
17	20130217	血流动力学与糖尿病肾病的关系	曹　晔,苏　津,田卫东,杜　巍,宋晓东,白金香	北京军区北戴河疗养院,秦皇岛市抚宁县中医院	北戴河区科技局
24	20130224	低分子肝素钙预防心力衰竭患者深静脉血栓的临床观察	刘纪强,李　娟,朱江波,卢志洁,袁利民,黄素贞,杨国亮,刘伯强	秦皇岛市北戴河医院	北戴河区科技局

续表11

三等奖					
序号	证书编号	项目名称	完成人	完成单位	推荐部门
40	20130340	经皮跟腱延长术联合甲钴胺治疗糖尿病引起的神经源性足底溃疡	韩雪峰,孟宪文,付志民,张志宏,于长久,宋长兴,陈丽萍,范林凤,彭宗生,李慧珍	秦皇岛市北戴河医院	北戴河区科技局
59	20130359	子宫内膜增生与生理行为因素相关性研究	张新红,公小纪,王丽萍,杨丽娜,杨红颖,张志华,李　静,金晓娟	秦皇岛市北戴河医院,秦皇岛市妇幼保健院	北戴河区科技局
72	20130372	计算机X线摄影CR胸片对左心衰竭的诊断价值	王艳芝,冯广志,牛心刚,袁利民,张红辰,梁　罟,彭宗生,张　红	秦皇岛市北戴河医院	北戴河区科技局

（田一婧）

文化事业

【概况】 2013年，北戴河区文化广电新闻出版（版权）局成功举办“幸福北戴河”春节联欢晚会暨春节团拜会、“集发春节庙会”“两节”文化活动、文化下乡、暑期系列文化活动、公益性演出、系列书画作品展等活动。区文化宫成功接待国家级、省级等重要政治活动、会议、培训10场次；举办大型演出、开幕式12场次；举办大型书画展览4场次，展出作品500余幅；为全区25个行政村免费放映数字电影，观影人数达到2万人次；数字影院每周末与全国同步放映影片近百场。北戴河音乐文化人活动获文化部第十届中国艺术节“群星奖”，北戴河区文广新局获区“暑期工作先进单位”，文化市场行政执法队获“暑期工作先进集体”，区文化宫获“秦皇岛市文化工作先进集体”“秦皇岛市和谐文化团体”。在全市文化市场综合执法技能大比武活动中，区文化市场行政执法队代表队取得第二名的好成绩。

【文化活动】 2月4日，在北戴河区劳动人民文化宫举办“幸福北戴河”春节联欢晚会暨春节团拜会，演出歌舞、戏曲、杂技等13个精彩节目。大年初四、初五、初六3天在集发生态农业观光园内举办“集发春节庙会”。活动下设风味小吃类、文艺表演类、游园游戏类、民俗手工类、年货商品类、幸运大抽奖等数10种节庆项目，全国各地游客及市民约15万人次参加。

文化下乡活动 2013年，“政府买单，百姓看戏”工程，分别在戴河镇朱庄村和苏庄村举办公益性演出2场次。春节前夕，组织区文艺骨干在蔡各庄村、区党政机关综合办公楼广场、驻区武警四支队等演出。区文联、区书法家协会工作人员现场为广大群众书写春联。区文化馆积极开展各项群众文化辅导、排练等活动600余次，辅导人数近2000人。编撰业务辅导教材《音响调音员初级技能培训教材》。

暑期系列文化活动 邀请俄罗斯太阳世界艺术团到北戴河区演出10余场次。在三角地文化广场、区党政机关综合办公楼广场，举办以“浪漫之夏”为主题的海娃艺校专场、防治艾滋病宣传等2场次文艺演出。精心策划组织百余名音乐文化人、美术文化

人活动。6月10日至9月10日，在北戴河碧螺塔酒吧公园举办“中国·秦皇岛（北戴河）第一届国际海洋音乐节”；7月10日至8月20日，在北戴河碧螺塔酒吧公园举办大型滨海情景演出《海上生明月》；9月7日，“面朝大海”臧天朔个人演唱会在碧螺塔酒吧公园举行。

系列书画作品展 举办“笔墨山海”梅墨生师生作品展、丹青春华——北戴河·长安中国画精品展、丁宝栋中国画展、“夫劳克·贝克”个人绘画作品展、“庄上画语”2013六人作品巡回展、雅好文华——癸巳北戴河十人展、梅墨生艺术馆全国名家书画展、“中国梦—玉神州行”走进北戴河皇家古玉珍玩展等活动，参观人数10万余人次。

【文化产品】 设计、制作《北戴河文化地图》。地图分艺术馆、博物馆、影院、老别墅、大型演出、街头文艺人、经典街区、酒吧·特色餐饮、基地、企业总部、歌舞娱乐场所版块。印制1.50万份，免费发放到全区宾馆、酒店、旅游景点景区等，为市民、游客搜索定位、了解北戴河历史文化等提供便捷服务。

【文物管理】 6月，以文化遗产日为契机，区文物保管所、博物馆在北戴河博物馆举行文化保护法宣传活动。开展第一次可移动文物普查，10月18日，北戴河区政府成立第一次可移动文物普查领导小组，制定普查实施方案，组建普查队伍，开展国有单位文物收藏情况调查。对文物保护单位进行安全检查。做好近代建筑维修，对维修单位违反规定现象及时下发整改通知。

【场馆建设与改造】 2013年，文化馆、图书馆建设《可行性研究报告》编制完成，并获国土部门《土地使用预审意见》批复和《国有建设用地划拨决定书》，获规划部门《项目选址意见书》和《项目建议书》批复，办理土地使用证。

【文化市场管理】 制定《北戴河区文化市场工作实施方案》《北戴河区文化市场安全生产大检查工作实施方案》。定期召开协调会、沟通会，了解文化市场发展新动向。实行目标管理责任制和责任追究制，建立文化市场分项包干管理责任制和管理台账。5月8日，召开北戴河文化市场从业人员法律法规培训会，全区各文化经营单位法人及从业人员100余人参加培训。制定《安全生产救援预案》，与各经营单位签订《2013年度创建平安文化市场守法经营责任状》。6月30日，召开北戴河区迎暑期文化市场安全生产暨法律法规培训会。12月28日，召开全区文化系统安全生产工作会议。全年开展大规模联合执法行动3次，出动检查人员800余人次，检查经营场所2400余家次。

【文化创意产业】 *怪楼文化艺术产业园二、三期项目* 秦皇岛歌华营地配套项目建设完成并投入使用。占地面积1.36万平方米，总投资约5000万元。主要用于文化产业融合发展孵化办公、室内活动场地、培训教室以及住宿、餐饮、接待服务等；同道电影坊项目完成签约，项目设计方案调整完毕，建成后将拥有记录片制作、观摩展映等功能，并开展电影制作、论坛、培训等活动；壮阁艺术馆项目完成建筑总体建造及内部装修，项目建成后的主要功能有美术作品创作，中国水墨人物创作交流、美术培训、作品展览、作品销售、艺术品拍卖等。

艺术馆开馆并举办作品展 7月26日，“庄上画语”2013年6人作品巡回展在蒋世国美术馆举办，展期30天。8月11日，河北画院版画美术作品展在北戴河怪楼文化艺术产业园河北画院北戴河创作中心开展，集中展示版画院10余位画家精心创作的50余幅精美作品。8月15日，北戴河怪楼文化艺术产业园的王铁艺术馆举办王铁教授的启蒙恩师赵兴斌老师速写展，展期1个月，展出50幅精品画作。7月10日至8月30日，梅墨生美术馆举办“笔墨山海·梅墨生师生作品展”“夫劳克·贝克”个人绘画作品展、“中国

书画精品展”等展览，展出作品百余幅，展期2个月，吸引中外游客300余人，中共中央政治局原常委吴邦国、贾庆林等领导莅临精品展。7月28日至8月28日，歌华营地举办“春江花月夜雅集”等丰富多彩的主题文化活动，课程涉及茶艺礼仪、民族乐器、钢琴演奏、京剧昆曲讲演等，举办各类展览、演出、互动体验活动近百场，100余名专家和艺术家参与活动，吸引近千名青少年入营体验，数十名大学生中学生志愿者和专业志愿者为活动提供志愿服务，接待省部级以上领导百余人次。2013年，艺术园区举办各类书画展览、演出、青少年培训活动100余期次，接待中外游客近5万人，其中省部级以上领导达百余人次。新华社、河北日报等10余家新闻媒体对园区进行集中报道。

艺术写生基地效果显著　先后有河北农业大学、齐齐哈尔大学艺术学院、北京林业大学动画系、天津美术学院和河北师范大学、天津工业大学、天津科技大学设计学院等10余所高校的1000余名师生到北戴河区采风写生。

【公共文化服务体系创建】　国家公共文化服务体系示范区创建工作。7月8日，市公共文化服务体系示范区创建督导组先后到戴河镇综合文化站、车站村文化活动室督导检查公共文化服务体系示范区创建工作。9月，北戴河区接受国家创建办公室督察组实地验收，督查组一行到戴河镇综合文化站，观看戴河镇综合文化站公共文化服务体系示范区创建情况汇报片，重点了解镇（街）、村（居）等文化建设情况、文化信息资源共享工程开展情况、综合文化站、社区文化活动中心免费开放情况等。创建工作验收组对该区创建工作给予高度评价，戴河镇西古城村文化超市、系列专题博物馆、怪楼文化艺术产业园、街头音乐文化人成为全市创建工作亮点及示范经验。年内，区文广新局为西坨头村、陆庄村、朱庄村、苏庄村、费石庄村农家书屋增配价值2.50万元书籍。

【非物质文化遗产】　8月，完成省级关于开展2013年非物质文化遗产保护经费项目申报工作。年内申报省级非物质文化遗产保护经费项目1个。

（刘　洋）

卫生事业

【概况】　2013年北戴河区有医疗卫生机构30个，其中二甲综合性医院1个、乡镇卫生院2个、社区卫生服务中心1个、妇幼保健机构1个、疾病控制和卫生监督机构2个，其它医疗机构23个，开放床位230张；拥有卫生专业技术人员320人，其中执业医师6人、注册护士28人。北戴河区妇幼保健院被评为省级“巾帼文明岗”。

【医政管理】　全年开展“医疗质量万里行”和“医疗服务质量提升年”活动，推进医院评审评价工作，以医院等级审评为抓手，全面提升医疗卫生服务质量。加强社会办医监管、医疗质量安全监管及医疗机构设置审批管理，强化医疗服务行为监管，加强医疗技术临床应用和临床用药管理及医疗费用控制。开展整顿医疗秩序打击非法行医“雷霆”行动，重点打击未取得“医疗机构执业许可证”“执业医师证”、擅自开展诊疗活动的黑诊所、按摩店、无任何行医资格的游医、假医。查处无证行医案件3件，立案3件，均给予取缔并罚款3000元，发放宣传资料200余份。

【卫生执法监督】　开展饮用水及公共场所卫生监督、劳动及放射卫生监督、学校卫生监督、传染病和消毒卫生监督等工作。对辖区内美容美发、沐浴、住宿、游泳馆等公共场所进行量化评级，发放各类公共场所卫生许可证572个，对1955家民宿业进行业务培训与指导。暑期前，对涉水产品、用水单位管网和蓄水池进行排查，抽样送检，对存在安全隐患的供水单位责令限期整改，安装紫外线消毒器，水质均达标。暑期中，对6个纳入全省饮用水监测网点的水质进行采集送检，检测796项次，均符合卫生要求。加强农村生活饮用水管理，对20个行政村和3个学校自备水井的选址进行监督，严禁取水点30米内有污染物。制定餐饮用具消毒企业许可标准。对企业购入的消毒设备进行监督，统一规范厂房及消毒工艺流程。区内4家餐饮用具消毒企业均规范生产。全年办理放射诊疗许可证5个，健康体检及个人防护检测均符合要求，放射人员均持证上岗。

【农村初级卫生保健】 提升乡村医生业务素质，重点加强对乡村医生进行农村常见病与多发病规范诊疗护理、农村常见急症医疗急救处理、抗生素与激素合理应用、村卫生室感染控制等内容的培训，全年组织集中培训4次。村卫生室推行门诊诊疗工作制度、医疗文书书写制度、治疗室工作制度、消毒隔离制度、用药治疗查对制度、医疗废弃物管理制度，防范农村医疗纠纷、事故发生。

【新型农村合作医疗】 筹资1201万元，将新农合筹资标准提高到340元，参合率继续稳定在98%以上。年内，统筹基金使用率96.80%。其中，住院补偿2541人，住院补偿费用1160.20万元；家庭门诊账户补偿9797人，补偿金额9.70万元。为降低诊疗费用，新农合强化定点医院监管，不定期对费用进行控制目标、诊疗服务行为进行检查，有效遏制医疗费用不合理增长。全年基金使用控制在合理范围。

【环境卫生综合治理】 开展城乡环境卫生整治行动，区疾控中心完成对中共中央直属机关事务管理局北戴河服务局、国务院机关事务管理局北戴河服务局、全国政协北戴河干部培训中心、中央纪委监察部北戴河培训中心等药物消杀工作，累计用药48吨。每周两次免费为海滨镇7个行政村和戴河镇大薄荷寨村发放消杀药品（敌百虫），累计发药473袋、473千克。8个村的8名消毒员对蚊蝇孳生地进行隔天1次的喷洒投药处理，区疾控定期检查保障消杀效果。春秋两季投资12万元开展“灭鼠”活动，有效预防流行性出血热。

【传染病防治】 2013年，传染病发病总数317例，区内无传染病爆发、流行，无死亡病例，全年无迟审卡及漏审卡。

禽流感防治 对区内13家大型蛋鸡规模养殖场进行摸底调查，采集养殖人员血清标本10份、禽类粪便10份、海鸟粪便2份、候鸟粪便2份，均送至市疾控中心检测。土源线虫防治工作，对区内628名3～14岁学生的新鲜粪便进行寄生虫检测，检出虫卵20份，其中蛔虫感染率3.18%，蛲虫感染率0.63，所有阳性样本均告知本人。

艾滋病防治工作 截至10月底完成血清采集567份。检出阳性病例1例，已纳入艾滋病感染者管理。管理辖区内5名患者（3名艾滋病病人、2名感染者），至少每月随访1次，及时对其提供治疗药品、消毒药品、关怀救助等服务，并对其进行CD4检测、结核病筛查、病毒载量检测。发放13项艾滋病宣传材料1.24万余份。每月按时对区内15家娱乐场所从业人员进行干预，全年完成高危干预工作2322人次，发放宣传材料2500余份、避孕用具2.32万余个，对246人进行HIV抗体检测。

【计划免疫】 2013年，区内出生儿童672人，12种疫苗基础免疫完成率均在90%以上；新生儿乙肝首针入院接种率100%，24小时及时率98%以上；全年共建卡建证儿童9942人，建卡建证率达到100%，均录入儿童预防接种信息管理系统。定期监测甲胎蛋白（AFP）病例和麻疹病例。全年区内无脊灰野病毒及脊灰疫苗衍生物二代病例发生及新生儿破伤风病例，15岁儿童乙肝新发病例为零。

开展预防接种异常反应监测，县级及时审核预防接种反应率100%，及时上报率100%，及时处理反应接种副反应100%。全年发生疑似预防接种异常反应病例20例，均为一般反应，患儿均已治愈。

开展麻疹查漏补种工作，对适龄儿童分别给予麻疹风疹疫苗、麻疹风疹腮腺炎疫苗补种，查出并补种漏种儿童27人。对各小学托幼机构儿童进行腮腺炎疫苗查漏补种，应接种2450人，实际接种1381人，接种率56%。开展脊髓灰质炎疫苗强化活动，常住儿童服苗人数3598人，流动儿童服苗人数1111人，服苗率均达95%，符合国家标准。

【妇幼卫生保健】 2013年，孕产妇649人、入保率90.90%；系统管理人数580人，管理率89.30%；住院分娩人数649人，分娩率100%；产后访视590人，访视率90.90%。全年区医院活产数686人，其中顺产331人，剖宫产355人，剖宫产率51.74%；281医院活产数21人，其中，顺产11人，剖宫产10人，剖宫产率47.61%；新筛全区共筛查708人，筛查率103.35%；产筛共筛658人，筛查率95.91%；各种出生缺陷15人；产后访视432人。

妇女儿童现状及管理　3岁以下儿童总数1957人，系统管理人数1684人，管理率86%；集体儿童管理率100%；儿童入托、再托体检1460人，保育员体检154人；421体检儿童2719人；儿童微量元素检测3503人；骨密度检测1675人；婴幼儿游泳1024人次；妇女病普查人数6840人，患病人数1235人。

重大公共卫生现状及管理　免费发放叶酸373人、2238瓶，完成率124%；补助农村孕产妇住院分娩289人，总计8.67万元；定期对2所助产机构进行艾滋病、梅毒及乙肝检测督导检查。婚检工作在原基础上增加服务标准，赠送总价值约350元每人的婚检礼包。

【北戴河医院】 北戴河医院为二级甲等综合性医院，现有工作人员426人。全年完成门诊量20.53万人次，住院人数6820人次，急诊3.12万人次，120出诊1653次，门诊抢救373人次，成功率99%；完成手术1526例，成功率100%。总收入8275万元，药品收入3758万元，医疗收入4517万元，药占比45.40%。暑期医疗服务中，接诊海蜇蛰伤病人1381人，日平均40人次，高峰时期平均门诊量90人次。其中重症海蜇蛰伤并发肺水肿呼吸衰竭3人，其中2例治愈。暑期服务保健对象238人次。

2013年，重新装修急诊大厅及门诊二楼大厅。新添64排全身X射线计算机断层扫描系统、彩色超声诊断系统、主动脉内球囊反搏泵、血液透析机等大型设备。

医疗技术不断提升。骨科独立开展双髋人工关节置换、人工膝关节置换、关节镜下膝关节韧带修补重建；神经内科开展腰穿诊断少量蛛网膜下腔出血、脑脊液抽吸减轻颅内压治疗蛛网膜下腔出血技术；妇产科开展腔镜下子宫肌瘤、宫外孕、输卵管再通等技术，均收到良好效果。

【社区医疗】 全年门诊量1.88万人次。在推进药品网上采购工作同时，实行药品零差价销售金额49.98万元。新开设东山社区卫生服务站。

至年末，建立城乡居民个人健康档案2.92万份，其中建立城镇居民健康档案1.52万人份，建档率71.40%；建立农村居民健康档案1.40万人份，建档率达到96%以上。建立各类慢病患者档案1771份。其中，高血压916人，糖尿病357人，冠心病312人，脑卒中119人，恶性肿瘤67人。为辖区30位重性精神病患者建立档案。慢性病随访205人次。开展65岁以上城镇居民免费健康体检工作，服务335人，占65岁以上城镇居民总数的12.80%。

举办健康教育讲座12场次，累计895人次参加。对辖区内第二幼儿园、育花路小学、实验小学进行“健康进校园”系列讲座4场次，累计300余名儿童接受卫生知识宣教。

（张超　耿瑞杰）

体育事业

【概况】 2013年，北戴河区体育事业以增强人民体质、提高全民身体素质和生活质量为目标，坚持体育作为基础性社会公益事业的定位，大力开展社会体育、学校体育各项赛事、活动，加强体育健身业管理。在第九届轮滑节暨第七届全国少年速度轮滑锦标赛上，中国轮滑协会授予北戴河“中国轮滑名城”称号，北戴河区第二中学和实验小学获得“2013年中国轮滑运动示范学校”称号。9月，在沈阳召开的2009—2012年度全国群众体育先进单位和先进个人表彰大会上，北戴河区体育局获得“全国群众体育先进单位”称号，区体育局局长崔颖被评为“全国群众体育先进个人”。

【社会体育】 1月22日，在区党政机关综合办公楼广场举办“迎新春”机关趣味运动会，全区25个机关单位500余人参赛。8月8日，在奥林匹克大道公园举行“健身灵动生活，我们的风采、我们的梦”全民健身展示活动。暑期，组织“体育文化人”景观体育特色活动和韵动北戴河“浪漫之夏”中俄沙滩排球友谊赛。10月，举办2013年北戴河区职工篮球比赛，有9支代表队108名队员参赛。11月22日，在联峰山公园举行北戴河区直机关健走。11月29日，举行北戴河区首届拔河比赛，全区各直属单位组成20个拔河队伍参赛。

【学校体育】 北戴河区有市级体育传统项目学校4个（海宁路小学、实验小学、育花路小学、海北路小学），业训网点1个（北二中）。其中育花路小学、海北路小学、海宁路小学3所学校为省级传统项目学校。区体育局经常深入学校指导检查田径、足球、篮球、乒乓球等项目训练工作，会同体育教师制定训练计划，加强运动员管理，督促学校常年坚持训练，努力提高训练水平；配合青少年活动中心做好乒乓球训练工作；加强棋院管理，提高棋院教练的训练水平和管理能力。4月16—17日，在奥林匹克大道公园举办“北戴河区中小学生田径运动会”，来自全区中小学校的234名运动员参加39个项目角逐，本届运动会打破2项区纪录。

【赛事】 秦皇岛市第6届全民运动会于5—10月举行。北戴河区组建由副区长付红为团长、区体育局局长崔颖为副团长的400余名运动员参加的体育代表团，参加社会组的田径、篮球、老年乒乓球等14个项目的比赛及青少年组的田径、篮球、排球等9个项目的比赛。社会组获金牌37枚，总数名列第二位；青少年组获金牌16枚，排名第六位；团体总分763，排名第六。

加大校园足球投入，为学校提供充足的足球训练器材，组织校长、教练员、裁判员参加全市培训。年内，4所学校参加全市校园足球联赛，育花路小学获得男子乙组第一名，小学女子足球第二名，海北路小学获得小学乙组第三名和小学女子组第三名的优异成绩。育花路小学足球队代表秦皇岛市参加全国校园足球华北赛区比赛。

【第九届轮滑节暨第七届全国少年速度轮滑锦标赛】 4月29日至5月1日，在北戴河奥林匹克大道公园举办。此次活动由国家体育总局社会体育指导中心、中国轮滑协会、河北省体育局主办，秦皇岛市体育局、北戴河区人民政府承办。“宝狮莱杯”2013年第7届全国速度轮滑锦标赛，共有来自18个省、直辖市、自治区的77支代表队的480名运动员参赛。北戴河X-TECH联盟速滑一队获得第六名的好成绩，同时北戴河X-TECH队被国家体育总局授予“体育道德风尚奖”。

开幕式上，中国轮滑协会授予北戴河“中国轮滑名城”称号，国家体育总局社会体育指导中心主任冀运希亲自为北戴河授牌。同时启动2013年阳光体育“轮滑神州”校园活动和助威申奥大型轮滑观光千人刷街活动，有2800余名专业运动员和业余爱好者参加刷街活动。

【北戴河籍运动员获奖情况】 第7届全国少年速度轮滑锦标赛，北戴河轮滑队获1铜、4个第4名、2个第5名、2个第6名的成绩；7月，在呼和浩特举行的全国公路轮滑锦标赛获1金、1铜、1个第4名的成绩；10月，北戴河速度轮滑邀请赛获4金7银3铜；5月，秦皇岛市运动会轮滑比赛获19金17银15铜和团体总分第一名的成绩。

【体育健身业管理】 全区有篮球场14个、乒乓球台33个、健身路径414件、社会体育指导站12个；体育场地面积21.32万平方米，其中奥林匹克大道公园17.31万平方米、体育中心9000平方米、老年活动中1.20万平方米、西山街道5168平方米、东山街道3970平方米、戴河镇8840平方米、海滨镇3190平方米；体育协会13个，会员1000余人；体育指导员国家级4人、一级20人、二级20人、三级43人；活动项目有冬泳、乒乓球、象棋、围棋、太极拳、桥牌、体育舞蹈、篮球、轮滑、健走、木兰拳等；体育人口2.84万人（学生7945人、体育协会1.10万人、不固定锻炼人数9455人）。

（杨　丽）

广播电视

【概况】 2013年，北戴河区获河北省广播电视局核发的“广播电视站”播出资质。自暑期开始，区电视台所有节目进行全新改版，新闻、专题、生活服务咨询、文化娱乐等17档节目实行日播，打造一档内容丰富、节目定位准确、形式新颖，全天16个小时播出的综合性频道。全年电视台播发新闻1550条、专题节目108期。在市以上媒体发稿722篇（条）。制作政府形象公益短片28篇；播打通知、通告、标语96条。北戴河广播电视台获得秦皇岛电视台、电台“2013年度新闻协作先进单位”称号。

【节目改版】 区电视台对频道包装、节目定位、栏目设置、人员设备分配、节目采购编审环节、流程等进行反复论证，丰富整合新闻、专题节目，增加电影、电视剧、文艺节目、服务资讯等内容，在暑期前对节目进行全面改版，打造16小时全覆盖综合频道，在更大范围宣传全区发展成果。包装推出《快乐进行时》《碣石剧场》《夏都影院》《下午茶剧场》等4档新栏目。改版后节目在6月26日正式播出。全年播出电影379部次，电视剧20部、1137集次。

【新闻宣传】 全年《北戴河新闻》播发稿件1550篇，固定时长10分钟，分时政消息、重点报道、民生新闻、社会消息等板块，采写《文化惠民照亮百姓生活》《高端项目助力高端旅游》等80余篇深度报道；推出《打造美丽之冠的明珠》《民宿产业提升旅游服务水平》等10余个系列报道。在《北戴河新闻》中细化板块，增开《解放思想成果篇》《直击四大攻坚年》《中国梦·我的梦》等10档不同主题专栏，全面准确地反映全区各单位、社会各界的工作状态、精神面貌及工作成果。

【对上发稿】 2013年，在市以上媒体发稿722篇。其中中央台20篇、省电视台120篇，市电台、电视台播发新闻共582篇，在中央台、省台发稿位于全市各县区第一名。其中纪录片《不拿报酬的村支书》获中国电视艺术家协会一等奖；《北戴河300名文明使者走上街头　服务中外游客》《大雪降温检验集中供暖》《政府服务覆盖　切实提高效率切实为民》等6篇新闻稿件被评为秦皇岛好新闻奖项。

【俄语节目】 全新改版《俄语新闻》《俄罗斯人在北戴河》《俄文旅游公共服务信息》栏目，除播发俄罗斯游客关注资讯外，还以全新视角展示俄罗斯游客在北戴河多彩度假生活，让俄罗斯游客感受北戴河精细服务和全新变化。

【专题节目】 全年播出专题节目108期。年内新开播的周播专题《北戴河视角》深度报道区委、区政府中心工作、本周发生在该区的重大事件，解读新政策，关注法制民生和社会热点话题。其中《打造教育名区》《难以承受的热情》《公交司机倒下之后》等一批解读新政、针砭时弊、讴歌凡人善举的节目向社会传递正能量。《回眸》《魅力集锦》等节目展示了暑期以外全区干部群众艰苦卓绝工作和市容市貌发生的巨大变化。

【公益节目】 制作《实现两个率先目标》《建设美丽、实力、幸福北戴河》《百张笑脸》《百年胜地 美丽之冠》等20余个具有北戴河典型符号或名片性的政府形象公益广告和形象短片，净化荧屏、传递正能量。

【与名校合作】 中国传媒大学北戴河教学科研基地于暑期在区电视台挂牌，这是该校在全国62所实践基地之一，也是唯一的县区级基地。暑期中，中国传媒大学选派导师、学生到该台开展教学实践活动，在该台节目制作、宣传报道等方面提供支持和帮助。

（姜昶鑫 朱 琳）

【河北广电网络集团秦皇岛有限公司北戴河分公司】 河北广电网络集团北戴河分公司隶属河北省委宣传部、省广电局，负责北戴河区范围内有线电视规划、设计、施工、维护和暑期保障工作等，开展有线电视传输基本业务和付费电视、高清电视、数据宽带、视频传输等增值业务。2013年9月，分公司成立客户服务部和市场部，原用户部撤销。至年末，分公司下设办公室、工程部、客户服务部、市场部、技术部5个部门。年内，被北戴河区委、区政府评为“暑期工作先进单位”，5月，被区委、区政府授予“2012年度民主评议优秀单位”称号。

2013年，北戴河区有线电视城乡居民入网率为97.30%，其中数字电视用户2.43万户、模拟电视用户4491户。新建管道17千米，铺设干线光缆16千米，接入光缆23千米，新建光节点36个，铺设电缆干线27千米。新安装2282户，回迁3000户，网络改造652户，模拟转数字800户。完善全区光缆干线规划方案，完成部分交接箱割接工作。新增宽带用户121户，较上年增长245%。推进农村数字电视整体转换。至年末，小薄荷寨村、苏庄村、朱庄村、费石庄村完成数字电视整体转换。

全面实行ISO 9000国际质量管理体系，接到“96888”维修派工单和用户自行报修7100余起，安装、开锁623户，考察、看现场140余次，服务用户满意率、安装维护满意率和服务及时率均为99%以上，突发事故处理及时率100%，用户来电话和电话回访时提出表扬36次，未发生有效投诉事件，完成中央电视台暑期节目传输工作。

（吕冬梅）

社会生活

人口和计划生育

【概况】 2013年，北戴河区人口和计划生育工作坚持计划生育基本国策不动摇，围绕稳定低生育水平、统筹解决人口问题、促进人口长期均衡发展的目标，强化措施，推进人口计生转型发展。2013年考核年度（2012年10月1日至2013年9月30日），该区出生655人，政策内出生631人，出生政策符合率96.33%，人口出生率8.61‰，出生统计求实率98%，群众对计生工作满意率98%。2013年，北戴河区被秦皇岛市人民政府授予“2012年度完成人口和计划生育责任目标先进奖”，被秦皇岛市人口和计划生育领导小组授予“落实计划生育利益导向机制先进县区”称号。

【计生措施】 北戴河区委、区政府把人口计生工作纳入经济社会发展总体规划，坚持人口计生工作党政“一把手”亲自抓、负总责制度和“一票否决”制度。区委、区政府与两镇两街、区直部门分别签订《人口计生目标管理责任书》《人口与计划生育综合治理工作目标管理责任书》。按照人口计生事业财政投入增幅高于经常性财政收入增幅要求，逐步提高投入总体水平。2013年，区财政预算安排人口计生事业经费338.10万元，对基层计生服务设施建设、各项奖励奖扶和优惠政策落实、农村妇女生殖健康检查免费服务投入专项资金予以保障。按每人每月80元标准，安排21.60万元，落实全区225人（城市95人，农村130人）计生小组长报酬，并为25名村计生专干发放每月600～1300元的报酬及年终绩效奖金。

【计划生育优质服务】 推进新型家庭人口文化建设，发挥宣传车、计生阵地、宣传板报、橱窗、标语作用，打造北戴河特色的宣教品牌。张贴宣传标语口号21条，制作宣传展板6块，张贴宣传画256张，发放宣传资料2万余份，在区内人员密集区域开展人口计生咨询服务、药具发放、集中展示活动6次。节日期间对贫困女孩家庭帮扶救助。全面开展生殖健康免费服务、季服务活动。考核年度内，为全区25个行政村的6665人提供免费生殖健康检查服务，服务率85%。2013年，全区投资5.14万元为214对农村计划怀孕夫妇进行免费“孕前优生健康检查”服务。

【计划生育法治化】 在区内人口计生系统中开展“双评”活动。通过政风行风热线及“12356”阳光计生服务热线，加强与社会各界沟通互动，接受办理投诉和群众咨询。对144对符合条件夫妻的二胎生育申请进行集体审批，未发生违规事件。严格落实社会抚养费“四在县”（立案在县、征收在县、管理在县、支付在县）制度。2013年考核年度内，全区政策外案件23例，全部立案，其中申请法院强制执行4例，征收社会抚养费47.70万元。

【计划生育协会工作】 2013年，全区共创建高标准群众自治村居示范点26个，4个达到省级示范点标准。慰问18户计生贫困家庭，基层计生工作人员130人，发放慰问金和慰问品6.12万元。对全区43户女方年满45周岁的失独家庭进行建档“一对一”志愿帮扶，为全区36户65周岁以下符合参保条件的帮扶家庭办理计生家庭意外伤害保险。

【流动人口计划生育管理】 加强流动人口计生服务。区人口计生部门将流动人口与常住户籍人口同宣传、同管理、同服务，组织其定期参加孕情普查、享受孕前优生健康检查项目和免费生殖健康检查服务。免费提供避孕药具和妇女健康检查、婚前检查等服务，确保流动人口免费技术服务全覆盖。开展情暖农民工活动。春节，积极为返乡农民工开展流动人口计划生育服务。

【计划生育综合治理】 对综合治理相关单位落实目标管理、单项考核、一票否决等措施，建立孕情倒查机制和单项预警机制，重点抓好各医疗机构的B超及终止妊娠手术、药品等关键环节和计划怀孕妇女等重点人群管理。联合卫生、工商、公安等部门组成检查组，对辖区各药店、诊所、性用品销售网点进行执法检查，开展关于打击非法实施胎儿性别鉴定、选择性别的人工终止妊娠等违法犯罪行为宣传活动。落实有奖举报制度，设立监督举报信箱和电话。2013年，全区未发现相关案件，出生人口性别比趋于正常。

【落实独生子女奖励优惠政策】 全面落实农村及城镇无业居民独生子女父母每人每月10元奖励。将农村和城镇无业居民独生子女父母奖金、符合照顾二胎条件自愿不再生育夫妻1000元奖金全部纳入区财政年度预算。严格计生奖扶政策审核工作，实现奖扶特扶“零误差”。2013年共计为奖扶对象1440人、特扶对象97人发放奖金156.96万元。做好独生子女父母退休3000元奖励落实工作。区财政安排资金39.60万元用于兑现当年132名退休独生子女父母奖励。为206名参加中、高考的农村独生子女办理加分手续，其中中考115名、高考91名。开展“生育关怀”救助活动。为符合救助条件的独生子女死亡、伤残家庭53户发放救助金24.23万元。

【计生队伍建设】 截至2013年末，全局公务员5人，机关工勤1人，下属事业单位工作人员5人，计生协会参照公务员管理人员2人。全区有36名计生专干，225名计生小组长。年内，举办镇街分管领导培训班、公务员专门业务知识培训班、镇街政法员培训班、村级人口计生队伍培训，累计培训500余人次。完善管理制度，实行以“定标准、施考评、争星级、兑奖惩”为主要内容的村计生专干五星级管理模式，加强农村计生人员队伍。

（李　茜）

社会保障

【概况】 2013年，北戴河区人力资源和社会保障工作突出抓好促进就业、社会保障、劳动关系调整、机关事业人员管理、专业技术人员管理、人才交流服务等重点工作，多项业务跻身省、市领先行列。区人力资源和社会保障局被评为“全市文明单位标兵”“全区平安建设先进单位”“区三八红旗集体”；局综合服务大厅被授予“全省人社系统优质服务窗口”称号；局工会被评为“全市先进职工之家”。

【就业再就业】 2013年，全区新增就业1586人，完成全年目标任务1500人的106%，其中下岗失业人员再就业842人，完成全面目标任务800人的106%；就业困难对象实现就业416人，完成全年目标任务300人的139%，农村富余劳动力转移就业329人，完成全年目标任务100人的329%。全区城镇登记失业率控制在2.77%以内。

开展就业服务专项活动 针对不同群体不同特点，开展全区性的“春风行动”“就业援助月”“民营企业招聘周”“就业服务宣传月”等公共就业服务专项活动。印发各类政策宣传材料3000余份，提供免费职业指导、职业介绍530余人次，举办专场招聘会5场，80余名求职者与13家用人单位达成就业

意向。

完善市场服务功能　充分利用镇街社区基层劳动保障服务平台，发布求职和用工信息，全年发布用工信息527条。通过就业推荐、专场招聘等形式及时满足市委党校培训中心、总参疗养院、龙聚森食品有限公司等单位用人需求。

开展高校毕业生就业见习　征集就业见习岗位131个。通过双向选择，帮助32名高校毕业生与14家见习单位实现成功对接。

加大创业扶持工作力度　通过开办创办你的企业（SYB）创业培训班、培树创业典型等形式带动社会就业。组织创业培训班1期，培训失业人员52人。为192名创业人员发放小额担保贷款1613万元。

开展就业困难人员帮扶工作　为904名就业困难人员发放社保补贴404万元。为37名高校毕业生发放失业补助金12.77万元；为153名失业人员发放失业补助金88.80万元；为2名失业人员发放求职补贴0.79万元。面向全区机关、企事业单位、人民团体开发公益性岗位，安置就业困难人员121人，其中高校毕业生73人。

加强民办职业学校规范化管理　审批民办职业学校1所。对区内所属4家民办职业学校的学生管理、消防安全、生产实习安全等进行拉网式排查。

【养老保险】　全区养老保险制度实现城乡一体化，至年末，全区企业养老保险参保覆盖人数16125人（在职职工12249人，离退休人员3876人），其中新增参保1303人，完成扩面任务800人的153%；机关事业养老保险覆盖人数6755人，其中在职职工4980人，离退休人员1775人；城乡居民社会养老保险参保人数20565人，参保率达98.20%，其中60周岁以上领取养老金人数5863人。各项养老金及时足额发放率100%。

【医疗保险】　至年末，全区城镇职工参保10976人，其中新增403人；城镇职工基本医疗保险费完成收入3378.48万元，其中，统筹基金收入1856.78万元，个人账户收入1521.70万元。1月1日起，对城镇职工医疗保险参保人员住院报销比例、最高支付限额等进行调整，参保人员待遇有较大幅度提高。

【生育保险】　至年末，全区生育保险参保8267人，其中新增参保338人，完成目标任务300人的112.67%；实现收入128.98万元，完成目标任务85万元的151.7%；支出生育保险费110.20万元，参保职工权益得到有效保障。

【失业保险】　至年末，全区失业保险参保单位301家，参保人员8733人，完成年度目标任务8300人的105%。其中扩面新增参保单位30家，新增参保人员803人，完成年度目标任务400人的200%。失业保险基金收入789.25万元，完成年度目标任务460万元的171.50%。领取失业保险待遇人员192人次，失业保险支出102.36万元。

【劳动关系调整】　通过开展专项监察、日常巡察和举报专查，共检查用人单位563家次，审查用人单位规章制度367册，纠正用人单位违法条款171条，责令补签劳动合同4500份，督促154家用人单位办理劳动用工备案手续。劳动保障书面年审用人单位133家，近20家规范用工的用人单位被列入劳动保障诚信创建培育名单，28家违反劳动保障法律法规的用人单位被责令限期整改。妥善解决劳动监察案件52起，涉及劳动者781人，为农民工追讨工资1589.20万元；受理劳动争议仲裁案件80件，涉及劳动者229人，涉案金额900万元。劳动监察两网化网格划分完成，259家用人单位的基本信息和职工花名册已采集及完成信息录入，劳动监察信息动态监管能力显著增强。

（张晓华）

民政管理

【概况】 2013年，全区民政工作完善和健全为民解困和社会服务，实施民生工程，在民政项目建设上有新突破，在保障和改善民生方面有新成就，在加强和创新社会管理方面有新进展，在改进和提升服务方面有新提高，在保障人民群众基本生活权益和推动社会进步中发挥重要作用。区民政局获“优秀科级领导班子”称号。

【民生工程】 城乡低保工作 2013年，全区享受城市低保对象有290户509人，发放低保金152.82万元；享受农村低保对象78户151人，发放低保金17.23万元。对城乡低保户家庭每户每月给予15度免费电量，为城乡低保户发放免费电费电量补助2.82万元；10月份为低保户发放19.31万元取暖补贴；为370户低保对象办理分类施保，发放分类施保金9.90万元；春节前为城镇低保户及时足额发放一次性生活补贴21.07万元；为72户符合条件领取高校毕业生失业补助金家庭办理困难家庭认定证明。截至8月1日，对全区两街两镇共1100余户保障性住房及限价商品房申请人家庭收入情况进行认定，其中760户符合低收入家庭及限价商品房收入标准，进入申请保障性住房及限价商品房的下一环节。成立低保家庭经济状况核查中心，新增事业编制3名。

“五保”供养工作 全区有“五保”人数112人，集中供养15人，分散供养97人。分散供养标准为每人每年4100元，集中供养标准为每人每年5300元。“五保”供养经费全部通过一折制及时发放到位，发放“五保”资金66万元。

救灾工作 加强灾害信息员队伍建设，镇（街）、村（社区）均设立自然灾害信息员。制定《北戴河区自然灾害救助应急预案》。年内发放救灾棉褥95件、棉衣裤170件、绒衣40件、毛巾被20件，为贫困村民温暖过冬提供保障；整理2012年洪灾存档材料，将各镇街上报的灾民花名册、救灾台账、灾民救助卡、发放返单等救灾材料统一归档整理保存；安居社区被市民政局命名为“全国综合减灾示范社区”。

医疗救助工作 重新修订《北戴河区城乡医疗救助办法》，将救助封顶线由原来的5000元提高到10000元，将二次救助编入新的救助办法。全年，发放医疗救助金44.16万元（其中城市13.89万元、农村30.27万元），城乡临时救助金10.92万元（城市3.13万元、农村7.79万元）。

老龄工作 全年办理老人优待证1007个。元旦、春节期间，对全区老年人进行走访慰问。重阳节期间，区民政局、区老龄办为全区180名90周岁以上老人和80周岁以上五保老人统一订制节日蛋糕。为13位生活特困老人每人发放慰问金500元。对90～99周岁的老年人，补贴标准由原来每人每月50元提高到100元；100周岁以上的老人，由原来每人每月100元提高到200元。将80～89周岁老年人纳入发放范围，发放标准为每人每月60元。全年为1579名老人发放高龄老人生活保健补贴118.7万元。其中，80～89周岁老人1422人，90～99周岁老人152人，100周岁以上老人5人。全区各村和社区均成立老年协会，为全区1391名55～80周岁老年人建立意外伤害保险风险保障制度。

【双拥优抚安置】 2013年，北戴河区有3家单位获双拥（驻地）先进单位，2人被评为双拥工作先进个人。春节、八一期间区领导带队组成4个慰问组，慰问优抚对象，为其送去慰问金和米、面、油等物品。农村义务兵家庭优待标准不低于当地上年度农民人均纯收入的60%发放；所辖旅游景点免收现役军人和残疾军人门票费；现役军人和烈士子女入学入托按政策享受优待。

优抚工作 全区有优抚对象375人，其中，残疾军人69人，在乡老复员军人50人，参战涉核退役人员67人，“三属”5人，带病回乡退伍军人2人，60周岁农村籍退役士兵182人。发放伤残军人全年抚恤金58.58

万元，在乡老复员军人全年抚恤金33.64万元，带病回乡退伍军人抚恤金0.66万元，“三属”全年抚恤金4.4万元，“两参”人员全年抚恤金20万元，在乡复员军人定补标准平均高于省定标准；其他重点优抚对象抚恤定补标准均达到省定标准；解决优抚对象医疗救助资金26.73万元，28人得到救助。其中“一站式”救助18人，政府直接报销金额2.52万元。“两参”人员中，原8023和其他涉核人员享受优抚待遇的共16人，保证其优抚金及时发放到位，定期与其联系，掌握第一手资料。对未能达到评定条件的涉核人员，极积向其宣讲政策，发现问题及时予以处理，未发生上访事件。落实拥军优属保障资金，为“三难”对象解决实际困难，为患大病的优抚对象办理医疗救助，还为生活困难的优抚对象办理低保，确保其生活得到双重保障。对在乡困难优抚对象的危房进行摸底，准备配合市民政局对危房进行全面改造，切实解决住房难问题。全年共对10名优抚对象进行救助，涉及资金2.48万元。

退伍安置工作　年内，接收2012年冬季退役士兵。其中城镇退役士兵，发放生活费7220元，城镇退役士兵选择自谋职业，发放金额102万元；农村退役士兵，发放金额27万元；2013年度接收1名2011年直招士官，按同期士官补助标准的增发部分为标准，发放金额3461元，安置工作顺利完成。

【基层政权建设】　强化村务公开民主管理工作。全区农村大力推行“五议一审两公开”（“五议”即“两委”负责人建议、村党支部会提议、村“两委”会商议、党员大会审议、村民代表大会或村民会议决议；“一审”即乡镇党委、政府审核把关；“两公开”即决议公开、实施结果公开），组织“村民民主议政日”活动，促进农村基层政权建设规范化。做好社区居民委员会换届选举工作的前期调研工作，修改《第三届社区居民居委会换届选举工作的意见》《北戴河区关于公开招聘社区居委会工作人员的实施方案》，起草《加强和改进我区城市社区居民委员会建设工作的建议》，做好招聘、直选人数统计。对标全国一流，投资近40万元，改造提升育花路社区服务中心，选址新建东经路社区服务中心。改扩建英才社区、平安路社区居委会，增设老年日间照料站项目。争取市民政局13万元资金支持，用于社区居委会干部生活补贴。提高直选社区工作人员待遇，社区居委会主任提高到每人每月2112元，委员提高到每人每月1848元。

【社会服务】　婚姻登记管理工作　年内，全区办理结婚登记665对，离婚登记232对，补办婚姻登记证79对，出具婚姻证明750份，登记合格率达到100%。规范婚姻登记档案，实现电子档案和纸质档案“双套制”保管，归档率达到100%。协助区妇幼保健站开展免费婚前体检宣传教育工作，为新婚夫妇提供有关婚前医学检查咨询服务。

流浪乞讨救助工作　不定期对该区主要街道、火车站、汽车站、各大市场以及其他人员密集地进行流浪乞讨救助巡查。全年救助各类需要救助人员87人。区政府下发《北戴河区生活无着的流浪乞讨人员救助管理办法》，建立四级网络救助机制，保障流浪乞讨人员人身安全和基本的衣、食、住、行。区级救助站挂牌在民政事业服务中心，两街两镇设临时救助点，社区和村均设有救助咨询引导点。该项建设共配置各类牌匾121个，电脑5台，折合资金3.59万元。

地名区划和勘界工作　对13条道路、11座桥梁进行更名和命名；更换老旧楼牌305块。与海港区对双边边界进行一次联合勘察。补设界桩2个。

慈善工作　5月，为地震灾区捐款计3.95万元；市慈善协会发起救助贫困母亲活动，上报3名贫困母亲；市慈善协会大病救助活动，上报困难人数46人。

修缮烈士陵园　清明节前夕，投资9万元，对烈士陵园设施进行全面修缮。

殡葬管理工作　做好防火防盗工作，未发生封建迷信、丧事大操大办现象。全年接待祭祀群众2万余人次，收费5万余元。健全区、镇殡葬管理领导组织机构，区、镇、村层级落实殡葬管理目标责任制。

社会福利工作 全区有民办社会福利机构7家，其中新审批敬老院1家，参加年检的6家中3家年检合格、1家整顿，对2家不合格的给予注销。对现有福利机构和福利企业进行检查，充分保障福利企业残疾人正当权益。为局属福利企业印刷厂职工发放生活费44.14万元，为纸箱厂发放医疗保险25.69万元；发放纸箱厂部分退职职工11人生活费4.28万元。

养老服务体系建设工作 新建西坨头村、费石庄村、苏庄村、朱庄村、陆庄村、刘庄村、单庄村、赤土山村8个幸福院，苏庄村是幸福院重点帮扶完善村。配发幸福院电视机10台，电风扇13台。

【社会组织管理】 全区在册登记的社会团体25个，民办非企业单位28个。2013年，新登记民办非企业单位4个、变更登记社会团体1个，变更登记民办非企业单位1个；撤销登记连续两年以上未按时参加年检和年检不合格的1个社会团体和3个民办非企业单位。对年检不合格的另外3个民办非企业单位予以通报批评。

（杨 宇）

残疾人管理

【概况】 2013年，全区残疾人总数为1489人，其中，视力残疾157人，听力残疾98人，言语残疾11人，肢体残疾924人，智力残疾136人，精神残疾72人，多重残疾91人。全区办理第二代残疾人证1480个。区残联内设康复部、教育就业部、宣文部、组联维权部、办公室，有工作人员5人。下设劳动就业服务所,有工作人员9人。做好残疾人基本生活保障、残疾人医疗康复和残疾预防、农村贫困残疾人扶贫、残疾人扶贫基地建设、残疾人就业培训、残疾人及其残疾人子女教育资助、残疾人托养、残疾人无障碍和服务、残疾人文化体育、助残环境工作。维护残疾人合法权益，发展残疾人事业。

【残疾人事业宣传】 以“助残日”等残疾人节日为契机，开展宣传活动。5月，举办“你的助残心·我的自强梦”扶残助残先进表彰暨第二十三次全国助残日大型庆祝活动，表彰全区残疾人工作先进单位、先进集体、和谐家庭及自强模范22家、21人。6月6日，区残联在东山街道办事处会议室举办“防治沙眼凝视光明”第18个全国爱眼日活动。10月14日，在残疾人综合服务中心开展“国际盲人节”无障碍用品发放活动，为25户视力和听力残疾人发放无障碍用品。在《秦皇岛日报》《秦皇岛晚报》和北戴河电视台等媒体刊登和播放残疾人工作动态。全年上报残联信息31期，被市残联采用31期，被省残联采用31期，被中残联网站采用26期。

【无障碍设施建设】 以巩固“残疾人家庭无障碍改造示范区”建设成果为目标，推进无障碍设施建设和改造全覆盖工作。对全区37户残疾人家庭实施改造。

【残疾人就业】 与区地税局密切合作，做好残疾人就业保障金征管工作，严格履行残疾人按比例就业年审职责。2013年收缴残疾人保障金189.33万元，分散按比例安排残疾人就业28人，对20家安排残疾人就业企业进行年审，开展残疾人培训3期，培训50人。

【残疾人信访】 区残联配合相关部门做好残疾人代步车车主的思想工作，与信访、交通等职能部门沟通，把矛盾化解在萌芽状态。化解暑期群体访隐患，协调相关部门，开展对健全人营运、异地残疾人跨区经营的治理工作。加大对贫困残疾人扶持力度，及时、足额将扶贫金发放到残疾人手中。贯彻落实省残联《关于做好残疾人机动轮椅车燃油补贴工作的通知》，年底为47名残疾人发放机动车燃油补贴1.22万元。

【残疾人帮扶】 加大扶贫工作力度，省、市、区三级扶贫资金累计85.78万元，其中区内直接扶贫资金58.38万元。全年为220名贫困残疾人发放春节慰问金5万元；为359名贫困残疾人发放每人每月100元重残生活补贴41.52万元；为20名灵活就业的贫困残疾人发放基本养老保险补贴5.92万元；为29名城镇三、四级残疾人发放基本医疗保险补贴0.59万元；为5名精神残疾人发放每人每月500元的住院补贴2.15万元；以现金和项目扶持的形式，为69名残疾人发放农村特困扶贫金4万元。依托区残疾人生态托养中心，推进残疾人机构托养工作，已入住残疾人14名。为10名贫困残疾人发放居家托养补贴0.60万元；积极争取市残联农村面貌改造提升资金20万元、实物扶贫6万元。

为14名2013年考入中高等院校的贫困残疾学生和残疾人子女给予一次性资助，共计5万元；为3名考入本区高中的贫困残疾人子女免收学费、住宿费、教材费、防疫费和宿舍被品费；为16名处于义务教育阶段的在校贫困残疾人子女减免教辅费。

【残疾人康复】 全年为1名肢体残疾人安装普及型假肢；为14名贫困精神病患者免费提供每人每年500元药物补贴；为2名贫困精神病患者提供每人每年4000元住院补贴；为100名残疾人免费发放各式辅助器具；完成脑瘫和孤独症儿童康复训练工作。

【残疾人基层组织建设】 2013年，将社区残疾人专职委员津贴上调为每人每月300元，将农村残疾人专职委员津贴由原来100元上调为每人每月150元。残疾人专职委员津贴补贴标准全市最高，为上级残联规定标准的200%，调动专职委员的工作积极性。

（葛宇）

镇·街道

北戴河区海滨镇

【概况】 海滨镇位于北戴河区南部，东、南两面环海，地处全区中心最繁华地带。北海山线公路横过其境，北宁公路纵贯其间，驼峰路、剑秋路、滨海大道等近20条硬化公路纵横交错境内，交通线路四通八达。辖区总面积9.17平方千米，海岸线15千米，辖单庄村、赤土山村、刘庄村、草厂村、河东寨村、陆庄村和丁庄村等7个行政村。截至年末，全镇总户数5695户，人口13511人。乡村劳动力9332人，农用地面积138.27公顷，其中耕地面积31公顷。

2013年，实现全镇农村集体经济收入427.66万元，全民上缴税金1161万元，获得“2013年度暑期先进单位”“北戴河灯会最佳组织奖”“残联工作年度先进单位”等称号。

【农业】 海滨镇农用地以畜牧养殖、果树种植为主。主要农作物有玉米、豆类等。海滨镇农用地138.27公顷，其中园地65.33公顷，林地31.80公顷，粮食作物用地15公顷，水塘、荒地及其他用地26.14公顷，粮食总产量133.50吨。畜牧养殖业主要是牛羊禽类以及特种养殖，各种存栏数为猪432只、能繁母猪142只、牛49头、羊94头、禽类17790羽；特种养殖存栏数为貉子3869只、貂2540只、狐狸240只、兔265只。

年内，配合财政部门发放2012年能繁母猪补贴，对11户养殖户75头能繁母猪发放7500元。配合财政部门认真落实农业综合补贴、粮食直补发放及良种补贴面积核实工作。积极走访林果业种植户，解决生产中遇到的难题，与区园林局组织部分樱桃种植户赴大连参观学习种植技术。

【社会事业】 做好城乡低保的动态管理，每月及时足额发放低保金。至11月，全镇有城镇低保对象48户93人，月发放低保金1.81万元。全镇有五保户25户29人，其中集中供养5人，分散供养24人，月发放五保金1.04万元。为辖区内符合要求的106名残疾人申请重度残疾人生活补贴，每人每月100元，全年发放补贴资金12.22万元。开展农村电影免费放映活动，年内共免费放映电影84场次。全镇7个行政村共有13030人参加合作医疗，参合率为97%。

劳动保障工作　对企业职工养老保险资格认证302人；城乡居民养老保险资格认证1484人。至11月，协助村民办理“就业失业登记证”107人次。严格进行小额担保贷款初审工作，审核197人次。办理就业失业登记申请359人。对66位失业人员进行跟踪管理，上报信息308人次。为大学应届毕业生、“4050”人员、失地农民等人员进行就业困难人员认定。至11月底，对29名申请“就业困难人员认定”的人员进行初审。为147名已认定就业困难对象的灵活就业人员申报社会保险补贴。

计生工作　2013年，该镇已婚育龄妇女2905人，当年出生人口159人，出生政策符合率96.90%。全镇累计奖扶591人、特扶21人。全镇2000余名符合条件的独生子女父母全部落实每人每月10元的独生子女父母奖金，共计24.12万元，全镇独生子女死亡、伤残家庭救助金发放3.08万元，为70对育龄夫妇做免费孕前优生检查。为83名学生办理中高考加分手续，其中中考加分52人、高考加分31人。

【基层组织建设】 围绕中共十八大及习近平总书记讲话精神和省、市、区决策部署，在立足镇村实际、把握发展趋势的基础上，提出在全区率先实现全区域城市化奋斗目标，并统领和贯穿全年工作。开展解放思想大讨论系列活动，发放调查问卷200余张，收集各类建议300余条；组织镇、村干部赴乌镇、旺山、山东等地学习考察，撰写考察报告，在旅游产业发展、城市建设、设施农业等方面推广先进做法。

开展新型基层组织创建活动 开展“四强四有”开放型、服务型基层党组织创建活动，树立刘庄产业党建“123”服务模式典型。以基层建设年为契机，在完善机制、搭建平台、提高能力上下功夫，开展科级干部下基层活动，密切与帮扶单位联系，形成党委领导、各方配合、齐抓共管、合力争创的工作格局。落实党代表工作室各项活动，全年收集意见、建议26条，化解矛盾纠纷15起。启动“暑期一线党建工程”，成立红石路临时党支部，党员经营户亮明身份等举措，充分发挥党员示范引领作用。严格党员发展程序，全年发展党员10名。

党风廉政建设 严格贯彻落实中共中央“八项规定”，省委“约法八章”和市委“四条纪律”要求，坚决反对和抵制“四风”。开展政治品德、职业道德、社会公德和廉洁自律教育活动，提高全体党员干部的思想认识。开展日常工作制度执行情况检查评比，严肃工作纪律。压缩文件、简报、宣传资料、会议及其他日常办公经费开支，厉行勤俭节约。认真开展办公用房、公车使用、“吃空饷”等方面的自查自清，确保不走过场，共腾退超标准办公用房67.50平方米，清理不在编公车1辆。在镇村办公场所开展廉政文化主题展示。启动农村“三资”（资产、资源、资金）管理电子平台，将全镇7个村的“三资”使用情况全部公开公示，实行动态管理。

依法支持人大工作 组织区、镇人大代表30人次视察全镇村容村貌、卫生保洁、安全生产及防汛工作，监督各项工作任务和措施落实，增强监督实效。制作《人大代表履职手册》，增强人大代表履职能力。依法召开海滨镇第九届人民代表大会第三次会议，成功选举海滨镇人民政府镇长。

社会文化建设

【社会治安综合治理】 司法综治管理工作，深化领导干部接访责任制。保持“大接访”活动常态化。落实领导干部包村制度。帮扶各村两委班子对村内矛盾纠纷、信访问题和治安问题进行排查，并积极做好调处工作，防止矛盾激化。强化安全生产工作，与各村签订2013年度安全生产责任书、消防安全责任状，将安全生产责任落实到生产经营全过程。检查辖区内5家企业15次。印发各类宣传单3400余份。做好防汛工作，镇政府组建30人机动抢险队，抽调基干民兵150人，赤土山村、陆庄村、丁庄村各准备机动船3艘，草厂村准备货车3辆，刘庄村准备货车2辆，河东寨村准备皮卡车1辆。开展防火工作，多次召开防火工作会议，完善《海滨镇森林防火工作实施方案》，镇政府与各林区周边村签订2013年防火责任书。镇、村成立义务扑火队。镇政府储备铁锹60把、大扫帚60把、灭火器6个。

【村镇基础设施建设】 *农村面貌改造提升* 投资113万元，结合农村环境整治、近岸海域治理等活动，实施村内四清、四化、改水、改电等重点工程，完成红石路和老驼峰路南段提升和美化，至11月底，完成省定5个重点村改造提升任务，清理各类垃圾2.15万立方米，新打深水井2口，完成绿化补种9100平方米，新增路灯10盏，更换灯头19盏。开展农村环境卫生评比，强制拆除各类违章建筑8处。

草厂中路综合整治　投资377万元，完成草厂中路980米综合整治工作，通过沿街亭棚拆除及统一设置雨棚、牌匾，道路修整，老市场、公厕、垃圾池、局部供电线路及下水管网改造，立面粉刷，摊位规划等一系列工程，改善草厂中路“脏、乱、差、堵”等状况，提升旅游形象。

【辖村简介】　刘庄村　位于北戴河旅游区中心位置，靠山近海，与各休疗养院毗邻，地理条件优越，村内基础设施完善。全村有1135户2570人，农业用地面积24公顷，其中耕地面积4公顷。2013年，刘庄村总收入15278万元。村民主要靠旅游服务为生，从事餐饮、旅馆服务业。村集体收入主要来源于集体企业，集体企业有渤海安全玻璃有限公司、第六建筑公司、传感器厂等。

草厂村　位于北戴河旅游区核心位置，靠山近海，交通便利，村内基础设施完善。全村共有1445户3167人，农业用地面积30.67公顷，无耕地。2013年，草厂村总收入14938万元。旅游业为主要经济产业，村民大部分从事餐饮、旅馆服务业和经商。

陆庄村　位于北戴河旅游区西部，靠山近海，地理条件优越，新驼峰路贯穿村庄。全村有360户1004人。农业用地面积24公顷，其中耕地面积6.33公顷。2013年，陆庄村总收入1628万元。村民主要从事种植、养殖、渔业捕捞等。从2006年起，家庭旅馆业兴起并小有收入，极大地激发村民投身乡村游的积极性，逐步发展家庭旅馆区域，同时经营果园，开展果品采摘游项目。

丁庄村　位于北戴河旅游区西部，靠山近海，新驼峰路贯穿村庄。全村有580户1525人，农业用地面积36.60公顷，其中耕地面积5.33公顷。2013年，丁庄村总收入1941万元。村民收入来源于农业，从事种植、养殖、渔业捕捞等。

河东寨村　位于北戴河旅游区西部，靠山近海，新驼峰路贯穿村庄。全村共有525户1155人。2013年，河东寨村总收入2415万元。村民收入来源于农业，从事种植、养殖、渔业捕捞等。

单庄村　位于北戴河旅游区东部，与各休疗养院毗邻，村内基础设施完善。全村有760户1600人。2013年，单庄村总收入5438万元。村民主要从事餐饮、旅馆服务业、渔业捕捞等。村集体收入主要来源于集体企业五建、东山房地产企业。

赤土山村　位于北戴河旅游区东部，滨海大道从村东经过，村内基础设施完善。全村有890户2490人，农业用地面积23公顷，其中耕地15.33公顷。2013年，赤土山村总收入6012万元。村民主要从事旅游服务业、种植、养殖、渔业捕捞等。

（杨　宁）

北戴河区戴河镇

【概况】　戴河镇位于北戴河区西北部城乡结合部，北临北戴河火车站，东、西分别与海港区、抚宁县相接；境内京秦、京哈铁路，205国道、108公路及京沈高速公路经过，交通发达，客运、货运便利。常年气候温和，冬暖夏凉，被誉为北戴河区的“北部门户”。辖18个行政村（大薄荷寨村、小薄荷寨村、崔各庄村、乔庄村、西古城村、太平庄村、东坨头村、西坨头村、杨各庄村、车站村、北戴河村、苏庄村、朱庄村、拨道洼村、费石庄村、谢李庄村、蔡各庄村、甘各庄村），1个社区居委会（车站社区居委会），1个家委会（五七一一家属委员会）。镇域总面积3714.20公顷，农用地总面积1554.67公顷。其中耕地917.73公顷，园地331.87公顷，林地264.80公顷，水面18.93公顷。全镇有农村户数9298户23434人。

2013年，戴河镇获得省级“文明村镇”“百佳综合文化站”，市级“抗洪抢险先进集体”“环保模范镇”，区级“暑期工作先进单位”“优秀科级领导班子”等称号。

【新农居建设】 新农居建设自2010年开始，涉及拨道洼村、杨各庄村和车站村3个村的征拆工作基本结束。拨道洼、杨各庄2村首批安置房已分配到拆迁户手中。车站村商业安置房配套设施建设有序推进，居民安置房涉及液氨管线改移工程正在加快工程收尾施工。

继续推动太平庄村新农居建设，该村已签订补偿安置协议355份，尚未签订补偿安置协议21户，返迁安置区的规划设计方案得到规划部门认可，基本确定返迁安置区的平面布局、建设规模和户型等指标。

【产业发展】 加强土地流转规范管理，对该镇9宗土地流转情况实行档案造册、人员培训、合同监管。新增种植雪桃、榛子、板栗13.33公顷，发展家庭农场1个，农村经济合作社4个。对设施农业提档升级，扩大高附加值种植项目发展，全年新建温室大棚45个共5.33公顷，高效蓝莓种植基地20公顷，促进土地转型、结构调整和土地集约化管理。加大农业科技信息化推进力度，利用“农业科技多媒体信息阅览系统”，发布政策法规、统计数据、三农宣传信息，向农民提供科技知识、气象信息、农产品和农资市场信息、灾害防治等方面服务，发布信息418条。

【劳务工作】 2013年，戴河镇实现劳动力转移900余人，初审通过小额担保贷款申请31人，办理失业登记80人。开展新型农村养老保险、城乡居民养老保险工作，对3787名企业退休人员及新型农村养老保险参保人员进行认证，认证率100%。

【社会事业】 计划生育工作　2013年，全镇有已婚育龄妇女5328人，当年出生人口290人，符合政策生育率为94.12%。落实计生奖扶制度，发放各类奖扶、救助资金67.87万元，受益群众600余人。

社会事务工作　2013年，全镇发放拥军优属资金33万余元、高龄补助金38.40万元、大病救助金3.70万元、残疾人补贴21.60万元，为老、弱、病、残等弱势群体解决生产生活困难。开展保障性住房申报工作，审核上报75户家庭相关材料。

政务服务工作　细化《戴河镇政务服务中心工作制度实施细则》等一系列规章制度，切实提高办事效率。为群众办理各类事项1139件。

财政惠农工作　年内，审批“一事一议”项目10个，财政奖补资金111.86万元。发放粮食直补及综合直补资金共109.03万元；受理家电下乡1659台（件），兑付补贴资金43.94万元；发放大中型水库移民扶持资金26.19万元。

村居建设工作　审批新建、翻建、加建房屋申请109份，验收223份。加强和完善土地规划监督管理体系，设立违建举报电话，组织工作人员定期深入各村进行巡视检查。年内接到院内违法建筑举报33起，均在第一时间上报区规划局并协助处理。

农村面貌改造提升工作　以西坨头村、西古城村、费石庄村3个村为精品示范村，全面推进农村面貌改造提升工作，全镇各村清理垃圾11万余吨，新增硬化道路近3万延长米，新增绿化面积2200公顷，增设路灯1960盏，改造厕所125个。

集发文化庙会

【社会治安综合治理】 维稳工作 完善人民调解员制度，在编调解员90人，做好摸排、预防、调处等各项工作，全年受理各类矛盾纠纷65起。先后从车站派出所、海宁路派出所、社区矫正办公室接收矫正对象110名，有70名矫正人员顺利解矫，有在矫对象37名。所有矫正对象全部纳入有效管控。

安全生产 开展安全生产宣传，定期组织力量对家庭旅馆、小吃店、洗浴中心、网吧等进行全面检查，安排专门人员对重点部位、重点线路以及重点施工区域进行巡查，确保生产安全和稳定。

防火工作 落实各项管理制度，加强清明节、寒衣节、火灾高发天气的巡防检查，组织25名防火巡查员实行24小时值班备勤。督促各村对联峰山、尖山、马鞍山、青龙山附近10余处可燃物进行清理，打通防火道2万平方米,全年未发生火情。

防汛抗旱 以近岸海域综合治理工程为突破口，对新河、戴河采用河道管理责任承包制，打捞河道漂浮物垃圾、河道闸门管理责任承包到人。全年完成钻打机井6眼，新建扬水站2座，扩建塘坝2座，挖排水渠8条4.80千米，并对2座蓄水闸、4座生产桥、1座水库进行维修，治理河道7千米，总投资3500万元。新增灌溉面积13.33公顷，改善灌溉面积60余公顷。

动植物防疫 完善重大动物疫病应急预案，开展地毯式清查，春季动物免疫率达到100%。为繁殖期母猪403头发放补贴4.03万元。与各村签订“美国白蛾防治工作责任状”，提前对20名美国白蛾查防人员进行技术培训，配备防害工具，会同区林业局逐村对林木进行药物防治15次。

【辖村简介】 北戴河村 位于戴河镇北部，205国道、京山铁路北侧，戴河穿村而过，是从事多年蔬菜种植的特色村。全村1049户2340人。耕地面积105.53公顷，2013年人均纯收入9600元。村民以种植养殖、经商、外出务工为主要经济来源。该村连续多年被评为省、市、区先进基层党组织、文明村。

西古城村 位于戴河镇南部，西临戴河，海北路南北穿村而过，全村457户1007人。农用地面积51.53公顷，该村走出一条村企共建、多业并举富村的发展路子。获得“河北省文明村”“河北省新民居建设示范村”“秦皇岛市乡村旅游示范点”等称号。

车站村 位于戴河镇西部，与北戴河火车站隔205国道而望。全村486户1076人，农用耕地面积32.40公顷，村民收入以商业、餐饮业和交通运输业为主，占村总收入75%，随着火车站片区拆迁改造工作开展，该村对村西部分老旧民宅进行改造。

西坨头村 西临集发观光园，北沿戴河，东靠海北路，紧邻京秦高速引线与海北路交叉口，交通便利。全村254户620人。村址占地面积约20公顷，村集体土地面积41.53公顷。村民以运输、种植养殖、经商、外出务工为主要经济来源。

拔道洼村 位于205国道南侧，东接北戴河经济技术开发区，西临北戴河火车站。全村1085户2607人，农用地面积175.67公顷。该村大力发展果树生产，被评为“省级宣传文化示范村”“科技兴农示范村”“基层民主政治建设先进单位”“市级先进基层党组织”。

杨各庄村 地处戴河东岸，西邻北戴河火车站。村域面积8公顷，全村346户851人，2013年村民人均年收入达到1万元。已完成新民居建设一期工程，二期工程正在建设中。村民收入主要以出租房屋、经商为主。

太平庄村 位于海北路东侧，村北紧邻京沈高速公路出口，交通便利，全村440户1070人。村庄占地约28公顷，农用地面积100公顷，村民以果树种植为主，桃树种植面积约53.33公顷，同时从事养殖、建筑等副业。

蔡各庄村 位于京山铁路北侧，205国道南侧。全村1300户3910人。村域面积约250公顷，耕地面积237.67公顷。村民以种植养殖业、工业、零售业、服务业为主。

2013年农村经济总收入6500万元。

乔庄村　位于京沈高速公路引线北侧，四面桃园环绕，背靠青龙山。全村88户197人，农用地面积25.87公顷。村民主要从事种植业和外出打工。该村坚持发展旅游业与打造地域特色文化品牌相结合，引入乔庄葡萄酒堡项目，成为北戴河一道靓丽风景线。

朱庄村　位于戴河西岸，205国道北侧。全村72户166人，土地面积12.80公顷，均为农用地。该村是蔬菜种植特色村，80%的村民从事蔬菜种植，20%的村民做生意和务工。

苏庄村　北临戴河，南面2千米是北戴河火车站，东临北戴河村，西与新开发区交界。苏庄村共有158户375人。土地面积约78.87公顷，其中，耕地面积49.20公顷、村域面积6.87公顷、林地面积22.80公顷。以农业种植为主导产业，村民主要种植蔬菜、大棚油桃。村内共有大棚约150个。农作物播种面积17.07公顷，以茄子、西红柿、豆角、黄瓜、花生等作物为主；粮食作物面积24.67公顷，主要以玉米为主。

东坨头村　位于北戴河区的中西部地区，南侧1千米是京沈高速北戴河引线入口，北距北戴河火车站1.20千米，交通便利。共有260户560人。村域面积82.60公顷，村庄面积10.70公顷，耕地面积21.33公顷，人均土地面积0.04公顷。村集体收入项目为承包地租，每年5万余元。村民经济来源为种植粮食、大棚蔬菜以及个体运输、经商、打工等。2013年，全村人均纯收入5800元。

大薄荷寨村　位于戴河镇东部，东靠海宁路，西邻北戴河区政府和秦皇岛职业技术学院，地处北戴河城区扩容区。全村有865户1946人。2013年集体收入46万元，人均纯收入9000元。主要经济来源为旅游服务业。

小薄荷寨村　紧邻海宁路与108路交界处，与大薄荷寨村、崔各庄村相接。全村有780户1929人。村域面积235.60公顷，其中耕地面积100公顷。村民以种植蔬菜为主要产业及獭兔、狍子等特色动物养殖。

甘各庄村　位于戴河镇北部，地处205国道北侧，村域面积26.67公顷，耕地面积80公顷。全村300户892人。村民主要经济来源为种植和外出打工，该村耕地居多，适宜果树栽种。

谢李庄村　位于205国道南侧，京山铁路北侧，东与蔡各庄接壤，村对面是中国环境管理干部学院新校区。全村有234户583人。农业用地面积36.67公顷，其中，耕地面积5.33公顷、园地面积0.67公顷、林地面积30.67公顷，全村经济收入以建筑业、工商业以及养殖业为主，餐饮业、零售业为辅，原村址占地9.33公顷，安置房用地为国家划拨的4.67公顷。安置房建成后，村内主导产业向家庭旅游业靠拢，集体资金总积累达到1000余万元。

费石庄村　位于联峰山北侧，东邻崔各庄村，北接北部新城，南靠高尔夫球场、乔庄葡萄酒堡。全村有285户655人。村庄总占地面积116.67公顷，耕地面积69.33公顷。村民以种植果树为主要经济来源，重点以桃树为主和其他多种果木，有经商、务工、养殖等行业，2013年人均纯收入8431元。

崔各庄村　位于戴河镇政府东南3.50千米处。全村有847户2498人，耕地面积146.67公顷。村民以民宿、运输、种植养殖、经商、外出务工为主要经济来源。2013年人均纯收入4700元。该村被列为农村面貌改造提升省、市重点村庄，获“优秀基层党组织”等称号。

（李晓卓）

北戴河区东山街道办事处

【概况】　东山街道地处北戴河区东半部，所辖范围海宁路、保二路以东至海宁路与剑南路交点沿剑南路向北以东，辖区面积7.95平方千米。所辖育花路社区、东山社区、东经路社区3个社区居委会，总户数5821户，人口14095人。2013年，东山街道获得“2012—2013年度市级文明单位”称号。育花路社区网格化管理做法先后得到国务委员、中央政法委副书记、公安部部长郭声琨，省委常委、政法委书记张越，省委常委、市委书记田向利，市长商黎光，市委常委、区委书记李学民等国家及省、市、区领导同志充分肯定。

【社区建设】 社区有工作人员11人，其中，社区党支部书记、主任共3人，社区居委会委员5人，社区直选3人。35岁以上5人，占45%；35岁以下6人，占55%。公务员2人，事业编制6人，社区居民3人。

社区硬件设施及规章制度建设　建立社区服务中心3个。社区办公用房和活动场所均达到200平方米以上，拥有自主产权的1个，租借的1个，建设单位无偿提供1个，全部达到办公自动化，电脑、电视、音响等设备配备齐全。建立健全社区居委会各项规章制度，坚持公平、公正、公开的办事程序。每个社区都设有图书室，图书均达到2000册以上。

服务居民工作扎实有效　开展“送政策、送技能、送服务、送温暖”“为残疾人免费体检”“零就业家庭援助”等活动，对辖区残疾人、特困户等弱势群体重点帮扶，为困难居民办理最低生活保障，为低收入家庭办理住房保障措施。

【社会事业】 民政工作　完善“双关爱”活动,对重残户（人）、空巢老人实施关爱帮扶。年内，发放低保金28.65万元，发放低保户用电补助4399元，取暖补助3.58万元，为2人发放大病医疗救助金860元，为4人发放临时救助金3000元，发放现役军人优待金15.84万元，发放残疾人居家托养补助1200元，为28户重度残疾家庭发放补贴3.36万元，为2名残疾人子女发放助学金6000元；保障性住房实行常态化申请审核，为38人发放2012年下半年及2013年上半年货币配租廉租住房补贴。

劳动保障工作　全面落实就业再就业各项政策，发放就业政策宣传单500余份，宣传手册300册，接受群众咨询100人次，为17名就业困难人员安排社区公益岗位，为20名下岗失业人员办理小额担保贷款申请，为231名就业困难人员办理灵活就业补贴申请，对14名未就业高校毕业生开展“就业援助月”活动。做好城镇居民领取养老金资格认证工作，2013年城镇居民认证143人，认证率达到100%，及时为居民办理养老保险停发手续，办理基本养老保险停发人数11人。为1076名市、区企业退休人员进行资格认证，为42位企业退休人员因没能及时认证而停发人员办理恢复领取养老金工作，为33位异地居住该辖区企业退休人员进行领取养老金异地资格认证，为6名企业职工办理企业退休公示手续；开展失业人员社区签到工作，为25人办理签到手续。

计划生育工作　积极开展治理“两非”（非医学需要的胎儿性别鉴定、非医学需要的人工终止妊娠）活动，建立孕情倒查机制。为独生子女伤残、死亡家庭，建立亲情关爱服务卡，免费办理计生家庭意外伤害保险。本考核年度期内共出生66人，出生政策符合率100%。期内放置宫内节育器89人，综合避孕率为92.26%。期内为57对夫妇办理《第一个子女生育登记卡》，为9对夫妇办理“二胎生育证”，为51对夫妇办理“独生子女父母光荣证”，审批独生子女父母退休奖励33人、区属改制企业独生子女父母退休奖励35人，发放独生子女父母奖金3.51万元，计生小组长补贴3.56万元，特别扶助金额1.07万元。作好PIS（人口和计划生育综合管理信息系统）及流动人口系统数据核查工作，将流动人口管理纳入社区网格化管理中，实现流动人口与常住人口同管理、同服务。

社会管理　组织保洁人员统一投放鼠药8000袋，张贴《免费接种出血热疫苗通知》200份，预防和控制流行性出血热的发生；剪除美国白蛾幼虫网目80余个，并进行喷药防治，降低虫口密度；积极开展蚊蝇消杀，对辖区所有垃圾点及蚊蝇孳生地每天定时进行药物消杀。环境卫生整治月活动中，组织清扫员和街居工作人员义务劳动120人次，清理乱堆乱放13处，清理建筑垃圾5处，清除辖区内乱贴乱画及小广告22处；开展科普进社区活动，举办中老年糖尿病、心脑血管疾病、癌症及关爱女性健康知识讲座和“世界艾滋病日”宣传活动。

文体活动　以创建国家公共文化服务体系示范区为契机，开展社区特色文化活动，组建秧歌队、演唱队、舞蹈队等，举办舞蹈、合唱、书画、摄影、科普讲座等培训。举办街道“社区之星”表彰暨新春团拜会、文艺骨干慰问驻区武警和消防官兵、秧歌拉街闹元宵、迎新春送春联、浪漫之夏广场文艺演出等活动。东山社区“金色夕阳”合唱队、育花路社区腰鼓队暑期每晚在奥林匹克大道公园演出。社区舞蹈队参加浪漫之夏、彩色周末、廉政主题、拥军晚会、拉街宣传等各类文体活动，暑期在街道小广场开展歌咏比赛。

信访工作　在重要节日和重点时段，通过板报、文艺演出、志愿者服务等形式，广泛开展法律知识宣传，举办法制讲座、法律咨询、法律服务等活动。建立区、街两级挂账人员台账，对影响社会稳定的敏感问题和群众反映强烈的热点难点问题，做到把矛盾化解在萌芽状态。年内，调解矛盾纠纷41起，调解成功39起。做好社区矫正和刑释解教工作。未发现矫正对象有违法违纪现象。在帮教工作中，社区工作人员通过走访谈心，消除矫正对象思想上的顾虑，鼓励帮助矫正对象尽快就业。辖区9名刑释解教人员帮教工作得到落实。

【精神文明建设】　组织居民参与全区“五好”评选活动；组织街道第五届社区之星评选活动；朱庆杰、侯春斌等2人被评为“为北戴河添光彩先进个人”。

年内，在《秦皇岛新闻》《秦皇岛日报》《秦皇岛晚报》等媒体刊（播）发街道活动信息近20条；以自办报纸《东山家园》为阵地，展示社区新人新事新风貌，全面报道街居动态。暑期专刊、中共十八大专刊等的推出，全面反映居民群众关心、关注的热点问题，宣传新思想，解读新精神。

【社会治安综合治理】　网格化服务管理将辖区合理划分为43个社会服务网格，在每个网格内配置网格长、网格指导员、网格信息员、网格协管员，建立网格长、网格信息员岗位责任制、考勤制度、例会制度、培训制度以及考核奖惩制度。通过日报告、周汇总和填写《网格长工作日志》，做到社情民意“早知道、早化解、早回复”。网格内还建立24小时监控系统，通过网格员巡查和监控网络及时发现问题、及时上报、分转、跟踪督察落实、最终反馈，实现社区网格内社会治安动态管理和应急处置。在区委政法委的支持下，创造性地总结提炼出育花路社区“一网五服务，平安惠民生”网格化管理新模式，针对育花路社区开放式老旧小区，社会服务管理难度较大情况，社区依托科技手段探索网格化社会服务管理体系，将辖区划分为16个社会服务管理网格，成立社区社会服务管理中心，建立公共服务管理平台、综治服务管理平台和社区社会治安防控网格化管理数字平台。7个居民区网格监控区域内的主要路口和重要路段共安装12台视频监控设备。在社区社会服务管理中心设立主控室，由专职人员24小时管理。将社区党员服务、民生需求服务、生态环境服务、特需人群服务、精神文化服务等“五项服务”延伸到社区网格，实现社区服务和管理全覆盖，社会治安环境实现了“五无”，即无“两劳”回归人员重新犯罪，无重大民事纠纷，无重大治安灾害事故，无民转刑事案件，无一起因居民上访投诉问题未解决而赴省、市上访的案件。6月25日，全市网格化社会管理工作现场会在北戴河区召开，育花路社区作为分会场迎接80余名参会人员实地观摩交流。

做好反邪教工作　利用宣传单、宣传栏及日常聊天、谈心等方式向辖区居民、商户宣传法律知识、反邪教的文件，对网格内邪教嫌疑人安排专人实行24小时监控，及时收缴非法宣传品105份。组织76人参加“六五”普法反邪教法制知识竞赛，工作人员上门开展签订“拒绝邪教承诺卡”工作，签订率为100%。

【社区居委会简介】 东山社区　位于北戴河区最东端，面积4.50平方千米，人口1300余户3300余人。辖区内有全国人大北戴河培训中心、国务院北戴河服务局、全国政协北戴河培训中心、中央纪委监察部北戴河培训中心、河北省北戴河管理局等休疗单位70余家，成片区家属院17家，80%的社区居民是以上休疗单位的职工和家属。

东经路社区　辖区面积2.50平方千米，人口630户1500人，辖区居民居住分散，属典型的老旧小区。辖区内有全国总工会疗养院、中国作家协会北戴河疗养院、广电总局培训中心、华北电力等休疗单位30余家。党支部共有55名党员，社区工作者6名。东经路社区紧紧围绕和谐社区建设总体要求，以社区党建为龙头，全面推进和深化基层组织建设，不断拓展民主自治内涵，创新管理与服务载体，提升社区建设水平。

育花路社区　辖区总面积4平方千米，人口3670户9332人，现有党员170名。辖区与海滨镇刘庄村、赤土山村交叉，有驻区休疗养院20家，驻区单位32家，各类经营门店213家。

（张　悦）

北戴河区西山街道办事处

【概况】 西山街道办事处位于北戴河区西部。所辖范围海宁路以西，联峰北路以南，西海滩路以北，辖区面积14.51平方千米，常住人口10693户21111人，辖英才、安居、剑秋路、西山、平安路5个社区居委会及河北外国语职业学院社区家属委员会。2013年，西山街道办事处坚持“夯基础、重民生、优环境、保稳定、强素质、促发展”方针，以加强基层党组织建设为核心，增强科学发展能力；以加大民情工作力度为突破，提升综合管理水平；以促进街居和谐发展为主线，丰富为民服务内涵；以维护社会安全稳定为目标，抓好治安防控工作；以增强国防后备力量为基础，发挥人武工作作用；以加强精神文明建设为重点，提升街居文明形象。被河北省社会管理综合治理委员会评为“河北省社会管理综合治理先进集体”；被北戴河区评为“开放型、服务型先进基层党组织”“暑期工作先进单位”“平安建设先进单位”“先进妇联组织”“纪检监察工作先进单位”“残疾人工作先进单位”。

【社区建设】 社区办公用房及服务用房　安居、英才社区办公用房和服务用房均达到300平方米，平安路社区、剑秋路社区办公和服务用房为240平方米，西山社区目前是租用200平方米办公用房。

社区干部队伍　街道辖5个社区和1个家属委员会，其中英才、剑秋路社区为直选社区，工作人员10人（党员7人），全部具有高中以上学历。安居、西山、平安路社区工作人员10人（党员8人）是从教师队伍中充实过来的，90%具有大专以上学历。家委会成员3人（党员3人）都是大学以上学历。

社区服务　建立和完善服务功能。向社区居民提供政务服务之窗、市民救助、法律咨询、婚育培训、养老托幼、康复娱乐等较全面的社区服务系统。包括面向社区残疾人、老年人、优抚对象和社会困难群众的福利服务，面向全体社区成员的便民利民服务、法律服务和面向属地单位的社会化服务。抓好社区志愿者队伍和专业服务队伍建设。积极倡导社会互助，建立社区互助的良好机制，动员有特长的人员加入志愿者和专业者队伍，吸纳各界成员特别是下岗职工和专业人员参与社区服务，形成互帮互助氛围。已组建26支社区志愿者服务队伍，志愿者人数300余人。抓好社区文化建设。以社区中文体活动爱好者和积极分子为骨干，组织秧歌队、合唱队、舞蹈队、书画组、晨练队等各种队伍，抓好以节庆文化、广场文化和家庭文化为重点的文艺汇演、书画展和经常性地群众体育活动。利用文化书廊、楼院小报、墙报、板报、图书室、图书角，办好各种群众性文化、教育、科普等活动，弘扬文化知识和法律常识，倡导爱岗敬业、热爱社区、尊老爱幼、助人为乐、家庭邻里和睦互助、移风易俗等良好的社区风气。

【社会事业】 计划生育工作　全年办理第一个子女生育登记卡12个，再生育审批8个，合格率100%。落实各项奖励政策，审核区属改制企业职工独生子女父母退休一次性奖励核实66人，审核城镇职工独生子女父母退休3000元一次性奖励114人。发放无业居民独生子女父母奖金474人，金额2.82万元。在主要街道设置计生公益广告牌和标语，重要节点开展计生主题活动，倡导新型生育观念。在河北外国语职业学院开展"青春健康进高校"生育关怀行动，在广大学生中普及心理健康知识。开展"诚信计生""生育关怀"活动，已婚育龄夫妻签订诚信计生双向承诺书，签订率达到80%以上。亲情关爱行动中，为11户独生子女死亡、伤残家庭建立档案，为6户失独家庭办理计划生育意外伤害险。开展关爱困难女孩活动，慰问贫困女孩家庭5户，金额1000元。全年开展2次生殖健康免费检查，参加检查人员245人次。做好人口计生信息化工作，利用信息系统进一步规范全员人口、流动人口、避孕药具的管理。积极开展孕前优生健康检查、优生优育和出生缺陷干预知识普及教育。

民生环境工作　全年处理民情事件202件。对群众反映强烈的北岭一区、北岭三区部分楼栋区域给水管道进行改造更换；对辰光小区、老年活动中心南侧绿化进行维护。全年办理区长公开电话转办事项25件，办结率100%。及时修缮小区内跑冒滴漏56件次。定期对联峰路西山花园至北五路路段进行义务劳动，清理白色垃圾、小广告，对社区及脏乱死角等进行拉网式清理。加强对清扫员队伍管理，加大辖区卫生清扫力度，分片区进行责任划分，加大巡查频次，加大对生活垃圾清掏清运次数，特别是加大雨后垃圾清理力度。对辖区内10条背街小巷进行净化，对居民区垃圾筒、站、点、楼道口等蚊蝇孳生地进行全方位消杀。维护小区内庭院灯，提高小区亮化质量。

文化体育工作　街道利用现有资源与场地，成立6个文化活动室，室内有电视机、电脑、音响、投影、图书柜等，配套设施较完善。活动室制度上墙，管理规范，组织开展各类文艺演出和文体活动。依托海岳艺术团、西山街道合唱团、社区腰鼓队、社区秧歌队等13支文体组织，积极参加各项活动。2013年元旦、春节期间，街道开展迎新春和中共十八大主题书画展；编排舞蹈《清风白莲》，自编自演小品《送礼》获得市级廉政文化比赛三等奖。以"全民健身"活动为契机，举行健走、乒乓球、趣味运动会、健美操等群众广泛参与的社区体育活动。

民政工作　落实低保政策，做到应保尽保，2013年街道共有低保户109户183人，全年发放低保金53万余元，为低保户发放电费补贴7909元，暖气补贴7.09万元。实行动态管理，全年共注销低保16户，调整17户，同时新增2户。延伸社会救助体系，全年为低保家庭中的19位重病人员办理医疗救助，为其报销医疗费用4.09万元。为15户突遭意外事件导致生活困难的家庭申请临时救助金2.10万元。为277位居民办理保障性住房的初审受理工作。为烈属白秀荣申报军烈属解三难费用及医疗费用3000余元，在"八一"期间，为辖区5位军烈属发放慰问品及慰问金。

劳动保障工作　全力促进就业创业。通过开展入户调查登记、创业培训、发布招聘信息、政策救助等方面工作，拓宽就业创业渠道。全年发布用工信息60条，提供岗位100余个，开展就业困难人员身份认定45人，为2名创业成功的高校毕业生申请每人3000元创业补助，为29名自主创业人员办理每人10万元小额担保贷款。做好养老金领取认证工作。建立健全企业退休人员和城镇居民养老保险各项制度及档案，退休人员纳入

"自管组织"和社区管理率达到98%。2013年为本市企退人员提供认证服务1843人次，为异地退休人员提供认证服务109人次，随时关注辖区企退人员和城镇居民生存状况，一经发现死亡及时上报。年内，上报非预警人员死亡信息10人次，杜绝冒领养老金现象发生。落实政策援助。为319名下岗失业人员发放保险补贴174.70万元，对265名下岗失业人员申领保险补贴资格进行审核。

其他社会事业工作　为45名重度残疾人申请生活补贴，为30余名残疾人申报养老、医疗保险补贴，为辖区5名视力、听力残疾人申报无障碍改造，组织7名残疾人参加职业技术培训。完成辖区内天然气扩户工程缴费审核任务，共审核收费1221户。扎实开展安全生产大检查和"打非治违"专项活动，对辖区内生产经营单位进行拉网式安全生产大检查，发放《安全生产承诺书》400余份、《安全生产大检查告知书》400份，发放西山街道安全用气、用电温馨提示卡1000余份，对重点公共单位、社区居民楼院、公共聚集场所、个体工商户、液化气站点、锅炉房及各类仓库等进行重点检查，全年没有发生安全事故。

【精神文明建设】　加强思想道德建设　把学习贯彻中共十八大精神作为一项重要工作，邀请市区两级"十八大精神宣讲团"，开展工委书记讲党课，面向辖区党员群众宣讲"十八大"相关内容，通过上网答题、开展知识竞赛、举办书画作品创作展等形式，深化党员群众对中共十八大精神了解和掌握。开展干部教育培训活动，组织党员干部学习社会管理创新、社会治安综合治理及政策法规、技能训练等方面课程，提高机关干部政治素质和履职能力。抓好党员远程电教活动，组织机关党员干部观看党组织党员先进典型事迹、社区建设经验等电教片。

"四强四有"活动　构建以"街道工委—社区党支部—网格党小组—党员楼栋长"为框架的组织体系，实现"组织建到网格"；对党员实行分类管理，同时注重对党员在政治上关怀、思想上关心、生活上关爱，激发党员参加组织活动的内在动力。

加强党风廉政建设　重点学习"八项规定""约法八章""四条纪律"等内容，以"明白纸"形式将学习要点印发给街居干部，进行签名承诺。集中观看焦点访谈《证难办、脸难看》节目录像，要求街居干部进行反思和查找，改良工作作风。组织机关干部参观辖区内廉政广场、廉政楼道等廉政设施，学习廉政人物事迹、品读廉政诗词，提高廉洁从政意识。

加强精神文明创建　开展清理海滩、治安巡逻等志愿服务活动，打造多条"廉政文化楼道""党建文化楼道"，举办优秀党员表彰大会暨"七一"文艺汇演，对文明和谐社区创建过程中涌现出的"优秀党组织""优秀共产党员"等先进典型进行表彰。

【社会治安综合治理】　完善网格化管理　重新划定54个网格，每个网格明确一名网格长和多名网格信息员，并填报网格工作台账和网格工作日志，突出民情收集、分析、解决、反馈、通报的五个环节，实现服务居民体系的立体化、网络化。在安居社区试点建立技防监控设施，安装监控探头22个，实现小区内技防监控设施全覆盖。

加强信访案件稳控工作　严格群众来访接待及领导干部包案制度，抓好信访案件的排查调处、信息反馈，做好与有关部门的协调联动。全年排查信访矛盾隐患9起，协调解决4起。

深入开展矛盾调处工作　以民调受理、民情走访、基层调研为切入点，及时发现矛盾隐患，以群众利益为出发点妥善调处矛盾纠纷。全年排查、化解矛盾隐患95起，未发生一起上访事件。

抓好治安防范工作　专职治安员和义务协管员每天佩戴巡逻袖章巡逻，辖区治安状况良好。暑期，组织150位平安志愿者佩戴"红袖标"在辖区进行巡逻。打造无邪教社区，收缴非法宣传品119份，非法宣传光盘50张，在所属社区内建立防范警示教育阵地。全年接收矫正对象7人，解除矫正3人，无重新犯罪发生。

【群团工作】 群众工作　开展党代表工作室创建工作，通过搭建阵地、健全队伍、完善档案管理，推进工作室运行，收到建议类问题3条，群众反馈的难点问题19件，反映邻里纠纷的2件。

工会工作　开展企业职工安全生产教育培训，推进“工资集体协商百日行动”，组织职工参加全区职工运动会、歌咏比赛、登山比赛。

妇联工作　开展“贫困妇女儿童帮扶行动”“三新”现代女性大讲堂、“低碳生活，家庭先行”活动和“新家园美化靓化工程”，全面推进“妇女创业促进行动”，开展“巾帼文明流动岗”示范竞赛活动。

共青团工作　推进“两新”组织建团，组建青年志愿者服务团队，举办“团干部培训班”。

人武工作　组建2支民兵分队，为部队输送优质兵源。

【社区居委会简介】 剑秋路社区居委会　有1789户2958人，面积0.90平方千米。2013年，剑秋路社区居委会以服务居民为重点，围绕创建和谐平安社区目标，加强社区服务，繁荣社区文化，美化社区环境，打造社区平安，关心居民生活，不断提高社区科学的管理水平。

英才社区居委会　有3232户6743人，面积2.20平方千米。2013年，英才社区以社区党建为龙头，以社区建设为基础，以社区服务为核心，不断加强和改进社区工作，全面带动社区综合治理、计划生育、民生保障和其他社会事业发展。

安居社区居委会　有3066户6177人，面积0.51平方千米。2013年，安居社区居委会以构建和谐新安居为主线，为辖区居民营造“居住安心、娱乐开心、安全放心、管理顺心、服务暖心、生活舒心”的和谐环境。

平安路社区居委会　有851户1081人，面积0.23平方千米。2013年，平安路社区居委会以全面提高辖区居民自治意识和能力为工作目标，建立自我管理、自我教育、自我服务、自我监督的社区体系和工作机制。

西山社区居委会　有612户1075人，面积3.70平方千米。2013年，西山社区居委会结合社区实际，深入开展社区服务，以创建“五个好”党组织及和谐社区为重点，克服人员少，场地小、任务重等困难，扎实开展各项工作。

河北外国语职业学院社区家属委员会　有742户3077人，面积0.35平方千米。

（李　敏）

人 物

辛勤园丁

孟丽琴 女，北戴河区海北路小学教师。1983年参加工作，她是数学教师兼班主任。她说：“如果有一天不当班主任了，我会有一种失落感。只要允许，我就要一直当班主任，一直干到退休，因为我喜欢这些孩子们，喜欢这份工作。”

在和学生们相处的日子里，她领悟了爱的魔力，赢得了学生们的尊重与爱戴。不爱看书是学生的通病，老师们总是重复地强调要“多看书，多看书”，可是效果并不明显。作为数学老师的她却有自己独创的办法，不留家庭作业，而是让学生放学回家看书，刚开始学生不爱看书，孟老师也不批评他们，而是找学生身上的优点，然后在班会课上进行表扬，下课的时候再悄悄地问：“昨晚看书了吗？要抓紧一点哟！”学生总是边红着脸边搔着头对她说：“看了一会儿。”然后孟老师又笑着说：“等上课的时候我可是要检查的。”久而久之，学生们从孟老师的鼓励中找到了自信，想在老师的心目中留下更好的印象，于是回家坚持看书，逐渐养成了看书的好习惯。直到现在，无论早上或中午，她班上的学生只要一到教室就拿出书来读，根本不用老师督促。

2004年3月，学校转来一名男生，学习基础差，四年级的他完整地读一篇课文都很困难，数学中最基本的运算顺序也掌握不好，这使孟老师很为难。为尽快提高他的学习成绩，孟老师不断为这名学生加油，经常鼓励他：只要你和老师都努力，你一定能追上咱班同学。她不厌其烦，从最基础的知识抓起。经过半年时间，该学生的成绩有了很大进步，毕业考试，数学成绩考了76分。孟老师真诚、平等地对待每位学生，学生都喜欢上她的数学课，所带班级的数学成绩在区里一直名列前茅。

她带过的班里曾有一个借读生，借读费迟迟交不上来，当她问其原因时，学生含着眼泪说：“老师，再过些天行吗？”孟老师答应了他的请求。在去这个同学家家访的时候，孟老师的心震憾了：家里没有像样的家具，炕上还躺着刚做完手术不久的母亲。学生的父亲对孟老师说：“我们家连买米、面的钱都没有了。”孟老师回去将其家庭情况向校长做了汇报，学校免去了他的借读费。冬天来了，这位学生还没有棉鞋，孟老师就自己出钱，为他买了双新棉鞋。看到他与同学们一样在操场上尽情玩耍，孟老师觉得很欣慰。正是这种细腻若母爱般的情感，使孟老师受到了学生的信任与爱戴，班上的学生有什么心事都愿意跟孟老师说，有时候还会向她透露一些自己家庭中的小秘密。

她全身心扑在工作上，一切为了学生、为了工作，孟丽琴没请过一次事假，甚至连女儿生病住院她都没耽误过给学生上课，她把爱献给了她所热爱的学生。

“女儿长这么大，我只给她开过一次家长会，那次还是她放学回来跟我说，老师说这次家长会不去的，后果自负。我利用中午休息时间去找女儿的班主任。好在女儿比较懂事，让我非常省心。”孟丽琴说。

“记得女儿快中考的时候，让我从图书馆给她借本作文书。但由于当时正值我带的班级备战期末考试，忙得我竟然忘了女儿的事儿。几天后的一次午饭时，我正滔滔不绝地夸赞我的学生，女儿却一声不吭。好久才问，‘妈，我让您借的书呢？’我这才突然想起，见女儿特别委屈地躲到一旁呜呜哭，我的心里很不是滋味儿。有时候想想，真觉得对不起女儿。”提起女儿，孟老师有些愧疚，但又觉得很骄傲，“她小时候对我说：妈妈，长大了我一定不当老师，我不要像您一样那么辛苦。”如今，女儿已经长大了，真正了解了母亲与学生们的那份感情，刚刚大学毕业的她顺利考入了开发区一所小学，成为了一名同母亲一样光荣的人民教师。

家长们经常说这样一句话：“老师，把孩子交到你手中，我们放心。”她所带的班级曾多次获得优秀班集体的光荣称号，她也多次获得市级师德标兵、优秀班主任等称号。

王淑杰 女，1984年7月毕业于河北师范大学中文系，曾就职河北省承德县第一中学。1998年应聘北戴河中学。

她从教29年，形成独特的学生观：学生是生命，需要平等与尊重；学生是孩子，需要理解与宽容；学生是学生，需要教诲与严格。

朴素与科学的教育理念使她坚守着三尺讲台，延续着师生情缘，在平凡的岗位上书写着自己的教育人生。

王淑杰先后担任北戴河中学教研组组长、科研处主任、教学副校长等职。但是，无论兼任何种职务，她都把语文教学当作首要工作。她坚持读书学习，家里的书橱多于衣橱。她精心设计每一节课，她对教材有精准而独到的见解，教学方式灵活多样。她的课堂广征博引、哲思飞扬、深入浅出、生动活泼，在轻松愉悦的氛围中引领学生畅游知识的海洋。许多已经毕业的学生还希望再走进她的课堂，她的第一届学生还回忆起那节生动的《荷塘月色》。

她鼓励畏惧语文学习的孩子，给他们信心和有效的方法。不少孩子高二还是低分生，经过她高三一年的指导，高考考出百分甚至120多分。

她喜欢和学生们在一起，参加学生的活动，与学生一起搞卫生、劳动，帮他们收拾杂乱的桌斗；参加他们的体育活动，跟他们一起欢呼；加入他们的合唱，为他们创作诗歌；她给每一个学生送上一份亲笔书写的格言警句，出差归来给每一个学生买纪念品。

她还善于做学生的心理工作，努力帮助他们走出困境。写信、送书、推荐文章、一起散步、送给他们爱听的歌盘等等。她对表现较差的学生，总是给予更多过问、更多关心，善于观察他们一点点的进步，聆听他们的苦衷，挖掘他们的优点，帮助他们建立信心，找到问题孩子的问题根源，并逐步设法解决。

她帮助许多单亲家庭中的母亲教育孩子，在她们伤心、苦恼、无奈甚至想放弃的时候得到王淑杰朋友般的安慰，并一同寻找帮助孩子的良策。一位母亲在自己孩子毕业的那天，送给王淑杰一幅“师恩难忘”的十字绣，她说：“这是我学的第一幅十字绣，做工不好，但是我的心意。这3年如果没有你，我的孩子走不了正道，上不了大学，你是我们的恩人。”

许多学生视她为朋友、亲人，喜欢跟她交流，加她QQ好友；她的学生喜欢到她的校长办公室，请教问题，说心里话，有的就爱跟她坐一会儿。

学生生病时、苦恼时、情绪低落时，她总是投之以怜爱的目光，伸出热情的双手，给予最大的帮助。

在承德县第一中学任教时，学生大半来自农村，遇有生病住院的学生她帮助交押金、陪床、送饭；她为临近高考却得了腹膜炎的女生调养身体，每天课间操时间为她沏一个鸡蛋水；她把生活困难，每顿只吃馒头咸菜的女生接到家里吃午饭，一直持续了半年。

1998年，北戴河中学恢复高中伊始，王淑杰应聘到该校，当时学生全部寄宿，一些招聘教师也暂居学生宿舍楼。夜晚遇到学生生病，她就接学生到自己宿舍，整夜照顾。有一名经常想家的女生，每周都要到王淑杰的宿舍找她聊天，有时还要在老师的怀里哭一场。2001年，她的班里一半是青龙籍学生，有生病的，她陪着去医院看医生；生活困难的，她从家里拿行李、衣物；意志消沉的，她一遍遍地谈话激励。

休言世间千般爱，莫若师生一段情。她先后荣获河北省优秀教师、北戴河区第一批专业技术拔尖人才、秦皇岛市第三届优秀青年教师、河北省骨干教师、河北省特级教师、河北省首届中小学学科名师等称号，并当选为中共秦皇岛市第十一次代表大会代表。

吹歌传人

任连义　男，现年51岁。北戴河区蔡各庄人。

小时候趴在父亲温暖的膝盖上，听着父亲吹歌，那曲调使他喜欢上了吹歌，并从8岁开始跟随父亲学习唢呐，12岁正式向他的叔叔，冀东民间唢呐吹歌的代表人物任启瑞、艺名“筱核桃”拜师学艺。在任启瑞的言传身教下，他刻苦努力，18岁开始，便随父辈们吹秧歌，足迹踏遍冀东和东北三省，并在秦皇岛一带为民间的红白喜事、迎送庆典等活动演奏唢呐，以“任家班”唢呐传人、全国吹歌大王等称号名闻遐迩。

任连义作为中国吹歌大王，在吹歌界是响当当的人物。不单单是唢呐吹得好，还在于他所传承下来的任家唢呐的吹奏技艺，在吹歌界独树一帜，堪称“独门绝技”。

这个独门绝技，就是任家的“三节唢呐”，也叫“拔三节”。这是任家独创传承下来，到了任连义手中又得以发扬光大的唢呐绝技。它区别于其他门派，技艺很难掌握，堪称一绝。据任连义介绍，三节唢呐的特征是，唢呐长38厘米，定调为f调，属于中音唢呐。但是，摘掉第一节，剩28厘米，音域、音色本来应该会有变化，但是凭借他的娴熟技巧和扎实功底，音域、音色没有任何变化；当摘掉第二节后，剩22厘米，在原理上，音域、音色会有更大的变化，但经过他的吹奏技术处理，音域、音色还是不变。从最低音到最高音15度，唢呐原声、调式不变。这就是任家的祖传绝活“拔三节”，令人拍案叫绝。

凭着高超吹歌技艺，任连义把唢呐吹到了北京民族文化宫、吹到了北京人民大会堂、吹到了中国教育电视台、中央电视台。

在中国教育电视台拍摄的专题片《长城脚下的吹歌》中，任连义被特邀讲解唢呐技巧并现场演奏；《河北日报》《秦皇岛晚报》等媒体，也对任连义的吹歌艺术进行了多次报道；他还获得了中国文联授予的“中国民间文化杰出传承人”称号，并成为河北省第一批非物质文化遗产项目代表性传承人。

2006年，任连义参演的唢呐合奏《四美容》，在第七届中国民间山花奖评比中，荣获民间艺术最高奖——山花奖；他个人凭借演奏的三节唢呐《大姑娘爱》，荣获“全国吹歌大王”荣誉称号；2007年，在中国民间文艺家协会举办的“中国民族民间歌舞精品展演”活动中，他参演的唢呐齐奏《秧歌曲·满堂红》荣获“金荷花奖”第一名。

唢呐演奏在父辈那一代可谓是登峰造极。但到了任家唢呐第九代传人任连义这一代，世界已经悄然变化：听众逐渐流失，年轻人变得已经不再欣赏这种流传了千百年的民间艺术，流行歌曲与摇滚音乐等受青年人青睐；农村经济的发展也为人们提供了更多生存空间，村民们办起了企业，开起了商铺，可以获得更高的报酬。

任连义说：“干这一行挺苦，干这一行也发不了财，现在的孩子们也不喜欢。但我不想把这门艺术丢了。我想这些留下好几百年的东西不仅是我个人的，也是国家的。”

为了使唢呐技艺得以传承，任连义先后收徒10余人，并毫无保留地将自己所掌握的技艺传授给每一位徒弟。“坚持民族文化的传承，我们人人有责。”外表粗犷的任连义如是说。可以看出，对于吹歌艺术的传承已扎根于心。

见义勇为

苏卫东　男，北戴河区人。他因小儿麻痹落下残疾却干得一手好木匠活，街坊邻里无人不知，而他又是个热心肠的人，左邻右舍谁家的桌子坏了、椅子少条腿的都去找他帮忙，苏卫东总是乐呵呵地答应，从不拒绝。“你对人家好，人家也会对你好，都是相互的。”苏卫东觉得这些都是他应该做的。

最近，苏卫东所在的社区想要在社区的日间照料室搭个炕，让社区的老人们可以来烙烙腰，就找到了苏卫东，他二话不说就答应了。“这炕是苏卫东自己带料自己垒的，他是我们平安路社区残疾人的专职委员，社区有事，他准第一个到，他还组建了一支社区志愿服务队，我们社区需要用车，他更是随叫随到。”社区工作人员杨宇辉说。

2012年盛夏的一个早晨，苏卫东正在家里忙活着，邻居大妈跑来告诉他说附近厕所里掉进了一名女婴。一听这话，苏卫东赶忙丢下手里的活，飞快地往大妈说的地方赶。

当他赶到现场的时候，化粪池的周围挤满了人，大家都在想办法救孩子。正好有村民拿来了一个叉裤，苏卫东二话没说穿上叉裤，就顺着人们搭好的梯子往下走。井深1米多，时间是早上六点多，浓重的沼气向上散发着刺鼻的气味，几度熏得他睁不开眼睛。他紧闭嘴，憋着气，艰难地向女婴靠近。终于，他轻轻地将女婴托起，孩子得救了，苏卫东却被沼气熏得呕吐不止。

苏卫东英勇救女婴的故事被媒体争相报道，一夜之间，他成了家喻户晓的救人英雄。然而，苏卫东却自认受不起“英雄”这个称号，“当时我啥也没想，只有一个念头，就是救孩子。英雄也好，伟大也好，我还没到那种层次上，我只能说自己又做了件对得起良心的事儿。”当年，他被授予“西山好人”见义勇为奖、“‘美丽之冠’北戴河好人”终身荣誉奖、2012年秦皇岛市“平民偶像”荣誉称号。

荣誉专版

2013年北戴河区获省部级以上集体荣誉一览表

表12

单位名称	荣誉称号	授予单位	授予时间
北戴河公安分局指挥中心	全省公安机关应急处突工程建设先进集体	河北省公安厅	2013.1
北戴河区妇幼保健站	河北省巾帼文明岗	河北省妇女联合会	2013.3
北戴河妇幼保健站	河北省巾帼文明岗	河北省妇女联合会	2013.3
北戴河区教育局	第28届河北省青少年科技创新大赛优秀组织奖	省青少年科技活动领导小组	2013.3
北戴河区司法局	全国法治县（市、区）创建活动先进单位	全国普及法律常识办公室	2013.3
北戴河区旅游局工会鸽子窝公园管理处分会	河北省模范职工小家	河北省总工会	2013.6
北戴河区教育局	河北省县域基础教育教学改革综合实验项目优秀单位	河北省教育科学研究所	2013.7
秦皇岛市公安消防支队北戴河特勤中队	二等功	公安部	2013.7
北戴河区体育局	全国群众体育先进单位	国家体育总局	2013.8
北戴河区人民检察院	河北省优秀青少年维权岗	共青团河北省委	2013.8
北戴河区人民法院	优秀青少年维权岗	共青团河北省委	2013.8
北戴河区宣传部	河北省十大文化产业项目	河北省文化体制改革和发展工作领导小组	2013.8
北戴河区教育局	2011—2012年度河北省教育工作先进集体	河北省教育厅	2013.9
北戴河区体育局	中国轮滑运动示范学校	中国轮滑协会	2013.10
北戴河区文化广电新闻出版（版权）局	北戴河音乐文化人活动荣获第十届中国艺术节群星奖	文化部	2013.10
北戴河区统计局	2012年全国投入产出调查省级先进集体	河北省投入产出调查联席会议办公室	2013.11
北戴河区总工会	河北省总工会财务工作先进单位	河北省总工会	2013.11
北戴河区教育局	河北省中小学生“生态文明”知识竞赛优秀组织奖	河北省教育厅思政体卫处 河北省德育研究中心 河北省教育宣传中心	2013.12
北戴河区人力资源和社会保障局综合服务大厅	河北省人力资源和社会保障系统2011—2013年度优质服务窗口	河北省人力资源和社会保障厅	2013.12

续表12

武警河北省总队第四支队	基层建设标兵支队	武警总部	2013.12
武警河北省总队第四支队	集体二等功	武警总部	2013.12
武警河北省总队第四支队	党风廉政先进单位和学雷锋先进单位	武警总部	2013.12
武警河北省总队第四支队	连续13年预防事故案件工作先进单位	武警河北省总队	2013.12
武警河北省总队第四支队第五中队	先进基层党组织	武警河北省总队	2013.12
武警河北省总队第四支队	基层建设先进支队	武警河北省总队	2013.12
秦皇岛市北戴河区公安消防大队	基层建设先进大队	河北省公安消防总队	2013.12
秦皇岛市消防支队北戴河特勤中队	基层建设先进中队	河北省公安消防总队	2013.12
武警河北省总队第四支队司令部	先进司令部	武警河北省总队	2013.12
武警河北省总队第四支队政治处	政工网建设先进单位	武警河北省总队	2013.12
武警河北省总队第四支队机要股	密码工作先进单位	武警河北省总队	2013.12
武警河北省总队第四支队第二大队	基层建设先进大队	武警河北省总队	2013.12
武警河北省总队第四支队第五中队	基层建设标兵中队	武警河北省总队	2013.12
武警河北省总队第四支队第二中队	基层建设先进中队	武警河北省总队	2013.12
武警河北省总队第四支队第四中队	基层建设先进中队	武警河北省总队	2013.12
北戴河区广播电视台	纪录片《不拿报酬的村支书》获一等奖	中国电视艺术家协会	2013.12
秦皇岛市北戴河区公安消防大队	先进大队	河北省公安消防总队	2013
北戴河区地方税务局征收服务厅	河北省五星级办税服务厅	河北省地方税务局	2013
北戴河区	中国轮滑名城	中国轮滑协会	2013
北戴河区工商业联合会	优秀县区工商联	河北省工商业联合会	2013
北戴河区司法局	河北省“六五”普法中期先进县（区）	河北省委宣传部、河北省法制宣传教育领导小组办公室	2014.1
北戴河区教育局	2013年初中毕业与升学实验操作考试工作先进集体	河北省教育技术装备管理中心	2014.1
北戴河区	2013年度农村面貌改造提升行动先进县区	河北省农村面貌改造提升行动领导小组	2014.2

续表12

北戴河区西坨头村、西古城村	2013年度河北省美丽乡村	河北省农村面貌改造提升行动领导小组	2014.2
北戴河区	2013年度农村面貌改造提升行动先进县区	中共河北省委	2014.2
北戴河区信访局	河北省信访系统先进集体	河北省委组织部 河北省人力资源和社会保障厅 河北省委信访局 河北省政府信访局	2014.2
北戴河区供销合作社	2013年度食盐专营工作模范单位	河北省供销合作总社	2014.3
北戴河区司法局	全国先进普法办	全国普及法律常识办公室	2014.3

2013年北戴河区获省部级以上个人荣誉一览表

表13

姓　名	单　位	荣誉称号	授予单位	授予时间
王建国	北戴河区司法局	全省社区矫正先进个人	河北省司法厅	2013.1
张景峰	北戴河公安分局	全省公安机关先进派出所所长	河北省公安厅	2013.2
赵　涛	北戴河公安分局西山派出所	全省公安机关先进社区（驻村）民警	河北省公安厅	2013.2
彭国华	武警河北省总队第四支队政治处	优秀党务工作者	武警河北省总队	2013.7
刘　波	武警河北省总队第四支队第五中队	优秀共产党员	武警河北省总队	2013.7
崔　颖	北戴河区体育局	全国群众体育先进个人	国家体育总局	2013.8
李海泳	北戴河公安分局	一等功	河北省公安厅	2013.8
张　帅	北戴河公安分局	二等功	河北省公安厅	2013.8
刘　峰	北戴河公安分局	二等功	河北省公安厅	2013.8
李云龙	北戴河公安分局	二等功	河北省公安厅	2013.8
孙　彤	北戴河公安分局	二等功	河北省公安厅	2013.9
杨丽君	北戴河区统计局	2012年投入产出调查省级先进个人	河北省投入产出调查联席会议办公室	2013.11
刘　艺	北戴河区统计局	2012年投入产出调查省级先进个人	河北省投入产出调查联席会议办公室	2013.11
张　建	北戴河区统计局	2012年投入产出调查省级先进个人	河北省投入产出调查联席会议办公室	2013.11
王媛媛	北戴河区统计局	2012年投入产出调查省级先进个人	河北省投入产出调查联席会议办公室	2013.11
尚云歌	北戴河区统计局	2012年投入产出调查省级先进个人	河北省投入产出调查联席会议办公室	2013.11

续表13

曹　琨	北戴河区统计局	2012年投入产出调查省级先进个人	河北省投入产出调查联席会议办公室	2013.11
刘文喜	武警河北省总队第四支队	个人三等功	武警总部	2013.12
宋胜昔	武警河北省总队第四支队	个人三等功	武警河北省总队	2013.12
田　军	武警河北省总队第四支队	个人三等功	武警河北省总队	2013.12
马卫松	武警河北省总队第四支队政治处	新闻工作先进个人	武警河北省总队	2013.12
陶训国	武警河北省总队第四支队勤务中队	燕赵武警十佳卫士个人三等功	河北省人民政府	2013.12
陈　昆	武警河北省总队第四支队勤务中队	学习成才先进个人	武警河北省总队	2013.12
刘延武	武警河北省总队第四支队勤务中队	红旗车驾驶员	武警河北省总队	2013.12
任泽晖	武警河北省总队第四支队勤务中队	新闻报道先进个人	武警河北省总队	2013.12
于友华	秦皇岛市公安局交通警察支队五大队	二等功	河北省公安厅	2013
杨立华	秦皇岛市公安局交通警察支队五大队	“暑期安保”先进个人	河北省公安厅交通管理局	2013
田建军	秦皇岛市公安局交通警察支队五大队	“暑期安保”先进个人	河北省公安厅交通管理局	2013
周长宏	秦皇岛市公安局交通警察支队五大队	“暑期安保”先进个人	河北省公安厅交通管理局	2013
胡玉海	秦皇岛市公安局交通警察支队五大队	“暑期安保”先进个人	河北省公安厅交通管理局	2013
王　烽	秦皇岛市公安局交通警察支队五大队	“暑期安保”先进个人	河北省公安厅交通管理局	2013
燕　文	秦皇岛市公安局交通警察支队五大队	“暑期安保”先进个人	河北省公安厅交通管理局	2013
韩　冰	秦皇岛市公安局交通警察支队五大队	“暑期安保”先进个人	河北省公安厅交通管理局	2013

2013年北戴河区获市委、市政府集体荣誉一览表

表14

单位名称	荣誉称号	授予单位	授予时间
北戴河区教育局	2012年推进义务教育均衡发展工作进步奖	市政府办公厅	2013.5
北戴河区教育局	2012年学前教育发展进步奖	市政府办公厅	2013.5

附　录

2013年北戴河区环境质量公报

综　述

2013年，北戴河区环境保护工作在区委、区政府的正确领导下，认真贯彻落实中共十八大会议精神，紧紧围绕区政府中心工作，以生态良性循环、资源合理利用、环境质量良好、城市优美洁净为工作目标，全面加强环境监督管理，着力于解决群众最关心的问题，维护好人民群众的环境权益，确保全区环境质量保持在良好的水平。

2012年实施西部及北部片区污水入网二期工程、八号泵站管道配套工程、新驼峰路污水入网工程、暑期供应站污水入网工程、北戴河区雨水系统改造一期工程、近岸海域综合治理工程等一系列大规模的生态环境治理、环境基础设施建设项目，2013年又继续实施北戴河区水系治理二期工程、水环境治理，近岸海域综合治理等项目，使全区整体生态环境建设水平，生态环境质量得到进一步改善和增强。

空气环境

【状况】 全年环境空气质量达到国家环境空气质量一级（空气质量优）的天数为19天，二级良的天数为196天，三级轻度污染的天数为93天，四级中度污染的天数为22天，五级重度污染的天数为22天，六级严重污染的天数为4天，另有9天因仪器故障无数据。

空气中二氧化硫年平均浓度为0.068毫克/立方米，超过国家环境空气质量一级标准2.4倍；日均值超标率8.15%。

二氧化氮年平均浓度为0.032毫克/立方米，符合国家环境空气质量一级标准；日均值超标率为2.25%。

颗粒物PM10年平均浓度为0.119毫克/立方米　，超过国家环境空气质量一级标准1.98倍；日均值超标率为26.69%。

一氧化碳年平均浓度为2.1毫克/立方米，符合国家环境空气质量一级标准；日均值超标率为9.27%。

颗粒物PM2.5年平均浓度为0.064毫克/立方米，超过国家环境空气质量一级标准3.27倍；日均值超标率为29.21%。

臭氧年平均浓度为0.091毫克/立方米，符合国家环境空气质量一级标准；日最大8小时平均值超标率为10.11%。

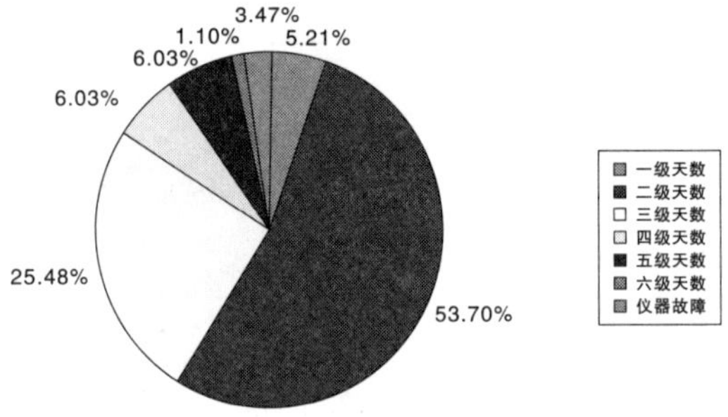

环境空气质量各级天数百分比

【废气主要污染物排放量】 纳入环境统计的工业企业二氧化硫排放量731.78吨（包括热力公司），氮氧化物排放量168.17吨，烟尘排放量123.38吨。

【行动与措施】　一、继续实施推进北戴河区热电联产集中供热工程。

二、推进天然气进城工程。2013年新增城市居民天然气用户1631户，点火使用3420户，新增民用小区5个，公福用户12户；截至2013年已接通民用用户近13592户，已点火使用10196户，民用小区40个，公福用户79户。

三、扎实推进“三尘一烟”专项治理工作，取缔燃煤锅炉10台。

四、落实《北戴河区新能源规划》工作，积极引导、推广天然气、电能源、太阳能、生物质能等清洁能源应用。

水环境

【状况】　一、海水浴场

2013年监测数据显示，海水浴场水质符合《海水水质标准》（GB 3097－1997）中二类标准，达标率100%。

二、戴河

2013年戴河主要水质类别以《地表水环境质量标准》（GB 3838－2002）中Ⅲ类水质为主，水质状况良好，总体满足Ⅲ类（指定水体功能）水体功能要求。与上年相比较，戴河流经河段整体水质无明显变化。

戴河主要污染因子五日生化需氧量浓度平均值2.61毫克/升，符合国家地表水Ⅲ类标准（低于标准值1.39毫克/升），比去年降低0.99毫克/升；化学需氧量浓度平均值19.10毫克/升，符合国家地表水Ⅲ类标准（低于标准值0.90毫克/升），比去年升高0.50毫克/升；高锰酸盐指数浓度平均值5.14毫克/升，符合国家地面水Ⅲ类标准（低于标准值0.86毫克/升），比去年升高0.25毫克/升；氨氮浓度平均值0.53毫克/升，符合国家地面水Ⅲ类标准（低于标准值0.47毫克/升），比去年降低0.08毫克/升。

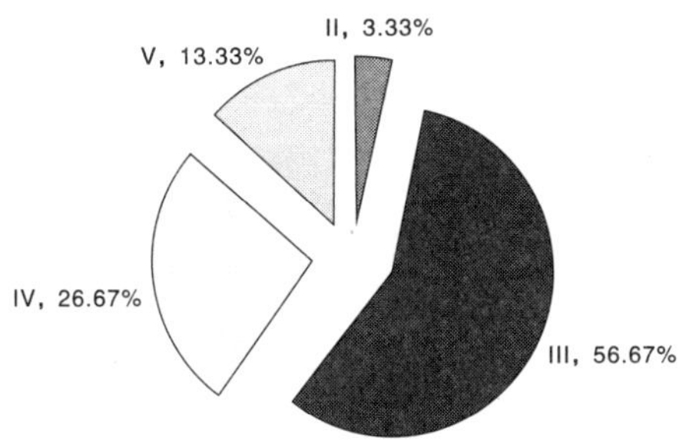

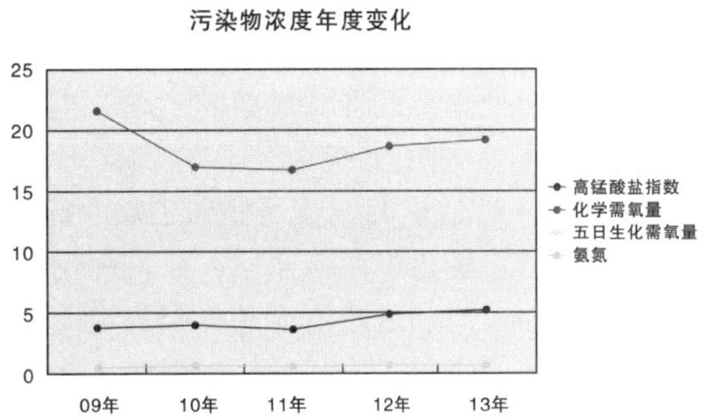

戴河三个监测段面,三个水期水体类别百分比

【废水主要污染物排放量】

纳入环境统计的工业企业废水化学需氧量（COD）排放量1.8吨，氨氮排放量0.31吨。

【行动与措施】　一、北戴河区水系治理二期工程

为提高北戴河区境内主要排洪沟的行洪能力、水体质量，保证海水水质，实施北戴河区水系治理二期工程。对戴河、新河部分河段及10条排水沟进行清淤、护岸、护底。工程于5月10日全面开工建设，目前已全部完成。

二、认真开展水环境治理工作

全面修订完善《北戴河区河道保洁实施方案》《雨后保洁应急预案》，启动河道捞漂保洁运行机制，严格落实沿海沿河排水沟（口）管理责任分解要求，清捞队伍、巡查

队伍、船只、运载车辆全部上岗到位，并责任到人，对戴河7个清捞河段、新河6个清捞河段实施无缝式对接，全线捞漂清理外运作业，同时，加大执法力度，对河道内养殖地笼、拦鱼网等非法捕鱼设施进行了集中清理和收缴。

三、近岸海域综合治理工程

按照北戴河及相邻地区近岸海域环境综合整治工作要求，结合整治违法排污"三查"行动，区环保局以环评文件为依据，监督区内企业污染防治设施正常运行，规范工业固体废物的处置。同时确定聚源铝业、鑫纶化纤、渤海安全玻璃、吉马包装彩印、天业通联5家企业为重点监管企业，由专人指导，及时排查企业污染隐患。2013年累计检查休疗单位458次，工业企业283次，整改企业4家。

加大入海沟渠治理力度，定期巡查区内89个沟渠及排水口，发现问题及时报告协调处理。强化五桥沟的环境管护，暑期中安排专人每天清理沟内垃圾、淤泥、漂浮水藻等，使五桥沟清澈见底，沟边环境整洁一新。从2013年3月9日开始，全区海岸线陆续发现有油污上岸。区环保局及时启动暑期海域巡查机制，抽调业务骨干成立海域环境应急小组，对近岸海域实行每天2次的实地巡查，严格监控近岸海域水质、岸滩保洁情况，每天向市局和区政府应急办报告巡查结果。同时做好资料收集和油污的保管工作，建立巡查档案。

声环境

【状况】 2013年全区声环境质量与上年相比继续保持优级水平。

一、城市区域环境噪声

城市区域环境噪声等效声级平均值50.3分贝，比上年降低0.8分贝，城市区域环境噪声环境质量评价等级为好。

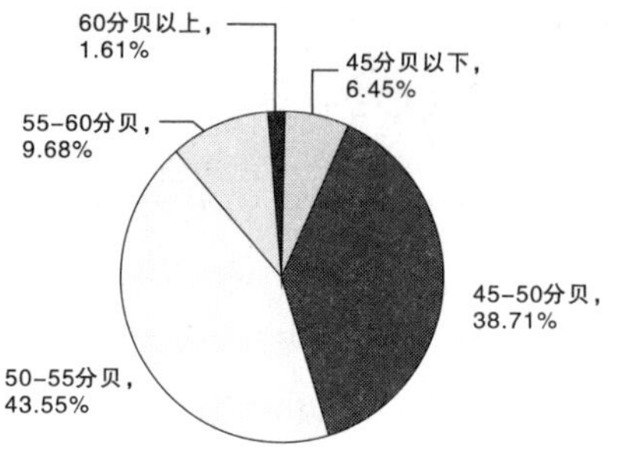

暴露在不同声级下的面积分布（百分比）

二、道路交通噪声

城市主要交通干线交通噪声等效声级平均值62.3分贝（国家标准70分贝），比上年降低1.5分贝，城市道路交通噪声路段达标率100%，道路交通噪声质量评价等级为好。

【行动与措施】 一、噪声监测

对功能区噪声每季度监测一次。监测点设在中直，每次24小时连续监测，共测4次。对城市区域噪声每年秋季监测一次，全区共设62个点位。

三、减轻交通噪声

采取禁止机动车鸣笛，严禁农用车进城，设置特殊敏感区禁行限行路段，柏油路面逐步取代水泥路面，绿化带立体种植等方式减轻交通噪声污染。

四、强化施工噪声监管

采取规定作业时间，向施工工地附近居民公告，增加检查频次等，与相关部门联查建筑工地，严禁晚间10:00后施工，暑期期间建筑工地暂停施工等措施强化施工噪声监管。

五、强化社会噪声管理

加大餐饮业及娱乐业噪声扰民的整治力度，采取"12369" 电话投诉的方式及时对居民区的噪声投诉予以查处，降低社会噪声扰民。

以排污申报为依据，对企业产生噪声的设备设施进行排查摸底，督促企业采取降噪措施。强化部门联动，在五一、十一、暑期、高考、中考期间，联合公安、工商、文化等部门，采取24小时轮班执勤方式开展噪声控制工作，严查文娱、建筑施工等噪声扰民行为。截至目前共检查1768次，出动884人次，查处违法违规行为6次。

固体废弃物

【状况】 全区工业企业固体废物产生量为4532吨（2013年环统 其中热力公司3120吨），全部综合处置利用；医疗废物产生量55.85吨（医院5.85吨 、281医院50吨），按国家规定焚烧处理；全区垃圾产生总量10万吨，送秦皇岛市柳村发电厂无害化处理10万吨，无害化处理率100%。

【行动与措施】 采取对危险废弃物建档、重点监管，集中统一处理等措施，保证环境安全。

城市区实行分离储存、密闭化管理，农村生活垃圾实行定点堆放，统一清运，建筑施工垃圾实行定点准运。

生态环境

【状况】 北戴河是驰名中外的海滨休闲旅游度假区及国家级风景旅游区，2007年北戴河区被命名为国家级生态示范区。

监测数据显示，浴场空气中负离子浓度平均2000−6000个/立方米，西山最高多达14000个/立方米。

区内具有森林、湿地、水生等多种类型的生态系统，各类生态系统结构和功能完善，生物多样性高。

辖区内海岸线23千米，其中沙滩海水浴场7.7千米，相关评价表明、北戴河浴场沙滩为中国北方最优质沙滩。

区内包括著名的“北戴河湿地”赤土山中心湿地，两个森林公园，森林覆盖率41.66%。

北戴河鸟类资源丰富，被中外的观鸟爱好者美誉为“观鸟的麦家”。共有鸟类种类20个目61个科的412种，约占全国鸟类资源的34%。其中候鸟列入《世界濒危野生动植物物种国际贸易公约》的14种，国家一级保护鸟类12种，二级保护鸟类49种。

近海域水质良好，生物多样性高。

【措施与行动】 一、有序推进国家级生态区创建工作

2013年继续开展北戴河国家级生态区建设工作，主要创建指标基本达到国家级生态区验收标准。

二、继续实施防护林建设和绿满北戴河建设工程

2013年栽植乔灌木16万株，绿化覆盖率57.4%，人均公共绿地53.33平方米。

三、统筹城乡，积极开展农村生态保护工作

深入落实全市农村环境综合整治工作总体部署，制定《北戴河区农村环境综合整治工作实施方案》，定期召开农村环境综合整治工作协调会。

1.开展农村连片整治

制定《北戴河区农村环境连片综合整治示范区项目实施方案》并组织实施。该片区共涉及整治村庄11个，通过片区综合环境整治项目的实施，实现村庄人居生态环境整体改善，并满足以下指标：⑴村民饮用水卫生合格率达到95%以上；⑵村庄生活污水处理率不低于60%；⑶生活垃圾定点存放清运率达到100%，垃圾无害化处理率70%以上；⑷集中整治任务完成后，村民对环境状况满意率达到95%以上。

2.开展国家级生态村建设

2013年，全区共申报陆庄村、杨各庄村2个国家级生态村，创建工作已经进入迎检阶段。

3.加强畜禽养殖场日常监管

认真落实养殖场清污分流和粪尿的干湿分流、畜禽废弃物的储存设施的设置和场所的建立等防护措施，减少对环境的污染破坏。目前，全区无集约化养殖基地，现有

规模化养殖场8家，已全部建立了污染源档案。

4.落实秸秆禁烧

重点加强田间地头、公路两侧的检查，加大空气质量监测频次，掌握空气环境变化情况。全年未发现秸秆焚烧现象。

环境管理

【污染减排】 继续贯彻落实《国务院关于印发节能减排综合性工作方案的通知》和《秦皇岛市节能减排工作实施意见》的精神，2013年市政府下达北戴河区主要污染物排放总量减排目标是：化学需氧量、氨氮、二氧化硫、氮氧化物四项污染物减排指标在2012年排放量的基础上净削减2.2%、3.1%、2.1%和5.0%。结合全区实际，制定2013年具体减排计划，通过采取管理减排、工程减排、结构减排等措施，深入开展减排宣传，圆满完成了年度减排目标任务。

【建设项目管理】 为了控制新污染的产生，严把审批关，2013年共办理建设项目32个，按照《建设项目环境管理名录》的要求，编制报告表项目23个、填报登记表9个；全年共验收项目1个。

根据秦皇岛市环保局《北戴河及相邻地区近岸海域环境综合整治建设项目环境整治实施方案》具体要求，对北戴河辖区内2007至2012年市环保局审批的所有未验收建设项目进行了清理检查。共清查项目129个，其中涉水项目61个，非涉水项目68个，限期验收项目100个，已完成验收40个。

【放射、辐射环境管理】 继续加大对放射源和危险固废的管理力度，与全区5家涉源单位签订安全承诺书，定期对各单位进行现场检查，要求各相关单位切实加强放射源管理，完善规章制度，加强安全防范，排除事故隐患，确保万无一失。

节假日及暑期期间坚持每天对涉源单位进行检查，严格执行日报告制度。

【循环经济与清洁生产】 继续推进循环经济发展，开展清洁生产审核工作。

【加强环境应急管理】 进一步提高了突发环境污染事件应急能力，一是组织应急演练，2013年6月6日，联合中石油秦皇岛输油气分公司进行了突发原油泄漏环境污染事件应急演练，共出动人员100余名、车辆20余台。二是科学制定专项环境应急预案，制订了《北戴河区重污染天气应急预案》，明确了应急响应启动的条件、程序和各部门的责任分工等项内容。

【环境监察】 加强工业企业污染源监管、监督重点企业环境应急管理、信访事件“三清”集中攻坚以及噪声监管为环境风险隐患排查整治工作主要内容，全力化解环境纠纷，实现维稳防控。

按照北戴河及相邻地区近岸海域环境综合整治工作要求，结合整治违法排污“三查”行动，成立两个“三查”行动工作小组，分别负责工业企业检查和休疗宾馆招待所污染源检查，要求各单位完善环保手续，做到污水废气达标排放，生活垃圾妥善处置，排除污染隐患。污染源现场检查过程中，严格按照环评要求审查企业生产行为，执行现场监察规范，查清污染物产生与削减情况，核对污染物处置设施运行情况，完善环境监管记录，组织污染源监督性监测，做到检查一家排除一家。全年已检查工业企业287余次，其中重点企业99余次，休疗单位4582次，形成现场检查记录745份。

加大近海海域监察力度，应对上岸油污事件。一是从2013年3月9日开始，巡查人员在海岸线全面的巡查中陆续发现有油污上岸的情况，黑色油污直径从0.1至5厘米不等，不规则分布在海岸各处。二是从4月19日起正式启动暑期海域巡查机制，抽调业务骨干成立海域环境应急小组，对近岸海域实行每天2次的实地巡查，严格监控近岸海域水质、岸滩保洁情况，查处近海岸污染源非法排放行为，三是实行日报告和零报告制度，每天向市局和区政府应急办报告巡查结果，检查人员共巡查524余人次，巡查262余次。四是做好资料收集和油污的保管工作，建立巡查档案，认真做好油污染物的贮存和防护，将油污染物封袋装桶封存，保证污染物无泄漏，杜绝海域油污衍生事件。

加强噪声管理工作，全方位整治噪声污染。一是摸清底数，对所有产生噪声的设备设施进行排查摸底。对噪声超标的锅炉房鼓、引风机和其他工业设备限期治理，对治理不达标的采取限产直至停产措施。二是加强检查，严肃处理噪声信访。严格限定建筑施工单位的作业时间，每日22：00至次日6：00时段内严禁施工作业，因特殊需要确需在夜间进行连续施工作业的，提前报环保部门审批，经批准并向周围居民公告后，方可施工。三是五一期间，强化部门信息联络和执勤联动，联合公安、工商、文化等部门继续采取24小时轮班执勤方式开展噪声控制工作，整体取得较好效果。截至目前共检查1768次，出动884人次，查处违法违规行为36次。

【环境监测】 开展大气、城市噪声、污染源例行常规监测工作。

大气常规监测。测二项，降尘、硫酸盐化速率。硫酸盐化速率测西山、水电部两个点位，降尘测西山、水电部、环保局三个点位，每月一次。共取得监测数据70个。

中国环科院项目大气监测。测点在局二楼楼顶，监测项目为PM2.5，从8月2日开始每天采样，同时采有机膜和无机膜，采样后送市监测站解析大气中PM2.5污染物成分及其来源，第一期8月份共测30天，第二期10月份共测15天，第三期12月份共测30天。

从6月中旬开始，每3天对戴河水系的入海口、集发采摘园、集发寺庙、集发尼龙坝、北戴河村5个点位，新河水系的108公路桥、新河口两个点位进行采样，并对水样的pH值、氨氮、化学需氧量等指标进行分析化验，对发现的问题及时上报相关部门，为戴河新河水的治理决策提供了有力的数据支撑。

对功能区噪声进行监测，每季度监测1次，监测点设在中直，每次24小时连续监测，全年共测4次。对区域噪声进行监测，每年秋季监测1次，全区共设62个点位，每个点位测经纬度，网格覆盖人口总数、噪声等数据。交通噪声另加道路长度、宽度与车流量等数据。

对聚源铝业、吉马包装有限公司等5家市重点企业每月进行采样监测，监测项目包括pH值、氨氮、化学需氧量COD、噪声、锅炉烟尘等。

全年编发各类环境质量报告79期。

【环境宣传与教育】 2013年，以“同呼吸 共奋斗，共建天蓝、地绿、水净的美丽中国”为主题，围绕环保模范城创建、服务暑期、污染减排、生态区创建等重点工作，在三角地广场、汽车站等地开展环保集中宣传，共悬挂条幅28条，设置展牌13块，发放宣传资料2000份，发放宣传购物袋1000个，接受群众咨询13件。

全年上报信息78篇。

【信访投诉】 全年共接办环境信访投诉45件，结案率100%。通过电话反馈回访，群众满意率为100%。

北戴河区2013年
国民经济和社会发展统计公报

2013年，全区上下在区委区政府的正确领导下，以实现中国梦为统领，紧紧围绕“两个率先”宏伟目标和“1+4”工作格局，按照“产业发展高端化、城乡统筹一体化、环境建设生态化、生活品质现代化”要求，以普惠民生为主旨，更加注重结构调整和方式转变，更加注重项目建设和改革开放，更加注重品位提升和文化繁荣，更加注重城乡统筹和全面进步，在打好跨越攻坚战、建设幸福北戴河进程中迈出更加坚实的步伐。

一、综合

初步核算，2013年实现地区生产总值38.92亿元，按可比价格计算比上年增长5.5%。其中，第一产业实现增加值1.16亿元，比上年增长3.9%；第二产业实现增加值7.16亿元，比上年增长0.1%；第三产业实现增加值30.60亿元，比上年增长6.7%。三次产业之比为3.0：18.4：78.6。

全年完成财政总收入88769万元，比上年增长0.8%，其中公共财政预算收入49649万元，比上年增长17.7%。财政一般预算支出73558万元，其中区级公共财政预算支出60749万元，比上年增长1.2%。

二、农林牧渔业

2013年，全年粮食播种面积625公顷，比上年增加102公顷；油料播种面积64公顷，比上年减少10公顷。全年完成粮食总产量5030吨、油料类总产量222吨、肉类产量573吨、蔬菜产量24232吨、奶类总产量2572吨、水产类产量1260吨，分别比上年增长10.8%、0.5%、7.9%、5.1%、21.7%和77.7%；禽蛋类总产量完成1085吨，比上年下降13.1%。

继续加大对农业农村的投入，落实各项惠农政策。全年农村用电量7997万千瓦时，比上年增加424万千瓦时；年末农业机械总动力达到19537千瓦，比上年增加1380千瓦；农业化肥施用折纯量483吨，比上年增加63吨；农田有效灌溉面积980公顷。

三、工业和建筑业

工业运行。全年实现全部工业增加值3.75亿元，比上年增长1.3%。其中规模以上工业企业实现增加值3.17亿元，增长0.3%；实现总产值13.22亿元，比上年下降12.8%；累计实现利润0.98亿元，比上年下降213.6%。

建筑业呈稳步增长态势。全区资质建筑企业完成建筑业总产值29232万元，比上年增长3.3%。建筑业企业房屋建筑施工面积10.12万平方米，比上年增长20.8%。竣工面积9.27万平方米，比上年增长141.7%。

四、交通运输、邮电和旅游

全年公路客运量完成229.7万人次，比上年增长0.3%；客运周转量完成4134.6万人公里，比上年增长0.3%；全年公路货运量完成153.2万吨，比上年增长0.3%；公路运输周转量完成3830万吨公里，比上年增长0.3%。

电信邮政行业稳步发展。全年完成邮电通信业务收入11888万元，比上年增长2.9%。互连网年末达到21706台，移动电话年末达到113878 部，比上年分别增长15.0%和4.1%。

旅游业呈现健康稳步发展势头。旅游产品体系进一步丰富，旅游接待基础设施进一步得到加强，旅游市场空间进一步拓展，旅游市场运行健康有序，旅游接待服务水平整体提升，休闲旅游城市形象愈加鲜明，旅游业发展的后劲进一步增强。2013年共接待中外游客703.82万人次，比上年增长2.57%，其中入境游客2.61万人次，下降27.6%；辖区景点门票收入9091万元，比上年增长10.79%，其中区属景点门票收入4832万元，比上年增长7.57%。

五、固定资产投资

全区重点项目建设稳步推进，华贸·喜来登酒店、华贸·松石国际球会、歌华营地二期等一批重点产业项目顺利完工并投入使用，完成全社会固定资产投资46.64亿元，比上年增长13.9%，其中固定资产投资完成46.14亿元，比上年增长13.7%。

六、国内贸易

消费品市场繁荣活跃。随着城乡居民生活水平提高，居民消费升级步伐加快。市场环境建设不断完善。旅馆、饭店等服务性行业市场尤为活跃。全年实现社会消费品零售总额44.51亿元，比上年增长13.4%。

七、内引外联

全区招商引资延续去年以来的良好增长势头。积极搭建以开发区为主导，特色园区为补充的“一区多园”发展格局，全年批准内资项目63个，累计引进内资347170万元，完成市定目标任务的112.0%，比上年增长27.3%；实际利用外资2085万美元，完成市定目标任务的104.3%；进出口总额完成871万美元，完成市定目标任务的104.9%。

八、金融

金融市场运行平稳。截至年末，全区金融机构各项存款余额85.25亿元，其中城乡居民储蓄存款余额62.48亿元，分别比上年增长5.8%和7.8%。各项贷款余额41.06亿元，比上年增长12%。

九、科技和教育

科技工作不断创新。全年共有6项科技成果获市科技进步奖。其中：3项二等奖，3项三等奖。组织实施区级科技计划项目13项，其中应用技术研发项目5项，技术成果示范推广项目8项，投入科技资金50万元。组织申报17个项目列入2013年度市级科技计划，其中：指导计划项目13项，指令计划项目4项，获市科技资金支持29万元。2013年专利申请量23项，授权量12项。建立企业工程技术研发中心2家。另外西山街道平安路社区被评为全省科普工作先进社区，获经费支持5万元。

全区教育以办人民满意的教育为根本宗旨，科学创新工作举措，统筹发展城乡教育，着力提高教师队伍素质，着力提高教育教学质量，努力推进城乡一体化的教育高质量均衡发展进程。加大城乡学校的标准化、信息化建设步伐，完善基础设施建设。2013年，对西山小学操场进行改造；为海北路小学新建校门、道路及停车场；更新教学仪器设备等，进一步改善了办学条件。大力发展学前教育，至年底，全区3～6周岁适龄幼儿入园率99.1%，学前一年入园率达100%，在规范化幼儿园就读幼儿占接受学前教育幼儿总数的95.3%。继续推进素质教育，大力发展校外教育，目前，青少年校外活动中心各类培训课程已由2009年的30个发展到60余个，学员也由每期300人发展到2500余人次。

十、文化体育和卫生

扎实推进公共文化服务体系创建工作，全区戴河镇西古城村文化超市、系列专题博物馆、怪楼文化艺术产业园、街头音乐文化人在国家创建办公室督察组实地验收中成为全市创建工作亮点及示范经验；举办以“浪漫之夏”为主题的文艺晚会20余场次；完成《海上生明月》大型滨海实景演出30余场次；北戴河音乐文化人活动被文化部评为中国艺术节项目类“群星奖”；组织书画作品展20余场次；成功承办首届北戴河碧螺塔海洋音乐节；艺术馆暑期共举办书画展览、演出、青少年培训活动150余期次，接待省部级以上领导百余人次，为全区25个村添置图书，实现农家书屋提档升级。为25个行政村放映公益电影300场次，累计观影人数达2万人次，活跃了全区人民的文化生活。至年底，全区有线电视模拟用户4491户，有线电视数字用户24308户，入网率共达到97.3%，比上年增长3.7个百分点。

体育事业蓬勃发展。北戴河区被中国轮滑协会授予全国首个“中国轮滑名城”建立了13个社会体育指导站，新增2名国家级社会体育指导员，发展培训了一级、二级、三级社会体育指导员，筹办的北戴河运动之春第九届轮滑节吸引了来自全国各地4000余名爱好者汇聚北戴河。轮滑队先后参加了各项赛事，并获得了各项比赛的的优异成绩。北戴河区首次取得组织2013年全国青少年“未来之星”阳光体育大会活动承办权，年内各协会组织较大规模的展示和比赛活动20多次，开展了北戴河全民健身日系列展示活动，继续承办了第七届中国体育彩票北戴河铁人三项大赛，有效促进了全区体育活动的蓬勃发展。

公共卫生体系进一步健全，医疗服务能力进一步增强。2013年，全区25个行政村开展新型农村合作医疗，有35324人自愿加入合作医疗，参合率96%。全区合作医疗筹资总额为1204万元。城市区居民建档率达到65%以上，农村建档工作海滨镇超额完成工作任务；戴河镇纸质档案完成40%。针对老年人保健，实行65周岁及以上老年人登记管理，开展健康危险因素调查，提供疾病预防、自我保健及伤害预防、自救等健康指导，累计建档560人。继续加强传染病防治，开展新生儿访视及儿童保健系统等管理，免费婚前医疗检查286对。

十一、人口、人民生活和社会保障

全区人口规模得到控制。年末全区户籍人口68902人，比去年增长0.02%。全年出生人口667人，出生率为8.78‰，自然增长率为3.82‰，符合政策生育率为96.85%。迁入人口731人，迁出人口877人，人口机械减少146人。

城乡人民生活水平进一步提高。城市居民年人均可支配收入27393元，比上年增长10.0%；农民年人均纯收入12055元，比上年增长12.6%。

就业服务工作成效显著。全年新增就业岗位1586个，其中，下岗失业人员再就业842人，就业困难对象实现再就业416人；农村富余劳动力转移就业329人。城乡登记失业率控制在2.77%以内。年末纳统单位在岗职工15618人，比上年增长18.5%；纳统单位职工工资总额79031万元，比上年增长26.1%；在岗职工年平均工资41535元，比上年增长7.5%。

社会保障体系不断完善。截至2013年底，全区企业养老保险参保覆盖人数16125人，机关事业养老保险参保覆盖人数6755人，城乡居民社会养老保险参保人数20531人。全区养老保险制度实现城乡一体化，各项养老金及时足额发放率达100%。城镇职工基本医疗保险参保10976人。2013年1月1日起，对城镇职工医疗保险参保人员住院报销比例、最高支付限额等进行了调整，参保人员待遇有较大幅度提高。生育保险参保8267人。失业保险参保人员8733人。全区企业职工养老保险、机关事业养老保险、城乡居民养老保险基金征缴分别达到5867.9万元、7031万元和595.36万元；城镇职工基本医疗保险、生育保险基金征缴分别为3378.48万元和129.39万元；失业保险基金征缴达到789.25万元。

十二、城市建设、环境保护和安全生产

城市环境面貌持续改善，基础设施建设不断加强。完成2013年度近海海域综合治理、鸽赤路、海坡路路面维修；剑秋路、联峰路等道路人行道维修、海浴场雨水沟入海口修建以及宝石路、北二路道路改造等工程，共维修花岗岩车行道2116平方米、石子路220平方米、改造道路面积3573平方米。建设数字水幕和喷泉广场各1座。继续大力推进保障性安居工程项目建设工作，完成北部片区保障性安居项目三期工程，三期工程共新建保障性住房174套，总建筑面积8755平方米。同时启动了北部片区保障性安居项目四期工程，共新建2栋18层经济适用住房324套，总建筑面积22000平方米。完成了东山小区老旧住宅楼分户供暖改造工程，改造面积3万平方米。

环境质量进一步提高，环境面貌持续改善。2013年上半年全区PM2.5浓度为70.5毫克/立方米，下半年PM2.5的浓度为64.7毫克/立方米，2013年全区PM2.5浓度下降率8.2%，满足秦皇岛市2013年统一的考核目标值浓度下降率3%。戴河水质满足Ⅲ类功能水体要求。海水浴场水质达到环境功能区划要求。圆满完成污染减排任务目标，全年共办理建设项目43个，完成排污申报登记单位116家，新发排污许可证7家，征收排污费40万元，取缔燃煤锅炉10台，创建国家级生态村2个。

坚持“安全第一、预防为主、综合治理”的方针，以安全生产“基层基础建设”和“三同时”为主线，以深入开展安全生产大检查活动，强化依法监管，全面落实安全生产责任，全力排查并消除安全生产事故隐患，全区安全生产形势总体稳定。

注：1．本公报中部分数据为年度初步统计结果，待统计局正式统计年报公布后，即以正式年报数据为准。

2．公报中生产总值、各行业增加值、总产值指标绝对数按当年价格计算，增长速度按可比价格计算。

2013年北戴河区规范性文件一览表

表14

发文机关	文号	文件名称
区委	北发〔2013〕1号	关于认真学习宣传贯彻党的十八大和省委八届三次全会、市委十一届四次全会精神的决议
区委	北发〔2013〕2号	印发《关于开展解放思想，更新观念活动的实施方案》的通知
区委	北发〔2013〕3号	关于深化加强基层建设年活动的实施意见
区委	北发〔2013〕4号	关于进一步加强和改进督促检查工作的意见
区委	北发〔2013〕5号	中共北戴河区委2013年工作要点
区委、区政府	北发〔2013〕6号	关于贯彻落实中央政治局“八项规定”的实施意见
区委、区政府	北发〔2013〕7号	关于进一步加快开发区发展的意见
区委、区政府	北发〔2013〕8号	关于加快发展特色农业的实施意见
区委、区政府	北发〔2013〕9号	关于印发《2013年创建平安北戴河实施方案》的通知
区委	北发〔2013〕10号	关于在全区开展“解放思想、改革开放、创新驱动、科学发展”大讨论的实施意见
区委、区政府	北发〔2013〕11号	关于印发北戴河区“安全稳定双百会战”实施方案的通知
区委、区政府	北发〔2013〕12号	关于印发《北戴河区基层网格化社会服务管理人员考核奖励暂行办法》的通知
区委、区政府	北发〔2013〕13号	关于印发《北戴河区实施农村面貌改造提升行动方案》的通知
区委、区政府	北发〔2013〕14号	关于规范民宿经营行为的实施意见
区委、区政府	北发〔2013〕15号	关于加快教育事业发展的若干意见
区委、区政府	北发〔2013〕16号	关于印发《项目建设、城市、全民、城乡四大攻坚年活动实施方案》的通知
区委	北发〔2013〕17号	关于转发《省委巡视组巡查北戴河区公告》的通知
区委办、区政府办	北办发〔2013〕1号	关于印发《北戴河区农村环境综合整治三年行动计划实施方案》的通知
区委办、区政府办	北办发〔2013〕2号	关于印发《2013年党风廉政建设和反腐败工作任务分工》的通知
区委办、区政府办	北办发〔2013〕3号	关于印发《北戴河区严厉打击非法占地和违法建筑实施方案》的通知

续表14

发文机关	文号	文件名称
区委办、区政府办	北办发〔2013〕4号	关于印发《北戴河区“中国梦·我的梦”社会宣传方案》的通知
区委办、区政府办	北办发〔2013〕5号	关于印发《北戴河区街巷环境整治提升工作方案》的通知
区委办、区政府办	北办发〔2013〕6号	关于印发《北戴河区环境综合整治双月会战实施方案》的通知
区委办、区政府办	北办发〔2013〕7号	关于印发《北戴河引资引税双月会战实施方案》的通知
区委办、区政府办	北办发〔2013〕8号	关于印发《北戴河区项目建设双月会战实施方案》的通知
区委办、区政府办	北办发〔2013〕9号	关于印发《北戴河区规范全区农村干部工资补贴的暂行办法》的通知
区委办、区政府办	北办发〔2013〕10号	关于印发《北戴河区2013年民主评议工作实施方案》的通知
区委、区政府	北字〔2013〕3号	关于表彰全区开展加强基层建设年活动先进帮扶单位和优秀驻村（社区）工作队员的决定
区委、区政府	北字〔2013〕4号	关于表彰2012年度近岸海域农村环境综合整治先进单位和先进个人的决定
区委	北字〔2013〕5号	关于印发《科级领导班子和科级干部综合考核评价办法（试行）的通知》
区委、区政府	北字〔2013〕6号	关于印发《北戴河区2013年招商引税目标任务分解表》的通知
区委、区政府	北字〔2013〕7号	关于表彰2012年度平安建设先进单位和先进个人的决定
区委、区政府	北字〔2013〕8号	关于印发《北戴河区包街综合整治活动实施方案》的通知
区委	北字〔2013〕9号	关于表彰开放型服务型先进基层党组织、党员服务之星、优秀党务工作者的决定
区委	北字〔2013〕10号	关于调整第十一届区委常委工作分工的通知
区委、区政府	北字〔2013〕11号	关于引资引税双月会战目标完成情况的通知
区委、区政府	北字〔2013〕13号	关于表彰2013年度暑期工作先进单位、先进集体和工作模范、先进个人的决定
区委	北字〔2013〕14号	关于表彰暑期一线“党员先锋岗”先进个人的决定

续表14

发文机关	文号	文件名称
区委、区政府	北字〔2013〕15号	关于表彰北戴河区教育系统先进个人的决定
区委、区政府	北字〔2013〕16号	关于印发《北戴河区2014年重点推进项目工作责任分解表》的通知
区委	北字〔2013〕17号	关于2012年度科级领导班子和科级干部考核结果的通报
区委办、区政府办	北办字〔2013〕1号	关于在全区开展“农村民主议政日”活动的通知
区委办、区政府办	北办字〔2013〕2号	关于召开北戴河区开展加强基层建设年、平安建设年和近岸海域农村环境综合整治活动总结暨再动员大会的通知
区委办、区政府办	北办字〔2013〕3号	关于转发秦办字〔2013〕3号文件的通知
区委办、区政府办	北办字〔2013〕4号	关于印发《2013年各季度及全年主要经济指标任务分解表》的通知
区委办、区政府办	北办字〔2013〕5号	关于做好《北戴河年鉴》编纂工作的通知
区委办、区政府办	北办字〔2013〕6号	关于印发《北戴河区2013年洁净城乡环境容貌综合整治“双月”攻坚工作方案》的通知
区委办、区政府办	北办字〔2013〕7号	关于印发《北戴河区2013年重点借暑项目任务分解表》的通知
区委办、区政府办	北办字〔2013〕8号	关于印发《北戴河区2013年重点产业项目任务分解表》的通知
区委办、区政府办	北办字〔2013〕9号	关于做好“五一”期间有关工作的通知
区委办、区政府办	北办字〔2013〕10号	关于转发区专项资金综合治理工作领导小组《2013年专项资金综合治理工作方案》的通知
区委办、区政府办	北办字〔2013〕11号	印发《关于开展“我为河北科学发展献良策”活动的工作方案》的通知
区委办、区政府办	北办字〔2013〕12号	关于印发《北戴河区2013年“六大双月会战”目标责任分解表》的通知
区委办、区政府办	北办字〔2013〕13号	关于开展“我为港城美丽义务劳动”的通知
区委办、区政府办	北办字〔2013〕15号	关于进一步严明暑期高峰工作纪律的通知
区委办、区政府办	北办字〔2013〕16号	关于做好暑期评先工作的通知
区委办、区政府办	北办字〔2013〕17号	关于加强全民科学素质建设考核工作的通知
区委办、区政府办	北办字〔2013〕18号	关于切实做好2013年国庆节期间有关工作的通知
区委办、区政府办	北办字〔2013〕19号	关于在全区开展“博爱一日捐”募捐活动的通知

续表14

发文机关	文号	文件名称
区委办、区政府办	北办字〔2013〕20号	关于印发《北戴河区党政机关停止新建楼堂馆所和清理办公用房》的通知
区委办、区政府办	北办字〔2013〕21号	关于成立区农村土地承包经营权登记工作领导小组的通知
区委办、区政府办	北办字〔2013〕22号	关于认真做好2013年度工作总结和2014年度工作谋划的通知
区委办、区政府办	北办字〔2013〕23号	关于做好2014年度党内刊物征订工作的通知
区政府	北政〔2013〕5号	关于转发市政府《关于印发〈秦皇岛市预算绩效管理实施办法（试行）〉的通知》的通知
区政府	北政〔2013〕6号	关于转发市政府《关于印发〈秦皇岛市财政投资评审管理办法（试行）〉的通知》的通知
区政府	北政〔2013〕7号	关于印发《北戴河区区级储备粮管理办法》的通知
区政府	北政〔2013〕9号	关于印发《北戴河区人民政府突发公共事件总体应急预案》的通知
区政府	北政〔2013〕10号	关于印发《北戴河区政府投资项目资金管理暂行办法》的通知
区政府	北政〔2013〕11号	关于印发《北戴河区人口与计划生育救助公益金筹集管理使用暂行办法》的通知
区政府	北政〔2013〕13号	关于“城中村（单庄）”拆迁改造项目有关情况的报告
区政府	北政〔2013〕14号	关于印发《北戴河区创建国家环境保护模范城市整改阶段实施方案》的通知
区政府	北政〔2013〕19号	关于转发市政府《关于印发〈秦皇岛市档案收集管理办法〉的通知》的通知
区政府	北政〔2013〕21号	关于印发《北戴河区招商引资中介人奖励办法》的通知
区政府	北政〔2013〕22号	关于印发《北戴河区鼓励投资和设立总部企业的扶持政策》的通知
区政府	北政〔2013〕24号	关于批转《北戴河区审计局2012年度区本级预算执行及其他财政收支情况审计工作方案》的通知
区政府	北政〔2013〕25号	关于印发《北戴河区2013年重大林业有害生物防控工作实施方案》的通知
区政府	北政〔2013〕27号	关于印发《北戴河区2013年新型农村合作医疗实施方案》的通知

续表14

发文机关	文号	文件名称
区政府	北政〔2013〕30号	关于印发《北戴河区地震应急预案》的通知
区政府	北政〔2013〕31号	关于印发《北戴河区城乡环境容貌综合整治暑期前攻坚行动暨“三治一推”工作方案》的通知
区政府	北政〔2013〕32号	关于划分畜禽养殖禁养区限养区的实施意见
区政府	北政〔2013〕33号	关于印发《北戴河区实施〈中华人民共和国水土保持法〉细则》等文件的通知
区政府	北政〔2013〕34号	关于批转《北戴河区审计局关于2013年政府投资建设项目审计计划》的通知
区政府	北政〔2013〕35号	关于进一步推进义务教育均衡发展的意见
区政府	北政〔2013〕36号	关于印发《北戴河区民宿管理暂行规定》的通知
区政府	北政〔2013〕37号	关于表彰2012年度安全生产工作先进单位和先进个人的决定
区政府	北政〔2013〕38号	关于印发《北戴河区供水事故应急预案》的通知
区政府	北政〔2013〕39号	关于印发《北戴河区2013年暑期噪声污染综合治理实施方案》的通知
区政府	北政〔2013〕47号	关于印发《北戴河区近岸海域防汛度汛应急处置方案》的通知
区政府	北政〔2013〕50号	关于做好第三次全国经济普查有关工作的通知
区政府	北政〔2013〕52号	关于开展2012年度土地卫片执法检查工作的通知
区政府	北政〔2013〕54号	关于印发《北戴河区规范性收费指导意见》的通知
区政府	北政〔2013〕57号	关于印发《北戴河区2012年度随军家属安置方案》的通知
区政府	北政〔2013〕58号	关于印发《北戴河区城乡医疗救助管理办法》的通知
区政府	北政〔2013〕59号	关于印发《关于进一步稳定教师队伍的实施办法》的通知
区政府	北政〔2013〕62号	关于印发《北戴河区重污染天气应急预案》的通知
区政府	北政〔2013〕64号	关于对赴新加坡培训团组和人员信息进行公示的情况报告
区政府	北政〔2013〕65号	关于印发《北戴河区行政事业单位国有资产公物仓管理暂行办法》的通知

续表14

发文机关	文号	文件名称
区政府	北政〔2013〕66号	关于印发《北戴河区大气污染防治行动计划实施方案》的通知
区政府	北政〔2013〕67号	关于印发北戴河区严厉打击违法占地违法建筑工作联席会议制度的通知
区政府	北政〔2013〕68号	关于转发《秦皇岛市人民政府关于进一步加强重点项目建设工作的意见》的通知
区政府	北政〔2013〕71号	关于印发《北戴河区老别墅复制利用管理规定》的通知
区政府	北政〔2013〕73号	关于印发《北戴河区自然灾害救助应急预案》的通知
区政府	北政字〔2013〕4号	关于成立北戴河区使用正版软件工作领导小组的通知
区政府	北政字〔2013〕6号	关于调整粮食直补和农资综合直补工作领导小组的通知
区政府	北政字〔2013〕7号	关于调整北戴河区老旧小区和城中村改造工作领导小组成员的通知
区政府	北政字〔2013〕14号	关于成立火车站片区综合秩序管理委员会通知
区政府	北政字〔2013〕18号	关于调整美国白蛾防控指挥部成员的通知
区政府	北政字〔2013〕19号	关于成立北戴河区无偿献血领导小组的通知
区政府	北政字〔2013〕22号	关于2013“运动之春”第九届轮滑节系列活动电力保障相关事宜的通知
区政府	北政字〔2013〕23号	关于戴河村、古城村幸福乡村规划成果的批复
区政府	北政字〔2013〕24号	关于调整北戴河区控规（A−01）联峰路以南、单赤路西侧用地规划的函
区政府	北政字〔2013〕25号	关于办理太平庄村村民安置房项目用电相关手续的函
区政府	北政字〔2013〕26号	关于补办北戴河火车站片区改造临街商业房拆迁安置项目相关手续的函
区政府	北政字〔2013〕28号	关于成立2013年高考北戴河考区委员会的通知
区政府	北政字〔2013〕32号	关于对引资引税工作成效突出单位进行表彰的通报
区政府	北政字〔2013〕34号	关于下达2013年度保障性安居工程项目建设实施（投资）计划的通知
区政府	北政字〔2013〕35号	关于成立怪楼文化艺术产业园管理委员会的通知
区政府	北政字〔2013〕36号	关于拟选派领导干部赴新加坡学习培训的函

续表14

发文机关	文号	文件名称
区政府	北政字〔2013〕37号	关于对区工商局申请发放加班费的批复
区政府	北政字〔2013〕38号	关于拟选派领导干部赴新加坡学习培训的函
区政府	北政字〔2013〕39号	关于承办北京市市辖区北师大丽泽3号楼6－201卢乐山8人来信的复函
区政府	北政字〔2013〕40号	关于戴河镇程永洪信访问题调查情况的函
区政府	北政字〔2013〕41号	关于调整北戴河区安全生产委员会成员的通知
区政府	北政字〔2013〕42号	关于2012年城镇保障性安居工程审计有关问题的整改报告
区政府	北政字〔2013〕43号	关于成立信息产业园管理委员会的通知
区政府	北政字〔2013〕48号	关于调整区噪声污染防治工作领导小组的通知
区政府	北政字〔2013〕50号	关于严厉打击违法建筑和违法占地建设行为的通告
区政府	北政字〔2013〕55号	关于调整北戴河区全民科学素质工作领导小组的通知
区政府	北政字〔2013〕65号	关于成立清理整治违规渔具工作领导小组的通知
区政府	北政字〔2013〕67号	关于调整区突发公共事件应急救援成员的通知
区政府	北政字〔2013〕68号	关于拟选派领导干部赴新加坡学习培训的函
区政府	北政字〔2013〕69号	关于刘桂侠信访问题情况的函
区政府	北政字〔2013〕70号	关于调整区农田水利建设工作领导小组的通知
区政府	北政字〔2013〕71号	关于成立北戴河区第一次可移动文物普查领导小组的通知
区政府	北政字〔2013〕73号	关于成立北戴河区大气污染防治行动领导小组的通知
区政府	北政字〔2013〕74号	关于北戴河区保安服务公司脱钩改制的批复
区政府	北政字〔2013〕79号	关于明确北戴河北部片区供水管网工程项目主体的通知
区政府办	北政办〔2013〕1号	关于印发《北戴河区2013年春运工作实施方案》的通知
区政府办	北政办〔2013〕2号	关于印发《北戴河区2013年春运应急预案》的通知
区政府办	北政办〔2013〕3号	关于做好2012年依法行政考核工作的通知
区政府办	北政办〔2013〕4号	关于转发《秦皇岛市人民政府办公厅转发<河北省人民政府办公厅关于做好全国“两会”期间应急值守工作的通知>的通知》的通知

续表14

发文机关	文号	文件名称
区政府办	北政办〔2013〕5号	关于调整区政府领导工作分工的通知
区政府办	北政办〔2013〕7号	关于印发《<2013年政府工作报告>主要任务责任分解表》和《北戴河区人民政府2013年重点项目责任分解表》的通知
区政府办	北政办〔2013〕8号	关于印发《2013年应急管理工作要点》的通知
区政府办	北政办〔2013〕9号	关于北戴河区政务中心进驻窗口部门和单位推行行政审批服务首席代表制的通知
区政府办	北政办〔2013〕10号	关于在北戴河区政务服务中心启用行政审批专用章的通知
区政府办	北政办〔2013〕11号	关于印发《规范性文件和改善两个环境政策性文件清理结果》的通知
区政府办	北政办〔2013〕12号	关于做好全区2013年文书立卷归档及档案移交工作的通知
区政府办	北政办〔2013〕13号	关于印发《北戴河区迎接省政府县域义务教育均衡发展督导评估实施方案》的通知
区政府办	北政办〔2013〕14号	关于印发《2013年区政府系统人大代表建议政协提案办理要求》的通知
区政府办	北政办〔2013〕15号	关于开展政府职能转变有关事项调查摸底工作的通知
区政府办	北政办〔2013〕16号	关于切实做好2013年防汛工作的通知
区政府办	北政办〔2013〕17号	关于印发《北戴河区城市生活无着流浪乞讨人员救助管理办法》的通知
区政府办	北政办〔2013〕18号	印发《关于深入开展消防安全大排查大整治活动工作方案》的通知
区政府办	北政办〔2013〕19号	关于印发《北戴河区安全生产大检查实施方案》的通知
区政府办	北政办〔2013〕20号	关于印发《北戴河区2013年整治违法排污企业保障群众健康环保专项行动工作方案》的通知
区政府办	北政办〔2013〕21号	关于印发《北戴河区防御台风应急预案》的通知
区政府办	北政办〔2013〕22号	关于印发《北戴河区戴河河道防洪预案》、《北戴河区新河河道防洪预案》的通知
区政府办	北政办〔2013〕23号	关于印发《北戴河区丁庄东水库大坝安全管理应急预案》等六个小型水库应急预案的通知
区政府办	北政办〔2013〕24号	关于调整区政府领导工作分工的通知

续表14

发文机关	文号	文件名称
区政府办	北政办〔2013〕25号	关于印发《北戴河区城镇保障性住房需求调查登记工作实施方案》的通知
区政府办	北政办〔2013〕26号	关于印发《北戴河区2013年农村危房改造工作实施方案》的通知
区政府办	北政办〔2013〕27号	关于回族等少数民族“开斋节”放假的通知》的通知
区政府办	北政办〔2013〕28号	关于做好与国务院省市政府取消和下放行政审批项目等事项衔接工作的通知
区政府办	北政办〔2013〕29号	关于印发《北戴河区农田水利基本建设年度实施方案》的通知
区政府办	北政办〔2013〕30号	关于规范性文件清理结果的通知
区政府办	北政办〔2013〕32号	关于全区事业单位分类的实施意见
区政府办	北政办〔2013〕33号	关于做好“两节”、“两会”期间安全生产工作的通知
区政府办	北政办〔2013〕34号	关于印发《北戴河区油气输送管线等安全专项排查治理工作实施方案》的通知
区政府办	北政办〔2013〕35号	关于印发《北戴河区深化安全生产承诺制工作方案》的通知
区政府办	北政办〔2013〕36号	关于所属事业单位初步分类的请示
区政府办	北政办〔2013〕37号	关于印发《北戴河区非法营运机动车专项整治行动实施方案》的通知
区政府办	北政办字〔2013〕1号	关于赴桐乡市乌镇景区学习考察的函
区政府办	北政办字〔2013〕2号	关于尽快移除海北路控制红线内管线的通知
区政府办	北政办字〔2013〕3号	关于申请无线基站的函
区政府办	北政办字〔2013〕4号	关于落实免费开放公益性文化单位用电价格执行当地居民价格政策的函
区政府办	北政办字〔2013〕5号	关于成立戴河、新河河道环境综合管理工作领导小组的通知

目录索引

C

D

E

F

G

H

J

P

Q

R

S

T

W

X

Y

Z

图书在版编目（CIP）数据

北戴河年鉴.2014/秦皇岛市北戴河区地方志编纂委员会办公室编.—北京：方志出版社，2016.12

ISBN 978-7-5144-2334-1

Ⅰ.①北… Ⅱ.①秦… Ⅲ.①区（城市）—秦皇岛市—2014—年鉴
Ⅳ.①Z522.24

中国版本图书馆CIP数据核字（2017）第018586号

北戴河年鉴（2014）

编　　者：秦皇岛市北戴河区地方志编纂委员会办公室
责任编辑：陈　效

出 版 人：冀祥德
出 版 者：方志出版社
地址：北京市朝阳区潘家园东里9号（国家方志馆4层）
邮编　100021
网址　http://www.fzph.org
发　　行：方志出版社发行中心
电话（010）67110500
经　　销：各地新华书店
印　　刷：秦皇岛市佳泽文化传播有限公司

开　　本：889×1194　　1/16
印　　张：20
字　　数：480千
版　　次：2016年12月第1版　　2016年12月第1次印刷
印　　数：001～500册

ISBN　978-7-5144-2334-1　　**定价：**200.00元